금융권의 뉴패러다임

THE NEW BASEL CAPITAL ACCORD

신바젤 자본협약과 BIS 비율

국제결제은행

Benton E. Gup 저
남두우 장국현 문성주 공역

신바젤자본협약(바젤 II)에 대한 종합적이고 심층적인 지침서
외국 금융기관들의 신바젤자본협약에 대한 대처사례를 통한
한국의 금융기관들의 방향을 제시

한 경 사

저자 머리말

신바젤자본협약(바젤 II)은 채택을 원하는 국가들에서 2006년 12월부터 시행되기로 예정되어 있다. 8%의 자본비율을 유지할 것을 규정하는 1988년의 바젤자본협약(바젤 I)은 100여 개국 이상에서 채택되고 있다. 바젤 II는 복잡하고 비용이 많이 들며 논쟁의 소지가 많기 때문에 바젤 I에 준하는 수의 국가들이 참여할 것 같지는 않다.

바젤 II가 복잡한 이유는 위험자본(risk-based capital)을 산정하는데 사용될 수 있는 세 가지 방법을 설명하는 수백 쪽으로 이루어져 있는 문서이기 때문이다. 자본을 산정하는 방법은 손실과 다른 요인들을 예측하기 위한 방대한 양의 데이터와 컴퓨터 모델들을 필요로 한다. 더군다나 어떤 대출에 요구되는 자본을 산정할 때 다른 방법과 모델을 사용한다면 서로 다른 금액의 자본이 계산될 수 있다. 그래서 복잡성은 규제나 가격결정에 있어서 충분한 차익거래의 기회를 제공하게 된다.

바젤 II를 집행하는 비용은 높을 것이다. 그 비용은 작은 은행들에 있어서는 \$0.1억 정도, 큰 은행들에 있어서는 \$1.5억 정도로 추산된다. 또한 시스템을 유지하기 위한 계속적인 비용이 들 것이다.

바젤 II에 논쟁의 소지가 많은 이유는 바젤 II가 국제적이고 규모가 큰 금융기관들을 대상으로 하고 있고, 따라서 대부분의 은행들은 그 대상이 아니라는 것이다. 미국에서 단지 10개의 금융기관들만이 고급내부평가(Advanced Internal Ratings-Based, A-IRB)접근법을 시행하도록 요구되고 있고, 나머지 7,800개 이상의 은행들은 A-IRB접근법을 선택할 수 있고 기본적인 내부평가(IRB)접근법을 사용하거나 수정된 바젤 I을 계속해서 사용할 수 있다. 유럽연합에서는 모든 금융기관들이 바젤 II를 시행할 것을 의무화하고 있다. 다른 국가들에서는 바젤 II를 적용할 지의 여부가 아직 쟁점이다.

이러한 배경하에 이 책은 세계 각지의 학계나 규제당국의 관점을 제시한다. 한 가지 공통점은 바젤 II는 완제품이 아니고 본격적인 시행 전에 많은 작업이 추가로 이루어져야 한다는 점이다.

Benton E. Gup

역자 머리말*

국제결제은행(BIS)의 바젤위원회에서는 은행들의 자기자본비율에 대한 매우 복잡한 규제들을 계속 발표하고 있다. 2004년에도 2007년부터 시행예정인 신바젤자본협약(바젤 II)을 공표하였는데, 한국의 은행들도 이에 대한 준비를 하여야 할 것이다. 이 책에서는 바젤 II에 대한 종합적이고 심층적인 분석이 이루어졌기 때문에 우리나라의 금융기관들에게 좋은 지침서가 되리라고 생각된다.

신바젤자본협약에 대한 심도 있는 분석과 외국 금융기관들은 이에 대해 어떻게 대처하고 있는가를 검토함으로써, 한국의 금융기관들이 어떠한 준비들을 해야 하는가와 그 방향을 제시한다. 또한 100여 개 이상의 국가들이 국제결제은행의 지침들을 수용하고 있는 추세에서, 이에 대한 우리나라 학계나 금융계의 보다 깊은 관심을 촉구하는 계기가 될 것으로 생각한다.

2006. 5
역자 일동

*_이 저서는 2005학년도 인하대학교의 지원에 의하여 발간되었음(INHA-32329).

개 요

바젤 II에 대한 논평

은행자본관련 이슈들에 대한 이론적 접근

국제적 관점

목 차

제12장 바젤 II의 인센티브는 적합한가?

제13장 바젤 II와 옵션성

제14장 호주 은행들에 대한 바젤 II협약의 영향

제15장 바젤 회의론 – 헝가리 시각

제16장 바젤 II가 일본의 금융권에 미치는 영향 : 정성적 분석

제1장
바젤자본협약

Benton E. Gup

스위스의 바젤(Basel)은 통화 및 금융의 안정성을 위해 협력을 고양하는 국제적 기구인 국제결제은행(Bank for International Settlements, BIS)이 있는 곳이다. BIS는 중앙은행들을 위한 은행이고, 중앙은행들 간의 국제적 협력을 위한 주요 장이다.[1] 국제적 협력이라는 틀 안에서 BIS는 국제금융시스템을 강화하기 위한 제안들을 만들고 있다. 예를 들면 1988년의 바젤자본협약[2](1988 Basle Capital Accord)은 국제적 기준이 되었고, 2006년 말에 신바젤자본협약[3](New Basel Capital Accord)에 의해 대체되기로 예정되어 있다.

바젤은 프랑스와 독일의 근처인 스위스의 북쪽 국경지대에 위치하고 있다. 바젤자본협약과 신바젤자본협약에서 바젤(Basle/Basel)의 다른 철자에 주목할 필요가 있다. Basle은 도시의 프랑스식 이름이고 Basel은 독일식 표현이며 스위스에서 사용되는 공식 이름이다. 스위스 인구의 19%는 불어를 사용하고 64%는 독어를 사용한다.[4] BIS는 1999년 5월에 공식적으로 철자를 Basle에서 Basel로 변경했다. 이 책에서는 바젤(Basel)이 두 협약을 모두 지칭하는 것으로 사용될 것이다.

1_BIS에 대한 간단한 개요는 BIS의 웹사이트(http://www.bis.org)로부터의 정보에 근거하고 있다.

2_바젤자본협약은 BIS협약 또는 바젤 I으로도 불린다.

3_신바젤자본협약은 신BIS협약 또는 바젤 II로도 불린다.

4_2002년 11월 6일자 스위스의 Merriam-Webster 지도.

1.1 금융감독을 위한 바젤위원회

'금융감독을 위한 바젤위원회' (Basel Committee on Banking Supervision)는 독일 퀼른시에 있는 Herstatt은행(Bankhus I. D. Herstatt)의 실패 이후 G-10국가의 중앙은행 총재들에 의해서 1974년에 설립되었다. 이 은행의 폐쇄는 완결되지 않은 외화거래 때문에 국제적 파장을 불러 일으켰다. 국제결제청산시스템(Clearing House International Payments System, CHIPS)의 외환결제기능을 마비시켰고, 이 날 Herstatt은행에게 독일 마르크화를 지불했던 거래상대방들에게 손실을 입혔다.[5]

바젤위원회는 BIS에서 회동하는 네덜란드, 독일, 룩셈부르크, 미국, 벨기에, 스웨덴, 스위스, 스페인, 영국, 이탈리아, 일본, 캐나다, 프랑스의 중앙은행이나 금융규제 당국자들로 이루어진 위원회이다. 13개 국가들만이 바젤위원회에 참가하지만, 100여 개 국가들이 바젤의 틀을 자국의 금융시스템에 적용하고 있다.[6] 바젤위원회의 근본 취지는 회원국들간에 정보를 공유하는 것이었지만, 시간이 지남에 따라 '모범규준' (best practices)의 발표와 법적인 강제조항은 아니지만 회원국들간에 공통적인 규제 기준들을 만들어서 국제적인 조화를 도모하는 방향으로 변화되었다.[7]

1.2 1988 자본협약(바젤 I)

1988년에 바젤위원회는 바젤자본협약을 승인하였다. 이에 따라, 다른 국가들의 중앙은행들도 비슷한 협약들을 승인하였다. 1988 바젤자본협약(이하 바젤 I)의 목적은 ① 국제금융시스템의 건전성과 안정성을 강화하기 위한 은행자본규정의 국제적인 조화 ② 국제은행들간에 경쟁적 불평등성의 원천을 감소시키는 것이다. 바젤 I은 국제적으로 활발한 은행들의 자본과 리스크(risk)[8]를 측정하는 단 한가지 수단만을 제공하고 있다. 이 하나의 자본기준은 은행에 따라 다른 리스크들을 고려하고 있지 않다.

5_Herstatt은행에 대한 추가적인 내용은 Gup(1998)의 2장 참조.

6_"신바젤자본협약 : 주해"(2001); "금융감독을 위한 바젤위원회" 참조, http://www.bis.org/bcbs/aboutbcbs.htm.

7_Hawke(2003년 2월 27일).

8_규제당국과 실무계에서 risk에 대한 용어가 완전히 통일되지 않아 경우에 따라 리스크 또는 위험 이란 용어로 혼용하고 있다. 본 책에서는 독자의 혼란을 방지하기 위해 리스크로 용어를 통일하고자 한다.

바젤 I의 핵심은 ① 적절한 자본수준과 ② 경쟁적 평등성을 확보하기 위해 국제적으로 활동적인 은행들에게 8%의 최소자본비율을 규정하고 있다는 점이다. 미국에서는 이 자본규정이 연방예금보험공사(FDIC)의 모든 회원은행들에게 적용되고 있고, 비슷한 규정이 저축은행들에게 적용되고 있다. 1991년의 연방예금보험공사개선법(FDICIA)에 의하면 총리스크에 근거한 자본비율이 8%~9.9%이면 '적절하게 자본화된' (adequately capitalized) 은행, 10%이상이면 '충분하게 자본화된' (well capitalized) 은행으로 간주된다. 낮은 리스크자본비율을 가진 은행들은 '불충분하게 자본화된' (undercapitalized) 은행으로 간주되고 '적기시정조치' (prompt corrective action, PCA)에 직면하게 된다. 따라서, 미국의 자본규정은 다른 국가들보다 엄격하다고 할 수 있다.

바젤 I에서 은행자본은 두 가지로 구성되어 있다. Tier I(이하 기본자본)은 자본금과 잉여금을 포함하고 4%를 적용받는다. Tier II(이하 보완자본)는 은행에게 이용 가능한 추가적인 내부 및 외부자금을 포함하고 이 또한 4%를 적용받는다.[9] 바젤 I은 '하나의 기준으로 모든 것을 해결할 수 있다는' (one-size-fits-all) 단순한 기준이고, 기본적으로 신용리스크(credit risk)에 초점을 맞추고 있다. 바젤 I은 자산별로 네 종류의 가중치를 두고 있다:

1. 0% 가중치 : 현금이나 경제협력개발기구(OECD) 국가들의 중앙은행이나 정부에 대한 채권.[10]
2. 20% 가중치 : OECD국가들의 민간부문 은행들과 중앙정부 이하의 정부기관에 대한 채권이나 회수 중에 있는 현금관련 자산.
3. 50% 가중치 : 1인~4인 가족용 주택 대한 일차 부동산담보대출(mortgage, 이하 모기지)과 OECD국가들에서 지방정부의 프로젝트에 대한 대출(project finance).
4. 100% 가중치 : 일반 소비자 대출 및 기업 대출과 비 OECD국가들의 정부에 대한 대출.

규제당국의 입장에서 보면, 이 단순한 구조는 불행하게도 은행자본에 대한 차익거래를 조장하였다. 이러한 거래들은 자산유동화나 부외 거래들을 포함하고 있다. 또한, 은행들은 주어진 리스크가중치 등급에서 가장 높은 기대수익률을 가지고 있는 신용도가 가장 낮은 채무자들을 선택함으로써

9_보완자본은 기본자본의 100%를 초과하지 못한다.

10_Flood (2001년 3월 9일).

큰 신용리스크를 취했다(Kupiec, 2001). 바젤 규정들은 은행들이 양질의 자산들을 대차대조표로부터 제거해서 은행들의 대출포트폴리오의 평균적인 질을 감소시키는 역할을 하고 있다고 2002년에 미국의 금융감독원장인 John Hawke, Jr.는 역설한 바 있다.

리스크가중치-[11] 등급들은 실제로 실현된 손실과 일치하지 않는다. Flood (2001)는 1984~1999 기간 동안에 은행들과 저축금융기관들의 대손상각과 연체율을 검토하여 1988 자본협약의 리스크가중치들이 미국에서의 경험을 정확하게 반영하고 있지 않다는 것을 제시하였다. 담보대출(collateralized loans)이 가장 작은 리스크가중치를 가지고 있다. 바젤 I의 리스크가중치에 의하면 기업 대출은 과소부담, 모기지는 과대 부담하도록 되어 있다.

바젤 I의 레버리지(leverage)비율은 은행별 리스크와 관련되어 있지 않기 때문에 더 이상 은행자본의 적정성에 대한 적절한 측정치가 될 수 없다. 더군다나 규제상의 자본 차익거래는 이 방법을 더욱 의심스럽게 한다.

1988년의 바젤자본협약 이후 1990년대 초반에 미국에서는 대규모의 은행파산을 경험했다. 1980~1996년 동안에 국제통화기금(International Monetary Fund, IMF)의 181개 회원국들 중에 바젤자본협약에 참여한 국가들을 포함 133개국이 심각한 금융부문의 문제들을 경험했다.-[12] 일본의 대형은행들은 1990년부터 곤경에 빠졌고 2003년까지도 문제점들은 해결되고 있지 않다. 1990년대 말부터 2000년대 초까지 은행의 자기자본비율 요건이 어떤 방식으로든 영향을 미쳤을 동남아시아, 러시아, 터키, 중남미에서 금융위기가 있었다.

국제화된 영업을 하고 있는 복잡한 대형금융기관들을 규제하는데 있어서의 곤란한 문제들은 신바젤자본협약을 주도한 또 하나의 동기이다. 몇몇 대형금융기관들은 규모가 너무 크고 복잡하기 때문에 효과적으로 리스크를 관리하고 있는지 금융규제당국이 평가하기가 매우 어렵다.

이러한 모든 요인들이 자본요건에 있어서 변화가 있어야 함을 제시하고, 그 변화는 곧 도래할 것이다.

11_Risk wight는 실무에서 리스크 가중치보다 위험가중치란 용어로 더 많이 불린다.

12_Lindgren 등 (1996), Gup (1998, 1999) 참조.

1.3 신바젤자본협약(바젤 II)

2001년 1월에 발의되었고 2006년 말에 시행예정인 신바젤자본협약(이하 바젤 II)은 1988년의 바젤자본협약을 대체할 것이다. 바젤 II는 금융그룹의 모회사인 지주회사들에 적용되지만 몇몇 G-10국가들에서는 보험사인 자회사들이 제외된다.[13] 최상위차원에서만 측정되는 자본적정성은 각 은행에서 손실을 흡수하고 예금자들을 보호하기 위해 자본의 즉각적인 가용성을 담보하기에는 충분하지 않다. 그래도 바젤 II는 최상위차원의 각 하위수준에서 국제적으로 활동중인 모든 은행들에게도 적용될 것이다.

바젤 II는 674개의 문단과 다양한 해석이 가능한 정의 및 설명들을 포함한 복잡한 문서이다. 예를 들어 바젤 II는 '채무불이행'(default)에 대한 정의를 하고 있다(문단 272와 466). BIS에 보내진 바젤 II에 대한 논평에서[14] 미국의 주요 신용카드은행인 MBNA은행(MBNA America Bank)은 연방금융기관심사위원회(Federal Financial Institutions Examination Council, FFIEC)의 채무불이행 리스크(default risk)에 대한 정의가 소매금융에서는 더 적합하다고 지적하였다. 국제 스왑 및 파생상품협회(International Swaps and Derivatives Association, ISDA)는 기업금융에서 채무불이행의 정의는 거래차원에서 정의되어야 하는 소매금융에 부분적으로만 적용 가능하다고 언급했다. 마지막으로, 일본금융인협회(Japanese Bankers Association)는 국가마다 고유의 채무불이행에 대한 정의를 갖고 있다고 지적하였다.

또한, 바젤 II는 다양한 모형들을 시험하기 위해 사용되는 영향도 조사(Quantitative Impact Studies, QIS)에 참여하는 은행들에게 필요한 상세한 내용을 설명하는 500여 쪽에 달하는 부록을 포함하고 있다.

두 자본협약의 주요 차이점은 바젤 II가 바젤 I보다 신축적이고 리스크에 민감하다는데 있다. 바젤 II는 서로 보완적인 세 개의 축(Pillar)으로 구성되어 있다: 첫 번째 축(Pillar 1)은 최소자기자본요건, 두 번째 축(Pillar 2)은 규제당국의 검토, 세 번째 축(Pillar 3)은 시장규율이다.

식(1-1)에서 보다시피, 첫 번째 축은 분자에서 자본에 대한 현재의 정의와 최소 8%요건을 유지하고 있다. 분모에서는 신용리스크(credit risk)의 측정치가 바젤 I보다 복잡해졌고, 시장리스크(market risk)는 동일하며 운

13_ '신바젤자본협약,' 2001년 1월, 2~3쪽; '신바젤협약의 개관,' 2001년 1월, #56, 11쪽.

14_ 논평은 참고문헌에 수록되어 있다.

영리스크(operational risk)가 새롭게 추가되었다. 미국에서는 고급 내부 등급법(Advanced Internal Ratings-Based, A-IRB)을 채택하지 않는 은행들은 바젤 I 기준을 계속 사용할 것이다. 미국 금융규제당국은 약 10개의 국제적으로 활발한 금융기관들에 대해서 고급 내부등급법을 사용할 것을 규정할 것이다.

$$\frac{\text{총 자기자본(기본자본 + 보완자본)}}{\begin{array}{c}\text{신용리스크}\\\text{가중자산}\end{array} + \begin{array}{c}\text{시장리스크}\\\text{가중자산}\end{array} + \begin{array}{c}\text{운영리스크}\\\text{가중자산}\end{array}} \geq \text{최소자기자본비율}(8\%) \qquad (1\text{-}1)$$

신용리스크는 다음의 방법에 의해서 측정할 수 있다:

1. 표준방법(Standardized approach) – 기존 방법을 수정한 것으로 외부의 신용평가등급이 이용 가능할 때 표준방법을 사용함.
2. 기초 내부등급법(Foundation IRB approach, F- IRB approach)
3. 고급 내부등급법(Advanced IRB approach, A-IRB approach)

시장리스크는 다음의 방법에 의해서 측정할 수 있다:

1. 표준방법(Standardized approach)
2. 내부모형법(Internal models approach)

운영리스크는 다음의 방법에 의해서 측정할 수 있다:

1. 기본지표법(Basic indicator approach)
2. 표준방법(Standardized approach)
3. 내부측정법(Internal measurement approach).

1.3.1 신용리스크

신용리스크는 채무자나 거래상대방이 채무불이행(default)할 리스크이다. 은행들은 리스크가중치(risk weights)를 리스크가중 자산가치의 합계에 포함되는 장부상 항목과 부외 항목에 배분해야 한다.[15] 100% 리스크가중치는 총 자산가치가 계산에 포함되어야 함을(즉, 가치의 8%) 의미한다. 50% 리스크가중치는 가치의 4%가 포함되어야 함을 의미한다. 내부 및 외부 신용평가등급과 관련한 채무불이행 확률은 리스크가중치를 결정하기 위해 사용된다. 이것이 바젤 I하에서의 주요한 변화이다.

15_부외자산은 담보, 보증, 신용리스크를 완화시키는 신용파생상품 등을 포함한다. '신용리스크 완화'는 신용 손실을 감소시키기 위해 사용된다.

신용리스크가중치는 기업, 은행, 주식, 소매, 프로젝트 파이낸스, 국가 등 은행 거래의 6개 분야에 적용되고, 이는 부분적으로는 신용평가기관의 신용평가등급에 의존한다. OECD회원국들은 리스크가중치가 제로(zero)이다.[16] 다른 국가들은 신용등급에 따라 150%에 달할 수도 있다. 마찬가지로, 기업대출에 대한 리스크의 범위는 20%에서 150%이다.[17] 신용평가등급을 갖고 있지 않은 기업들의 리스크가중치는 100%에 불과하다. 이 가중치는 BB-이하의 신용등급을 갖고 있는 기업들의 최고리스크가중치인 150%보다 낮으므로, 낮은 평가등급의 가능성이 있는 기업들에게 평가되지 않도록 하는 유인을 제공한다. EUROCONTROL에 참가하고 있는 국가들을 포함하여 OECD 회원국이 아닌 많은 국가들이 0% 리스크가중치를 선호할 것은 자명하다.[18]

소매금융에는 모기지, 신용카드대출, 할부대출, 리볼빙대출, 중소기업대출을 포함한다.

표준방법은 규모가 작은 은행에 적합하고, 내부등급법은 대형은행에 적합하다. 내부등급법하에서는 채무자들의 신용리스크와 은행의 포트폴리오에 대한 신용리스크를 평가하기 위해 은행 고유의 모형들을 사용한다. 내부등급법은 금융감독당국과 바젤위원회의 승인을 필요로 한다. 자기자본은 자산에 대한 1년치 예측부도율에 기초한다.

기초 내부등급법하에서는 은행들이 각 채무자에 대한 채무불이행 확률을 추정하고, 감독당국은 다른 입력요소들을 제공한다. 고급 내부등급법하에서는 은행들이 모든 입력요소들을 결정한다. 기초 내부등급법 및 고급 내부등급법 하에서 리스크가중치의 범위는 표준방법 하에서 보다 크다.

16_OECD회원국들은 "클럽"(club)의 일원으로 간주되고, 이들에 대한 제로 가중치는 "클럽규칙"(club rule)이라 불린다. "영향도평가 보고서"(Overview Paper for the Impact Study) (2002년 10월, 4~5) 참조. 세계은행(World Bank)같은 다자간 개발은행(multilateral development banks, MDBs)도 제로 위험가중치를 갖는다.

17_"신바젤자본협약 자문서"(Consultative Document), 2001년 1월.

18_2002년 현재 EUROCONTROL 참가국들은 오스트리아, 벨기에, 불가리아, 사이프러스, 크로아티아, 덴마크, 프랑스, 독일, 스페인, 그리스, 헝가리, 아일랜드, 이탈리아, 마케도니아, 룩셈부르크, 몰타, 몰도바, 모나코, 노르웨이, 네덜란드, 포르투갈, 슬로바키아, 체코, 루마니아, 영국, 슬로베니아, 스웨덴, 스위스 등이다.

1.3.2 시장리스크

시장리스크의 정의는 바젤 I과 동일하다. 시장리스크는 시장가격의 변동 때문에 장부상의 포지션 또는 부외 포지션으로부터 발생한다. 이는 채권, 주식, 외환, 상품리스크 등 은행의 매매분야에 관련된 리스크이고,[19] 흔히 VaR(Value-at-Risk)에 의해 측정된다.

1.3.3 운영리스크

운영리스크는 부적절하거나 실패한 내부프로세스 · 인력 · 시스템이나 외부의 사건으로부터 발생하는 손실을 말한다. 운영리스크에는 전산 장애나 배임(fraud), 규정준수 여부 등 부적절한 내부시스템이나 소송 등과 같은 외부사건으로부터 발생하는 리스크를 포함한다. 예를 들면 배임 때문에 발생한 1999년 9월 웨스트 버지니아주에 소재한 Keystone은행의 파산은 저축대출은행들의 위기이래 FDIC의 은행보험기금에 가장 큰 손실을 입혔다. 또한 2002년에 파산한 11개 은행 중 8개 은행에서 파산원인은 배임이었다. 영국 베어링 은행의 파산 원인도 배임이었다. 이렇게 배임은 운영리스크의 주요 요인이다. 2001년 9월 11일에 발생한 테러리스트의 공격에 의해 야기된 미국 금융시장의 마비도 증권거래와 결제에 관련된 은행들이 안고있는 운영리스크를 반영한다.[20]

기본지표법은 은행 전체에 대해 운영리스크를 대표하는 하나의 지표를 사용하고, 자기자본을 총수입과 같이 영업활동을 측정하는 하나의 지표에 연계한다. 표준방법은 다른 영업분야에 각각 다른 지표들을 사용한다. 내부측정법 또는 고급측정법(Advanced measurement approach, AMA)은 자본요구량을 추정하기 위해 내부의 손실자료와 은행 고유의 방법론을 사용한다. 자본요구량은 총자본의 20%미만일 것으로 추정된다.[21] 미국에서는 고급내부등급법을 채택해야 하는 은행들이 운영리스크에는 고급측정법을 사용할 것을 요구하고 있다.

19_ '시장리스크를 고려한 자본협약 개정서' (Overview of the Amendment to the Capital Accord to Incorporate Market Risks), 1996년.

20_ '잠재적 테러리스트의 공격', GAO-03-251; GAO-03-414, 2003년 참조.

21_ '신바젤자본협약에 대한 동향', 2001년 6월 25일.

영향도 조사(QIS)에서 이 안들에 대한 시험사용 후 바젤위원회는 우려의 일정 부분을 보완하였다.[22] 가령, 중소기업에 대한 신용리스크도는 성숙도 측면에서 대기업과 다르게 취급될 것이다.[23] 은행대출의 경기순응성(cyclicality)이 고려되고, 내부등급방식의 리스크가중치는 신용카드와 같은 소매 리볼빙에 더 민감할 것이다. 또한, 운영리스크을 측정하는데 유연성이 증가할 것이다.

1.4 결론

바젤 II는 시행되기로 예정된 2006년 말에 바젤 I을 대체할 것이다. 그러나 미국에서는 국제적인 영업을 하는 대형은행들 10개 정도만이 고급내부등급법과 고급측정법을 사용하도록 될 것이다. 다른 은행들은 새로운 바젤 II 기준을 '선택'(opt-in)할 수 있고, 바젤 I을 계속 적용할 수도 있다. 규모가 큰 은행들 중 소수만이 바젤 II에 참가할 것으로 예상된다.

신바젤자본협약은 은행의 내부통제(internal control), 리스크관리에 있어서 유연성(flexibility)의 증대 및 리스크민감도(risk sensitivity)의 고양에 중점을 두고 있다. 바젤 II는 신용리스크, 시장리스크 및 운영리스크 모두를 명시적으로 고려하고, 현재 은행 및 규제당국들이 영위하는 방식과는 크게 다를 것이다. 따라서 바젤 II에 대해 진지하게 검토해야 할 많은 현안들이 있다. 예컨데 바젤 II가 1988년의 바젤 I보다 더 효과적일까? 어떤 리스크측정치가 사용되어야 할까? 시장규율이 잘 작동할까? 개발도상국들에는 어떠한 영향을 미칠까? 이 책은 이러한 현안들과 학자, 규제당국 및 실무자들에게 중요한 다른 쟁점들을 검토할 것이다.

참고문헌

Comments on Basel II : '바젤 II에 대한 논평'은 이해당사자들에 의해 2001년 BIS의 바젤위원회에 보내졌고, 2003년 3월 QIS3 기술적 지침과 자산유동화에 대한 2차 연구보고서에 대한 논평이 있다. 논평은 다음의 웹사이트에서 볼 수 있다: *http://www.bis.org, http://www.bis.org/bcbs/comments.htm, http://www.bis.org/bcbs/qis/qis3.htm# resp.*

22_ '영향도조사에 대한 개괄보고서', 2002년 10월.

23_ 중소기업(SMEs)은 연간 매출액이 5,000만 유로(Euro) 미만인 회사들이다.

BIS 웹사이트, *http://www.bis.org.*

Flood, Mark, (2001), Comments on Basel II, "Basel Buckets and Loan Losses: Absolute and Relative Loan Underperformance at Banks and Thrifts," March 9.

Gup, Benton E., (1998), *Bank Failures in the Major Trading Countries of the World: Causes and Remedies*, Westport, CT, Quorum Books.

Gup, Benton E., (1999), *International Banking Crises: Large-Scale Failures, Massive Government Interventions*, Westport, CT, Quorum Books.

Hawke, John D., Jr., (2002), Comptroller of the Currency, "The Road to Basel II: Good Intentions and Imposing Challenges," Press Release NR 2002-49, Office of the Comptroller of the Currency, Washington, D.C., June 6.

Hawke, John D., Jr., (2003), Testimony before the Subcommittee on Domestic and International Monetary Policy, Trade and Technology of the Committee on Financial Services, U.S. House of Representatives, February 27.

International Swaps and Derivatives Assoc., Inc. (ISDA), (2001), Comments on Basel II, May.

Japanese Bankers Association, (2001), Comments on Basel II, May 31.

Kupiec, Paul H., (2001), Comments on Basel II, "The New Basle Accord: The Devil is in the (Calibration) Details," International Monetary Fund, May 23.

Lindgren, Carl-Johan, Gillian Garcia, and Matthew I. Saal, (1996), *Bank Soundness and Macroeconomic Policy*, Washington, D.C., International Monetary Fund.

MBNA America Bank N.A., (2001), Comments on Basel II, May 31.

Merriam-Webster-Map of Switzerland; *http://www.m-w.com/maps/switzerland.html* (visited 11/6/02).

"Overview of the New Basel Accord," (2001), Consultative Document, Basel Committee on Banking Supervision, Bank for International Settlements, Basel, Switzerland, January.

"Overview of the Amendment to the Capital Accord to Incorporate Market Risks," (1996), Consultative Document, Basel Committee on Banking Supervision, Bank for International Settlements, Basel, Switzerland.

"Overview Paper for the Impact Study," (2002), Basel Committee on Banking Supervision, Bank for International Settlements, Basel, Switzerland, October.

"Potential Terrorist Attacks: Additional Actions Needed to Better Prepare Critical Financial Market Participants," (2003), U.S. Government Accounting Office, GAO-03-251, February 12.

"Potential Terrorist Attacks: Additional Actions Needed to Better Prepare Critical Financial Market Participants," (2003), U.S. Government Accounting Office, GAO-03-414, February 12.

"The New Basel Capital Accord," (2001), Consultative Document, Basel Committee on Banking Supervision, Bank for International Settlements, Basel, Switzerland, January.

"The New Basel Capital Accord: An Explanatory Note," (2001), Secretariat of the Basel Committee on Banking Supervision, Bank for International Settlements, Basel, Switzerland, January.

"Update on New Basel Capital Accord," (2001), BIS Press Release, Bank for International Settlements, Basel, Switzerland, June 25.

제2장 신바젤자본협약(바젤 II): 8% 기준은 적정한가?

Benton E. Gup

2006년에 시행되는 신바젤자본협약은 1988년 바젤자본협약을 대체할 것이다. 1988년 협약은 국제적으로 활동하고 있는 은행들에게 오직 하나의 리스크대비 자기자본을 규정하고 있다. 하나의 자기자본 기준은 은행들이 다양한 정도의 리스크를 보유하고 있다는 점을 고려하고 있지 않다. 새로운 협약의 동인은 은행의 내부통제, 리스크관리의 유연성 증대 및 리스크민감도의 고양 등에 더욱 중점을 둠으로써 이러한 문제를 다루는 것이다. 바젤 II는 신용리스크, 시장리스크 및 운영리스크를 명시적으로 고려하고 있다.

신바젤자본협약은 자기자본에 대한 최근의 개념과 리스크가중자산 대비 자기자본의 최소비율 8%를 포함하고 있다.-[1] 여기에 문제가 있다. 미국 은행들에게는 최소자기자본비율은 너무 낮다. 그 이유는 다음의 보고서를 보면 알 수 있다. 바젤위원회의 '효과적인 감독을 위한 핵심원칙' (1997)에 따르면 '은행들에 적용되는 최소자기자본비율은 은행들의 리스크를 반영하여 금융감독당국이 정해야 한다' 고 되어있고, 1988년 바젤협약은 신용리스크와 부외 리스크를 고려했다고 지적하고 있다.

1_자세한 내용은 BIS의 Consultative Document, "The New Basel Capital Accord," 2001년 1월과 "The New Basel Capital Accord: An Explanatory Note," 2001년 1월 참조.

금융감독의 국제적 진보에 대한 보고서에서 바젤위원회는 '이 위원회의 주요 사명은 바젤자본협약이 시장의 빠른 변화에 대응하여 효과적이고 적절한 국제적 기준으로 유지되도록 하는데 있다' 고 밝히고 있다. 1988년 이후 은행들의 장부상 리스크와 부외 리스크는 증가하고 있지만, 최소자기자본비율 8%는 변하지 않고 있다. 은행이 8% 자본요구량을 계산하는 방식을 변화시키는 것은 최소자기자본비율을 높이는 것과 같지 않다. 사실상 어떤 은행들에게는 자본요구량이 8%보다 낮을 것이다.

이 장은 세 부분으로 나누어져 있다. 첫 부분은 미국 은행의 자본비율이 감소하고 있는 것을 검토할 것이다. 두 번째 부분은 부외 파생상품, 부동산 대출, 신용기록이 없거나 나쁜 차입자에 대한 대출(subprime loans, 이하 서브 프라임 대출), 주식등에 특별한 관심을 두고 은행의 리스크가 1988년 이래 증가하고 있다는 것을 보일 것이다. 세 번째 부분은 결론이다.

2.1 미국은행의 자기자본/자산 비율 감소

표 2-1은 1896년~2002년 동안에 미국 은행들의 자기자본비율(자기자본/총자산)이 낮아지고 있다는 것을 보여주고 있다. 이 비율은 자기자본을 총자산으로 나눠서 구해지고, 소수 지분, 영업권이나 무형자산를 고려하기 위한 조정은 이루어지지 않는다. 따라서 총자산 대비 자기자본 비율은 그러한 조정이 이루어진 FDIC의 '기본자본'(core capital)비율보다 높게 된다.[2]

[표 2-1] 자기자본/자산비율

일자	은행의 자기자본비율	FDIC의 기본자본비율	기업의 자기자본비율
1896(6/30)	23.5%		
1900(6/30)	17.9		
1950(6/30)	7.6		
1980(12/30)	5.8		25.5%
1988(12/30)	6.2	5.89%	
2000(12/30)	8.5	7.70	35.1
2002(12/30)	9.2	7.87	

자료 : *All-Bank Statistics, United States, 18961955* ; *Statistical Abstract of the United States, 1989, 1993, 2001; The FDIC Quarterly Banking Profile*, Fourth Quarter, 2002.

1896년과 1900년의 비율은 많은 은행들이 아직 진성어음주의(real bills doctrine)하에서 단기 차입과 단기 대출로 영업하고 있던 시절을 반영한다. 오늘날 은행들은 리스크가 더 높은 전략인 단기 차입과 장기 대출을 하고 있다. 표 2-1에서 보디시피 은행의 총자산 대비 자기자본 비율은 1896년의 23.5%에서 1980년의 5.8%로 감소했고, 이후 증가하기 시작했다.

1985~1992 기간 동안에 FDIC는 1,373개의 가입은행들이 파산하는 것을 겪었다.[3] 이러한 파산들은 1934~2001 기간 동안 FDIC가 부담한 총지출의 76.3%에 달한다. 미국 역사상 이 암흑기는 일반적으로 부실 상업용 부동산대출, 차입자본을 이용한 기업매수, 개발도상국들에 대한 대출 등과 관련되어 있다.

1988년의 바젤자본협약, 많은 수의 은행 파산과 FDIC의 지출, 1991년의 연방예금보험공사개선법(FDICIA)에 의해 강제된 적기시정조치(PCA) 기준 등이 이 후의 기간에 은행 총자산 대비 자기자본 비율이 향상되는데 영향을 미쳤다는 것은 의심의 여지가 없다. 2002년 4분기에 이 비율은 9.2%이었고, 반면에 FDIC의 기본자본비율은 8.0%이었다.[4] 대부분의 은행들은 미래의 성장을 지원하기 위한 최소자기자본요건보다 많은 자기자본을 보유하고 있다.

은행들에 대한 자기자본비율 8% 요건을 다른 산업들과 관련하여 보면, 표 2-1은 소득세 신고를 한 모든 기업들의 평균 자기자본비율이 1998년에 35%이었고, 은행들의 자기자본비율은 이보다 훨씬 낮다는 것을 보여준다.

은행의 자기자본비율은 8% 최소 자기자본비율이 제정된 1988년 바젤자본협약 오래 전에도 모든 기업들의 비율보다 낮았다. 이러한 점은 은행들의

2_기본자본비율(core capital ratio 또는 core capital leverage ratio)은 1993년 3분기에 The FDIC Quarterly Banking Profile에 처음 보고되었고, 데이터는 1987년까지 거슬러 올라간다. 기본자본비율은 '조정된 자산평균'에 근거해서 계산되고, 조정은 불인정 무형자산, 주식에 대한 미실현 손실, 단기간에 처분가능한 유가증권에 대한 미실현 이익이나 손실 등의 제외와 관련된다. 이러한 조정 후의 자산금액이 요구 보고서(Call report)의 스케줄 RC-K(Schedule RC-K)에 보고되는 분기별 평균자산액이다. 규제자본(regulatory capital)에 대한 자료 보고요건은 FDIC 웹사이트인 http://www.fdic.gov/regulations/reso-urces/call/index.html 에서 볼 수 있다.

3_2001년 FDIC 연차보고서.

4_연방예금보험공사개선법(FDICIA)하에서 '충분하게 자본화된'(well capitalized) 은행들은 리스크가중자산 대비 적어도 10% 이상의 자기자본, 6% 이상의 기본자본 및 5%이상의 레버리지 자본을 가져야 한다. 이보다 작은 자기자본을 가진 은행들은 낮은 등급을 받게 된다. 적기시정조치(PCA)요건은 미국에만 있는 독특한 제도이다.

최적자본구조는 어떤 것일까 하는 의문을 던진다. 혹자는 은행들이 규제 하에 있는 금융중개기관이기 때문에 대부분의 다른 형태의 기업들보다 높은 부채비율(또는 낮은 자기자본비율)을 갖고 있다고 주장할 수 있다. 한편, 높은 자기자본비율은 은행들을 비제도권 금융회사보다 불리한 경쟁위치에 놓이게 할 지도 모르고, 너무 낮은 자기자본비율은 시스템 리스크(systemic risk)의 한 원인이 될 지도 모른다. 최소자기자본비율이 8%여야 할까, 12%여야 할까, 혹은 근대적인 은행규제가 존재하기 전인 1900년처럼 18%여야 할까? 이 질문에 답은 이 책의 범위를 벗어난다.

2.2 은행들의 변화하는 리스크특성

미국 은행들의 리스크특성은 1988년의 바젤자본협약이래 상당히 변화하였다. 증대된 리스크는 부외 파생상품, 부동산 및 서브 프라임 대출 등과 관련이 있다. 어느 정도 까지는 리스크 증가가 대출손실증가에 반영된다. 평균 대출액과 리스금액 대비 순상각율은 1988년에 0.99%에서 2002년 3분기 1.12%로 증가했다.[5] 또한 이 절에서는 몇몇 외국 은행들이 어떻게 규제자본을 산정하는지도 검토할 것이다.

2.2.1 **파생상품** (Derivatives)

가장 큰 금액상의 변화는 부외 파생상품과 부동산 대출에서 발생했다. 1993년 4분기에 부외 파생상품은 은행 자산의 약 3.2배인 $11.8조에 달하였고,[6] 2002년 4분기에는 6.7배인 $56.3조에 이르렀다.[7] 파생상품분야에서 가장 큰 딜러(dealer)인 Chase은행(JPMorgan Chase Bank)은 총파생상품 계약의 명목상 금액의 절반을 차지하고 있고, 상위 7개의 은행들이 96%, 상위 25개 은행들이 99%를 차지하고 있다.[8] 대형은행들은 파생상품의 약 96%를 매매계정에 보유하고 있다. 반면에, 소규모 은행들은 파생상

5_1989년 1분기와 2002년 3분기의 The FDIC Quarterly Banking Profile.

6_1993년 4분기의 The FDIC Quarterly Banking Profile. FDIC는 파생상품 데이터를 1993년에 처음 보고하기 시작했다.

7_2002년 4분기의 The FDIC Quarterly Banking Profile; 2002년 12월의 'OCC Bank Derivatives Report, Third Quarter 2002' 에서 OCC는 $53.2조로 보고하였다. FDIC와 OCC간의 차이는 OCC가 파생상품들의 명목상 금액(notional amount)에서 현물외환계약들을 제외시켰기 때문이다.

품을 리스크관리 목적으로 사용하고 있다. 2002년 현재 총 408개의 은행들이 파생상품 계약을 갖고 있다.

2002년 3분기에 파생상품 계약의 명목상 금액 중 86%가 금리계약, 11%가 외환계약, 나머지 3%가 주식, 상품 및 신용파생상품들이었다. 이미 1995년에 에너지관련(원유 및 가스) 거래시장의 5~10% 정도를 은행들이 차지하고 있었고, 2002년 7월 Bank of America는 전기파생상품(electricity derivatives)을 거래하기 시작했다.[9]

Puwalski(2003)에 따르면, 주식 및 상품파생상품들은 가장 리스크가 큰 파생상품계약이고, 그 다음으로는 외환계약, 그리고 금리계약이 가장 리스크가 적다. 리스크는 또한 은행이 리스크회피시도(hedging, 이하 헤징)를 하고 있는지, 담합 거래 · 시세 형성 · 포지션 보유 등의 거래(dealing)에 관계되는지 또는 투기를 하고 있는지에 따라 다르다. 금리계약을 통해 금리리스크를 헤징하는 것은 은행들에서 가장 보편적인 파생상품의 사용 예이다.

파생상품시장이 커지면서 시장참가자들도 증가하였다. 2002년에는 은행들이 시장의 47%를 점유하였고, 재보험회사(14%), 보험회사(9%), 헤지펀드(8%), 자산운용사(5%), 기타(17%) 등이 시장에 참가하였다.[10]

표 2-2에서 보다시피, 파생상품의 순상각은 해마다 크게 다르다. 순상각액은 최고인 1998년의 $4.45억에서 최저인 2000년의 $10만까지 그 편차가 매우 크다. 2002년 3분기에 대출 및 리스에 대한 상각액 $115억에 비교해 보면, 손실액이 매우 작음을 알 수 있다.

Mackay(1995)는 파생상품으로부터의 리스크가 독특하지는 않다고 주장했는데, 이에는 신용리스크, 결제리스크, 시장리스크, 유동성리스크, 법적 리스크 등이 포함된다. Mackay는 또한 파생상품이 시스템 리스크를 증가시킨다는 견해가 실증적으로 뒷받침되지 않는다고 주장한다. 그러나 $56.3조에 달하는 파생상품 포트폴리오와 대출 및 리스의 규모가 $5.1조임을 고려[11]해 볼 때 파생상품으로부터 대규모의 손실이 발생할 가능성은 존재한다.

8_'OCC Bank Derivatives Report, Third Quarter 2002,' 2002년 12월.

9_OCC Bank Derivatives Report, Third Quarter 2002,' 2002년 12월; Energy Derivatives (1995); Brannigan and Kranhold (2002).

10_Sender (2002년 12월 5일).

11_은행데이터는 2002년 4분기의 FDIC Quarterly Banking Profile로부터 구했다.

[표 2-2] 파생상품의 순상각율과 금액

기간	순상각률(%)	금액($백만)
1998 3분기	0.11	$445
2000 1분기	0.00	$0.1
2001 4분기	0.06	$296
2002 3분기	0.01	$70

자료 : The data for all banks that issue derivatives are from the "OCC Bank Derivatives Report, Third Quarter 2002," December 2002, Graph 5C.

Powell(2003년 4월 10일)에 의하면 신용등급 강등에 대한 시장의 반응이 대혼란의 잠재적 원인이 된다. 많은 파생상품계약이 상대방에게 투자적격의 신용등급을 유지할 것을 요구하고 있다. 신용등급 강등은 상당한 파생상품 포지션을 갖고 있는 대형 은행에게 은행과 파생상품시장에서 혼란을 유발할 수 있는 '계기가 되는 사건' 으로 작용한다.

Berkshire Hathaway사의 회장이자 CEO인 Warren Buffett (2003)은 '파생상품이 잠재적이기는 하지만 치명적인 리스크을 수반하는 금융분야의 대량살상무기' 라고 확신하고 있다. Berkshire사는 파생상품 딜러인 General Re 증권(General Re Securities)을 인수했는데 2002년에 $1.73억의 세전 손실을 기록했다. General Re증권 사태는 Buffett가 지적한 문제점들에 기인하지만, 동일한 문제가 다른 은행들에게도 적용된다.

General Re 증권은 파생상품의 신용등급을 높이려고 담보부채무증서(collateralized debt obligations, CDOs)와 같은 파생상품에 투자하거나 보험을 들었는데, CDOs는 다양한 리스크 정도를 대표하는 3개 이상의 다단계 계층(tranche)구조로 분할될 수 있다. 예를 들면, 주식 계층구조는 가장 큰 리스크을 갖고 있다. 다음은 중간 정도의 리스크을 가진 메자닌(mezzanine)계층구조이고, 상위(senior)계층구조가 가장 적은 리스크을 갖고 있다.[12] 100개의 회사들로 이루어진 풀(pool)에서 몇 건의 채무불이행은 주식계층구조를 파괴시킬 수 있다. 이 가능성은 실제로 2001년과 2002년의 경제 불황때 현실화되었다. CDO 포트폴리오에 시가평가(marking to market)가 되었어야 할 광범위한 서류상의 손실(paper losses)이 존재하였다.

12_ 'Toxic Waste' (2003년 3월 15일).

Buffett의 우려는 다음의 문제점들로부터 출발한 것 같다. 첫째, General Re 증권은 672에 달하는 거래상대방과 14,834에 이르는 계약을 체결하였고, 몇몇 거래는 20년 이상의 만기를 갖고 있었다. 더 중요한 것은 General Re 증권이 $65억에 이르는 거래상의 채무(trading liabilities)를 갖고 있었다는 점이다.

둘째, 이 증권사가 보유하고 있던 파생상품 계약의 부분의 경우 매매거래를 위한 활발한 시장이 없었다는 점이다.

셋째, 파생상품을 거래하는 당사자들은, 큰 이익을 나타내기 위해 거래상대방들이 서로 다른 모형과 가정들을 사용하는 것을 용인하는 시가평가회계에 근거한 '수익'에 대해 지급을 받는다. Buffett는 이것을 '허구에 의한 평가'(mark-to- myth)라고 불렀다. 연방준비제도(Federal Reserve)은 '거래와 자본시장 활동에 대한 지침'(Trading and Capital-Markets Activities Manual, section 2020.1, 1999)에서 '잠재적 리스크도를 추정하는 것은 주관적일 수 있고, 기업들은 몇몇 다른 방법으로 측정을 한다'라고 서술하고 있다.

불행하게도 General Re 증권은 올바른 방법을 고르지 못했거나, 아니면 미래에 대한 예측이 틀렸다고 할 수 있다. Buffett의 지적에 의하면 총수익 스왑(total return swaps)이 주식시장을 포함한 다양한 시장에서 100% 레버리지를 가능하게 하였고, 마진요건(margin requirement)을 경시하게 만들었다.

J.P. Morgan의 임원이었던 Mark C. Brickell(1996)은 1990년대 초 Gibson Greetings, Proctor & Gamble, Orange County, Barings 및 Daiwa 등에 의해 저질러진 실수들로부터 얻을 수 있는 교훈에 대해 토의하였다. 파생상품의 딜러들리 얻을 수 있는 교훈과 관련해서 Brickell은 집중리스크(concentration risk)에 조심하라고 경고하며, '건전한 은행의 기본원칙은 리스크의 집중화를 피하는 것이다'라고 말하고 있다. 한 은행이 파생상품 계약의 절반 이상을 차지하고, 7개의 은행이 96%를 점유하는 것이 지나친 집중화가 아닐까?

2.2.2 부동산 (Real Estate)

부동산대출은 은행들의 파산과 광범위하게 관련되어 있으므로, 이의 성장은 파생상품보다 더욱 큰 우려의 대상이다. FDIC의 한 연구에 의하면 상업용 부동산대출에서의 호황(boom)과 불황(bust)이 1980년대와 1990년대 초 실패한 은행들과 살아남은 은행들에서 손실의 주요한 원인이었다는

[표 2-3] 부동산 대출

연도	부동산 대출 /총대출	은행의 모기지대출 /총 모기지 대출	약정 이자율 (고정금리)
1980	26.7%	18.0%	14.4 %(1982)*
1988	35.8	520.4	10.0
2000	44.4	24.1	8.0
2002	57.3		5.95 (12월)

* 1980년 약정이자율 자료가 없어 1982년 자료를 사용함.
자료 : *Statistical Abstract of the United States, 1993, 2001; FDIC Quarterly Banking Profile*, Fourth Quarter, 2002, *Federal Reserve Bulletin*, March 2003.

것을 발견했다.[13] 1980~1996년 동안 IMF회원국들을 조사한 Lindgren, Garcia, Saal(1996)의 한 IMF 연구에서는 181개의 회원국 중 130개국 이상이 금융분야의 부실 문제를 경험한 것으로 나타났다. 부동산 시장의 등락은 노르웨이, 말레이시아, 일본, 스웨덴, 스페인, 프랑스, 핀란드 등과 관련하여 구체적으로 언급되었다. Sheng(1996)은 세계은행(World Bank)에서 발간된 한 논문에서 가나, 아르헨티나, 유고슬라비아, 칠레, 콜롬비아 등 많은 국가에서 부동산대출로부터의 손실이 금융부문의 문제와 직결되어 있다고 인정하였다. 마지막으로 Gup(1998)은 국제적 금융위기에 관한 연구에서 부동산대출이 다른 범주의 대출들보다 은행들의 파산에 큰 영향을 미쳤다고 확인했다.

표 2-3에 제시된 수치는 2002년에 모기지가 과거보다 급격히 증가하여 은행 순 여신의 57%를 차지하고 있는 것을 보여준다. 또한, 총 모기지대출에서 은행의 역할이 증가하고 있음도 보여준다. 오늘날, 은행들이 주요한 모기지대출자로서 저축기관(savings institutions)들을 능가하고 있다. 표 2-3에는 나타나있지 않지만, 은행 모기지대출의 약 57%가 1인~4인 가족용, 41%가 상업용 및 다가구용이고, 1%가 농장모기지대출이다.[14]

모기지에 대한 수요는 부분적으로는 시장금리의 하락에 기인하고 있다. 2002년 모기지 금리는 35년 만에 최저 수준이었고, 새 집에 대한 고정금리 모기지대출에 대한 약정이자율은 1982년 14.4%에서 2002년 12월 5.95%로 하락했다. 하지만 금리가 가령 200 베이시스 포인트(basis points

13_80년대사(History of the Eighties) Vol. 1, 1997.

14_Federal Reserve Bulletin, 2002년 8월.

=1/10,000 = 0.01% , 이하 bp) 상승한다면 어떻게 될까?_[15]

차입이자율의 200bp 상승이 갖는 효과를 검토하기 전에 차입자의 자산들에 대한 평가에 대해 몇 가지 가정들을 해야 한다. 차입자가 상업용 부동산에 투자한다고 가정하면, 부동산의 내재가치(intrinsic value)는 시장이자율에 의해 할인된 미래의 기대현금흐름(연금형태의 현금흐름)의 현재가치이다. 자산의 보유기간은 대부금의 만기와 같고, 세금도 없다고 가정한다. 여기에서 차입은 100%로 한정되지만, 미국의 주택지분대출(home equity loans)은 재산가치의 125% 이상까지도 행해진다.

연금(annuity)의 현재가치, PV_a는

$$PV_a = PMT\sum_{t=1}^{n}[\frac{1}{(1+i)^t}] \tag{2-1}$$

여기서, PMT = 연간 기대수입
n = 연금의 지불횟수
i = 이자율
을 나타낸다.

표 2-4의 패널 A는 몇몇 대출 대비 자산가치(loan-to-value, LTV)비율에 대한 부동산대출의 초기 자산가치를 보여준다. 대출금은 $1백만으로 가정한다. 대출대비 자산가치비율이 100%이면 자산가치는 $1백만이고, 대출대비 자산가치비율이 90%이면 자산가치는 $1,111,111($1,000,000/0.9) 등이다. 자산가치와 대출금액 사이의 차이는 그 자산에 대해 차입자가 갖고 있는 지분을 나타낸다. von Furstenberg(1969, 1970)와 Vandell(1978)등의 연구에 의하면 대출 대비 자산가치비율과 차입자의 지분누적액이 모기지대출 채무불이행에 통계적으로 유의한 결정인자들이었다는 것을 밝혔다. 대출대비 자산가치비율이 높을수록 채무불이행 확률도 높았다.

또한, 표 2-4의 패널 A는 7% 이자율에 기초하여 각각의 최초 자산가치에 대한 연간기대수입(PMT)을 보여주고 있다. 표 2-4의 패널 B는 시장이

15_이 예가 모기지 대출과 관련되지만, 레버리지 파이낸싱(leveraged financing)에 대해서도 같은 점이 지적될 수 있다. 레버리지 파이낸싱은 은행규제당국자들에게 우려의 대상이다. 추가적인 정보는 FDIC : Press Release PR-28-2001, April 9, 2001 (Leveraged Financing) 참조.

자율이 9%로 200bp 상승이 부동산의 내재가치인 연금의 현재가치에 미치는 영향을 보여주고 있다. 표 2-4의 패널 B는 대출금액과 자산의 내재가치간의 차이도 보여주고 있다. 대출 대비 자산가치비율이 100%일 때, 자산가치는 대출보다 $157,123만큼 적어, 소유주의 채무불이행에 대한 풋옵션(put option)은 과내가격상태(deep in the money)가 된다. 풋옵션은 대출 대비 자산가치비율이 90%일 때도 행사가능하게 되고, 낮은 대출 대비 자산가치비율에서는 외가격(out of the money)하게 된다.

Simons(1994)는 산업용 부동산모기지의 채무불이행 확률이 음(-)의 지분(가령, 행사가능한 풋옵션) 및 파산과 강한 연관관계가 있음을 발견했다. 부동산에 대한 채무불이행 리스크를 분석한 Kau와 Kim(1994)은 "주택가

[표 2-4] 패널 A: 25년 만기, 고정금리 7%, 액면 $백만 상업용 부동산 대출

	대출 대비 자산가치비율				
	100%	90%	80%	70%	60%
25년 만기 부동산 대출	$1,000,000	$1,000,000	$1,000,000	$1,000,000	$1,000,000
초기 자산가치* 자산에 의한	$1,000,000	$1,111,111	$1,250,000	$1,428,571	$1,666,667
연간 기대 수입**	$85.810	$95.345	$107,263	$122,586	$143,017

* $ 1,000,000/0.9 = $1,111,111 $1,000,000/0.8 = 1,250,000

** 연간 기대수입(PMT)는 7%로 할인된 초기자산가치에서 유도하였음.

패널 B : 금리가 7%에서 9%로 200bp 상승시

	대출 대비 자산가치비율				
	100%	90%	80%	70%	60%
25년 만기 부동산 대출(A)	$1,000,000	$1,000,000	$1,000,000	$1,000,000	$1,000,000
금리가 8%일때 자산의 현재가치(B)	$842,877	$936,5361	$1,053,602	$1,204,113	$1,404,798
B－A	－$157,123	－$63,464	$53,602	$204,113	$404,798
대출상태	채무불이행 발생	채무불이행 가능성 존재			

* $ 1,000,000/0.9 = $1,111,111 $1,000,000/0.8 = 1,250,000

** 연간 기대수입(PMT)는 7%로 할인된 초기자산가치에서 유도하였음.

격이 충분히 낮게 떨어지면, 차입자들은 즉각적으로 채무불이행 상태에 빠질 것이다"라고 결론지었다.

Elmer와 Seelig(1998a)은 미국에서 1가구 주택의 모기지에 대한 채무불이행을 소사하기 위해 신택이론직 모형(choice-theoretic model)을 개발하였고, 단기적 지불불능(insolvency)과 함께 소득과 부동산가격에 대한 충격이 모기지 채무불이행에 핵심 역할을 하고 있다는 결론을 얻었다. 또 다른 논문에서 Elmer와 Seelig(1998b)은 주택가격 상승율과 대출 대비가 자산치 비율이 모기지대출로 산 1가구 주택에 대한 저당물의 반환권 상실(foreclosure)율이 상승하는 추세의 일정 부분을 설명하고 있다는 것을 알아냈다. 마지막으로 어떤 부동산대출은 상환청구(recourse)없이 이루어지므로, 차입자가 대출금에 대해 지급불능상태에 빠지더라도 리스크에 처하지는 않는다.

이러한 이유들 때문에 차입자가 채권불이행에 대한 풋옵션을 행사할 동기가 주어지지만, 모든 차입자들이 채무불이행을 낼 가능성은 동일하지 않다. IBM과 같은 대기업은 소규모 기업들이나 개인투자자들 또는 투기자보다 풋옵션을 행사할 가능성이 낮다.

2.2.3 서브 프라임 대출 (Subprime Loans)

많은 수의 은행들이 적절한 건전성기준(prudential standards)없이 신용기록이 없거나 불량한 고객들에 대한 서브 프라임 대출 및 높은 대출 대비 자산가치비율을 가진 대출로 방향을 돌리고 있다. 서브 프라임 대출은 소비자 및 부동산대출을 포함하고 있다. Feldman과 Schmidt(1999)는 미니애폴리스(Minneapolis) 연방준비은행의 관할지역에 있는 은행들의 29%가 서브 프라임 대출을 하고 있는 것을 발견했고, FDIC의 수장이었던 DonnaTanoue (2000)는 2000년 현재 약 140여 개의 FDIC 회원은행들이 서브 프라임 대출에 깊이 개입되어 있다고 보고하였다. 이 숫자는 모든 금융기관들의 1%를 차지하며, CAMEL 등급이 4나 5인 곤란에 빠진 금융기관들의 20%를 점하고 있다. 서브 프라임 대출을 취급하는 몇몇 은행들은 대출을 증권화시키고 잔여지분을 유지한다. 이 부외 거래는 리스크를 증가시키게 된다.

최근에 파산한 은행들 중 일부는 서브 프라임 대출과 관련되어 있다. 이러한 은행들의 예로는 콜로라도주 보울더 소재 BestBank, 웨스트 버지니아주 키스톤 소재 First National Bank of Keystone, 일리노이주 힌즈데일 소재 Superior Bank, 캘리포니아주 우드랜드 힐스 소재 Pacific Thrift and Loan Co., 플로리다주 마이애미 소재 Peoples National Bank of Commerce, 뉴욕주 로체스터 소재 Genessee Regional Bank 등이 있다.

오리건주 비버튼 소재 First Consumer National Bank(FCNB)의 경우를 살펴보자. 이 은행은 Spiegel Group의 자회사로서 은행지주회사법(Bank Holding Company Act)하에 '신용카드은행'(credit card bank)이라는 제한된 목적으로 운영되었다. 138년 된 Spiegel Group은 Eddie Bauer, Spiegel Catalog, Newport News 등을 소유하고 있는 소매전문점이다. 매출을 증대시키기 위해 Spiegel은 FCNB를 통해 공격적으로 신용카드 영업을 확대하였고, 서브 프라임 고객인 Fair Isaac Co.(FICO) 점수가 680아래인 고객들에 초점을 맞추었다. 또한, Spiegel은 FCNB의 신용카드 매출채권과 연계된 자산유동화증권(asset-backed securities, ABS)을 판매함으로써 수익을 얻었고, 이 증권에 최소한의 이익을 보장하였다.[16]

Spiegel의 매출액은 1999년과 2000년에 급증하였지만, 2001년과 2002년의 경제 불황이 FCNB에 대규모의 부실채권과 손실을 안겼고 ABS에 대한 최소한의 이익을 보장했던 Spiegel은 유동성위기에 빠졌다. 2002년 5월에 은행감독원(Office of the Comptroller of the Currency)은 FCNB에 대해 '중지 명령'을 발하였고, 2003년 3월에 Spiegel은 파산법 제 11장의 법정 관리를 신청하였다.[17]

연방준비제도의 2002년 1월 은행대출관행에 대해 선임대출담당자들을 대상으로 이루어진 의견조사는 서브 프라임 대출포트폴리오가 기대에 못 미치는 성과를 올리고 있다는 것을 밝혔다. 예컨데 서브 프라임 주택모기지 대출의 40.7%가 예측대로 성취하지 못한 반면, 표준적인 모기지대출의 경우 12.2%만이 기대 이하였다.[18] FDIC의 수장인 Donald F. Powell은 이 수치들이 '현재의 신용리스크 모형들이 새롭고 보다 신축적인 금융상품들에게는 알맞지 않을지도 모른다'는 것을 시사하고 있다고 언급했다.[19]

FDIC의 경험에 근거해서 전임 수장인 Donna Tanoue(2000)는 서브 프라임대출이 가장 큰 비율을 차지하고 있는 은행들에 대해 자기자본 요건을 강화할 것을 권고했다. FDIC의 2001년 1월 31일자 보도자료는 무담보나 대출 대비 자기자본비율이 높은 2차 모기지대출과 같은 서브 프라

16_Merrick (3/18/03).

17_OCC, Consent Order #2002-40, First Consumer National Bank, Beaverton, Oregon.

18_'Senior Loan Officer Opinion Survey on Bank Lending Practices,' January 2002.

19_Powell (11/15/02).

임 풀(pool)을 인수하는 금융기관들은 "리스크 수준과 변동성에 따라 아마도 미회수 대출금의 100%와 같은 강화된 자기자본 기준을 필요로 한다"고 제안하고 있다.[20]

2.2.4 주식(Equities)과 세액 공제(Tax Credits)

독일, 스페인, 이탈리아 및 다른 몇몇 국가들의 은행들은 주식가액을 기본자본으로 포함시킬 수 있다. 이 경우, 주식시장이 상승할 때는 은행자본에 혜택이지만, 2002년 유럽의 주식시장처럼 대량매도세로 주가가 급락할 때는 미실현 자본이득이 미실현 자본손실로 바뀌고 은행자본은 감소하게 된다. Pretzlik(2002)는 하락한 주가 때문에 Banca Nazionale Navaro, Monete del Paschi di Siena, IntesaBCI, Commerzbank, and HBV 등 유럽의 5개 은행들이 기본자본비율이 6% 이하로 떨어졌다고 보도했다.

마찬가지로 일본의 은행들도 주식가액을 자본의 일부로 포함시키고 있는데 주가가 떨어질 때 Mizuho지주(Mizuho Holdings)에게 심각한 자본손실을 안겼다. Mizuho는 자산 규모가 $1조 3천억인 세계에서 가장 큰 금융그룹인데 2003년 1월 더 이상의 자본손실을 막기 위해 남아있는 주식포트폴리오의 약 1/6을 처분한다고 발표하였다.[21] 마지막으로, 이연된 세금공제액(deferred tax credit)도 Mizuho의 기본자본으로 포함되었다. 세액공제가 자본에서 제외된다면 Mizuho의 자본비율은 10.1%에서 4.8%로 떨어지게 된다.[22]

2.3 결론

이 장의 제목인 신바젤자본협약: 8% 기준은 적정한가?에 대한 답변은 '적정하지 않다' 이다. 신바젤자본협약은 최소자기자본비율 요건인 8%를 산정하는 데 다양한 리스크들이 다루어지는 방식에 상당한 변화를 시도하고 있다. 예를 들면, 상업용 대출 $100을 하는데 필요한 자본을 고려해 보자. 1988년 바젤자본협약 하에서는 $8의 자본이 필요하지만, 바젤 II 기준

20_이에 대한 심도 있는 토의는 FDIC Interagency Guidance (March 1, 1999) 참조.

21_Dvorak (1/22/03). 또한 'Revision of Earnings Estimate for FY 2002 (January 2003) 참조.

22_Bremmer (12/23/2002); Toritani and Jones (1/16/03).

하에서는 고급내부등급법을 사용하면 필요자본액이 AAA신용등급을 가진 기업에 대해 $0.37부터 $4.45까지 다양할 수 있다.[23] 기업의 신용등급이 B라면 필요자본액은 $3.97부터 $41.65까지 이를 수 있다.

이 문제를 보는 또 다른 방식은 바젤 II가 100%를 초과하는 리스크가중치가 있다는 데 있다. 가령, 어떤 상업용 부동산대출에 대한 리스크가중치는 150%이거나 그 이상이다. 이것은 그런 대출을 보유하고 있는 은행들은 이를 위해 8%보다 높은 자본비율이 요구될지도 모른다는 것을 의미한다. 이에 함축된 의미는 적정하거나 초과 자본을 갖고 있는 은행들이 그러한 대출을 할 것이라는 점이다. 다른 가능성은 은행이 더 많은 자본을 발행할 것이고, 마지막으로 높은 자본부담을 요구하는 대출을 보유하는 것을 회피할 수 있다.

바젤 II는 미국의 은행들이 오늘날 직면하고 있는 총리스크가 1988년 협약 때보다 훨씬 더 크다는 사실을 고려하지 않고 있다. 1988년 이래 미국 은행들의 장부상 리스크와 부외 리스크가 급격히 증가하고 있다.

'적정하지 않다' 라는 대답에 모든 사람이 동의하는 것은 아니다. 미국과 캐나다에서 가장 큰 은행들을 대표하는 RMA Capital Working Group(2001)은 1988년 바젤자본협약이 임의적이었고, 새로운 자기자본기준이 2%~3% 정도이어야 한다고 주장했다. 18개국의 190개 은행들에 대한 최근의 의견조사 결과는 응답자의 80%가 자기자본에 있어서 상당한 감소가 있으리라고 믿는다고 나타났다.[24]

이 장은 부외파생상품, 장부상의 부동산대출, 서브 프라임 대출의 증가 및 주식가액 등의 문제를 검토하였다. 이러한 증가의 정황을 이해하기 위해, BIS의 행장이자 금융안정포럼(Financial Stability Forum)의 의장인 Andrew Crockett이 행한 연설을 보자(2002년 12월 6일). Crockett은 "은행감독을 미시적인 건전성감독과 거시적인 건전성감독으로 구분한다. 미시적인 건전성감독은 개별 금융기관에만 초점을 맞추는 반면, 거시적인 건전성감독은 전체 금융시스템을 고려한다. 각 은행이 장부상 리스크와 부외

23_Burhouse 외 3인(2003). 이 계산은 $100 대출금을 보유할 때의 상한과 하한을 반영한다. 상한은 1년 만기 대출에 대해 높은 회수율, 즉 10% 부도시 손실률(Loss Given Default, LGD)을 반영하고, 하한은 낮은 회수율, 즉 90%의 부도시 손실률을 반영하고 있다. A-IRB는 운영리스크에 대한 부담액도 포함하는데 사용된다.

24_Garver (2002).

리스크를 증가시키는 것은 합리적이고 현명할지 모르지만, 거시적 관점에서 보면 통합 리스크의 증가는 결코 현명하지 않다"고 했다.

장래에는 시장이자율이 2003년 초의 낮은 수준에서 올라갈 가능성이 많으므로, 여기에 제시된 사료들은 내출금에 대한 재무불이행과 이에 따른 은행파산이 상당히 증가할 것이라는 점을 제시하고 있다. 경제가 은행들에게 어려움을 안기는 시기에는 높은 재무레버리지도(degree of financial leverage)만큼 파산이 앞당겨진다. 예를 들면 1990년에 전체 산업의 파산율(10,000회사당)은 74인 반면에 은행파산율은 137이었다.[25] 어느 정도는 높은 수준의 자기자본으로 미래의 은행파산을 막을 수도 있다.

신바젤자본협약에 대한 논평에서, Citigroup의 재무 및 금융담당 COO (Chief Operating Officer)인 J. Fishman(2001)은 경제적으로 정당화된 이상으로 자본을 보유하는 데는 '상당한 기회비용'이 있다고 지적했다. 이 비용은 자금의 이용자들에 대한 더 높은 비용과 투자자들에 대한 낮은 수익을 포함한다.

한편, 세계은행(2001)의 논평은 약하고 불안정한 거시경제적 조건을 갖고 있는 개발도상국과 신흥공업국의 은행들은 선진시장에서 최소요건으로 생각되는 것 이상으로 자본을 보유할 것을 규정하라고 추천하고 있다.

무엇이 적정한 자본수준이어야 하는지 결정하는 것은 추가적인 연구의 주제이고, 이 장의 범위를 벗어난다. 논쟁이 시작되도록 해야 한다.

참고문헌

All-Bank Statistics, United States, 1896-1955, (1959), Washington, D.C., Board of Governors of the Federal Reserve System, Table B1, p. 53.

Brannigan, Martha, and Kathryn Kranhold, (2002), "Bank of America Seeks Energy-Trading Authority," *Wall Street Journal,* September 13, p. A5.

Bremmer, Brian, (2002), "Japan' s Cracked Banking Colossus," *Business Week Online*, December 23, (International, Asian Business) *http://www.business-week.com* (visited 1/15/03).

Brickell, Mark C., (1996), "The Changing Nature of the Derivatives Market and the Lessons We Have Learned So Far," *Derivatives and Public Policy, Proceedings of a Conference*, Chicago, Ill, Federal Reserve Bank of Chicago, pp. 40-45.

25_Statistical Abstract of the United states, 2001, Table 877; FDIC Annual Report, 2001, p. 86.

Buffett, Warren E., (2003), 'Letter to Shareholders," Berkshire Hathaway, Inc., 2002 Annual Report, *http://www.berkshirehathaway.com.*

Burhouse, Susan, John Feid, George Finch, and Keith Ligon, (2003), "Basel and the evolution of Capital Regulation: Moving Forward and Looking Back," *For Your Information*, Federal Deposit Insurance Corporation, January 14, *http://www.fdic.gov/bank/analytical/fyi/2003/011403fyi.html* (visited 1/23/03).

Citigroup, (2001), J.S. Fishman, Chief Operating Officer, Finance and Risk, letter and comments sent to Basel Committee on Banking Supervision, Bank for International Settlements, May 31, *http://www.bis.org/bcbs/cacomments.htm.*

"Core Principles for Effective Banking Supervision," (1997), Consultative Paper, Basel, Switzerland, Bank for International Settlements, April.

Crockett, Andrew, (2002), "Institutions for Stability? Current and Past Experience," a speech before the Monetary Stability Foundations, Frankfurt, Germany, December 6, *http://www.bis.org/speeches/sp021206.htm.*

Dvorak, Phred, (2003), "Mizuho Holdings Expects to Post Widest Net Loss Ever in Japan," *Wall Street Journal*, January 22, p. A2.

Elmer, Peter J., and Steven A. Seelig, (1998), (a) "Insolvency, Trigger Events, and Consumer Risk Posture in the Theory of Single-Family Mortgage Default," *Working Paper Series*, FDIC, Division of Research and Statistics, Working Paper 98-3.

Elmer, Peter J., and Steven A. Seelig, (1998), (b) "The Rising Long-Term Trend of Single-Family Mortgage Foreclosure Rates," *Working Paper Series*, FDIC, Division of Research and Statistics, Working Paper 98-2.

Energy Derivatives: Crude Oil and Natural Gas(Product Summary), (1995), Federal Reserve Bank of Chicago, December.

FDIC Annual Report, 2001, (2002), Washington, D.C., FDIC, p. 86.

FDIC: Interagency Guidance, March 1, 1999 (*Subprime Lending*) *http://www.fdic.gov/news/news/financial/1999/FIL9920a.html.*

FDIC: Press Release PR-9-2001, January 31, 2001 (Subprime Lending) *http://www.fdic.gov/news/news/press/2001/pr0901a.html.*

FDIC: Press Release PR-28-2001, April 9, 2001 (Leveraged Financing) *http://www.fdic.gov/news/news/press/2001/pr2801a.html.*

Federal Reserve Bulletin, (2002), Board of Governors of the Federal Reserve System, August, Table 1.54.

Federal Reserve Bulletin, (2003), Board of Governors of the Federal Reserve System, March, Table 1.53.

Feldman, Ron, and Jason Schmidt, (1999), "Why All Concerns About Subprime Lending Are Not Created Equal," *Fedgazette*, Federal Reserve Bank of Minneapolis, July.

Garver, Rob, (2002), "Most U.S. Banks Preparing for New Basel Accord: Poll," *American Banker*, December 17, p. 4.

Gup, Benton E., (1998), *Bank Failures in the Major Trading Countries of the World: Causes and Remedies*, Westport, CT, Quorum Books.

History of the Eighties-Lessons for the Future: An Examination of Banking Crises of the 1980s and Early 1990s, (1997), Washington, D.C., Federal Deposit Insurance Corporation, Vol. 1.

Kau, J. B., and T. Kim, (1994), "Waiting to Default: The Value of Delay," *Journal of the American Real Estate and Urban Economics Association*, 22, pp. 539-551.

Lindgren, C., G. Garcia, and M. I. Saal, (1996), *Banking Soundness and Macroeconomic Policy*, Washington, D.C., International Monetary Fund.

Mackay, Robert J., (1995), 'Derivatives and Systemic Risk: Issues, Views, and Analysis," *Research in Financial Services, Private and Public Policy*, George G. Kaufman, editor, Greenwich, CT, JAI Press, pp. 111-169.

Merrick, Amy, (2003), "Spiegel Files for Chapter 11," *Wall Street Journal*, March 18, p. B4.

"OCC Bank Derivatives Report, Third Quarter 2002," (2002), Washington, D.C., Office of the Comptroller of the Currency, December.

Office of the Comptroller of the Currency, Consent Order #2002-40, First Consumers National Bank, Beaverton, Oregon, Washington, D.C., May 15, 2002.

Powell, Donald E., (2002), "Federal Deposit Insurance Corporation: Housing Trends and the Economy," Washington, D.C., FDIC, Press Release PR-117-2002, November 5.

Powell, Donald E., (2003), "Remarks before the Federal Reserve Bank of Atlanta," Washington, D.C., FDIC, Press Release PR-32-2003, April 10.

Pretzlik, Charles, (2002), "Banks Wilt Under the Pressure of Downturn," *Financial Times* (Special Report: Banking in Europe), November 18.

Puwalski, Allen C., (2003), "Derivatives Risk in Commercial Banking," FDIC FYI, Washington, D.C., Federal Deposit Insurance Corporation, March 28.

Quantitative Impact Study 3 Technical Guidance, (2002), Basel Committee on Banking Supervision, Bank for International Settlements, Basel, Switzerland, October.

"Revision of Earnings Estimate for FY2002," (2003), Mizuho Financial Group, January, *http://www.mizuho-fg.co.jp/english/pdf/release/2002/20030123_e.pdf* (visited 1/24/03).

RMA Capital Working Group, (2001), Comments on Basel II, Bank for International Settlements, *http://www.bis.org/bcbs/cacomments.htm.*

Sender, Henny, (2002), "A Market Backfires, and Investors Pay," *Wall Street*

Journal, December 5, p. C1.

"Senior Loan Officer Opinion Survey on Bank Lending Practices," (2002), Washington, D.C., Board of Governors of the Federal Reserve System, January.

Sheng, A., (1996), *Bank Restructuring: Lessons from the 1980s*, Washington, D.C., The World Bank.

Simons, R. A., (1994), "Industrial Real Estate Mortgage Default Experience of the New York State Job Development Authority Second Loan Program: A Preliminary Investigation," *Journal of the American Real Estate and Urban Economics Association*, 22, pp. 632-646.

Statistical Abstract of the United States, 1989, (1990), Washington, D.C., U.S. Census Bureau.

Statistical Abstract of the United States, 1993, (1994), Washington, D.C., U.S. Census Bureau.

Statistical Abstract of the United States, 2001, (2002), Washington, D.C., U.S. Census Bureau.

Tanoue, Donna, (2000), "Testimony of Donna Tanoue, Chairman, FDIC, on the Recent Bank Failures and Regulatory Initiatives," Before The Committee on Banking and Financial Services, U.S. House of Representatives, February 8.

The FDIC Quarterly Banking Profile, First Quarter, 1989, (1989), Washington, D.C., FDIC, First Quarter.

The FDIC Quarterly Banking Profile, Third Quarter, 1993, (1993), Washington, D.C., FDIC, Third Quarter.

The FDIC Quarterly Banking Profile, Fourth Quarter, 1993, (1993), Washington, D.C., FDIC, Fourth Quarter.

The FDIC Quarterly Banking Profile, Third Quarter, 2002, (2002), Washington, D.C., FDIC, Third Quarter.

"The New Basel Capital Accord," (2001), Consultative Document, Basel, Switzerland, Bank for International Settlements, January.

"The New Basel Capital Accord: An Explanatory Note," (2001), Basel, Switzerland, Bank for International Settlements, January.

The World Bank, (2001), letter and comments sent to the Basel Committee on Banking Supervision, Bank for International Settlements, June 7.

Toritani, Reiko, and Philip Jones, (2003), "Japanese Banks: Stormy New Year—The Major Banks' Results for the Half Year to September 2002," *Fitch Ratings*, January 16, *http://www.fitchratings.com.*

"Toxic Waste," (2003), *The Economist*, March 15, pp. 68-69.

Trading and Capital-Markets Activities Manual, (2001), Section 2000, Board of Governors of the Federal Reserve System, Washington, D.C, *http://www.federalreserve.gov/boarddocs/SupManual/default.htm#cbem.*

Vandell, K. D., (1978), "Default Risk Under Alternative Mortgage Instruments," *Journal of Finance*, 33, December, pp. 1279-1296.

von Furstenberg, G. M., (1969), "Default Risk on FHA Insured Home Mortgages as a Function of the Terms of Financing," *Journal of Finance*, 24, June, pp. 459-477.

von Furstenberg, G. M., (1970), "The Investment Quality of Home Mortgages," *Journal of Risk and Insurance*, 37, September, pp. 437-445.

제3장
은행파산의 이유와 과정: 8% 기준의 효과*

Ben Branch

나는 때때로 은행가라고 비난 받는다. 이에 대한 반응은 장의사를 의사라고 하는 것과 같다는 것이다. 몇몇 대형금융지주회사들의 잔해 속에서 일했던 경험에서 어떻게 그리고 왜 은행들이 실패하는지에 대해 많은 교훈을 얻을 수 있었다.

3.1 곤경에 빠진 은행들에 대한 나의 경험

곤경에 빠진 은행들과의 인연은 1980년대 중반부터 시작되었다. 사람의 인생을 바꾸는 우연한 사건들이 있는데 그 중 하나가 곤란에 처한 텍사스에 있는 은행에 대한 전단을 받으면서 한 주식중개인과의 대화로부터 시작되었다. 뉴욕증권거래소(New York Stock Exchange, NYSE)에 상장된 주식들이 주당 $1에 거래되는 것은 매우 드문 경우지만, 그 당시 텍사스는 불황에 빠진 원유시장의 영향을 심각하게 받고 있었다. 주에서 10번째로 규모가 컸던 BancTexas는 가장 곤란에 빠진 은행이었다. 택사스 주 당국은 다른 주 은행들의 주내 금융업 진출을 허용하면 몇몇 주 외 대형은행들이 텍사스 금융시장에 진출하기 위해 BancTexas 재무상태를 개선하기 위한

*_이 장은 저자인 Ben Branch가 자신의 경험을 바탕으로 자전적인 형식으로 저술하였다.

노력을 다할 것으로 기대하였다. 이 당시 나는 주 외 대형은행들이 성급히 진출하기보다 좀 더 관망하는 것이 나았을 것이라고 생각했다.

BancTexas는 일시적인 구제금융(bailout)을 받았다. FDIC는 $3.5억에 달하는 자금을 지원했으며, 기업개선(Workout) 전문회사인 Hallwood Group은 추가적인 지금을 조달하기 위해 신주인수권을 발행하였다. 처음에는 은행이 다시 적절하게 자본화되는 것처럼 보였다. 하지만, 불행하게도 규제당국자들을 제외한 모든 사람에게 BancTexas의 대출포트폴리오에 내재된 손실 Hallwood나 투자자측에 있던 누구나가 예견할 수 있는 것보다 훨씬 더 컸다. FDIC와 신규투자자들로부터 유입된 모든 자금은 빠르게 고갈되었고, 더 많은 부실대출이 추가적으로 계속 나타났다. BancTexas의 신규투자자들은 무일푼이 되었고, FDIC는 BancTexas의 은행들 대부분을 몰수하였다. 이후 다시 자본충실화된 BancTexas는 난데없이 나타난 부실대출에 대해서 효과적으로 대처하지 못했다. 부실대출은 바퀴벌레와 같아서 일단 보이기 시작하면 훨씬 더 많은 것들이 틀림없이 뒤따라올 것이다.

BancTexas의 경험이 재정적인 면에서 개인적으로 고통스러웠지만 결과적으로 매우 유익한 학습체험이었다. 나는 BancTexas 붕괴와 1987년의 주식시장 폭락의 결과로 큰 손실을 입었기 때문에 재정상태를 회복하는 것이 매우 절실했다. 투자론을 강의했으므로 현실의 투자업계에서 일하는 것이 1988년 1년간의 안식년 휴가를 보내는 유용한 길일지도 모르고, 더군다나 보수가 좋을 것이라고 생각했다. 매사츄세츠주 스프링필드에 있는 보험회사인 Monarch Capital에서 자금을 운영하고 있던 제자들에게 연락했고, 1년 휴가 동안 그들 팀에 참여할 수 있을지 물어보았다. Monarch의 부회장인 그들의 상사는 재빠르게 고용결정을 했고, BancTexas의 경험을 알고는 그 당시 텍사스에서 가장 큰 은행이었던 First Republic Bank(FRB)의 $8백만에 달하는 채권을 관리하는 일을 맡겼다. FRB는 텍사스에 있는 은행지주회사인 Republic과 InterFirst의 합병의 결과로 탄생하였는데 부실한 두 대형 은행의 합병은 하나의 초대형 부실은행을 낳은 결과가 되었다. FRB는 곧 규제당국에 의해 정리되었다. 그 전에 FDIC는 매우 논란이 많았지만 $10억에 달하는 신용을 공여했다. 이 대출금은 모든 FRB 은행들이 보증을 했고, 파산했을 때 FDIC가 델라웨어 주에서 인가된 FRB의 한 신용카드은행을 제외하고는 모든 FRB 은행들을 차압하는 정당한 이유로 사용되었다. 신용카드은행은 나중에 상당한 가격에 매각되었고, 그 수익금은 예탁되었는데 FDIC와 FRB 모두 그 소유권을 주장하고 있었다.

FRB는 우선순위나 후순위의 예금주들이 FRB의 산하 은행들뿐만 아니라 Republic이나 InterFirst 은행들에서 예금을 인출할 수 있는 복잡한 구조를 갖고 있었고, Republic과 InterFirst간의 상호지급보증은 상황을 더욱 복잡하게 만들었다. 또한, 예탁된 수익금에 대한 소유권도 FRB와 FDIC 사이에서 왔다 갔다 했다. 예를 들어 모든 이해관계자가 예탁금에 대해 권리를 주장했고, FRB의 채권단은 FDIC가 차압한 은행들 중 아직 여력이 있는 은행들의 잔존가치에 대해 소유권을 주장했다. 나는 Monarch를 대표하여 FRB에 대한 우선순위 무담보 채권단에 속해 있었는데, 결국에는 이 채권단의 위원장이 되었고 나중에는 FRB가 파산상태에서 회복되어 청산 중인 이 회사의 이사회 의장이 되었다. 이후 얽혀있던 모든 채권 · 채무관계를 정리했다. 각자가 신용카드은행의 처분으로부터 나온 예탁금의 일정부분을 갖기로 FDIC와 결정하고 FRB의 선순위 회사채 소유자들을 위한 사전 청원권을 완전히 회복했다.

FRB건에 관계하면서 다른 텍사스 은행들이나 파산 건들의 채권자이기도 한 많은 FRB의 주요 채권자들과 만났다. 이들은 크게 두 부류인데, ① 회사채가 투자등급이었을 때 매입했던 대규모 기관투자자들(institutional investors) ② 신용등급이 많이 하락했을 때 회사채를 매입한 많은 벌처투자자들(vulture investors)로 나누어질 수 있다. 1980년대 말 텍사스에서 가장 규모가 큰 10개의 은행들 중 9개가 감독당국에 의해서 몰수되었거나 파탄에 빠져 다른 주의 대형은행에게 합병되었다. 이러한 채권자들과의 대화 과정에서 M Corp, First City, Texas American Bank Shares를 비롯한 텍사스에 있는 은행들의 많은 다른 큰 문제점을 알게 되었다. 각각의 스토리는 많은 공통점을 갖고 있는데 미국 서남부지역의 금융의 문제점들에 대해서는 History of Eighties(1997), pp. 291-336에 자세하게 요약되어 있다.

3.2 New England은행으로 이동

FRB의 성공적 처리로 선순위 채권자들은 자신들의 채권을 완전하게 회수하게 되었고, 후순위 채권자들도 상당한 부분을 회수하였다. FRB건에서 얻은 성공적인 결과는 Bank of New England Corporation(BNEC)이 발행한 회사채를 소유하고 있는 채권자그룹이 BNEC건의 법정관리인도 맡아달라고 요청하는 계기가 되었다. 통상적으로 파산시 먼저 임시 법정관리인으로 선임되고, 소위 341 회의라고 하는 채권자들의 회의를 통해 영구적인 법정관리인이 된다. 그러나 위임장 쟁탈(proxy fight)을 통해 채권자들은 대체할 사람을 선발할 권리를 갖게 되고, 이 건에서 채권자들은 실제로 이렇게 했다. 채권자들은 나를 BNEC의 영구적인 법정관리인으로 뽑았고, 부분적으로는 비현금자산에 대해 FDIC와의 조정을 통해 다시 한 번 선순위채권자들은 그들의 채권을 완전하게 회수할 수 있었다. 나머지 채권자들을 위해 전 감사인인 Ernest and Young에 대한 소송이 아직도 진행되고 있지만, 이 건을 처리하는 과정에서 Bank East, Heritage NIS, Vangard 등을 비롯한 동북부에서 발생한 대형은행의 파산들에 대해서도 잘 알 수 있는 기회가 되었다.-[1]

3.3 네 가지 명제

많은 은행 파산을 가까이서 접하면서 몇 가지 결론에 도달하였다. 어떤 과학적 근거를 제시하지는 않지만, 다음의 네 가지 명제들은 유효하리라고 믿는다. 그러나 이러한 관점에 공감할 지는 독자들에게 맡긴다.

3.3.1 은행들은 너무 과도한 불량대출을 했기 때문에 실패한다

은행들은 다양한 이유로 곤란을 겪을 수 있다. 금리의 방향을 잘못 예측함으로써 손실을 입을 수 있다. 또한 직원들의 횡령, 너무 높은 일반관리비, 파생상품을 이용한 투기, 인수를 위한 과다비용 지출 등 때문에 손실을 입을 수도 있다. 이러한 요인들 모두가 손실을 초래할 수 있지만, 대형은행에게 있어 이 손실들이 도산으로 이어질 정도의 규모까지 도달하는 경우는 매우 드물다.

한편, 일정규모 이상의 대출손실은 은행을 쉽게 곤경에 빠뜨릴 수 있다. 잘 자본화된 은행은 총자산의 8%에 달하는 유형자본(tangible equity)을 보유하게 된다. 영업실적이 좋은 해에는 예대마진 3%, 대손 1.5%, 기타 영업비용 1% 및 총자산이익률 1.5%의 성과를 낼 수 있지만, 은행이 곤경에 빠져 자산의 10%에 달하는 대출이 새로운 부실채권으로 분류되어 이 대출에 대하여 50%의 충당금이 신규로 설정되는 상황을 가정해 보자. 추가된 대손충당금은 은행 자산의 5%에 달할 것이고, 이는 자기자본비율 8%의 절반을 넘게 된다. 이러한 사건은 파산에 이르는 계기를 촉발시킬 것이다. 자기자본비율 3%는 너무 낮기 때문에, 은행은 감량경영을 해야 한다. 평가절

1_History of Eighties, Lessons for the Future: An Examination of the Banking Crisis of the 1980's and Early 1990's, Washington, D.C., Federal Deposit Insurance Corporation, 1997, Vol. 1.

하 없이 유일하게 매각할 수 있는 자산은 양호한 상태에 있는 유가증권이나 대출, 신용카드, 모기지 영업 등 돈벌이가 가장 잘 되는 부문들일 것이다. 거의 필연적으로 두 번째 해에는 더 많은 부실채권들이 나타나게 되고, 은행은 더욱 곤경에 빠져 결국에는 감독당국의 관리 하에 놓이게 될 것이다. 열악한 인수전략, 과다한 간접비용, 금리가 불리하게 변하는 등의 다른 문제들을 갖고 있을 수도 있지만, 은행이 도산하게 되는 핵심적 원인은 거의 대부분 불량대출이었다. 더군다나 은행이 얼마나 많은 자기자본을 보유하고 있는지에 상관없이, 이 자본으로 흡수할 수 없는 규모 이상의 부실채권들을 항상 발견할 수 있었다.

3.3.2 은행을 파산하도록 만든 대출들은 오랜 기간 동안 장부에 축적되었다

불량채권은 어느 날 갑자기 장부에 나타나는 것이 아니고, 모르는 사이에 오랜 기간 축적된다. 결국 불량채권으로 분류되는 대출은 초기에 부실의 징후를 보일지도 모르지만, 적어도 일정 기간 동안 큰 문제없이 지속될 것이다. 대출이 이뤄진 후 첫 해부터 채무자가 상환의무를 이행하지 못하는 경우는 거의 없고, 실제로 대출조건에 초기에는 약간의 여유를 두는 경우가 종종 있다. 채무자는 거의 대부분 일정기간 동안은 새로 인출한 대출금을 상환할 방법을 찾아낼 것이고, 채권의 가치가 악화되고 있다는 것을 보여줄 신규의 평가는 이뤄지지 않을 것이다. 문제에 대해 은행이 주의를 기울이기 전에 채무자는 거의 반드시 일정기간 상황을 개선하려는 노력을 하게 된다. 특히 은행이 부실한 내부통제나 대출모니터링 관행을 갖고 있을 때에는 문제점들이 즉시 표면화되지는 않을 것이다. 이러한 채무상환지체는 은행이 비효율적으로 운영되는 경우에 훨씬 길어질 것이다.

문제가 되는 대출은 이렇게 장부에 기록된 후 한참 지난 다음에야 인식되게 된다. 더군다나 이 과정은 대개 천천히 시작되며, 부실로 인식되는 대출들은 조금씩 증가하게 된다. 처음에는 대손충당금이 부실대출의 증가분을 흡수할 수 있지만 단지 정상적인 규모의 충당금만이 새로이 적립될 가능성이 높다. 따라서 부실대출금 대비 대손충당금의 비율은 감소할 것이다. 은행은 대출로부터의 손실을 피하려는 노력의 일환으로 문제가 되는 대출이 정상적인 지급일정에 따라 상환되도록 채무자와 협상하려고 할 것이다. 이러한 행위는 은행들이 해당 채권을 불량채권으로 분류하고 최악의 경우 저당권을 행사할 필요성을 느끼지 못하게 한다. 즉, 이러한 노력들이 문제의 심각성에 대한 인식을 더욱 지연시킬 수 있다. 심지어는 문제의 본질을 흐리기 위해 채권자들은 서로 간에 문제점들을 주고받는 경향이 있기도 하다.

그러나 궁극적으로 감사인이나 감독당국자들은 억지로 결말을 지으려 할 것이고, 여기에서 또 다른 지연이 발생할 수 있다. 만약 감독당국이 모든 것들이 통제가능하고, 정리되었다고 보고한다면 일정기간 동안 은행에게 유리한 해석이 주어질 것이다.

일단 문제가 명확해지면 은행은 다양한 방법을 통해 규제자본을 높일 유인을 갖게 된다. 일반적으로 이러한 조치들은 Paul이 미래이고 Peter를 현재라고 할 때 Paul에게 지불하기 위해 Peter로부터 빼앗는 것과 같은 이치이다. 비록 일시적이라고 할지라도 곤경에 빠진 은행은 이를 모면할 수 있는 일은 무엇이든지 할 것이다. 그러나 이것은 필연적으로 회피할 수 없는 상황을 연기시키는 것에 불과하고, 더욱 깊은 수렁에 빠지는 것이다.

대출이 처음부터 기본적으로 구조상의 문제를 가지고 장부에 올라갔거나 아니면 나중에 문제가 발생했든지, 그 원인에 상관없이 내부통제시스템이 제대로 작동하지 않아서 종종 대출이 불량채권으로 상당 기간 동안 인식되지 못할 수도 있다. 문제의 심각성을 인식할 때는 은행을 구하기에는 이미 너무 늦어버린 경우가 많다.

3.3.3 실패한 은행들은 십중팔구 불충분한 대출기록을 갖고 있다

어떤 대출자라도 돈을 빌려주는 것이 얼마나 쉬운지 말할 것이다. 잠재적인 차입자들은 항상 충분하게 존재한다. 대출에 있어서 어려운 부분은 빌려준 돈을 회수하는 것이다. 성공적인 대출의 첫 번째 단계는 대출심사에서 세심한 주의를 기울이는 것이고, 두 번째 단계는 일단 대출이 이루어진 후 효과적인 모니터링을 하는 것이다.

대부분의 대출은 대출계약서에 정해진 상환일정을 지킨다는 채무자의 약속과 더불어 인계나 보증, 일정한 재무비율을 유지한다는 계약에 관한 조항을 포함하고 있다. 평가와 재무제표는 정기적으로 갱신되어야 하고, 추가적인 차입은 후순위인 경우에만 허용된다. 담보는 적정하게 유지되어야 하고, 배당금과 같은 수단을 통해 자본을 유출하는 것은 제한되어야 한다. 이러한 유형의 조건들은 발생할지도 모르는 문제들에 대한 조기경보 역할을 제공할 뿐만 아니라 대출의 근거가 되는 자산에 대한 채권자의 이해를 보호하기 위해 고안되었다.

대출자가 문제를 빨리 인지할수록 대출금을 보호하기 위한 행동을 보다 신속하게 취할 수 있다. 차입자들은 일반적으로 대출금을 상환할 의도를 갖고 있는 정직하고 괜찮은 사람들이므로, 상황통지만 일찍 이루어진다면 차입자들은 문제를 해결하기 위해 은행과 협조할 것이다.

그러나 문제가 악화되도록 방치된다면 곧 대출금의 액면가가 담보로 제공된 자산의 가치를 초과하는 지경에 이르게 된다. 이러한 단계에서는 차입자는 큰 리스크을 취함으로써 잃을 것이 아무 것도 없게 된다. 즉, 차입자의 리스크스러운 행동이 성공한다면 자신이 한 투자에 의해 높은 수익률을 얻을 것이고, 성공하지 못한다면 채권자의 손실만 커질 것이다. 물론 대출자는 이 상황에서 매우 다른 계획을 갖고 있을 것이다.

대출기록을 잘 유지하고 있다면 채권자는 대출에 문제가 생기고 있는지를 빨리 알 수 있을 것이다. 실패하는 은행들은 대부분 문제가 얼마나 심각해지고 있는지를 다 늦어서야 인지하였다. 불완전하게 유지되고 있는 대출기록이 문제의 심각성을 인식하지 못한 핵심요인이었다. 잘 유지되고 있는 대출기록은 매우 유용한 조기경보시스템에 대한 원천이 된다.

문제들이 진행될 때에 은행들이 이러한 상황에 대해서 더 나은 이해를 갖고 있다면, 자신들의 어려움을 완화시키기 위한 많은 조치들을 취할 수 있다. 상술한 바와 같이 문제들이 조기에 인지되고 적절한 조치가 취해진다면 개별 대출로부터의 손실은 억제할 수 있을 것이다. 더군다나 어떤 대출에서의 문제는 이러한 대출이 아니었다면 채권자가 인지하지 못했을 유사한 문제를 가진 대출들을 식별하고 이에 효과적으로 대응할 수 있는 계기를 마련해줄 것이다. 대출기관들이 부실대출의 유형을 파악하게 되면 자신들의 대출관행을 변경하게 될 것이고, 미래에 발생할지도 모르는 손실을 피하기 위해 문제들을 교정하게 될 것이다. 더욱 중요한 것은 문제가 있음을 일찍 인지하는 대출자가 전략적인 개선대책을 체계적으로 취할 수 있다는 점이다. 예를 들면 이러한 대출자는 더 힘든 상황에 대처하기 위해 새로운 대출과 성장지향적인 활동을 줄일 것이다. 또한, 은행은 리스크를 수반하는 거래를 축소시키고, 감량경영을 위해 체계적 노력을 시작할 것이며 작아진 규모에 효과적으로 대처하기 위해 관리비용을 절약하려는 노력을 할 것이다. 이런 방식으로 은행은 문제들에 대해 효과적으로 대처할 수 있고, 역경을 성공적으로 헤쳐나갈 수 있다. 상황이 일단 안정되면 다시 성장을 지속할 수 있을 것이다.

3.3.4 은행을 파산하도록 한 부실대출은 공통적인 리스크요소를 갖는 경향이 있다

건수나 금액 면에서 대출이 심각하게 부실해질 때 많은 불량채권들에는 공통적인 특징이 있다는 것이 발견되었다. 가령 부동산시장이 침체될 때 담보로 제공된 부동산(특히, 부동산 개발사업)의 대부분이 그 가치를 잃게 된다.-[1] 마찬가지로 원유의 가격이 급격하게 떨어지는 경우 대출금의 상환이 직접적으로나 간접적으로 에너지의 판매수입에 연계된 대출을 포함하여 에너지시장의 모든 부분이 타격을 입게 된다.-[2] 공통적인 방식으로 움직이는 경향이 있는 대출의 또 다른 형태는 저개발국에 대한 대출이다. 다른 유형으로는 LBO와 서브 프라임 대출이 있다. 대출이 이러한 유형들 중의 하나에 집중화 되어 있는 상황에서 대출관련 서류들이 불완전하거나 모니터링이 제대로 이루어지지 않는다면 그 부문이 어려움에 빠지는 경우 많은 불량채권들이 나타나게 될 것이다.

앞에서 언급한 부문들(방위산업이나 농업 등의 부문들) 중 한 곳에 집중된 대출을 보유하고 있는 채권자는 높은 리스크에 노출되어 있는 것이다. 다양화된 대출포트폴리오가 대규모의 대손에 대해 차단 막은 될 수 없지만 도움은 될 것이다. 한편 한 부문에 집중된 대출은 공통적인 리스크요소에 부정적 영향을 미치는 일이 발생한다면 채권자를 온갖 역경에 빠뜨릴 수 있다.

3.4 결론

은행이 실패하는 주된 이유는 부실대출의 비중이 높은 자산포트폴리오를 보유하고 있기 때문이다. 이러한 대출들은 장부에 오랜 기간에 걸쳐 축적되었고, 은행이나 감사인 그리고 감독당국자들까지도 은행의 상태에 대해서 정확한 판단을 할 수 없을 정도로 대출관련 기록들이 매우 불충분하게 유지되었다. 문제가 너무 명백해져서 간과할 수 없는 시점에 이르렀을 때는 은행이 이미 돌아올 수 없는 다리를 건넌 후이다. 마지막으로 주목할 것은 은행을 실패하게 만드는 부실대출의 대부분이 공통적인 리스크요소를 갖고 있다는 점이다. 초기 자본의 규모가 아무리 크더라도 비효율적으로 운영되는 은행이 부실대출을 많이 하게 되면 상황의 심각성을 깨닫기도 전에 모든 자본은 고갈될 것이다.

따라서 실패를 피하기 위해 은행은 다음과 같은 사항을 지켜야 한다.

1. 대출관행에 있어서 엄격한 기준들을 만들고 이를 유지해야 한다.
2. 모든 대출에 대해서 최신의 완벽한 기록들을 유지해야 하고, 신용도에 부정적 변화가 있는지 감지하기 위해 시의적절하고 정확한 모니터링을 해야 한다.

1_상기 저서 pp. 137-167 참조

2_상기 저서 pp. 293-313 참조.

3. 부실화된 대출의 가치를 보호하기 위해 신속하고 적절한 조치를 취해야 한다.
4. 공통적인 리스크요소를 갖고 있는 대출에 지나치게 집중하는 것을 피해야 한다.

참고문헌

History of the Eighties, Lessons for the Future: An Examination of the Banking Crisis of the 1980's and Early 1990's, (1997), Washington, D.C., Federal Deposit Insurance Corporation, Vol. 1.

제4장
바젤 II: 요란스러운 포효

George G. Kaufman*

4.1 서론

바젤위원회는 1988년 처음 도입되어 1991년부터 많은 국가들에서 시행되고 있는 은행들의 자본기준에 대한 개정내용들을 기술한 자문보고서를 1999년에 공표하였다(바젤위원회, 2003a). 이전의 바젤 I과 구분하기 위해 개정안은 바젤 II로 불리고 있다. 개정안이 만들어진 주된 이유는 바젤 I에 대한 광범위한 비판에 대응하기 위해서였지만 은행의 자본 규제에 대한 추가적인 분석을 반영하고 있다. 특히 바젤 II는 최소자기자본요건이라는 바젤 I의 단일 축에 새로이 감독당국의 검증(Pillar 2) 및 시장규율(Pillar 3)이라는 두 축을 추가하였다.

이해관계자들의 의견에 답하기 위해, 위원회는 안을 두 번 개정하였고, 2003년 초에 3차안(CP3)을 공표하였다. 제안된 기준은 2007년 초부터 대부분의 국가들에서 시행되기로 예정되어 있고, 그 준비로 2003년 8월에 미국의 감독당국은 미국 은행들이 바젤 II를 적용하는 데 대한 의견을 2003년 11월까지 구하고자 '제안된 규칙제정에 대한 사전통지'(Advance

*_이 논문은 2003년 10월 10일 열린 재무관리학회(Financial Management Association)의 연례학회에서 발표를 위해 준비되었고, 논문 초고에 대한 Bill Bergman, Robert Bliss, Douglas Evanoff, Richard Herring의 조언에 감사를 표한다.

Notice of Proposed Rulemaking, ANPR)를 배포하였다. 그 요점들은 금융기관들에 대한 유럽연합(EU)의 '자본적정성 지침'(Capital Adequacy Directive, CAD)에 반영되어 있는데, 이 지침은 유럽연합의 의회와 회원 국가들의 의회에서 승인을 받아야 한다.

이 논문은 자기자본기준이라는 축보다 훨씬 덜 관심을 받았던 새로이 제시된 두 축에 초점을 맞추고 있다. 이 논문의 결론은 Pillar 1에 의해 결정된 자본요건(바람직한지는 차치하고)의 달성을 의심스럽게 만드는 설계상의 주요한 결함이 두 축에 있다는 점이다. 이 결함은 바젤 II의 강제적 적용을 국제적으로 활발한 영업을 하는 규모가 가장 큰 10여 개 정도의 은행으로 제한한 미국 은행감독당국의 최근 결정을 설명하고 있다. 또한 이러한 자본요건이 대형은행들에서 조차 비효과적일지도 모르는 이유를 설명하고 있다. 따라서 바젤 II는 처음에 제시되었을 때는 요란스럽게 포효했지만, 적어도 대부분의 미국 은행들의 자본에 대해서는 상대적으로 미미한 영향을 줄 가능성이 높다.

4.2 바젤과 Pillar 1에 대한 개관

독일 Herstatt은행의 실패는 외환시장과 다른 국가들의 은행들에 심각하게 부정적인 영향을 미쳤는데 이에 대한 후속 책으로 '금융감독을 위한 바젤위원회'(Basel Committee on Banking Supervision)가 G-10 국가들에 의해서 1974년에 설립되었다._[1] 위원회는 정보공유 및 주요 국가들의 금융당국 간 협력을 제고하고 용이하게 하는데 초점을 맞추었고, 또한 국제적으로 활발한 대형은행들에 대한 감독을 하기 위한 원칙들을 정하는 데 주안점을 두었다(Herring and Litan, 1995). 1970년대 말 몇몇 대형은행들에서 개발도상국들에 대한 대출로부터의 손실이 누적됨에 따라 이런 은행들 중 일부가 파산하게 되면 그 국가의 다른 은행들에게 뿐만 아니라 다른 국가들에 있는 관련 은행들에 까지도 매우 심각한 연쇄 파급효과(cross-border contagion)를 야기할 것이라는 점을 위원회는 우려하게 되었다. 위원회의 우려는 대형은행들이 자신들이 감수하는 리스크와 관련하여 충분한 자기자본을 보유하고 있지 않고, 이러한 비적정성은 만약 한 국가의 정부가 자국의 은행들에게 높은 자지자본비율을 요구하게 되면 다른 국가들

1_현재의 회원국은 네덜란드, 독일, 룩셈부르크, 미국, 벨기에, 스웨덴, 스위스, 스페인, 영국, 이탈리아, 일본, 캐나다, 프랑스 등이다.

에 있는 은행과 비교하여 자국 은행들의 경쟁적 우위를 저해할 수도 있기 때문에 정부 자체가 이를 주저하고 있다는 것이었다.

1980년대 이러한 우려는 특히 빠르게 글로벌화하고 있던 일본 은행들에게 집중되었는데 자신들이 보유하고 있던 일본 기업들의 주식 가치가 급격히 상승한 결과 발생한 대규모의 미실현 자본이득이 자본의 평가액에 포함되어 있었다. 대부분의 국가들에서는 은행의 주식 보유가 더욱 제한적이었다. 자본평가가 허용된 은행들에서는 이러한 이득이 평가액에 포함되지 않는다. 그 결과 부분적이기는 하지만 위원회는 국가 간 일관되고 강화된 자기자본기준에 핵심을 둔 국제적인 규정을 만드는 데 더욱 초점을 맞추기 시작했고, 1988년에 바젤 I으로 알려진 자기자본기준이 도입되었다.

바젤 I에서 개발된 자기자본기준의 가장 혁신적인 측면은 은행의 자본과 인지된 신용리스크를 연계시키는 것이었다. 이전에는 대부분의 감독당국들은 총자산을 기반으로 한 단순한 레버리지비율에 초점을 두고 있었다. 또한 바젤 I은 장부 상의 자산뿐만 아니라 부외자산도 고려하였고, 개별 자산을 리스크요소로 가중하였다. 그러나 고안된 방식은 모든 은행들을 동일하게 취급하는 비교적 단순한 것이었다. 거래상대방에 따라 자산들은 네 개의 기본적인 신용리스크 범주로 분류되었고, 0～100%에 걸친 가중치들이 할당되었다. 이렇게 가중된 자산들의 가치가 더해져서 '리스크가중자산'(risk-weighted asset)이 된다. 은행들은 리스크가중자산 대비 8 % 이상의 자기자본을 유지하도록 되어 있고, 이 자본비율은 리스크가중자본(risk-based capital, BBC)이라고 불린다.

그러나 리스크의 분류와 리스크가중치에 있어서 자의적인 측면은 리스크가중자본요건이 비현실적이거나 유용하지 않다는 비판의 대상이 되었다. 시장이 요구하는 자본요건(경제적 자본, economic capital) 대비 규제당국이 정한 자본요건(규제자본, regulatory capital)을 바탕으로 상이한 자산들에 대해 계산된 수익률의 차이를 이용하는 '도박'을 은행들로 하여금 하도록 만들었다. 이러한 차익거래는 결국 자원이 부적절하게 배분되고 경제적 및 사회적 복리를 저해할 가능성을 초래할 수 있다. 더군다나 완벽한 상관관계에 있지 않은 자산들에 대한 분산화에 따른 효과를 고려하지 않은 채, 은행의 총 신용리스크는 개별 자산들에 대한 신용리스크의 합계로 측정되었다. 그럼에도 불구하고, 바젤 I에서 수립된 자본요건은 1991년부터 미국을 비롯한 많은 국가들에서 시행되었고, 전세계에서 은행들에 대한 효과적인 자본기준이 되었다.

얼마 후 제시된 방식에 대한 비판과 은행들의 회피에 대한 대응으로 바젤위원회는 자본요건을 개선하기 위한 작업을 시작하였다. 신용리스크의 가중치에 대한 구조가 변경되었고, 그 값도 은행의 규모와 재무적 복잡성에 따라 세 종류의 방법 중 하나에 의해서 결정되게 되었다. 게다가 명시적 가중치가 운영리스크에 부여되었고, 바젤 I의 가중치가 시장리스크에 대해서도 유지되었다.

신용리스크에 대한 노출과 관련해 바젤 구조에서 가장 중요한 리스크요소인 부도로부터의 잠재적 손실은 ① 부도율(PD) 및 ② 부도시 손실률(LGD)의 두 부분으로 나누어진다.[2] 이 변수들에 대한 값은 복잡하지 않은 소규모의 은행들에 대해서는 감독당국에 의해 정해져 있고, 복잡성이 증가함에 따라 점차적으로 은행들에게 재량권이 주어진다. 가장 단순한 소규모의 은행들은 표준방법을 적용해서 리스크가중자산을 계산하는 것이 허용된다. 개별 자산에 대한 가중치들은 주로 거래상대방의 신용등급을 바탕으로 감독당국에 의해 할당되는데, 이 등급은 민간 신용평가기관이 거래상대방이 발행한 시장에서 거래되고 있는 미상환 채권을 평가한 것이고, PD와 LGD가 암묵적으로 반영되어 있다.[3] 표준방법은 바젤 I과 유사하지만, 조금 더 복잡해졌다. 은행 자산들은 네 개가 아닌 다섯 개의 범주로 분류되고, 각 그룹에 대한 가중치는 좀 더 시장에 근거하고 있고, 더 넓은 범위로 확장되었다. 그렇지만 바젤 I을 향했던 동일한 비판이 바젤 II의 이 접근방법에도 적용될 수 있다. 한편 표준방법은 단순함이라는 장점을 갖고 있고, 소규모의 은행들에게만 적용되므로 국내나 국제금융시장에 미치는 지속적인 손실 측면에서 실패에 대한 비용이 매우 크지는 않을 것이다.

은행들의 규모가 커질수록 내부적으로 생성된 정보에 더욱 의존하게 되는데 내부등급법(internal ratings approach, IRB)에서는 PD와 LGD가 명시적으로 도입된다. 대부분의 은행들은 개별 대출들에 대해서 자신들 고유의 PD를 계산할 것이지만, LGD에 대해서는 감독당국이 제공한 값을 사용하게 된다. 이 방법은 기초 내부등급법(foundation IRB approach, F-IRB)으로 불리고, 규모가 크고 복잡한 은행들은 PD 및 LGD 모두 자신들이 결정할 수 있는 고급 내부등급법(advanced IRB approach, A-IRB)을 사용할 수 있다. 이 변수들에 대한 값을 얻기 위해 은행들에서 사용되는

2_고객들에 대한 사적 정보(private information)의 최대 수혜자로 간주되는 은행들이 자신들의 신용리스크 노출을 사적 정보가 거의 없는 것으로 간주되는 자본시장에서 거래되는 채권에 할당된 신용등급에 의해 측정한다는 것은 기이한 것 같다.

3_또한 만기 및 부도시 리스크노출액이 자산들에 할당된다.

모델들은 감독당국에 의해 평가되고 사전에 승인을 받아야 한다.

IRB방법들이 바젤 I의 포괄적 접근방법에 대한 비판의 일부를 극복하였지만, 그렇다고 비판으로부터 완전히 자유로운 것은 아니다. 특히 감독당국에 의해 결정되는 손실률은 은행들에 의한 도박이 아직 기능할 정도로 큰 오류가 있을 수 있고, 은행들이 사용하는 모형들은 너무 복잡하고 까다로워서 감독당국이 완전히 이해할 수 없을 가능성이 많다. 그래서 자기자본 규모의 적정성 및 규제요건에 맞는지를 평가하기는 어려울 것이다. ANPR에 기술된 미국의 대형은행들에 대해 A-IRB를 적용하도록 하는 규정은 Federal Register에서 작은 활자체로 30페이지 정도를 차지하고 있다(Federal Register, 2003). 빈번히 언급되다시피 현실은 복잡하지만 복잡성 자체가 반드시 현실을 반영하는 것은 아니다.

Pillar 1에 대한 논의는 자기자본의 정의 및 측정과 관련된 다음과 같은 많은 중요한 이슈들을 무시하고 있는데 있다. 무엇이 자기자본인가? 자본을 층(tier)으로 분류하는 것이 적절한가? 만일 적절하다면 무엇을 기준으로 해야 하나? 후순위채권의 역할, 자기자본과 대손충당금 간의 관계, 경기변동에 따라 충당금은 어떻게 결정되어야 하는가? (Shadow Financial Regulatory Committee, 2000; Laeven and Majnoni, 2003; Borio, Furfine, and Lowe, 2001). 이러한 이슈들을 고려하지 않은 것은 제안의 유용성을 크게 약화시킨다.

위에서 언급한 Pillar 1에 대한 비판의 많은 부분들 중에서 특히 시장이 아닌 규제당국이 RBC를 결정하는 것에 대한 비판이 여러 관련당사자들에 의해 이루어졌다. 이 논문의 나머지 부분에서는 Pillar 2와 Pillar 3에 대해 초점이 맞춰질 것이다. 두 축은 Pillar 1에 비해 관심을 덜 받아왔지만 Pillar 1에서 결정된 자본요건을 보완하고 효과적으로 시행하도록 하는 데 그 목표가 있다.

4.3 감독당국의 검증 (Pillar 2)

감독당국의 검증(supervisory review)은 Pillar 1 및 금리리스크나 신용집중 등 pillar 1에서 명시적으로 고려되지 않은 리스크에 대한 감독당국의 평가에 의해 결정된 "은행들이 영업활동에 수반되는 모든 리스크에 견딜 수 있는 적정한 자본을 보유하도록 … 목표가 있다"(Basel Committee, 2003a, p. 138). "감독당국은 은행들이 자신들의 리스크와 관련하여 자기자본 필요규모를 얼마나 잘 산정하고 있는지를 평가해야 하고 필요하다면 개입해야 한다. 이러한 상호작용은 자본 결핍이 인지되었을 때 리스크를 줄이거나 자본을 확충하기 위한 신속하고 단호한 조치가 취해질 수 있도록 은행들과 감독당국 간에 활발한 의사소통을 고양하는 데 목적이 있다” (Basel Committee, 2003a, p. 138). 이 규제상의 책임은 감독당국의 검증에 대해 만들어진 네 개의 주요 원칙 중 세 군데에서 상세히 설명되어 있다.

Pillar 2의 두 번째 원칙(Principle 2)에서 은행의 내부모형들의 적정성에 대한 평가 및 검증이 ‘만족스럽지 않다면 규제당국은 적절한 감독상의 조치를 취해야 한다’ 고 명시되어 있다(Basel Committee, 2003a, p. 142). 또한 세 번째 원칙(Principle 3)은 “감독당국은 은행들이 최소자기자본비율을 상회하는 수준에서 운영될 것으로 예상해야 하고 은행들이 최소 수준을 초과하는 자본을 보유하도록 하는 능력을 갖고 있어야 한다”고 명시하고 있다(Basel Committee, 2003a, p. 144). 네 번째 원칙(Principle 4)에서는 ‘자기자본이 최소 수준 이하로 떨어지는 것을 방지하기 위해 감독당국은 초기 단계에 개입해야 하고 … 자본수준이 유지되지 않거나 회복되지 않는다면 적기시정조치를 강제해야 한다’ 고 기술되어 있다(Basel Committee, 2003a, p. 144). 그러나 3차안(CP3)의 어느 곳에도 이러한 기능들을 수행하기 위해 감독당국에 부여된 수단이나 권한에 대한 언급은 없다. 이 점이 현재 그러한 권한들을 감독당국에게 부여하지 않은 국가들이 바젤 II를 채택하면서 이 권한들을 도입할 가능성을 감소시키는 요인이다.

이와 대조적으로 미국에서 바젤 I이 시행된 같은 해인 1991년 말에 FDIC 개선법(FDICIA)이 제정되었는데 이 법에서 감독당국은 최소자본요건을 유지하지 못하는 은행들에게 상기한 제재조치들을 부과할 수 있는 권한을 명시적으로 부여 받았을 뿐만 아니라 은행들의 자본비율이 일정 수준 이하로 떨어지거나 재무상의 곤란에 대한 다른 조짐들을 은행들이 보일 때 감독당국이 그러한 제재들을 부과하도록 의무화하고 있다. 초기에는 임의적이지만 이후에는 강제적인 제재들로 이루어진 FDICIA의 이 시스템은 ‘적기시정조치’ (prompt corrective action, PCA)라고 불리고 있다. FDICIA는 RBC와 단순한 자본레버리지 비율 모두가 고려될 필요가 있다고 하였고, 은행규제당국은 바젤 I에 따라 RBC를 정의하였다. 은행들은 명시된 세 가지 자본측정치들 모두를 충족시켜야 한다. 강제적 제재조치들은 임의적 제재조치들을 보완하기 위해 포함되었는데 그 배경은1980년대 발생했던 저축은행 위기의 경험이 규제당국은 여러 가지 이유로 곤경에 빠진 금융기관에 언제나 적절한 시기에 효과적인 방식으로 개입할 수 있는 것은 아니라는 것을 제시하고 있기 때문이다(Benston and Kaufman, 1994; Kaufman, 1995).

PCA에 포함된 임의적 및 강제적 제재조치들에 대한 체계는 표 4-1에 요약되어 있다. 은행의 재무상태가 악화되고 자본비율이 다섯 자본등급의 각각에 대해 설정된 한계수준 이하로 하락함에 따라 두 부류의 제재조치들 모

[표 4-1] 1991년의 FDICIA의 적기시정조치에 대한 조항 요약

자본충실도 등급	강제조치	임의조치	BIS자기자본비율	기본 자본비율	단순자기 자본비율
1 등급 : 잘 자본화된 상태			>10%	>6%	>5%
2 등급 : 적절히 자본화된 상태	1. FDIC 승인없이 중개예금 금지		>8%	>4%	>4%
3 등급 : 자본이 부족한 상태	1. 배당과 수수료 지급 금지 2. 자본 보충계획요구 3. 자산 증가 제한 4. 인수, 지점신설, 신규업무에 대한 승인절차 요구 5. 중개예금 금지	1. 자기자본 강화 조치 2. 계열사간 거래 제한 3. 예금금리 제한 4. 특정 영업활동(투자, 사업확장, 신용공여)제한 5. 필요시 임의조치	<8%	<4%	<4%
4 등급 : 유의적으로 자본이 부족한 상태	1. 3등급 내용 포함 2. 자기자본 강화조치 3. 계열사간 거래 제한 4. 예금금리 제한 5. 임원급료 제한	1. 3등급 임의조치 모두 포함 2. 자본충실화를 충족시키질 못한 경우 경영관리 조치 3. 필요시 5등급 조치 실시	<6%	<3%	<3%
5 등급 : 심각하게 자본이 부족한 상태	1. 4등급 내용 포함 2. 5등급 분류 후 90분 이내 청산관리인 지명 3. 5등급 분류 후 1년 동안 계속 5등급인 경우 파산 관재 조치 4. 5등급 분류 후 후순위채의 상환금지 5. 특정 영업활동(투자, 사업확장, 신용공여) 제한				<2%

* BIS 자기자본비율 = $\frac{\text{총자기자본}}{\text{리스크가중자산}}$, 기본자본비율 = $\frac{\text{기본자본}}{\text{리스크가중자산}}$, 단순자기자본비율 = $\frac{\text{기본자본}}{\text{총자산}}$

자료 : Board of Governors of the Federal Reserve System.

두 점진적으로 엄격해지고 강제적 제재조치들이 점진적으로 더 중요해지도록 설계되었다. 강제적 제재조치들은 임의적 제재들을 부과할 때 발생하는 규제당국에 의한 필요이상의 지연 및 관용을 방지하는 데 목적이 있다(Benston and Kaufman, 1994). 제재의 내용들은 비슷한 재무상의 곤란에 직면한 규제되지 않은 기업들에 대해 시장이 통상적으로 부과하는 제재들과 유사하다. 은행이 2% 이하의 자기자본비율을 갖게 되는 '심각하게 자본부족'(critically undercapitalized) 상태가 되면 곧 규제당국은 금융기관을 법정 관리에 두어야 하고 FDIC에 최소한의 비용으로 해결해야 한다.

제재조치들의 목적은 은행 자체를 벌하는 것이 아니라 소유주와 경영자들에게 은행을 회생시켜서 더 높은 수익성과 건전한 자본상태로 복귀하도록 인센티브를 제공하는 것이다. PCA식의 권한이 없으면 다른 국가들에서 은행규제당국이 은행의 자본에 대해 Pillar 2가 생각한 통제력을 갖는 것은 가능하지 않을 것이다. 실제로 미국에서 PCA에 대한 초창기 경험은 규제당국이 자신들의 권한을 법에서 의도한 만큼 강력하게 사용하지 않을 수도 있다는 점과 감독당국의 검증은 바젤 II의 Pillar 3인 시장규율을 포함한 다른 요소들에 의해 보완되어야 한다는 점을 시사하고 있다(Kaufman, 2003b).

4.4 시장규율 (Pillar 3)

시장규율(market discipline)은 어떤 조직의 성과를 향상시키기 위해 그 조직의 행태를 감시하고 이에 영향을 미치는 이해관계자들에 의한 조치들로 정의될 수 있다(Bliss and Flannery, 2002). 바젤 II의 Pillar 3은 '최소자본요건(Pillar 1) 및 감독당국의 검증과정(Pillar 2)을 보완하고 … 금융기관의 자본적정성을 … 시장참가자들이 평가할 수 있도록 일련의 공시요건을 개발함으로써 시장규율을 장려하는 것을' 목적으로 하고 있다(Basel Committee, 2003a, p. 154). 불행하게도 3차안(CP3)의 시장규율에 관한 절에서 효과적인 시장규율을 위한 요건들은 논의되고 있지 않다. 대신에 이 절에서는 은행의 재무 및 리스크 현황에 대해 어떤 정보가 공시되어야 하는지를 상세하게 논의하고 있다(Lopez, 2003).

그러나 공시와 투명성은 효과적 시장규율을 위한 필요조건이지 충분조건은 아니다. 적어도 여기서 필수적인 것은 몇몇 부실 상태에 있는 은행의 이해관계자들이다. 부실 상태에 있지 않은 이해관계자들은 은행을 감시하고 영향력을 행사할 인센티브를 거의 또는 전혀 갖고 있지 않을 것이다. 따라서 은행의 재무 성과에 관해 공시된 정보에 거의 관심이 없을 것이다. 시장규율은 공시를 촉진할 것이지만 부실 상태에 있는 은행의 많은 이해관계자들 없이는 공시 자체가 시장규율을 강화하지는 않을 것이다. 대형은행들의 실패가 가져오는 심각한 경제적 해악에 대한 두려움 때문에 '대마불사'(too-big-to-fail, TBTF)라고 불리는 사실상의 정책 하에 대부분의 국가에서 정부와 은행규제당국들은 그러한 금융기관들의 실패를 회피하려는 경향이 있고 그 결과 모든 예금주들과 채권자들은 보호받게 된다(Kaufman, 2003a). 따라서 정부소유의 은행들에서는 말할 것도 없고, 민간소유의 은행들에서 조차 실제로 부실 상태에 있는 은행의 이해관계자들은 없게 된다. 그러나 최근에 미국에서는 채무관련 당사자들에 대한 포괄적 보호 정책을 버리고 가장 큰 이해관계자들을 예금주, 채권자, 주주–부실 상태에 따른 지위로 전환함으로써 시장규율을 강화하는 조치를 취하였다. FDICIA는 FDIC가 파산한 은행의 보험대상이 아닌 이해당사자들을 보호하는 것을 금하고 있는데 이렇게 하는 것이 가장 비용절약적인 해결책은 아니다. 그렇지만 여기에도 예외는 있다.

파산한 은행의 비부보예금자들 및 다른 채권자들을 보호하지 않는 것이 "경제적 상황이나 금융 안정성에 심각하게 부정적 영향을 미치고 … 어떤 조치나 지원이 … 부정적 영향을 방지하거나 감소시킬 것이다"라는 증거가 있다면 규제당국은 재무장관에게 그러한 보호를 허용해 달라고 청원할 수 있다. 이 조항은 '제도적 리스크에 근거한 예외' (Systemic Risk Exception, SRE)라고 불리며 TBTF를 대체하지만, 허가를 얻는 것이 쉬운 일은 아니다. 여기에는 해결되어야 할 많은 사전 및 사후 장애물들이 있다. SRE를 발동하기 위해서는 FDIC 이사회 및 연방준비제도 이사회의 2/3이상의 명의로 보험대상이 아닌 이해관계자들의 보호가 FDICIA에 언급된 심각하게 부정적인 파급효과를 피하기 위해 필요하다는 내용의 추천서를 재무장관에게 써야 한다. 추천시에 동의하기 전에 재무장관은 대통령과 협의해야 하고, 검토를 위해 모든 서류를 보존해야 하며, 하원과 상원의 금융위원회에 문서로 통지해야 한다(Kaufman, 2003a).

어떠한 방식이든 보호가 허용된 후에는 그러한 조치의 필요성 및 결과에 대한 검증이 회계감사원(General Accounting Office, GAO)에 의해 완료되어야 하고, 지원을 하기 위해 FDIC가 입은 손실은 자산 규모를 바탕으로 모든 가입은행들에 대한 평가를 통하여 신속하게 보상되어야 한다. 부실 상태에 있는 은행의 이해관계자들의 수를 증가시키기 위해 SRE를 관례라기보다는 예외로 만들기에는 FDICIA 이전의 TBTF와 마찬가지로 이러한 장벽들이 너무 높고 뛰어넘기 어려워 보인다. 1992년 이래로 SRE가 요청되거나 승인된 경우는 없다. 비부보예금자들을 보호하는 것이 FDIC의 손실을 증대시키지 않았던 몇몇 소규모 은행들의 경우를 제외하고는 대부분의 은행 파산에서 비부보예금자와 채권자들은 손실을 경험했다. 어떤 경우에는 보호받지 못하는 예금주들의 손실이 40%를 넘었고 다른 채권자들의 손실은 더 컸다(Kaufman, 2003b). 한편 1992년 이후로 대형은행들이 파산한 경우는 없었다. 그래서 SRE가 테스트를 받은 적은 없었다.

부실 상태에 있는 은행의 이해관계자들의 중요성을 제고하는 다른 방법은 은행들로 하여금 최소 규모의 후순위채를 발행하도록 하는 것이다(Shadow Financial Regulatory Committee, 2000; Evanoff and Wall, 2002; Basel Committee, 2003b; Benston et al., 1986).[4] 후순위채는 법률상으로나 실제로도 보호받지 못하므로 여전히 리스크 상태에 놓이게 된다. 1차 시장에서 처음으로 팔리거나 나중에 2차 시장에서 매매되거나 관계없이 후순위채에 대한 금리스프레드는 발행 금융기관의 재무상태에 대한 투자자들의 인식을 반영할 것이다(Jagtiani et al., 2002). 이렇게 시장에서 결정된 금리스프레드는 금융기관 및 경영진의 행태에 대한 투자자들의 자세에 영향을 미치고 규제당국에게 시장의 인식에 대한 신호로 작용할 것이다. 이 신호는 규제당국이 자신들이 수행한 조사 및 다른 출처로부터 얻는 정보를 보완할 것이고, 자동적으로 PCA에 고려할 요소로 투입된다. 금리스프레드가 너무 커질 경우에는 해당 금융기관에 대한 제재조치를 유발할 수도 있다. 불행히도 현재까지는 미국이나 다른 바젤회원국 규제당국이 이 안을 긍정적으로 보고 있지 않아 아직 시행되고 있지도 않다.

4.5 결론

바젤 II의 도래가 큰 팡파르를 울리면서 발표되었고, 미국에서 제안된 규칙제정에 대한 통지에 그리고 EU 국가들에서는 개정되는 CAD에 이미 반영되어 있다. 그러나 특히 미국에서 금융산업, 규제당국 및 학자들에 의한 호평은 점점 줄어들고 있고, 시간이 지남에 따라 상세한 내용들이 검토되면

4_미국에서는 1993년 예금자 우대법(Depositor Preference Act)이 만들어진 후, 자국 내 지점에 있으면서 FDIC에 가입된 예금이 모든 은행 채무보다 우선 순위에 있게 되었다. 따라서, 은행지주회사 차원을 제외하고는 이 제안에서의 '후순위채' 라는 용어는 미국에서는 더 이상 필요하지 않게 되었다.

서 이러한 호평은 더욱 줄어들게 되었다.[5] 실제로 최근 미국의 은행규제당국은 고급 내부등급법을 사용해야 하는 가장 규모가 큰 10개의 은행들을 제외한 다른 은행들에 대한 요건으로서 바젤 II를 사실상 거부하였다. 비록 다른 모든 은행들은 자신들이 원하고 감독당국이 동의한다면 고급내부등급법을 채택할 수는 있지만 현재의 바젤 I을 바탕으로 자신들의 RBC를 계산해도 된다.

미국에서의 거부는 RBC요건의 적정성에 대한 의문 및 계산상의 복잡성, 이 논문에서 언급된 Pillar 2와 Pillar 3의 불완전함, 그리고 미국의 모든 은행들에 적용되는 PCA의 존재에 주된 이유가 있다. 가령 연방준비제도 부의장인 Roger Ferguson은 '미국의 금융당국에게는 바젤 II의 Pillar 2가 새로울 것이 없다. … 요구보고서 등을 통해 많은 정보가 공개적으로 유포되고 있고, 거래상대방에 대한 정보도 이용 가능하다' (Ferguson, June 10, 2003, p. 3)라고 언급하였다. 비슷한 견해가 은행감독원장(Comptroller of the Currency)에 의해서도 표명되었다(Hawke, 2003a and b). 즉 잘 알려진 결점들에도 불구하고 미국에서는 이미 더 효과적인 시스템이 시행되고 있다.

게다가 운영리스크를 추가한 후에도 고급내부등급법을 사용하는 대형은행들이 이 방법을 사용해서 낮은 자본요건을 갖게 되면(그렇게 될 가능성이 많고, 또한 이러한 측면이 이 방법의 주요한 매력이기도 하다) 바젤 II로부터 영향을 받지 않는 최소레버리지비율 제약을 여전히 적용 받게 된다. 실제로 ANPR은 다음과 같이 언급하고 있다. '당국은 Pillar 2를 시행하기 위해 특정한 요건이나 지침의 도입을 제안하는 것은 아니다. 대신 기존의 지침이나 규칙 및 규정들이 계속해서 적용될 것이다' (Federal Register, 2003, p. 45,905).

이 논문은 바젤 II에 대한 비판(특히, Pillar 1와 관련하여)의 많은 부분을 지지하고 있다. 그러니 Pillar 1에 따라 계산된 RBC의 복잡함이나 바람직함과는 관계없이 Pillar 2와 Pillar 3 조항들은 실효를 거두기에는 적절하지가 않다. 비록 Pillar 2에서 은행의 자본이나 자본을 계산하기 위해 사용된 모형이 적절하지 않다고 인지되는 경우에 감독당국이 신속하게 개입해서 교정조치를 부과할 필요성을 논의하고는 있지만 감독당국이 이러한 대

5_커지는 비판은 유럽중앙은행(European Central Bank)과 주요 국가들의 대규모 은행들을 대표하는 통상관련 협회인 국제금융협회(Institute of International Finance)에 의해서도 표명되었다.

책을 효과적으로 강제할 아무런 권한도 명시적으로 언급된 것은 없다. 현재 그러한 권한들을 부여하지 않은 국가들에서 필요한 것은 1991년 FDICIA의 제정이래 미국에서 시행되고 있는 PCA와 비슷한 시스템을 도입하는 것이다. Pillar 3에서는 은행들의 재무정보 공시요건을 강화함으로써 시장규율의 제고를 제안하고 있다. 그러나 공시는 많은 부실상태에 있는 은행의 이해관계자들이 존재할 때 효과적일 것이다. 자신들이 리스크상태에 있다고 생각하는 이해관계자들(특히, 법률상으로 비부보예금자들)은 현재는 거의 없는데 그 이유는 대부분의 국가에서 거의 모든 대형은행 파산의 경우 규제당국이 이들을 보호하는 경향이 있었기 때문이다. 시장규율을 강화하기 위해 필요한 것은 자신들이 법률상으로 뿐만 아니라 실제적으로도 부실상태에 있다고 인식하는 이해관계자들의 수와 중요성을 증대시키는 것이다. 이를 위해서는 SRE의 도입과 함께 미국에서 시도되고 있듯이 TBTF의 적용을 축소해야 한다. 후순위채 요건의 채택은 이 프로세스를 촉진시킬 것이다.

따라서 감독당국의 검증과 시장규율을 제고하기 위한 더욱 효과적인 축들을 위원회가 제시할 때까지는 특히 미국 외의 국가들에서 바젤 II의 도입시 피력된 많은 원대한 포부들을 성취하는데 난관에 직면할 것이다. 그러나 다른 한편으로는 여러 결점들에도 불구하고 바젤 II는 리스크의 속성과 측정 및 리스크관리에 대한 은행관계자, 규제당국, 애널리스트, 일반 대중 모두의 이해를 증대시켰다. 이 점은 그 자체로 결코 작은 업적은 아니며 바젤 II의 주요한 공헌으로 남을 것이다. 계속 진행중인 과정으로 남음으로써 바젤의 안들은 지속적인 공헌을 할 것이다.

참고문헌

Basel Committee on Banking Supervision, (2003a), *The New Basel Capital Accord* (Consultative Document), Basel, Switzerland: Bank for International Settlements, April.

Basel Committee on Banking Supervision, (2003b), *Markets for Bank Subordinated Debt and Equity in Basel Committee Member Countries* (Working Paper No. 12), Basel, Switzerland: Bank for International Settlements, August.

Benston, George J., Robert A. Eisenbeis, Paul M. Horvitz, Edward J. Kane, and George G. Kaufman, (1986), *Perspectives on Safe and Sound Banking*, Cambridge, MA: MIT Press.

Benston, George J., and George G. Kaufman, (1994), "The Intellectual History of the Federal Deposit Insurance Corporation Improvement Act of 1991," in George G. Kaufman, ed., *Reforming Financial Institutions and Markets in the United States, Boston*, MA: Kluwer Academic, pp. 1-18.

Bliss, Robert R., and Mark J. Flannery, (2002), "Market Discipline in the Governance of U.S. Bank Holding Companies: Monitoring vs. Influence," *European Finance Review*, Vol. 6, No. 3, pp. 361-395.

Borio, Claudio, Craig Furfine, and Philip Lowe, (2001), "Procyclicality of the Financial System and Financial Stability: Issues and Policy Options," in *Marrying the Macro- and Microprudential Dimensions of Financial Stability* (BIS Papers No. 1), Basel: Bank for International Settlements, March.

Evanoff, Douglas D., and Larry D. Wall, (2002), "Subordinated Debt and Prompt Corrective Regulatory Action," in George G. Kaufman, ed., *Prompt Corrective Action in Banking: 10 Years Later*, Amsterdam: Elsevier Science, pp. 3-29.

Federal Register, (2003), "Risk-Based Capital Guidelines: Proposed Rule and Notice," Washington, D.C., August 4, pp. 45,900-45,988.

Ferguson, Roger W., (2003), "Basel II: Scope of Application in the United States," Washington, D.C.: Board of Governors of the Federal Reserve System, June 10.

Ferguson, Roger W., (2003), "Testimony Before the Subcommittee on Financial Institutions and Consumer Credit Committee on Financial Services, U.S. House of Representatives," Washington, D.C.: Board of Governors of the Federal Reserve System, June 19.

Hawke, John D., (2003a), "Testimony Before the Committee on Financial Services, U.S. House of Representatives," Washington, D.C.: Comptroller of the Currency, February 27.

Hawke, John D., (2003b), "Remarks Before the Committee on Banking, Housing, and Urban Affairs, U.S. Senate," (NR2003-50), Washington, D.C.: Comptroller of the Currency, June 18.

Herring, Richard J., and Robert E. Litan, (1995), *Financial Regulation in the Global Economy*, Washington, D.C.: Brookings Institution.

Jagtiani, Julapa, George G. Kaufman, and Catharine Lemieux, (2002), "The Effect of Credit Risk on Bank and Bank Holding Company Bond Yields," *Journal of Financial Research*, Winter, pp. 559-575.

Kaufman, George G., (1995), "The U.S. Banking Debacle of the 1980s," *The Financer*, May, pp. 9-26.

Kaufman, George G., (2003a), "Too-Big-To-Fail: Quo Vadis?" in Benton E. Gup, ed., *Too-Big-To-Fail: Policies and Practices*, Westport, CT: Praeger.

Kaufman, George G., (2003b), "FDIC Losses in Bank Failures: Has FDICIA Made a Difference?" *Working Paper*, Chicago: Loyola University, August.

Laeven, Luc, and Giovanni Majnoni, (2003), "Loan Loss Provisioning and Economic Slowdowns: Too Much, Too Late?" Journal of *Financial Intermediation*, April, pp. 178-197.

Lopez, Jose A., (2003), "Disclosure as a Supervisory Tool: Pillar 3 of Basel II," FRBSF *Economic Letter*, August 1.

Shadow Financial Regulatory Committee, (2000), *Reforming Bank Capital Regulation*, Washington, D.C.: American Enterprise Institute.

제5장
불공평을 야기하는 바젤 II

Benton E. Gup[1]

1988년의 바젤자본협약은 국제적으로 활발한 은행들에 대해서 리스크가중자산 대비 8%의 최소자기자본요건을 규정하고 있는데 그 목적은 ① 자본적정성(capital adequacy)과 ② 경쟁상의 공평성(competitive equality)을 보장하기 위한 것이었다. 이 논문에서는 두 번째 핵심인 경쟁상의 공평성을 검토할 것이다. 경쟁상의 공평성은 그 당시 주요 국가들의 은행들이 매우 다른 자본비율을 갖고 있었다는 사실에 기인하고 있다. 낮은 자본비율을 갖고 있는 은행들은 낮은 자금조달 비용을 부담하였고, 국제대출시장에서 경쟁상의 우위를 점할 수 있었다. 이렇게 1988년 바젤자본협약의 목적들 중 하나는 자본요건을 평등하게 하여 경쟁상의 공평성을 조성하는 것이었다. 1990년대 말까지 국제적으로 활발한 영업을 하는 은행들을 가진 100여 개국 이상이 8% 자본기준을 채택할 정도로 협약은 성공적이었다.[2]

8% 자본요건은 하나의 기준으로 모든 것을 해결할 수 있다는 단순한 기준이었다. 바젤자본협약은 신용리스크에 초점을 두었는데 이는 훌륭한 출발점이기는 하지만 은행들은 훨씬 다양한 리스크에 노출되어 있다. 따라서 1996년에 시장리스크를 고려하는 개정안이 도입되었고, 1988년의 바젤자본협약을 대체하기 위해 1999년에 바젤위원회는 '자본적정성에 대한 새로운 틀'(New Capital Adequacy Framework)을 제안하였다. 그 결과물이

1_미국 하원의 금융위원회 산하 금융기관 및 소비자 신용에 관한 소위원회에서의 증언(2003년 6월 19일).

2_"The New Basel Capital Accord," Press Release, January 16, 2001.

2006년 말부터 시행예정인 신바젤자본협약이다. 좋은 뉴스는 바젤 II가 1988년 바젤 I보다 더 신축적이고 리스크에 민감할 것이라는 점이고, 나쁜 뉴스는 바젤 II가 1988년 바젤 I이 만들어진 주요 원인들 중 하나였던 경쟁상의 불공평을 불러올 것이라는 점이다.

바젤 II는 신용리스크를 반영하여 리스크가중자산을 계산하는 세 가지 방법을 제시하고 있다.[3]

1. 표준방법은 1988년 바젤자본협약과 유사하지만 국가채무, 비정부 공공기관 및 여러 나라가 참가한 개발은행에 대한 리스크가중치를 조정하였다. 100%의 리스크가중치는 자산가치의 8% 전부에 해당하는 자본부담을 의미하고, 50%의 리스크가중치는 자산가치의 4%에 해당하는 자본부담을 의미한다. 바젤 II는 기업대출에 대해서는 20%, 50%, 100% 및 150%의 리스크가중치를 규정하고 있다.
2. 기초 내부등급법 하에서는 부도시 손실률(LGD), 부도시 리스크 노출액(EAD), 만기(M)등 모형에서 사용되는 손실규모를 설정하는데 사용되는 값들을 은행감독당국이 제공하게 된다.
3. 고급 내부등급법은 기초 내부등급법과 유사하지만, 은행자신이 부도확률(PD), LGD, EAD 및 M을 결정한다. 기초 및 고급 내부등급법 하에서 리스크가중치의 범위는 표준방법에서보다 넓고, 두 방법에서는 신용리스크 완화 및 증권화가 고려된다.

5.1 은행자본

표 5-1은 모든 FDIC 가입 은행들에 대한 리스크가중 자본비율을 보여주고 있다. 이 비율은 소규모 은행들의 17%에서부터 대형은행들의 12%까지 분포되어 있다. 2002년 현재 자산규모가 $100억 이상인 대형은행들은 80개가 있었고, 자산규모가 그 이하인 은행들은 7,807개가 있었다. 소규모 은행들은 자본을 과다하게 보유하고 있고, 대형은행들도 8% 자본비율을 초과하고 있으며 이는 성장에 대해 완충역할을 제공한다. 1997～2002 기간 동안 대형은행들의 자산은 66% 증가하였지만 같은 기간에 소규모 은행들의 자산규모에는 거의 변화가 없었다.

연방규제당국은 대형은행들 중 약 20개 은행이 고급 내부등급법을 사용해야 할 것으로 예상하고 있다. 다른 은행들은 고급 내부등급법을 사용하거

3_"Overview of the New Basel Capital Accord," April 2003.

[표 5-1] FDIC 가입 은행들의 리스크가중자본비율

	$1억 미만	$1억 이상~ $10억 미만	$10억 이상~ $100억 미만	$100억 이상	전체
평균자본비율	17.10%	14.20%	14.53%	12.12%	12.78%
은행수	4,168	3,314	325	80	7,887

자료 : *FDIC Quarterly Banking Profile*, Fourth Quarter, 2002, Table III-A, *http://www2.fdic.gov/qbp/2002dec/cb3.html.*

나 1988년의 바젤자본협약 기준을 계속해서 사용할 수 있는 선택권이 주어질 것이다. 소규모 은행들은 과도한 자본을 갖고 있고 전국적이거나 국제적인 자본시장에 참여할 필요성이 대형은행들보다 적기 때문에 이 은행들에 대해서는 1988년의 바젤자본협약이 효과적으로 작용할 것이다. 이렇게 60여 개의 대형은행들만 궁지에 몰린 채로 남게 된다. 이 은행들은 어떤 방법을 사용해야 할까?

이 남은 은행들의 선택에 영향을 미치는 요인 하나는 바젤 II를 시행하기 위해 드는 비용인데 소규모 은행의 경우는 $0.1억, 대형은행의 경우는 $1.5억 이상 소요된다.[4] 예를 들면 Credit Suisse First Boston의 경우 바젤 II를 시행하기 위해 소요되는 초기비용은 $0.52억에서 $0.75억으로 추정되고, 이 시스템을 유지하기 위해 상당한 비용이 들 것으로 예상된다.[5]

주식시장과 채권시장의 가치도 중요하다. 활발하게 주식을 거래하는 은행들에서는 자신들이 메이저 리그에 속한다고 애널리스트나 주주들에 의해서 평가 받고 싶다면 고급 내부등급법을 선택해야 한다고 믿고 있다. 그렇지 않으면 마이너 리그에 속하는 은행들로 간주될 것이고, 이것은 자신들의 주가에 부정적인 영향을 미칠 것이다. 어떤 은행이 메이저 리그에 속하는지는 신용평가기관들보다는 주식애널리스트들에게 더 큰 관심사일 것이다.

5.2 신용리스크를 계산하는 방법에 따라 다른 자본요건

리스크가중자산을 계산하기 위해 대형은행들은 고급 내부등급법을 선택할 가능성이 높다. 왜냐하면 고급 내부등급법이 이 방법을 선택한 은행들에게 신용리스크에 배분해야 할 자본규모를 낮출 가장 큰 가능성을 주기 때문

4_Petrou (2003).

5_Ervin (2003).

이다. 즉, 고급 내부등급법을 사용하는 은행이 1988년의 바젤자본협약 기준을 사용하는 은행보다 대출에 대해서 더 낮은 자본요건을 가질 가능성이 많다. 이 점을 설명하기 위해 1년 만기 \$100의 기업대출을 고려해 보자. 1988년의 바젤자본협약 기준과 유사한 표준방법 하에서는 이 대출에 대해 100%의 리스크가중치가 할당되어 자본부담은 \$8이 되고, 고급 내부등급법 하에서는 S&P가 평가한 신용등급이 'A+' 이고 LGD가 10%, PD가 0.3이라면 리스크가중치는 1.72%가 되어 자본부담은 \$0.14(\$8×0.0172=\$0.1376)가 될 것이다(French, Stark, Cave, and Feid, 2003).

특정한 대출을 평가하기 위해 고급 내부등급법에서 사용되는 LGD, PD, EAD는 사용한 가정, 판단, 데이터의 질과 양 및 모델에 따라 은행마다 다를 것이다. 고급 내부등급법을 사용하는 일부 은행들은 경쟁 은행들보다 대출에 대한 금리를 낮게 책정하기 위해 초기의 리스크자본 규모를 최소화하는 방편으로 리스크를 과소평가할 가능성이 있다. 비록 은행들이 시스템상의 이런 허점들을 이용하지 않는다고 하더라도, 고급 내부등급법은 통상 더 낮은 자본요건이라는 결과를 낼 것이다. 대출에 대한 가격결정을 하는데 자기자본이 고려되는 한, 이러한 측면은 1988년의 바젤자본협약 기준을 사용하는 7,800여 개 이상의 은행들에게 불공평을 야기하게 될 것이다.

5.3 부동산

아주 대규모의 은행들에서보다는 어느 정도 규모가 큰 지역은행들의 대출포트폴리오에서 부동산대출이 차지하는 비중이 높기 때문에 부동산대출에 대해 좀 더 자세히 살펴볼 것이다. 부동산업계에서 일어나고 있는 변화들을 고려해 볼 때 바젤 II 하에서 부동산대출에 할당되는 리스크가중치는 너무 지나친 것 같다. 아래에서는 부동산업계의 과거와 미래에 대해서 검토할 것이다.

FDIC의 연구인 History of the Eighties(1997, Vol. 1)에서는 부동산대출이 1980년대와 1990년대 초 은행들의 실패와 생존을 갈랐던 주요 요인으로 지목되었다. 국제통화기금의 한 연구(Lindgren, Garcia, and Saal, 1996)는 노르웨이, 말레이시아, 스웨덴, 스페인, 일본, 프랑스, 핀란드 등의 국가들에서 은행부문이 겪었던 문제들의 한 원인이 부동산대출이라는 것을 발견하였고, Sheng(1996)에 의한 세계은행의 한 연구는 가나, 아르헨티나, 유고슬라비아, 칠레, 콜롬비아를 비롯한 여러 국가들에서 부동산대출로부터의 손실이 은행부문의 부실로 이어졌다고 평가하였다. 그리고 국제금

[표 5-2] FDIC 가입 은행들의 파산, 예금 및 부동산대출

연도	파산은행 수 (총 1,260)	파산은행에 예금액 (총 1조 8천억)	모든 은행의 부동산 대출액	순 대출 및 리스액	부동산 대출액 순 대출 및 리스액
1992	120개	$41 십억	$868 십억	$1,977 십억	43.9%
1991	124	54	851	1,998	42.6
1990	168	15	830	2,055	40.4
1989	206	24	762	2,004	38.0
1988	200	25	675	1.886	35.8
1987	184	6	600	1,779	33.7
1986	138	7	515	1,728	29.8
1985	120	8	439	1,608	27.3

Annual Report 2002, FDIC, p. 111; FDIC, "Real Estate Loans," Table CB12, *http://www2fdic.gov/hsob/hsobRpt.asp*.

융위기에 대한 연구에서 Gup(1998)은 부동산대출이 다른 어떤 유형들의 대출보다 은행파산에서 주요한 역할을 했다고 제시하였다. 여기서 핵심은 부동산대출이 리스크할 수 있다는 점이다. 왜 그럴까?

5.4 1985~1991 기간

부동산대출이 위험할 수 있다는 질문에 답하기 위해서, 미국의 은행업계 역사에서 최악의 암흑기 중 하나였던 시기를 검토하고, 이 시기와 2002년을 비교할 것이다. 표 5-2에서 보다시피 1985~1992 기간 동안에 FDIC 가입 은행들 중 1,260개의 은행이 파산했고, 이 기간 동안 대출 및 리스 대비 백분율로 표시된 부동산대출은 27~44%로 증가하였다.

파산한 은행들을 좀 더 자세히 살펴보기 위해 1991년에 초점을 맞춰보자.[6] 표 5-3은 파산한 은행들 대부분이 규모가 작았다는 것을 보여준다. 69%가 자산규모 $1억 미만이었고, 23%는 자산규모 $1~$10억 사이의 은행들이었다. 또한 표 5-3은 파산한 은행들 대부분이 미국의 북동부와 남서부 지역에 소재하고 있었다는 것을 보여주고 있다.

표 5-3에 있는 자료들은 이 문제에 대해 독특한 관점을 제공하고 있다. 부동산대출 문제는 몇 개의 주들에 집중되어 있었다. 소규모 은행들은 자신

6_표 2부터 표 5까지 인용된 출처들이 완전하고 일관되기 때문에 1991년이 선택되었다. 1992년에 대한 자료는 일관되지가 않다.

[표 5-3] 자산규모 및 지역별 파산 은행, 1991년

은행 자산규모	1991년 파산은행
$100억 이상	2(1%)
$10억 이상~$100억 미만	9(7%)
$1억 이상~$10억 미만	28(23%)
$1억 미만	85(69%)
합계	124(100%)
북동부 지역	45(36%)
남서부 지역	38(31%)

"Banks Failures and Assistance," 1991, FDIC, *http://www.fdic.gov/bank/historical/bank/1991/index.html.*

들이 소재한 지역사회를 대상으로 영업을 하기 때문에 부동산대출로부터의 리스크를 분산시킬 수 없었으므로 이들 부동산시장의 침체에 주로 영향을 받은 은행들은 이러한 소규모 은행들이었다. 동일한 이유가 조금 더 큰 은행들의 파산에도 적용된다.

1990년대 초 은행 영업은 지역적으로 제한되어 있었고, 1994년에 다른 주에 소재한 은행의 인수를 허용하는 Riegle-Neal의 '주(州)간 은행업 및 지점 효율화법'(Interstate Banking and Branching Efficiency Act)이 통과된 후에야 다른 주에서의 영업이 가능하게 되었다.

1991년에 리스를 포함한 총 대출 대비 기업 및 산업체에 대한 대출은 27%, 부동산대출은 43%를 차지했지만, 표 5-4에서 보듯이 FDIC가 보유하고 있는 정리대상 자산규모는 전자가 후자를 초과하고 있다. 이것은 기업대출도 은행파산에 크게 작용했고, 부동산대출이 유일한 원인은 아니었다는 것을 제시한다.

5.5 2002년의 부동산대출

부동산대출에 있어서의 역학관계는 규제 완화 및 테크놀로지의 변화 덕택으로 크게 변하였다.

5.5.1 지역적 다양화

앞에서 언급한 Riegle-Neal 은행업법의 결과로써 그리고 은행 영업활동에 대한 규제를 완화시키는 Gramm-Leach-Bliley와 같은 다른 법들 덕택에 오늘날 대형은행들은 특정 시장에서의 리스크를 제한할 수 있는 지역적

[표 5-4] FDIC 보유 정리대상 자산, 1991년 12월 31일

자산유형	장부가치(단위: $십억)
상업대출	$15.3
모기지대출	12.8
기타대출	1.4
부동산대출	6.0
재판중인 자산	1.9
증권	0.3
기타자산	5.6
합계	$43.3

Managing the Crisis: The FDIC and RTC Experience, 1998. Table 15-4.

및 금융상품의 다양화를 누릴 수 있게 되었다. 은행들은 더 이상 한 도시나 한 주에 묶여있지 않고, 대출포트폴리오를 최적으로 구성하기 위해 미국 전역으로 확장할 수 있다.

5.5.2 증권화

대출채권의 증권화는 판매자와 구매자 모두에게 이득이 된다. 판매자는 자신들의 장부상 리스크를 줄일 수 있고 수수료 수입을 증가시킬 수 있다. 예를 들면 Fannie Mae는 은행 및 다른 금융기관들로부터 주택 모기지와 모기지관련 상품들을 구입하고, 일부 모기지 상품들에 대해 보증도 한다. 한편 구매자는 여러 지역에 걸쳐있는 상이한 리스크 수준을 갖고 있는 대출채권들을 구입함으로써 자신들의 대출포트폴리오를 다양화할 수 있다.

5.5.3 파생상품

파생상품은 약 400여 개의 은행들에서 금리리스크와 신용리스크를 헤지하기 위해 널리 사용되고 있다.[7] Fannie Mae의 2002년 영업보고서는 이 정부지원 기업(Government Sponsored Enterprise, GSE)이 어떻게 파생상품을 이용하여 금리 및 신용리스크를 회피하고 있는지를 잘 설명하고 있다.[8] Fannie Mae의 2002년 영업보고서로부터 발췌한 표 5-5는 사용한 파생상품의 유형, 헤징 대상, 헤징거래의 목적을 보여주고 있다. 대출과 관

7_"OCC Bank Derivatives Report, Third Quarter 2002," December 2002.

8_Fannie Mae 2002 Annual Report의 61~63쪽 참조.

[표 5-5] Fannie Mae의 파생상품 사용 현황

헤징에 사용한 파생상품 유형	헤징대상	헤징거래의 목적
변동-고정 금리스왑	변동금리부 채권	변동금리를 고정금리로 바꿔 금리상승에 대응
고정-변동 금리스왑	고정금리부 채권	고정금리를 변동금리로 바꿔 금리하락에 대응
베이스시 스왑과 스프레드	변동금리부 자산과 부채	변동금리부 자산과 부채의 베이시스 또는 스프레드 변화 대응
고정금리 지불 스왑션	변동금리부 채권	금리상승시 변동-고정 금리옵션을 행사하고, 반대의 경우 행사하지 않는 방식으로 금리리스크 회피
캡	변동금리부 채권	금리상한 계약 조항으로 금리 상승에 대응
고정금리 수취 스왑션	고정금리부 채권	금리하락시 고정-변동 금리옵션을 이용하여 금리리스트 회피
외환 통화 옵션	외화표시 통화 채권	외화표시 통화채권의 이자와 원금을 달러 표시 채권으로 변경하여 환 리스크에 대응

자료: *Fannie Mae 2002 Annual Report, page 63.*

련된 리스크를 완화시키는 방법에 대한 식견을 얻기 위해 모든 부동산 대출업자들이 Fannie Mae의 영업보고서를 참조해야 한다.[9]

5.5.4 대출 대비 자산가치(Loan-to-Value, LTV) 비율

Fannie Mae의 2002년 영업보고서 71쪽에는 다음과 같이 언급되어 있다. "LTV비율은 대출채권 상태에 대한 탁월한 예측지표이다. 다른 요인들이 동일하다면 부도가능성 및 부도시 손실의 심각성은 LTV비율이 감소함에 따라 낮아진다." 이 언급은 주거용 및 상업용 부동산에 모두 적용된다.

미국에서 1가구 주택에 대한 주택가격 대비 대출금 비율의 평균은 2002년에 77.8%이었고, 이는 1991년의 75.0%와 크게 다르지는 않다.[10] 상업용 및 다른 부동산대출에서의 LTV에 대한 통계는 구할 수 없지만 높은 LTV비율은 높은 리스크와 연관되어 있다는 원칙이 동일하게 적용될 것이다.

9_GSE가 주택시장과 금융안정에서 하는 역할에 대해서는 Poole (2003) 참조.

10_Federal Reserve Bulletin, May 2003, A 32; 미국 상무부(Department of Commerce), Statistical Abstract of the United States, 1993, Table 811.

5.5.5 신용점수

최근에, Fair Isaac & Co. (FICO 스코어)에 의해 개발된 신용점수(credit score)가 일반차입자들의 신용도에 대한 척도로서 널리 사용되고 있다.[11] FICO 스코어는 150부터 950까지 분포되어 있는데, 620 이하의 점수는 신용상태 불량으로 간주된다. 점수가 높을수록 신용도가 높고 부도 가능성이 낮은 것이다.

5.6 2002년의 은행파산과 상각된 대출금

2002년에 10개의 FDIC 가입 은행들이 파산하였는데, 이는 1994년 이후로 가장 많은 수의 은행파산이었다. 이러한 파산의 증가는 당시의 경기침체와 서브 프라임 대출로부터의 문제들을 반영한 것이었다.

표 5-6은 2002년도에 상각 처리된 대출금 규모를 보여주고 있다. 모든 종류의 부동산대출은 상각률이 0.15%인 반면, 기업 및 산업체 대출과 개인에 대한 대출은 상각률이 각각 1.76%와 3.34%에 달하였다. 이 자료는 부동산시장이 다른 시장들보다 덜 피해를 입었고, 부동산대출업자들이 앞에서 언급한 리스크 완화기법들을 잘 이용하였다는 것을 제시하고 있다. 어쨌든 현재의 부동산대출은 1985~1992 기간만큼 위험하지는 않은 것 같다. 따라서 부동산대출에 대한 바젤 II의 리스크가중치는 공평한 경쟁을 위해 조정될 필요가 있다.

마지막으로 포트폴리오가 주로 일가구와 다가구 주택에 대한 모기지상품으로 구성된 Fannie Mae 및 Freddie Mac은 일반 은행들(약 8%)보다 훨씬 낮은 규제자본(약 3%)을 유지하도록 되어있는 것은 흥미로운 점이다. 그러나 바젤 II의 표준방법 하에서 주택모기지에 대한 리스크가중치는 40%까지 낮을 수 있고, 이 리스크가중치는 3.2%(40% × 8% = 3.2%)의 자본부담으로 전환된다. 내부등급법 하에서의 자본부담은 PD 및 LGD에 대한 가정에 따라 7.2%부터 21.5%까지 될 수 있다.[12]

Fannie Mae와 Freddie Mac 모두 미국정부는 자신들의 채무를 보증하지 않는다고 강조하지만, 그럼에도 불구하고 자본시장은 이 두 기관의 낮은 자기자본비율을 받아들이는 것 같아 보인다. 이 점은 두 기관이 사

11_추가적인 정보는 http://www.myfico.com 참조.

12_"Basel Briefing 5," (May 2003), p. 22.

[표 5-6] 대출금과 상각 비율 2002년

은행 자산규모	단위: 십억	총 대출 및 리스 비율	상각된 대출금 비율
총 대출 및 리스	$4,163.4	100%	1.11%
부동산 대출	2,068.0	49.7	**0.15**
건설 및 개발	207.4	5.0	0.17
상업부동산	555.8	13.3	0.15
다가구 주택	71.9	1.7	0.07
일가구 주택	214.6	5.2	0.19
1~4명 가족	945.9	22.7	0.14
기업 및 산업체 대출	912.0	21.9	**1.76**
개인 대출	703.6	16.9	**3.34**
신용카드 대출	275.8	6.6	6.38
기타 개인 대출	427.8	10.3	1.46
기타 대출 및 리스	479.8	11.5	0.58

자료 : *Quarterly Banking Profile*, Fourth Quarter, 2002, Washington, D.C., Federal Deposit Insurance Corporation, 2003, Table V-A.

용하는 포트폴리오관리 기법 때문에 자본시장이 두 기관의 부동산대출을 상대적으로 낮은 리스크를 갖고 있는 것으로 보고 있다고 해석될 수 있다.

5.7 결론

이 논문의 요점은 바젤 II가 미국에서 초대형은행들을 제외한 대형은행들에게 불공평을 조성한다는 것이다. 바젤 II에 응하기 위해 은행규제당국은 초대형은행들에게 비용이 많이 들고 복잡한 고급 내부등급법을 사용하도록 강제할 것이다. 다른 대형은행들 중 일부는 자신들이 이 방법을 사용하지 않으면 자본시장에서 불리한 위치에 있게 될 것이라고 믿고 있다. 자신들이 초대형은행들과 같은 리그에 속해있다고 간주되기를 원한다면 그들도 동일한 기준을 따라야 할 것이다. Enron, WorldCom 및 HealthSouth 등의 회계부정 행위때문에라도 주식애널리스트들과 투자자들은 은행들이 바젤 II를 사용하는지를 알고자 한다. 증권거래위원회(Securities and Exchange Commission)의 '공정한 공시' 규정은 기업들이 중요한 비공개 정보를 널리 유포시키기 위해 공시하도록 하고 있다.

따라서 자본시장에 활발하게 참여하는 모든 은행들이 자신들의 영업보고서에 사용하고 있는 내부등급법에 대해 언급해야 한다는 것은 의심의 여지가 없다.

또 다른 요점은 미국의 초대형은행들은 대형은행들만큼 부동산대출에 많이 투자하고 있지는 않다는 것이다. 예를 들면 Citibank나 J.P. Morgan Chase에서는 총 대출에서 상업용 부동산대출이 차지하는 비중이 2%미만인 반면, Colonial이나 Regions같은 은행들에서는 이 비율이 20%를 넘어서고 있다. 상업용 부동산대출에 대한 바젤 II의 리스크가중치가 150%이상이라는 사실을 감안하면 이런 대출채권을 갖고 있는 은행들은 상업용 부동산대출을 제공하고 보유하기 위해 8%이상의 자본비율을 필요로 할지도 모른다. 여기에 함축된 의미는 적정하거나 초과 자본을 보유한 은행들이 그러한 대출을 해줄 것이라는 점이다. 다른 가능성으로는 은행이 추가적인 자본을 조달하는 것, 그리고 세 번째 가능성은 높은 자본부담 때문에 은행들이 이 영업분야를 포기할 수도 있다.

여기서 부동산대출에 대한 높은 자본부담이 반드시 필요한가를 묻지 않을 수 없다. 이에 대한 답은 긍정이기도 하고 부정이기도 하다. 높은 담보대출비율을 가진 부동산대출에 집중되어 있는 대출포트폴리오가 매우 높은 리스크를 가지고 있다는 점은 의심의 여지가 없다. 미국에서는 1980년대 말과 1990년대 초에 이런 상황이었고, 일부 국가들에서는 아직도 이런 상황이다. 그러나 오늘날 미국에서는 부동산대출 포트폴리오를 지역적으로 그리고 상품별로 다양화할 수 있고, 파생상품을 이용하여 헤징 할 수 있으며, 또한 낮은 담보대출비율을 가진 대출을 하거나 높은 FICO 스코어를 가진 고객에게 대출함으로써 리스크를 줄일 수 있다. 이러한 기법들이 미래에 발생할지도 모르는 부동산 거품이 금융안정에 대한 위협으로 작용할 소지를 과거보다 줄일 것이다. Fannie Mae 및 Freddie Mac은 이러한 기법들이 어떻게 사용될 수 있는가를 잘 보여주고 있다. 이런 경우에는 바젤 II의 리스크가중치가 과도하다고 할 수 있다.

마지막으로 동일한 유형의 대출에 대하여 상이한 자본부담을 허용하는 고급 내부등급법을 통계학적 측면에서 살펴보자. 앞에서 언급했다시피 주택모기지에 대한 자본부담은 PD와 LGD에 대한 가정에 따라 7.2%부터 21.5%이상으로 크게 다를 수 있다.-[13] 간단히 말해 내부등급법은 미래의 손실을 예측하는데 있어서 과거의 데이터에 너무 의존하고 있다. 텍사스와

13_"Basel Briefing 5," (May 2003), p. 22.

매사추세츠에서 1980년대에 있었던 부동산대출의 문제점들을 감안해볼 때 21세기에 미래의 부동산 거품을 예측하는 것은 뒤창문만을 보면서 가파르고 꾸불꾸불한 산길을 운전하는 것에 비유할 수 있다. 사고는 필연적이게 된다.

오늘날 사용되는 리스크관리 기법들이 동적이기 때문에 내부등급법의 모형들에서 데이터 및 기존의 변수들과 신규의 변수들은 끊임없이 개선되어야 한다. 이것은 많은 비용이 들고 오랜 시간을 요하는 과정이다. 자신들에게 유리한 모형을 개발할 여유가 있는 은행들은 가장 낮은 자본부담을 하게 될 것이고 경쟁상의 우위를 점할 것이다. 다르게 표현하면 은행 자본에 있어서 경쟁상의 불공평이 생길 것이다. 명심할 것은 경쟁상의 공평성을 보장하는 것이 1988년의 바젤자본협약을 제정한 두 가지 이유 중의 하나였다는 점이다.

참고문헌

Annual Report 2002, (2003), Washington, D.C., Federal Deposit Insurance Corporation.

"Bank Failures and Assistance," 1991, 1992, FDIC.

"*Basel Briefing 5*," KPMG, (2003), May.

Ervin, D. Wilson, (2003), Testimony on behalf of Credit Suisse First Boston and The Financial Services Roundtable, Hearings on the New Basel Accord before the Subcommittee on Domestic and International Monetary Policy, U.S. House Committee on Financial Services, February 27.

Fannie Mae 2002 Annual Report, (2003), Washington, D.C., Fannie Mae.

Federal Reserve Bulletin, (2003), May.

French, George, William A. Stark, Jason C. Cave, and John Feid, (2003), "Risk-Based Capital Requirements for Commercial Lending: The Impact of Basel II," FYI, FDIC, April 21, *http://www.fdic.gov/bank/analytical/fyi/2003/042103fyi.html.*

Gup, Benton E., (1998), *Bank Failures in the Major Trading Countries of the World: Causes and Remedies*, Westport, CT, Quorum Books.

History of the Eighties, Lessons for the Future: An Examination of the Banking Crisis of the 1980's and Early 1990's, (1997), Washington, D.C., Federal Deposit Insurance Corporation, Vol. 1.

Lindgren, C., G. Garcia, and M.I. Saal, (1996), Banking Soundness and Macroeconomic Policy, Washington, D.C., International Monetary Fund.

Managing the Crisis: The FDIC and RTC Experience, (1998), Washington, D.C., Federal Deposit Insurance Corporation, Table 4.

"OCC Bank Derivative Report, Third Quarter 2002," (2002), Washington, D.C.,

Office of the Comptroller of the Currency, December.

"Overview of the New Basel Capital Accord," (2003), Consultative Document, Basel Committee on Banking Supervision, Bank for International Settlements, Basel, Switzerland, April.

Petrou, Karen Shaw, (2003), "Policy Issues in Complex Proposals Warrant Congressional Scrutiny," Testimony before the Domestic and International Monetary Policy, Trade and Technology Subcommittee on Financial Services, U.S. House of Representatives, February 27.

Poole, William, (2003), "Housing in the Macroeconomy," Review, Federal Reserve Bank of St. Louis, May/June, pp. 1-8.

"Real Estate Loans," (2003), FDIC, Table CB12, http:*//www2fdic.gov/hs-ob/hsobRpt.asp*.

Sheng, A., (1996), *Bank Restructuring* : Lessons from the 1980s, Washington, D.C., The World Bank.

The FDIC Quarterly Banking Profile, Fourth Quarter, 1991, (1992), Washington, D.C., FDIC.

The FDIC Quarterly Banking Profile, Third Quarter, 2002, (2002), Washington, D.C., FDIC.

The FDIC Quarterly Banking Profile, Fourth Quarter, 2002, (2003), Washington, D.C., FDIC.

"The New Basel Capital Accord," (2001), Press Release, Basel Committee on Banking Supervision, Bank for International Settlements, Basel, Switzerland, January 16.

U.S. Department of Commerce, (1994), *Statistical Abstract of the United States, 1993*, Washington, D.C.

제6장 시장규율 : 사실 혹은 허구

Benton E. Gup[1]

국제결제은행(BIS)은 통화 및 금융안정에 초점을 맞추어 중앙은행들과 다른 기관들 사이의 협조를 도모하는 국제기관이다. BIS의 바젤위원회는 다음의 세가지 상호보완적 원칙들에 기준한 새로운 바젤자본협약을 제안했는데, 이는 ① 최소자기자본요건(minimum capital requirements), ② 감독당국의 검증(supervisory review), ③ 시장규율(market discipline)이다.[2]

이 새로운 협약은 2006년 말부터 시행될 예정이다. 바젤위원회의 시장규율에 관한 자문보고서에는 "시기 적절한 공시는 투자자 및 예금주들 그리고 우량 금융기관들에게는 이득이 될 것이다. 더 광범위하게는 금융안정을 도모하고 자본시장을 효과적이며 효율적으로 운영하는데 도움이 될 것이다" 라고 명시되어 있다.[3] 공시는 자본, 신용리스크, 시장리스크, 운영리

1_이 논문은 아일랜드 더블린에서 2003년 6월 6일 개최된 재무관리학회의 국제학회에서 발표되었다. 이 논문의 초기 판은 Social Science Research Network (SSRN)에서 은행 및 금융기관(2003년 11월 7일)과 국제재무(2003년 10월 22일) 분야에서 가장 인기 있는 '상위 10개 논문' 중의 하나였다.

2_Basel Committee on Banking Supervision, Press Release, "The New Basel Capital Accord," January 16, 2001. 추가적으로 보다 상세한 내용은 Basel Committee on Banking Supervision, Consultative Document, *The New Basel Capital Accord, BIS, Basel, Switzerland, January* 2001 참조.

3_Basel Committee on Banking Supervision, C onsultative Document, *Pillar 3* (Market Discipline), BIS, Basel, Switzerland, January 2001, 3.

스크 및 기타 요소들을 포괄하지만, 바젤위원회는 '시장규율'에 관한 명확한 정의는 제시하지 않고 있다.

본 논문은 여섯 부분으로 이루어져 있는데, 6.1절에서는 시장규율에 관한 정의를 제시하고, 6.2절에서는 시장규율이 정보에 기초하고 있음을 설명할 것이다. 6.3절에서는 시장규율에 영향을 미칠 수 있는 내부자와 외부 이해관계자를 다루고, 6.4절에서는 시장규율이 은행들에 대해서 작용하는지를 검토할 것이다. 6.5절에서는 기업의 진정한 상태가 미지수이고 이에 대한 정보가 다양하게 해석되는 경우 시장규율이 지니는 의미에 대해 논의한다. 6.6절에서는 결론을 제시할 것이다.

6.1 시장규율의 개념

6.1.1 적자생존

시장규율이란 무엇인가? 시장규율은 은행업계에서 새로운 개념은 아니나, 그 의미는 시간의 흐름과 함께 변화해왔다. 그 개념의 기원은 스코틀랜드의 자유은행시기(1695~1845)로 거슬러 올라가며, 미국에서는 1838년에 시작되었다. 이 시기에 충분한 정보를 보유하고 있는 합리적 예금주들은 안전한 은행들에 투자하며, 안전하지 않은 은행들은 결국에는 실패하는 것으로 인식되었다. 시장규율의 역사에 관한 논문에서 Leathers and Raines(2000)는 극단적인 형태에서 "시장규율이란 효율적으로 운영되지 않는 공급자들이 손실을 입고 궁극적으로는 파산을 하게 만드는 경쟁시장의 힘에 대한 신뢰를 의미한다"고 했다.[4] 그러나 시장규율은 만병통치약이 아닐지도 모른다. "사회적 이해관계가 경쟁을 규제하는 요인으로 작용할 수 있다고 인정되는 비금융업부문들에서조차 어떤 경쟁시장이론도 시장의 안정성을 보장하지는 못한다"고 기술하고 있다.

6.1.2 채권 및 주식시장의 반응

적자생존이라는 다원적 의미에서 시장규율이 작용한다는 것은 분명하지만, 이것은 은행규제당국이 시장규율을 정의하는 방식은 아니다. 연방준비제도가 행한 1999년의 한 연구는 직접적 시장규율과 간접적 시장규율을 다

4_Leathers and Raines(2000), p. 164.

음과 같이 정의한다.[5] 직접적 시장규율은 차입자금 비용을 이용한 조치이다. 이 비용은 은행의 리스크 특성을 반영하여 결정되고, 은행으로 하여금 더 큰 리스크를 취하는 것을 자제하도록 사전 인센티브를 부여하게 된다. 은행의 리스크를 평가하기 위해 금리에 민감한 금융상품들의 유동시장 가격들을 감시하는 민간 투자자들이나 정부 규제당국자들은 간접적 시장규율을 행사하는 것이다.

국제결제은행의 바젤위원회 사무국 위원인 Silvano Tittonel(2002)은 "시장규율은 자본적정성을 위한 새로운 틀의 세 번째 축이며 은행들과 금융시스템의 안전성과 건전성을 증진시키기 위한 자본규제(Pillar 1)와 감독당국의 검증과정(Pillar 2)을 보완한다. 바젤위원회는 시장 참가자들로 하여금 은행의 적용범위, 자본리스크 노출도, 리스크 측정 및 관리, 그리고 자본적정성에 관한 정보의 핵심부분들을 평가할 수 있도록 하는 공시에 대한 일련의 권고안 및 요건들을 개발함으로써 시장규율을 장려할 것을 목표로 하고 있다"고 했다.

국제결제은행의 사무총장이며 금융안정포럼의 의장인 Andrew Crockett(2001)은 금융기관 자체의 리스크 평가, 리스크 통제과정의 질적인 측면들 및 공시에의 의존이 증대되기 때문에 시장규율이 금융안정을 도모하는데 더 큰 역할을 하고 있다고 했다. Crockett은 '시장규율'이란 용어를 정부의 직접적인 개입이 없는 자유 시장경제의 내적 · 외적인 통제 메커니즘을 일컫는데 사용하고 있다. 시장규율이 효과적이기 위해서는 시장참가자들이 정보와 정보 처리 능력, 인센티브 및 시장규율을 발동시키는 메커니즘을 필요로 한다고 말하고 있다.[6]

학계에서도 시장규율에 관해 다양한 정의를 내리고 있다. Benink and Wihlborg(2002)는 채권 및 주식시장 참가자들이 은행들에게 인센티브를 준다고 언급했고, Scott(1991) 및 Rose(1999)는 부적절한 결정을 내린 데 대해 시장참가자들이 은행들을 '응징' 할 때 시장규율이 발생한다고 주장한다. 응징은 양도성 예금증서(CD)나 다른 차입자금들에 대한 높은 금리를 지불해야 한다거나 낮은 주가의 형태로 부과될 수 있다. 즉, 이들은 규율을 제공하기 위해 주로 금융시장에 초점을 맞추고 있다.

Bliss and Flannery(2000)은 시장규율에 대해 가장 엄격한 정의를 내리고 있는데 시장규율이라는 개념은 기업의 진정한 상태에 대한 투자자들의

5_"Using Subordinated Debt as an Instrument of Market Discipline," 1999.

6_시장규율의 요건 및 선행 연구들의 결과에 대한 추가적인 논의는 Gup(2000) 참조.

평가를 전제로 하고 있으며, 경영자들은 증권가격에 반영된 투자자들의 반응에 대응하게 될 것이라고 주장한다. 또한, Ward(2002)는 시장참가자들이 새로운 정보에 대응하여 행동을 바꿔야 한다고 했는데 이는 정보 습득, 처리, 그에 따른 대처를 필요로 한다. 이를 위해서는 많은 비용이 들지도 모른다.

시장의 시그널 자체는 시장규율이 아니며, 시장규율의 핵심은 경영진이 시장 시그널에 대응해서 반드시 무엇인가를 해야 한다는 것이다. 그렇지 않으면 시장규율은 마치 소잃고 외양간 고치는 식이 된다. 미국에서 무등급 채권의 가장 큰 발행자인 Farmer Mac의 경우를 생각해 보자. 2002년 6월, Farmer Mac의 디폴트스왑(default swap)에 대한 매수가는 증가하는 연체에 대한 자본시장의 우려를 반영하여 60bp에서 200bp로 증가했다.[7] 농촌 및 비도시 지역에 대한 모기지에 있어서 체납의 증가는 침체된 경제 때문에 야기되었으며, 그러한 경제상태를 바꾸기 위해 Farmer Mac이 할 수 있는 일은 거의 없다. 경제가 바닥을 쳤을 때 신용기준을 강화하는 것은 좋은 전략이 아닐 것이다.

또한, Schwab BondSource(January 29, 2003)가 발표한 다음의 양도성 예금증서(CD)의 경우를 고려해 보자. ABN AMRO 은행의 자회사인 LaSalle 은행은 2003년 초 만기일이 2018년 2월 12일인 15년짜리 CD를 발행하였는데, 이 CD는 예금보험 대상이고 금리가 계속 증가하는 조건이었다. 이 은행에 대한 Moody's의 신용등급은 Aa3이고, S&P의 등급은 A+이었다. CD는 2004년 2월 12일에 액면가로 조기상환이 가능하고, 이후부터는 매 이자지급일에 상환이 가능하고, 만기 전에 상환되지 않는다면 표면금리는 4.125, 4.25, 4.50, 4.75, 5.00, 5.50, 6.00, 6.50, 7.00, 8.00, 9.00, 10.00, 11.00, 12.00로 매해 재조정된다. 만기수익률은 CD가 조기상환되었는지 그리고 언제 되었는지에 따라 4.0%부터 6.23%까지 분포되어 있다. 참고로 2003년 1월에 10년 만기인 미국의 고정만기 국채 금리는 4.05%이고, 신용등급이 AAA인 회사채 금리는 6.17%이었다.[8] 그렇다면 이 채권 형식의 CD가 은행에 대해 어떤 정보를 시사할 수 있을까? 중요한 점은 FDIC가 보장하는 CD조차도 복잡할 수 있고, 이에 대한 금리 자체가 은행의 실제 상태에 대해 아무런 유용한 정보도 제공하지 못할 수 있다는 것이다.

7_Wiggins (June 4, 2002). Farmer Mac에 대한 정보는 http://www.farmermac.com 참조.

8_Economic Indicators (February 2003, p. 31).

6.1.3 소송

소송은 투자자들 및 기타 이해관계자들이 규율을 부과하는 또 다른 방법이다. 소송은 대개 공시 후(또는 공시를 해야 하는데 하지 않은 후)에 일어나며, 이 법적 절차는 수년이 걸릴 수도 있다. 가령 1982년~2002년 기간 동안 1,000개 이상의 기업들이 석면관련 소송의 피고였으며, 많은 기업들이 법정관리를 요청했다. 한 신문기사는 이를 '2천억불짜리 오심' 이라고 불렀다.[9] 그 기업들 중에는 석면을 전혀 생산하지 않은 경우도 있었고, 석면으로 인해 병에 걸리지 않은 원고들도 있었다.

1995년에 제정된 증권민사소송개혁법은 공시와 관련된 투자자들의 소송에 찬물을 끼얹는 효과를 발휘했다.[10] 2002년 3월, 부시행정부는 집단소송을 좀 더 기업에 유리하게(즉, 기업에 소송을 제기하기 힘들고 시장규율을 완화하도록) 만드는 법령제정을 지지한다고 발표했다.[11]

6.2 정보에 기초하고 있는 시장규율

6.2.1 정보제공

시장규율은 적시에 정확하고 적절한 정보를 요한다. 그러나 보고의 빈도, 정보의 중요성, 독점적 정보를 다루는 방식, 또한 누구에게 어떠한 방식으로 정보를 유포해야 하는지 등의 문제들을 해결하여야 한다. 이 문제들의 일부는 증권거래위원회(Securities and Exchange Commission, SEC)의 공정한 공시(Regulation Fair Disclosure, Reg FD)와 Sarbanes-Oxley 법에서 조명하고 있다. Reg FD는 발행자들이 애널리스트들과 기관투자가들에게 제공하는 중요한 미공개 정보의 선별적 공시를 통제하기 위해 2000년에 제정되었다. Reg FD는 중요한 정보의 공시가 공개적으로 행하여질 것을 요한다.

유감스럽게도 SEC의 규정들이 모든 문제들을 해결하지는 못한다. 가령 경쟁적 우위를 보여주기는 하지만 별로 중요하지 않은 정보를 전달하는 사

9_Parloff (2002).

10_D'Avolio, Gildor, and Shleifer (2001).

11_Office of Management and Budget, Statement of Administration Policy, "H.R. 2341-Class Action Fairness Act of 2002," March 12, 2002: 이 법안에 대한 논의는 VandeHei(2000) 참조.

적인 공장시설 견학이 과연 Reg FD하에서 허용될 수 있을까?_[12] 일부 애널리스트들은 비록 Reg FD의 취지는 좋지만 기업의 의사소통을 냉각시키고, 기업들이 지나치게 조심하는 탓에 '상투적인' 공시의 원인이 된다고 주장한다._[13] Agrawal and Chada(2002)는 Reg FD의 제정 이후 증권회사 애널리스트들의 수익에 대한 예측이 덜 정확해졌다는 연구결과를 발표했다. 대기업들보다는 소규모 기업들에 관한 예측이 더욱 부정확했다. 일반적으로 기업의 정보는 SEC Form 8-K, 인터넷 및 보도자료의 형태로 배포된다.

Sarbanes-Oxley 법은 2002년 7월에 승인되었는데, 이 법은 1933년의 증권법(Securities Act of 1933) 및 1934년의 증권거래법(Securities Exchange Act of 1934) 이후 기업지배구조에 대해서 가장 커다란 변화를 준 법이다. 이 법의 목적은 기업공시의 정확성과 신뢰도를 높임으로써 투자자들을 보호하는 것이다. 투자자들의 이익을 보호하며 유용하고 정확한 정보를 제공하는 데 대한 일반의 관심을 증진시키기 위해 상장회사들의 회계감사를 감독할 독립기구인 상장회사 회계감독위원회(Public Company Accounting Oversight Board)가 이 법에 의해 만들어졌다. 또한, 이 법에는 SEC에 제출되는 연간 및 분기별 영업보고서의 정확성과 완벽도에 대해 관리 인증을 받도록 되어 있고, 기업의 기만행위 및 형사상의 사기죄, 또한 상장회사의 주주들을 사취할 경우의 처벌에 관해 언급되어 있다. 2003년 3월 앨라배마주의 북부지역을 관할하는 연방검찰은 HealthSouth의 재무담당 부사장을 $14억에 상당하는 증권 사기행위로 기소했으며, 네 명의 전직 CFO들도 유죄 판결을 받았다._[14] 혐의의 일부는 Sarbanes-Oxley 법의 '관리 인증' 조항을 위배한 데 있었고, 이는 재무제표의 인증을 담당하고 있는 사람들에게 강력한 경종을 울린 사건임에 틀림없다.

6.2.2 정보 해석

정보가 어떻게 사용되는가는 시장규율의 다른 일면이다. 뉴욕결제소협회(New York Clearing House Association, 2001)는 "공시 메커니즘이

12_Unger (December, 2001).

13_상기 논문.

14_"HealthSouth 임원 피소 …," (March 31, 2003). HealthSouth의 재무담당 부사장 Emery Harris 및 전 CFO들인 William T. Owen, Weston L. Smith, Michael D. Martin, Malcolm McVay 모두 기소됐다.

효과적으로 작동하기 위해서는 사용자가 제공된 정보를 이해하고, 그에 맞춰 행동해야 한다. 일반에게 공개되는 정보는 그 범위와 복잡성에 있어 크게 증가하고 있다. 은행의 포트폴리오들이 역동적으로 변화하고 있는 상황에서 공시는 거의 발표되는 즉시 쓸모 없게 된다. 따라서 사용자가 은행의 리스크 특성에 관한 최신 정보를 얻는 것은 거의 불가능하다"고 언급하고 있다.

호주 건전성감독청(Australian Prudential Regulation Authority, 2001)은 은행들과 관련하여 "공시의 목적은 시장의 이해를 증진시키는 것이다. 하지만 공개되는 정보의 양적 · 질적 증가는 공시하는 은행의 리스크 특성과 자본적정성을 평가하는데 특히 금융에 관한 지식이 부족한 시장참가자들에게 혼란과 문제를 야기시킬 리스크를 수반한다"_[15] 라고 말하고 있다. 나중에 설명하겠지만 심지어는 수준 높은 투자자들조차 '나무들은 보지만 숲은 보지' 못할 수 있다.

조정 순익(pro forma earnings)은 기업들이 공시하는 정보의 한 예이지만 이 수치는 투자자들을 오도할 가능성이 높다. 조정 순익은 특별항목들을 고려에 넣기 전의 수치인데 이에 대한 기업회계원칙(GAAP)에 입각한 정의는 없다. 즉, 회사가 임의로 정의 내릴 수 있다. 조정 순익은 회계상의 적자를 흑자로 전환시키는데 이용될 수 있으며, 오해의 소지가 있다. SEC는 Trump Hotels & Casino Resorts가 1999년 10월 25일에 발표한 분기별 이익이 '실제는 그렇지 않은데 주로 운영상의 개선을 통해 이익 기대치를 초과한 듯한 잘못되고 오도된 인상을 주었기 때문에 부당하다' 고 밝혔다._[16] 순이익 수치에 $81.4백만에 달하는 일회성 비용을 포함시키지 않았으며 이것이 이익 기대치보다 높은 순이익을 낳는 원인이 되었다.

6.3 내부자와 외부 이해관계자

시장규율은 내부자와 외부 이해관계자 모두와 관련되어있다. 은행에 대한 검사 및 감사를 맡고 있는 조사관 및 감사인들이 내부자이다. 또한, 주주

15_호주 건전성감독청(Australian Prudential Regulation Authority), "Submission to the Basel Committee on Banking Supervision, The New Basel Capital Accord," May 2001, p. 43.

16_United States Securities & Exchange Commission, Press Release, January 16, 2002.

들을 대신하여 결정을 내리고 행동을 취할 수 있는 이사회 멤버들과 경영자들도 내부자이다. 그리고 자기 회사의 주식을 보유하고 있는 직원들 또한 내부자에 포함된다. 내부자의 정의가 의미하듯이 이들은 채권 및 주식에 대한 외부 투자자들이 입수할 수 없는 정보들에 접근할 수 있다. 외부 이해관계자는 신용평가기관, 주식애널리스트, 채권 및 주식 투자자들과 고객들을 일컫는다.

6.3.1 내부자

은행 규제감독/검사관 은행 규제감독자들 및 검사관들은 자신들이 감독하는 은행의 안전성과 건전성을 우려한다. 조사과정의 주요 부분은 문제가 있거나 파산할 은행들을 조기 진단하는 것이다. 그러나 연방예금보험공사(FDIC) 연구서는 "260개의 파산한 은행들은 파산 전 24개월 내에 강화된 감독상의 주의를 요하는 것으로 판명되지 않았다. 이중 141개의 은행들은 파산 전 18개월 이내에도 부실은행으로 진단되지 않았으며, 57개는 12개월 이전까지도 밝혀지지 않았고, 9개 은행은 파산 6개월 전까지도 부실은행으로 진단되지 않았다"고 보고했다.[17] 이는 좋은 성적이 아니다.

1999년 9월, 웨스트 버지니아주에 있는 First National Bank of Keystone은 사기혐의로 문을 닫았다. 총 $5.15억의 대출채권이 매각됐지만 장부상에는 남아 있었다. 이 은행은 높은 리스크를 수반한 서브 프라임 대출을 함으로써 1990년 $85백만 규모에서 1999년 $11억 규모로 성장했다. 이 은행은 약 500여 개의 계좌에 단지 $15백만 상당의 비부보예금(uninsured deposits)을 보유하고 있었는데[18] 이 경우에 시장규율은 작동하지 않았다. 길게는 파산 8년 전에 내부 통제상의 문제점들과 불충분한 감사 등의 문제들을 발견했던 은행 감독당국자들도 너무 늦어서 손을 쓸 수 없을 때까지 아무런 조치도 취하지 않았다. 하원의 은행 및 금융기관 위원회 의장인 James A. Leach(2000)는 이 Keystone 사례가 은행검사에 관해 은행 규제당국(OCC와 FDIC)간 조정(coordination)에 있어서 문제를 드러낸 사건이었다고 지적했다.

2002년 Allied Irish Banks가 입은 $6.91억 상당의 외환매매 손실은 규제 및 감사상의 감독의 유효성에 대해 다시 한번 의문을 제기하게 했다. 속

17_"Bank Examination and Enforcement," (1997).

18_FDIC Press Release, PR-52-99 (9-03-99).

[표 6-1] 은행감독원(OCC)에 의한 PCA 실행

연도	은행명	위치
2001	NextBank N.A.	Phoenix, AZ
	Sinclair National Bank	Gravette, AR
2000	Metropolitan Bank	New York, NY
	Prairie National Bank	Belle Plaine, MN
1999	None	
1998	Monument National Bank	Ridgecrest, CA
	The Malta National Bank	Malta, OH
	Western American National Bank	Bedford, TX

자료 : Office of the Comptroller of the Currency, *www.occ.treas.gov* (visited 3/18/02).

임수는 수년간 계속되었으나 내부 감사보고서나 리스크 평가 어디에서도 경고는 주어지지 않았다.[19]

은행의 자본이 심각하게 부족할 때 연방 규제당국은 해당은행의 사태를 수습하기 위해 적기시정조치(PCA)를 취해야 한다.[20] 은행들은 자본부족을 해결하고 좀더 건전한 재무상태로 복귀하도록 여러 조치를 취할 것을 요구 받게 된다. 표 6.1은 1998년~2001년 기간 동안 OCC에 의해 취해진 PCA 시행 예들을 보여주고 있다.[21] 표에 나열된 은행들은 모두 $10억 이하의 자산 규모를 보유하고 있었다. 가령 NextBank는 $7억의 자산 및 $5.54억의 수신고 규모를 갖고 있었다. 이 중 $29.4백만이 약 2,000여 계좌에 있는 비부보예금이었다.[22] 이 비부보예금자들은 은행들에 시장규율을 요구하지 않았다.

감사인 전 연방준비제도이사회 의장이었던 Paul Volcker(1977)는 "시장규율은 매우 중요할 수 있다. 우리는 시장규율을 행사하기 좋아하지만 그것에 전적으로 의존하고자 하는 사람들에게 단순한 사실 몇 가지를 상기시키고 싶다. 파산한 은행들 모두가 깨끗한 감사보고서를 갖고 있었다. 때로 짧게는 2주 전에 조차 말이다. 시장은 단지 금융계 뿐만 아니라 모든 면에서

19_Beckett and Mollenkamp (March 18, 2002).

20_상세한 내용은 12 U.S.C. § 1831 및 12 C.F.R. Part 6 참조.

21_OCC 웹사이트에는 이 목록이 완벽한 것은 아니라고 언급돼 있다.

22_FDIC Press Release, PR-16-2002 (2-7-02).

과도하게 활기찬 경향이 있다"고 했다.

Superior Bank의 경우를 생각해 보자. 회계감사원(GAO)의 보고서는 Superior Bank를 파산으로 이끈 주요 사건들은 대규모 대출 및 서브 프라임 대출채권의 증권화를 추구하는 전략과 관련되어 있다고 언급했다.[23] '장부상의 이익'은 은행의 자본수준을 과장하는 결과를 낳았다. 이익은 대부분 은행의 증권화로부터 발생한 잔여지분의 가치 때문이었다. 또한, 이 보고서는 저축기관감독청(OTS)과 연방예금보험공사(FDIC)가 Superior의 외부 감사인인 Ernst & Young의 본사에서 문제를 해결하도록 요구할 때까지 Ernst & Young이 가치평가(valuation)가 잘못되어 있는 것을 탐지하는데 실패했다고 지적하고 있다. OTS는 외견상의 높은 수익과 은행의 소유주들이 필요할 경우 추가 자본을 제공할 것이라는 기대 때문에 무능하게 대처했다. 이 점은 OTS와 FDIC간 있었던 정보교환 및 의견조정 문제들과 더불어 지체된 대응을 야기한 주요 요인이었다. 2001년 2월 발동된 PCA가 그들의 반응이었고, Superior 은행은 2001년 7월 27일에 문을 닫게 되었다. 그렇다면 Superior은행의 경영진은 어디에 있었으며, 왜 그들은 속수무책이었던 것일까?

GAO 보고서에 의하면 Superior은행의 파산은 은행이 복잡하고 리스크가 높은 포트폴리오를 보유하고 있을 때 은행감독당국이 이를 인지하지 못하면 어떤 일이 일어나는가를 보여준다고 결론지었다. 최근 파산한 Best-Bank, Pacific Thrift and Loan, 그리고 Keystone Bank의 경우에도 동일한 문제점이 발견되었다.

경영진/Enron 2001년 Enron사의 파산은 예방 수단의 미작동 및 회계상의 문제점들이 빚은 또 하나의 예다. Enron은 도매 및 소매 고객들에게 천연가스, 전기 및 통신에 관련된 제품과 서비스를 제공하는 회사로, 2000년도 매출액은 $1,010억이었고, Fortune 500 기업들 중 7번째 규모의 회사였으며, 에너지관련 파생상품의 주요 거래자였다. Enron은 부채를 숨기기 위해 부외 특수목적회사(Special Purpose Entities, SPE)를 광범위하게 이용했다. Arthur Anderson은 Enron의 회계시스템이 적절하고, 회사의 재정상태를 잘 나타내고 있다고 평가했다. 하지만, 이들은 틀렸고 감독에 실패했다. 아마도 Arthur Anderson이 Enron으로부터 받은 거액의 자문

23_United States General Accounting Office, Bank Regulation(2002).

료가 직업상의 책임감 결여에 기여했을는지 모른다.

2001년 11월 19일 Enron은 분기별 영업보고서(Form 10-Q)를 제출했는데 순익을 수정했으며 자본금을 $12억만큼 감소시켰다. 2001년 11월 12일 Standard & Poor's는 Enron의 선순위무담보채권의 등급을 BBB-로 격하시켰으며 이는 Enron이 2001년 11월 27일까지 추가 담보를 제공하지 않으면 $6.9억의 부채가 지불만기 되도록 하게 하는 계기가 되었다. 이 뉴스가 알려지자 Enron의 주가는 폭락했다. 낮은 주가는 Enron으로 하여금 그 동안 맺은 제휴협정들과 관련하여 $39억에 달하는 추가 신용한도액을 상환 또는 조달하거나 이에 대해 현금담보를 제공해야 하는 또 다른 '계기'가 되었다.[24] 2001년 11월 28일, 다른 신용평가회사들은 Enron의 신용등급을 정크본드 수준으로 강등시켰다. Enron은 낮은 주가와 신용등급 강등에 의해 유발된 재무상의 요건을 충족시키지 못하고, 2001년 12월 2일에 파산을 신청했다.

다른 유형의 기업 및 은행들도 SPE를 사용한다. 일부 은행들은 유동화된 자산을 보유하기 위해 SPE를 사용한다. PNC Financial Services는 대차대조표로부터 부실여신을 제거하여 재무제표를 개선시키고자 SPE를 사용했다.[25] 패스트푸드 체인인 Boston Chicken은 1992년 파산을 선언했는데 이 회사 또한 주주들로부터 리스크를 숨기기 위해 SPE를 사용했다.[26]

경영진/Xerox Xerox사는 1997년~2000년 기간에 걸쳐 매출액을 $30억 이상, 그리고 세전이익의 절반에 해당하는 금액을 왜곡시키기 위해 다양한 회계상의 조작을 사용했던 주요 기업의 또 다른 예다.[27] 증권거래위원회는 Xerox사를 부정혐의로 고발했고 $10백만의 벌금 및 이익을 수정하도록 하는 조치를 부과했다.

24_Enron의 분기 영업보고서(2001.11.19에 제출)에 의하면, '계기'는 Osprey 및 Marlin의 주가가 각각 $59.78 및 $34.13 이하로 떨어진 사건을 포함하고 있다. 2001년 11월 16일에 Enron의 주가는 $16이었다.

25_Beckett, et al. (January 30, 2002).

26_Richards and Thurm (March 13, 2002).

27_U.S. Securities & Exchange Commission, Press Release, "Xerox Settles SEC Enforcement Action Charging Company with Fraud," (2002-52), April 11, 2002.

경영진/일본 은행들 일본의 몇몇 대형은행들은 출자전환(debt-for-equity swaps)을 이용하여 부실채권을 자기자본으로 전환하는 방법을 발견해냈다.[28] 출자전환은 많은 부채를 지닌 기업들에게 해준 대출의 일부를 그 회사들의 보통주나 우선주로 전환하는데 사용된다. 이 같은 방법은 해당은행의 부실채권을 감소시키고, 기본자본비율을 개선시키는 효과가 있는 것으로 보인다. 공식적으로 일본의 대형은행들은 약 10%의 자본적정성비율을 갖고 있지만 은행들에 은행에 투자된 공적자금, 이연법인세, 그리고 자산재평가액을 뺀다면 자기자본비율은 바젤자본협약이 요구하는 8%에 훨씬 미치지 못하는 2%정도일 것이라고 애널리스트들은 주장한다. 이것은 내실은 없고 겉모양만 그럴듯한 또 하나의 예다.

위에 언급된 예들에서 이사회의 구성원이나 경영진이 자신들이 대리하는 외부주주들의 최대이익을 위해 행동하지 않았음을 알 수 있다.

직원 마지막으로 직원들이 파산 직전에 있는 기업의 주주들인 경우 그들은 그 기업의 실태에 대해 모르고 있을 수 있다. Bank of New England의 경영진은 은행이 파산하기 일년 전에도 그 은행의 주식을 매입하고 있었다.[29]

6.3.2 외부 이해관계자

신용평가기관 신용평가기관이 첫 번째로 검토될 '외부자' 이다. 기업의 증권발행에 대해 신용평가를 하는 SEC가 인정한 세 개의 '전국적으로 공인된 신용평가단체' (Nationally Recognized Statistical Rating Organizations)가 있는데, Moody's Investor Service, Standard & Poor' s 그리고 Fitch가 이들 신용평가기관이다. 일부에서는 SEC 공인 때문에 이 기관들이 독점적 지위를 갖게 되고 자신들이 범하는 오류로부터 보호받게 된다고 비판한다. 이 기관들 또한 평가의 대상인 기업들로부터 대가를 받고 평가하기 때문에 기업들로부터 완전히 독립적일 수 없다. 이 평가기관들이 누리는 특권의 일부는 이들이 행한 신용평가를 증권회사들이 자산으로 보유하고 있는 증권들의 가치를 평가하는데 SEC가 사용한다는 점에 근거한다. 또한, 은행들은 통상 투자적격등급에 해당하는 증권을 보유하도록 제한을 받고 있으며, 신바

28_"Surreal," (April 20, 2002).

29_Litan (1997, p. 289).

젤자본협약 하에서 이 평가기관들의 등급은 은행이 보유하고 있는 포트폴리오를 평가하는데 사용될 것이다. 대출채권 담보부증권(collateralized debt obligation, CDO)은 신용평가기관들에게 특수한 문제들을 야기하는데 CDO의 사용증가는 상황을 더 악화시키게 된다. CDO는 실시간으로 관리되기 때문에 CDO에 대한 평가에서는 기초자산만큼이나 경영진의 자질도 중요하다.[30]

가장 큰 문제점은 신용평가기관들이 다른 투자자들에 앞서 기업의 문제점들을 알아내는데 한계가 있다는 점이다. 이 평가기관들은 뉴욕시의 채무위기와 캘리포니아주 Orange County 파산의 경우에 미리 경종을 울리지 못했다.[31] Enron의 경우 세 신용평가기관 모두 Enron이 분기별 영업보고서를 제출한 후에나 등급을 격하시켰고, 파산 며칠 전까지도 투자적격등급 이하로 떨어지지 않았다. 이 같은 지연을 야기한 이유 중 하나는 Dynergy와의 합병안 때문이었는데 이 안은 곧 취소되었다. 이들 평가기관의 주장에 의하면 또 다른 이유는 불완전하고 오도된 정보에 속았기 때문이라는 것이다. 그러나 평가기관들이 더 많은 질문을 했어야 하고 등급을 좀더 일찍 절하시켰어야 한다는 비판이 있다.[32]

신용평가기관들이 대부분의 투자자들보다 더 많은 정보에 접근할 수 있는 것은 아니다. 이 기관들이 얻는 정보가 투명하지 않을 수 있다는 점 또한 중요하다. 조정 순익과 같은 오도하기 쉬운 회계용어와 회계보고서는 미국에만 국한된 문제가 아니다. Wall Street Journal의 한 기사는 유럽의 5개 기업들의 대차대조표를 세밀하게 검토했는데 결론은 이 역시 '투자자들을 혼동되게 만들었다' 는 것이다.[33]

마지막으로 Gropp and Richards(2001)는 신용등급의 변화가 채권가격보다 주식가격에 더 큰 영향을 미친다는 점을 발견했는데 이는 신용등급의 변화가 시장에 정보를 제공하고 있다는 것을 의미한다. 그러나 기업의 행태에 영향을 미치는 것이 신용등급의 변화인지 혹은 시장가격의 변화인지는 알 수 없다.

30_"Badly Overrated," (May 10, 2002).

31_Wayne (April 23, 2002).

32_Borrus, McNamee, and Timmons (April 8, 2002).

33_"Scrutinizing European Firms' Balance Sheets," (2002).

주식애널리스트 주식시장에 대한 애널리스트들이 두 번째로 검토될 외부 이해관계자이다. Enron은 2001년 12월 2일에 파산했는데 그 직전인 10월과 11월-SEC로부터 조사받고 있는 와중에도 Enron을 분석했던 15명의 애널리스트들 중 10명은 Enron을 매입으로 추천했다.[34] 또한, 일부 애널리스트들은 2002년 WorldCom의 주가가 폭락했을 때조차 WorldCom을 추천종목으로 분류했다.[35]

지금은 재무분석사협회(CFA Institute)로 개칭한 투자관리 및 연구협회(Association for Investment Management and Research, AIMR)의 회장 겸 CEO인 Thomas Bowman(2002)은 "주가가 하락하는데도 매입의견을 계속 유지하는 것은 그 추천이 독자성, 객관성, 합리성을 결여하고 있음을 보이는 명백한 증거는 아니다"라고 언급했다. 또한, 파산한 Texaco같은 회사들도 훌륭한 투자대상으로 판명되었다고 지적했지만 주가가 떨어지기 전 최고점에서의 투자가 좋은 투자라고는 하지 않았다. Enron의 주가는 11월초 주당 약 $38이었고, 2002년 1월 29일에는 $0.11까지 하락했다.

일부 주식애널리스트들은 자신들이 Enron에 관해 완전하고 정확한 정보를 갖고 있지 않았다고 했다.[36] 다른 애널리스트들은 자신들의 회사가 투자은행 업무를 해주고 Enron으로부터 받은 보수에 의해 영향 받았을지 모른다고 주장한다.[37] 게다가 애널리스트들은 인기주의 가치에 대해 의문을 제기하여 '논란을 일으키는' 사람으로 낙인 찍히는 것을 피하고 싶었는지 모른다.

Enron은 애널리스트들이 관심을 갖고 지켜보는 수천의 주식들 중 하나였다. Barger, Lehavy, McNichols and Trueman(2001)는 1986~1996년 기간 동안에 걸쳐 360,000개가 넘는 주식 추천에 관한 연구에서, 시장리스크, 규모, 시장가치 대비 장부가치 비율, 그리고 주가의 탄력효과를 감안한 후 애널리스트들이 일치되게 가장 호의적(비호의적)으로 추천한 종목들은 초과수익률이 연 평균 4.13%(- 4.19%)에 이른다는 결과를 얻었다. 그들은 시장이 준강형태의 효율적 시장은 아니라고 결론지었다. 간단히 말하면 주식애널리스트들의 일치된 추천종목들은 일반적으로 정확하다고 볼 수 있다.

34_Gordon(February 28, 2002).

35_Sidel(June 27, 2002).

36_White(February 28, 2001).

37_Smith and Lucchetti(February 26, 2002).

채권 및 주식투자자 Citigroup과 J. P. Morgan Chase는 Enron에게 대규모의 대출을 해주었고, Enron이 하고 있는 것이 잘못됐다는 것을 알고 있었다. Enron에 대해 법원에서 임명한 파산조사관인 Neal Baston은 "Citi와 J. P. Morgan은 이 거래들에 잘못된 점이 있다는 것을 실제로 알고 있었다"고 말했다.[38] 그러나 Manhattan 지검장인 Robert Morgenthau는 2003년 7월 기자회견에서 Citi와 J. P. Morgan이 기만행위를 저질렀다고 믿을만한 충분한 증거를 갖고 있지 않다고 말했다. 시장규율을 행사하는 대신 미국의 가장 큰 은행들 중 두 개인 이 은행들은 범죄행각에 자금을 기부하고 있었던 것이다. 기부라는 단어를 강조하는 이유는 이들이 SEC와의 합의를 위해 $2.36억, 그리고 Manhattan 지방검찰청, 뉴욕시 및 뉴욕주에 $53백만을 지불하기로 동의했기 때문이다. 더구나, 그들은 Enron 채권자로서 $42억에 대한 권리를 잃을지도 모른다.

미국에서 상장사 중 가장 큰 자산관리회사인 Alliance Capital Management는 플로리다주의 연금운용을 위해 Enron에 투자했고 $2.82억을 잃었다.[39] Alliance는 Enron 주식을 높은 가격에 샀으며, 낮은 가격으로 팔았다. 2001년 9월 Alliance는 약 4,300만주를 보유하는 Enron의 가장 큰 대주주가 되었다. Alliance의 수석간부인 Frank Savage는 Enron의 이사회 멤버가 되었고,[40] 플로리다주는 Alliance를 고소했다. 또한, Alliance는 $38억에 달하는 비용을 분식 처리했다고 고발당한 WorldCom의 주식 10.9%를 매입했다.[41]

캘리포니아주 공무원연금제도(California Public Employees' Retirement System)는 자신들이 투자하는 기업들의 지배구조에 대한 요구를 하는 것으로 알려져 있다. 그들의 웹사이트에 따르면, "캘리포니아주 공무원연금제도(CalPERS)는 오랜 기간에 걸쳐 기업지배구조 운동의 선도자

38_Thornton and France (August 11, 2003); U.S. Securities & Exchange Commission, Press Release, "SEC Settles Enforcement Proceedings Against J. P. Morgan Chase and Citigroup," (2003-87), July 28, 2003. SEC와 Citigroup 간의 합의는 Dynergy에서의 부정행위와 관련하여 추가로 $19백만을 포함하고 있다; JPMorgan Chase, Press Release, July 28, 2003; Citigroup, Press Release, July 28, 2003.

39_Krahnhold (April 23, 2002).

40_Abelson and Gilpin (December 7, 2002).

41_O' Brian (June 27, 2002).

였다. 미국에서 가장 큰 공무원연금제도로서 CalPERS의 운영위원회는 우수한 기업지배구조는 장기적인 성과향상으로 이어진다고 결론지었다. CalPERS는 또한 우수한 지배구조는 기업 경영진뿐 아니라 주주들의 배려와 헌신을 요구한다고 생각한다. CalPERS는 단순히 수동적인 주식보유자가 아니라, 기업의 진정한 소유자이며, 기업 소유권에 따른 책임을 심각하게 받아들인다."[42]

CalPERS는 Enron의 중요한 투자자였으며, Enron의 몇몇 SPE(가령, JEDI, Joint Energy Development Investments)의 동업자였다. New York Times는 CalPERS와 Enron의 관계를 다룬 기사에 '심지어 경비견조차 항상 깨어 있는 것은 아니다"라는 제목을 붙였다.[43] 공공이익을 추구하고 시장규율을 작동하도록 하는데 Alliance Capital같은 대규모 투자자들이나 CalPERS를 믿을 수 없다면, 그리고 Citigroup이나 J. P. Morgan Chase와 같은 권위 있는 대규모 채권자들을 믿을 수 없다면, 누구를 믿어야 할까? 개인투자자들이 더 많은 통찰력을 지니고 있다거나 내부 정보에 접근할 수 있다고 가정하는 것은 합당치 않다.

다음으로 개인투자자들의 역할에 대해 살펴보자. 몇몇 개인투자자들은 기업지배구조에 강력한 역할을 한다. Warren Buffet, Carl Ican 및 Martin Ebner가 세 명의 그런 개인투자자들이다.[44] 유감스럽게도 8천만 투자자들 중 세 명이란 그리 큰 숫자가 아니다. 따라서 그들의 영향력은 몇몇 기업들에 국한된다.

채권이나 주식을 매입하는 대부분의 투자자들은 기업지배구조에 적극적으로 개입하지 않으며, 채권 금리나 주가가 발행자에 대해 긍정적 정보를 신호하는 것인지 부정적 정보를 신호하는 것인지 판단하는 것은 그리 어려운 일이 아닐 수 있다. 예를 들어 2012년 2월 28일 만기인 연방주택모기지공사(Freddie Mac)의 변동금리부 채권을 고려해보면[45] 이 채권은 금리가 10.125%인데 이는 Freddie Mac의 10년 만기 채권에 대한 일상적인 금리

42_www.calpers-governance.org/forumhome.asp (2002.3.14 검색). CalPERS의 "Corporate Governance Core Principles & Guidelines"는 이 웹사이트에서 구할 수 있다.

43_Henriques (February 5, 2002).

44_Fairlamb (March 18, 2002).

45_Cohen (April 29, 2002); Freddie Mac의 2012년 2월 28일 만기 변동금리부 채권은 2002년 1월 28일에 발행됐다(CUSIP No. 3129242Z5).

보다 약 400bp 정도 높은 것이다. 이 금리는 런던 은행간 거래금리(London Interbank Offered Rate, LIBOR)가 7% 미만일 때만 적용된다. LIBOR가 7% 이상이면, Freddie Mac은 아무런 이자도 지불하지 않는다. 또한, 이 채권은 발생이자와 더불어 액면가에 조기상환이 가능하다. 이 후순위채권이 Freddie Mac이 매우 복잡한 자금조달 방법을 갖고 있다는 사실 이외에 Freddie Mac에 대한 어떤 정보를 신호하는지는 확실하지 않다.

고객 Arthur Anderson은 Enron의 외부감사인이었는데 Enron의 파산과 Waste Management, Sunbeam, Cendant와 같은 회사들에서 발생한 회계상의 문제들에서 이 회계법인이 맡았던 역할 때문에 주요고객들의 대부분을 잃었다. Anderson이 잃은 고객들은 미 정부, Freddie Mac, Ford, Delta Airlines, Banco Santiago와 SAP외 다수다. 이 경우 시장규율은 본래의 취지대로 작동했으며, Anderson은 살아남지 못할지도 모르지만 다른 건들에서도 시장규율이 작동할지는 의문이다.

6.4 시장규율이 은행들에 작동할까

시장규율이 무엇을 의미하는지, 또한 그 효과에 대해서는 증거들이 엇갈린다. Brickell(1996)은 1995년 Bank of England가 파생상품 거래로부터 대규모의 손실을 입은 Barings Bank가 문을 닫도록 두었기 때문에, 다른 은행들이 "기업들은 관례적으로 자신들의 과오에 대한 책임을 경감 받기를 기대해선 안 된다. 금융시스템은 그러한 실패를 견뎌낼 수 있을 만큼 강해야 한다"는 메시지를 받게 되었다고 주장했다.[46]

일부 연구는 후순위채권의 효과에 초점을 두었는데 Silverberg(1985)는 후순위채권 투자자들은 리스크를 측정하고 시장규율을 행사하는데 있어 예금자들보다 유리한 입장에 있다고 밀했다. 대부분의 예금은 보험대상이지만 채권 투자자들에게는 그런 장치가 없다. 따라서 자본규율이 예금자규율 보다 우세할 가능성이 높다. Continental Illinois 은행이 파산하기 전 비부보예금자들의 예금인출사태가 조용히 벌어졌다는 사실에 주목해야 한다. 하지만 시장규율을 제공하기 위해 후순위채권의 사용을 주창하는 사람들은 은행 규제당국과 신용평가기관들 모두가 자본규제를 위해서는 후순위채권을 주식처럼 취급한다는 사실을 간과하고 있다. 후순위채권을 어떻

46_Barings에 관한 논의는 Gup(1998) pp. 50-51 참조.

게 부르는가는 자유지만 채무는 채무일 뿐이며 기업의 재무레버리지비율과 리스크를 증가시킨다.

Gilbert(1985)는 이전 연구들의 결과를 검토한 결과, 다음과 같은 사실들을 발견했다. 첫째, 시장규율의 가능성은 소규모 은행들보다 채권 및 주식시장에의 의존도가 높은 대형은행들에서 더 크다.[47] 둘째, 예금자들은 리스크를 평가하는데 채권투자자나 주식투자자들만큼 효율적이지 않다. 셋째, 부실은행의 분류라든가 하는 불리한 정보의 공시는 일반적으로 시장에 혼란을 야기하지 않는다. 마지막으로, 가장 중요한 점은 포트폴리오 구성이나 리스크 변화에 관한 시장시그널에 대한 거의 아무런 증거도 발견하지 못했다는 것이다.

'시장규율의 도구로서 후순위채권 이용' 이라는 1999년의 연방준비제도 연구에서는 그때까지의 문헌들을 검토했는데, 리스크측정치들(CAMELS 등급 및 회계측정치들)이 금리와 정의 관계에 있으며 이는 통계적으로 유의하고, CD 발행 비용은 리스크프리미엄를 반영하고 있다는 점을 발견했다.[48] 또한, 후순위채권과 관련하여 일부 후순위채보유자들은 암묵적인 정부보증에 의존해 왔을지 모른다는 사실도 발견했다.

Bliss and Flannery(2000)는 시장이 은행지주회사들의 리스크를 감시할 수 있다는데 동의하고 있지만, 채권 및 주식투자자들이 경영진의 행태에 정기적으로 영향력을 행사한다는 충분한 증거는 발견하지 못했다. 이들은 또한, 시장규율이란 개념은 투자자들이 기업의 실태를 평가하고, 경영진은 증권가격에 반영된 투자자들의 반응에 응답하는 것을 요건으로 한다고 말하고 있다. 그러나 행동을 자제하는 등의 일부 긍정적 영향들은 측정 불가능하다고 인정한다. Flannery(1998)는 시장규율이 상장된 대규모의 미국 금융회사들에게 도움이 될지도 모른다는 점을 발견했다. 하지만 시장규율의 주창자들에게는 애석하게도 미국에 있는 대부분의 은행들은 소규모다. 7,900개 은행들 중 약 7,400개가 $10억 미만의 자산규모를 갖고 있으며 이중 4,200개의 은행들은 $1억 미만의 자산을 보유하고 있다. 이들에게 시장규율은 도움이 되지 않을 것이다.

Birchler and Hancock(2003)은 은행들의 후순위채권에 대한 금리스프레드는 은행의 리스크를 측정하는데 좋은 수단은 아니라는 증거를 발견했다. 그러나 Krainer and Lopez(2003)는 채권시장 및 주식시장에 대한 자

47_또한, Eisenbeis and Gilbert(1985) 참조.

48_"Using Subordinated Debt as an Instrument of Market Discipline,"(1999).

료가 은행감독당국에게 유용하다는 점을 발견했다.

Greenspan(2000)은 사적인 시장규율이 파생상품딜러들에게는 잘 작용한다고 주장한다. 딜러들은 신용시장에 참여하기 위해서는 우수한 신용등급을 유지해야 한다. Greenspan은 Enron사태 이전에 이미 이 사실에 대해 주지시켰는데 앞서 언급했듯이 Enron은 에너지 파생상품들에 특화한 초대형 에너지 기업이었다.

연방준비제도 이사인 Susan Schmidt Bies(2002)는 크고 복잡한 기업들을 규제하는 문제와 관련하여 다음과 같이 진술했다. "… 최근에 들어 몇몇 기업들이 특정 거래들에 대해서 회계 및 공시기준을 적용하는데 완전히 투명하지는 않았다는 사실이 분명해졌다. 이런 상황에서 … 결과적으로 시장은 적기에 이들 회사들이 리스크를 감수하는 행동들을 취하는 것을 적절하게 징계할 수 없었다. 왜냐하면 그렇게 하기엔 재무제표나 공시들이 필요한 정보를 결여하고 있었기 때문이다."

6.5 시사점

6.5.1 미지수인 실제 상태

역사는 내부자들이 곤란을 겪고 있는 회사나 은행의 실태를 모르고 있을 수 있다는 점을 보여주었다. 마찬가지로 외부 이해관계자들 또한 충분한 정보를 지니고 있지 않다. 왜 그들이 정보부족인지에 대해서는 몇 가지로 설명할 수 있다. 첫째, Enron의 경우에서와 같이 최고위층 경영진이 정보를 숨기려 하고, 다른 내부자들과 외부 이해관계자들을 혼란에 빠뜨릴 수 있다. 둘째, 내부자들간에 어느 정도의 공모가 있을 수 있다. 다시 한번 Enron이 그 예를 제공한다. Arthur Anderson은 Enron에게서 받는 거액의 수수료 때문에 회계기준을 Enron에게 유리하게 왜곡하도록 허용했다. 비록 GAAP에 따랐다 해도 제공된 정보는 투명하지 않았다. SPE의 광범위한 사용은 부채를 숨기고 외부 투자자들이 안 좋아할지 모르는 사실들을 숨기기 위해 고안되었다.

일부 Enron 투자자들은 다른 투자자들보다 더 많은 정보를 지니고 있었는데 CalPERS, CSFB, Citigroup, JPM Chase와 Merrill Lynch 모두는 부채를 숨기기 위해 사용된 SPE였던 Enron의 LJM 제휴에 투자했다. 이들은 주주들이 입수할 수 없거나 주주들에게 공개되지 않았던 세부정보를 갖고 있었다. 이러한 수준 높은 투자자들이 Enron의 SPE에 투자했다. 그들

중 셋은 Enron의 증권발행 업무를 담당했는데도 Enron의 문제점들을 예견하지 못했다면 어떻게 '보통 투자자'가 시장규율을 발동시킬 수 있을까?

6.5.2 정보에 대한 각기 다른 해석들

시장규율에 대한 현재의 정의는 어떤 기업에 관한 긍정적이거나 부정적인 정보가 그 기업의 증권 가격이나 금리에 반영되는 것을 의미한다. 내부 및 외부투자자들이 의사결정을 내리는데 적합한 정보를 보유하고는 있으나, 그 뉴스가 좋은 것인지 아니면 나쁜 것인지에 대해 각기 다른 의견을 갖고 있을 때 어떤 일이 일어날까?

Hewlett-Packard와 Compaq의 합병을 고려해 보자. 2001년 9월, Hewlett-Packard의 최고경영자(CEO)인 Carleton Fiorina는 Compaq을 약 $210억에 인수하겠다고 제안했는데 이는 지금까지 첨단기술회사간 합병 중 가장 대규모이다. 두 회사는 모두 자본비용보다 적은 이익을 내고 있었다.-[49] 그럼에도 불구하고 합병은 효율성을 증가시킬 것이라고 기대되었다. 이는 긍정적인 뉴스였을까 혹은 부정적인 뉴스였을까? 이 질문에 대한 정답은 어떤 이들에게는 좋은 뉴스였고, 또 다른 이들에게는 나쁜 뉴스였다는 것이다. Walter B. Hewlett와 David W. Packard를 포함하여 Hew- lett-Packard 이사회 멤버 중 몇몇은 반대를 했고, 합병을 부정적인 뉴스로 간주한 CalPERS, UBS Warburg, Wells Fargo 및 다른 기관투자가들도 합병에 반대했다. 반면, Barclays Global Investors, Putnam Investment Management와 Alliance Capital Management 등의 기관투자가들은 합병을 지지했다. 게다가 주주들의 투표권 위임(proxy)에 관한 자문회사인 Institutional Shareholder Services(ISS)는 투자자들에게 2002년 3월 19일 특별주총에서 합병을 찬성하는 쪽으로 투표하라고 권고했고,-[50] 2002년 3월 6일, 연방거래위원회(Federal Trade Commission)는 합병을 승인했다.

49_Colvin(January 2000)

50_합병을 둘러싼 암투에 관한 추가적인 정보는 Park and Kerstetter(December 24, 2001); Burrows and Park(March 18, 2002); Park and Burrows(March 25, 2002) 참조. 합병에 반대하는 광고는 Wall Street Journal의 C12와 C13(2002년 3월 12일) 및 C7과 C9(2002년 3월 15일) 에 실렸고, 합병에 찬성하는 광고는 2002년 3월 12일 C22에 실렸다. 앞의 열거는 단지 예시하기 위한 목적이지 완벽한 것은 아니다.

Hewlett-Packard는 2.8%라는 간발의 차이로 Compaq을 인수하도록 위임장대결에서 승리했다. Walter Hewlett 측에서는 CEO인 Fiorina가 Deutsche Bank의 Deutsche Asset Management로 하여금 17백만 주에 해당하는 투표권을 무투표에서 합병에 찬성하는 쪽으로 바꾸도록 부적절하게 조종했다고 주장했지만 17백만 주는 투표결과를 바꾸기에 충분할 만큼 큰 규모는 아니었다.[51] 이 결과는 시장규율에 대한 지지로 해석될 수 있거나 혹은 내부자들과 외부 이해관계자들간에 합병이 좋은 것인지 나쁜 것인지에 관해 의견이 엇갈렸기 때문에 시장규율이 효과적이지 않았던 것으로 해석될 수 있다.

6.5.3 빠른 것이 반드시 좋은 것은 아니다

또 다른 우려는 파산 속도의 가속화다. Barings Brothers의 경우를 살펴보자. 28일이라는 기간에 걸쳐 싱가포르 선물거래소에서 매매되는 일본 기업들의 주식에 대해 투기거래를 했던 한 사기꾼 직원 때문에 1995년 이 은행은 문을 닫았다. 이 은행은 $5억의 자본을 보유하고 있었는데 손실규모는 $14억에 달했다.[52]

Enron의 경우를 생각해 보자. Enron은 1985년 작은 가스 파이프라인 회사로 시작하여 2001년 높이 평가 받는 거대한 파생상품 트레이더로 성장했다. Enron은 2001년 10월 16일에 3/4분기 실적을 발표했는데 세후 $10.1억에 달하는 일회성 비용(nonrecurring charges)이 있다고 언급했다. 같은 해 11월 Enron은 이익을 더 수정했으며 2001년 12월 2일 마침내 Chapter 11 파산을 선언했다. Enron의 주가는 2000년 9월 주당 $90이라는 고가에서 2001년 10월 발표 시에는 주당 약 $38, 그리고 2002년 5월 20일엔 주당 $0.01로 폭락했다. 이것은 시장규율이 작동해서일까, 아니면 투자자들이 단념하고 손을 떼서일까?

기업의 실상에 대해 잘 알지 못하면 정보에 대한 해석은 달라진다. 실패의 속도가 증가하는 등의 요인은 기업의 지배구조에 대한 도구로서 시장규율에 의존하는 것을 크게 지지하지는 않는다.

51_Tam(April 18, 2002).

52_Gup(1998).

6.6 결론

시장규율은 좋은 생각이지만 아직은 시기상조라 할 수 있다. Enron, Global Crossing, WorldCom, 그리고 Tyco의 파산은 시장규율과 기업지배구조에 영향을 미쳤다. Enron에서와 같은 조잡한 회계관행들에 대한 투자자들의 우려에 응답하여 Krispy Kreme Doughnuts는 투자자의 신뢰를 얻기 위해 첫 번째로 조치를 취한 기업들 중 하나였다. Krispy Kreme은 $35백만짜리 일리노이주의 도넛 반죽공장 건설에 관한 보고방식을 '부외거래인 합성 리스' (off-balance-sheet synthetic lease)에서 대차대조표상에 나타나는 모기지 형식으로 전환하겠다고 발표했는데 이는 부적절한 일이 발생하는 것을 막기 위해 취해진 조치였다.[53] Krispy Kreme은 또한 두 명의 사외이사를 임명했으며, 내부자들에 의한 다양한 거래들을 공개했다.[54] General Electric(GE)은 $560억을 투자하고 있는 SPE들에 관한 정보를 더 자세히 공개했다. 그러나 많아진 정보공개는 모든 이들을 만족시키진 못했다. GE는 금융기관인 동시에 제조회사로서 영업활동을 하고 있기 때문에 대손충당금과 대손율을 공시해야 한다는 요구도 있다.[55]

상장회사의 공시요건들에서는 다음 세 분야가 강조돼야 한다. ① 부외거래를 포함하여 유동성 및 자본, ② 거래소에서 매매되지 않는 계약들을 포함한 거래 활동, ③ 명백하게 독립적인 제 3자로부터 얻을 수 없는 이해관계 및 거래들,[56] 이 세 분야가 강조되어야 한다.

또한, 기업의 스톡옵션은 더 철저한 감독하에 놓여 있다.[57] 스톡옵션은 지출로 간주되지 않기 때문에 이익을 끌어올리지만, 동시에 발행자에게 혜택을 제공한다. 최근에 종업원 스톡옵션과 자사주 매입 규모는 배당금 지급액을 초과했다.[58] 이 수단들은 여분의 현금을 이용하고, 직원들에게 부를

53_Morse (2002); Lubove and MacDonald (2002).

54_Lloyd (March 8, 2002).

55_Morgenson (March 17, 2002).되어 있다.

56_U.S. Securities & Exchange Commission, Press Release 2002-13 (January 22, 2002). 이 보도자료는 5대 회계법인 및 미 공인회계사회가 낸 해석지침에 관한 청원에 대한 링크를 포함하고 있고, 부록에는 공시에 대해 제안된 내용들이 자세히 수록되어 있다.

57_Henry, et al. (March 4, 2002); Gleckman, et al. (March 4, 2002).

58_Liang and Sharpe (1999).

나누어 주기 위해 점차 일반화되고 있다. Warren E. Buffet은 스톡옵션을 비판했는데 그 이유는 주주들과 달리 임원들은 주가가 떨어진다 해도 스톡옵션으로 이익을 취할 수 있기 때문이다.[59] 옵션은 가격결정이 다시 이뤄질 수 있거나 취소될 수 있으며 후에 더 낮은 가격으로 다시 발행 될 수도 있다. 일부에서는 이것이 경영진으로 하여금 이 기간 동안 주가를 떨어뜨리려는 인센티브로 작용한다고 주장한다. 이 모든 것이 투자자들은 좀더 많은 정보공개를 원하고 있음을 시사한다.

비록 사회가 회계상의 개혁을 원한다고 해도 개혁은 일어나지 않을지 모른다. 전 연방준비제도이사회 의장이며 현재 국제회계기준위원회(International Accounting Standards Committee) 회장인 Paul Volcker(2002)는 "우리가 당면하고 있는 문제는 새로 발견한 개혁에 대한 열정이 어디까지 미칠 것인가, 그리고 Enron, Global Crossing, Xerox, WorldCom과 같은 회계관련 스캔들이 신문의 첫째 면에서 사라질 때까지 지속될 것인가 하는 점이다. 과거에 비춰보면 이 문제에 답은 긍정적이지 않다. 이전에 문제점들이 제기됐을 때도 회계법인들 및 관련단체들은 의미 있는 개혁에 완강히 저항했다. 이들은 대개 자신들의 직종을 대변하는 사람들에 의해 지배되는 약한 감독단체들에 만족해 했다. 이런 방식은 현재 의회 복도에서 행해지고 있는 로비행각에서도 명백히 드러난다"고 말했다.

그럼에도 불구하고 의회는 2002년 Sarbanes-Oxley 법을 제정했다.[60] 이 법은 상장기업의 회계감사를 감독하기 위한 상장회사 회계감독위원회(Public Company Accounting Oversight Board)를 발족시켰고, 또한 더 광범위한 기업공시 및 상장회사 재무담당 임원들에 대한 윤리규범과 위반 시 적용될 벌칙들을 포함하여 기업지배구조를 강화시킬 여러 조항들을 규정하고 있다.

마지막으로 연방준비제도이사회 의장인 Alan Greenspan(2001)은 "초기 공화국 시절 이런 저런 형태의 시상규율은 은행이 리스크를 김수하는 주요 지배요인이었다. … 그러나 시장규율이 리스크를 관리하는데 그렇게 매력적인 요인이었다면 왜 19세기 및 20세기초가 공황으로까지 불리는 정기적인 은행업계의 위기로 특징 지워질까? 왜 보다 많은 정보를 가진 투자자들, 증권애널리스트들 및 감독당국은 Enron의 문제를 파산 전에 발견하지

59_Norris (March 11, 2002).

60_Public Law No.: 107-204.

못했을까? Hewlett-Packard-Compaq의 경우에 시장규율은 작동했나? 시장규율이 이제는 효과적으로 작동할 것이라고 믿어야 할 이유는 무엇일까?"며 문제를 제기했다.

참고문헌

Abelson, Reed, and Kenneth N. Gilpin, (2001), "2 Enron Roles Raise Questions of Allegiance," *The New York Times On the Web*, December 7, *http://www.nytimes.com(visited 12/7/02)*.

Agrawal, Anup, and Sahiba Chadha, (2002), "Who is Afraid of Reg FD? The Behavior and Performance of Sell-Side Analysts Following the SEC's Fair Disclosure Rules," University of Alabama, Working Paper, February.

Australian Prudential Regulation Authority,(2001), "Submission

to the Basel Committee on Banking Supervision, The New Basel Capital Accord," May, *http://www.bis.org*.(visited 3/13/02).

"Badly Overrated," (2002), *Economist*," May 10, pp. 69-70.

"Bank Examination and Enforcement," (1997), *History of the Eighties : Lessons for the Future*, Vol. I, Washington, D.C., Federal Deposit Insurance Corporation, Retrospect, p. 433.

Barber, Brad, Reuven Lehavy, Maureen McNichols, and Brett Trueman, (2001), "Can Investors Prophet from Prophets? Security Analyst Recommendations and Stock Returns," *Journal of Finance*, Vol. 56, No. 2, April, pp. 531-653.

Basel Committee on Banking Supervision, (2001), Consultative Document, *The New Basel Capital Accord*, Bank for International Settlements, Basel, Switzerland, January.

Basel Committee on Banking Supervision, (2001), Consultative Document, *Pillar 3(Market Discipline)*, Bank for International Settlements, Basel, Switzerland, January.

Basel Committee on Banking Supervision, (2001), Press Release, "The New Basel Capital Accord," Bank for International Settlements, Basel, Switzerland, January 16.

Beckett, Paul, and Carrick Mollenkamp, (2002), "Regulators, Auditors Were Silent As Allied Irish Banks' Losses Rose," *Wall Street Journal*, March 18, p. C15.

Beckett, Paul, Susan Pulliam, and Carrick Mollenkamp, (2002),

"PNC Shakes Up Banking Sector: Investors Exit," *Wall StreetJournal, January* 30, pp. C1, C2.

Benink, Harald, and Clas Wihlborg, (2002), "The New Basel Capital Accord: Making it Effective with Stronger Market Discipline," *European Financial Management*, Vol. 8, No. 1, pp. 103-115.

Bies, Susan Schmidt, (2002), Remarks by Governor Susan Schmidt

Bies, "Strengthening the Financial System of the 21st Century Through Sound Accounting and Disclosure," at the Symposium on Building the Financial System in the 21st Century, Rüschlikon, Switzerland,(Board of Governors of the Federal Reserve System, Washington, D.C.), February 28.

Birchler, Urs. W., and Diana Hancock, (2003), "What Does the Yield on Subordinated Bank Debt Measure?" presented at the BIS, Banking and Financial Stability: A workshop on Applied Banking Research, Rome, Italy, March 20-21, *http://www.bis.org/bcbs/events/wkshop0303/in-dex.htm* (visited 4/18/03).

Bliss, Robert R., and Mark J. Flannery, (2000), "Market Discipline in Governance of U. S. Bank Holding Companies: Monitoringvs. Influencing," Federal Reserve Bank of Chicago, Working Paper WP 200-03.

Borrus, Amy, Mike McNamee, and Heather Timmons, (2002), "The Credit-Raters: How They Work and How They MightWork Better," *BusinessWeek*, April 8, pp. 38-40.

Bowman, Thomas A., (2002), President and Chief Executive Officer of The Association for Investment Management and Research before the United States Senate Committee on Governmental Affairs, Enhancing Analysts Independence and Improving Disclosure to Investors, February 27.

Brickell, Mark C., (1996), "The Changing Nature of the Derivatives Market and the Lessons We Have Learned So Far," appears in *Derivatives and Public Policy*, Proceedings of a Conference," Chicago, Ill, Federal Reserve Bank of Chicago, pp. 40-45.

Burrows, Peter, and Andrew Park, (2002), "Compaq and HP: What's an Investor To Do?" *BusinessWeek*, March 18, pp. 62-64.

Citigroup, Press Release, (2003), "Citigroup Statement on Enron Settlements with the SEC, Federal Reserve, OCC, and Manhattan DA," July 28, *http://www.citigroup.com* (visited 8/28/03).

Cohen, Marilyn, (2002), "Interest Rate Chicken," Forbes, April 29, p. 130.

Colvin, Geoffrey, (2002), "One Number That Won't Lie," Fortune, January 21, p. 42.

Crockett, Andrew, (2001), "Market Discipline and Financial Stability," Speech before the Bank for International Settlements at the Banks and Systemic Risk Conference, Bank of England, London, May 23-25.

D'Avolio, Gene D., Efi Gildor, and Andrei Shleifer, (2001), "Technology, Information Production, and Market Efficiency," appears in *Economic Policy for the Information Economy*, Federal Reserve Bank of Kansas City, pp. 125-160.

Economic Indicators, (2003), Washington, D.C., Government Printing Office, February.

Eisenbeis, Robert A., and Gary G. Gilbert, (1985), "Market Discipline and the Prevention of Bank Problems and Failures," *Issues in Bank Regulation*, 8,

Winter, pp. 16-23.

Fairlamb, David, "Rebel in a Bow Tie," (2002), BusinessWeek, March 18, pp. 52-53.

FDIC Press Release, (1999), "FDIC Approves Assumption of Insured Local Deposits of First National Bank of Keystone, Keystone, West Virginia," PR-52-99, September 3.

FDIC Press Release, (2002), "FDIC Approves the Payout of Insured Deposits of NextBank National Association, Phoenix, Arizona, PR-16-2002, February 7.

Flannery, Mark J., (1998), "Using Market Information in Prudential Bank Supervision: A Review of the U.S. Empirical Evidence," *Journal of Money*, Credit, and Banking, August pp. 273-305.

Freddie Mac, Variable Rate Medium-Term Notes Due February 28, 2012, issued January 28, 2002, (CUSIP Number 3129242Z5), *http://www.frediemac.-com/debt/*.

Gilbert, Gary G., (1985), "An Analytical Framework for Improved Disclosure in Banking," appears in Federal Reserve Bank of Chicago *Proceedings, Conference on Bank Structure and Competition*, May 1-3, pp. 552-562.

Gleckman, Howard, Dean Foust, Michael Arndt, Kathleen Kerwin, (2002), "Tax Dodging: Enron Isn't Alone," BusinessWeek, March 4, pp. 40-41.

Gordon, Marcy, (2002), "Analysts Didn't See Enron Warning," *http://www.washingtonpost.com*, February 28 (visited 2/28/02).

Greenspan, Alan, (2000), "Banking Evolution," appears in Federal Reserve Bank of Chicago, *The Changing Financial Industry Structure and Regulation: Bridging States, Countries, and Industries*, May, pp. 1-20.

Greenspan, Alan, (2001), "The Financial Safety Net," appears in Federal Reserve Bank of Chicago Proceedings, *The Financial Safety Net: Costs, Benefits, and Implications for Regulation*, pp. 1-8.

Greenspan, Alan, (2002), "Corporate Governance," remarks by Chairman Alan Greenspan at the Stern School of Business, New York, NY, Federal Reserve Board, March 26.

Gropp, Reint, and Anthony J. Richards, (2001), "Rating Agency Actions and the Pricing of Debt and Equity of European Banks : What Can We Infer About Private Sector Monitoring of Bank Soundness," *European Central Bank Working Paper Series*, Working Paper No. 7, Frankfurt, Germany, August.

Gup, Benton E., (1998), *Bank Failures in the Major Trading Countries of theWorld: Causes and Remedies*,Westport, CT: Quorum Books, pp. 50-51.

Gup, Benton E., (2000), "Market Discipline and the Corporate Governance of Bank: Theory vs. Evidence," appears in *The New Financial Architecture: Banking Regulation in the 21st Century*, B. E. Gup, ed., Westport, CT Quorum Books, pp. 187-206,

"HealthSouth Officer Charged with Conspiracy to Commit Wire & Securities Fraud," United States Attorney, Northern District of Alabama, Press

Release, March 31, 2003. *http://www.usdoj.gov/usao/aln*.

Henriques, Diana, B., (2002), "Even a Watchdog is Not Always Fully Awake," *New York Times*, February 5, *http://www.nytimes.com(visited 2/5/02)*.

Henry, David, Michelle Conlin, Nanette Byrnes, Michael Mandel, Stanley Holmes, and Stanley Reed, (2002), "Too Much of a Good Incentive,"*BusinessWeek*, March 4, pp. 38-39.

JPMorgan Chase, Press Release, "JPMorgan Chase Resolves Enronrelated Regulatory Matters," July 28, 2003, *www.http://jpmorganchase.com* (visited 8/27/03).

Krainer, John, and Jose A. Lopez, (2003), "Forecasting Bank Supervisory Ratings using Securities Market Information,"presented at the BIS, Banking and Financial Stability: A workshop on Applied Banking Research, Rome, Italy, March 20-21, http:// *www.bis.org/bcbs/events/wkshop03-03/index.htm* (visited 4/18/03).

Kranhold, Kathryn, (2002), "Florida Panel May Sue Alliance Over Pension's Enron Losses," *Wall Street Journal*, April 23, p. B2.

Leach, James A., (2000), "Opening Statement of Rep. James A. Leach, Chairman, House Banking and Financial Services Committee, Hearing on Recent Failures," February 8.

Leathers, Charles G., and J. Patrick Raines, (2000), "Market Discipline for Banks: A Historical Review," appears in *The New Financial Architecture: Banking Regulation in the 21st Century*, B. E. Gup, ed., Westport, CT., Quorum Books, pp. 163-185.

Liang, Nellie, J., and Steven B. Sharpe, (1999), "Share Repurchases and Employee Stock Options and their Implications for S&P 500 Share Retirements and Expected Returns," Board of Governors of the Federal Reserve System, Finance and Economic Discussion Series, No. 1999-59, November.

Litan, R. E., (1997), "Institutions and Policies for *Maintaining Financial Stability*," appears in Maintaining Financial Stability in a Global Economy, Kansas City, MO, Federal Reserve Bank of Kansas City.

Lloyd, Mary Ellen, (2002), "Krispy Kreme Takes Steps to Increase Investor Confidence," Wall Street Journal, March 8, p. A4.

Lubove, Seth, and Elizabeth MacDonald, (2002), "Debt, Who Me?" Forbes, February 18, pp. 65-57.

Morgenson, Gretchen, (2002), "Annual Reports: More Pages, But Better?" New York Times on the Web, http://www.nytimes.com,

March 17, (visited March 17, 2002).

Morse, Dan, (2002), "Krispy Kreme Goes Extra Mile to Explain

New Mortgage Plan, "Wall Street Journal, February 13, p. B7.

New York Clearing House Association, (2001), Comments Re:

"The Proposed New Basel Accord," May 31, http://www.bis.org,(visited 5/8/02).

Norris, Floyd, (2002), "Stock Options are Faulted by Buffett," *New York Times on the Web, http://www.nytimes.com*, March 11, (visited2/11/2002).

O'Brian, Bridget, (2002), "WorldCom Buffets Alliance Capital," *Wall Street Journal*, June 27, p. C19.

Office of Management and Budget, Statement of Administration

Policy, (2002), "H.R. 2341-Class Action Fairness Act of 2002," March 12.

Park, Andrew, and Peter Burrows, (2002), "The HP Fight is Still Too Close to Call," *BusinessWeek*, March 25, p. 35.

Park, Andrew, and Jim Kerstetter, (2001), "Carly's Last Stand," *BusinessWeek*, December 24, pp. 63-70.

Parloff, Roger, (2002), "The $200 Billion Miscarriage of Justice," *Fortune*, February 17, *http:/www.fortune.com* (visited 1/16/03).

Richards, Bill, and Scott Thurm, (2002), "Boston Chicken Case Mirrors Enron Failure," *Wall Street Journal*, March 13, pp. C1, C13.

Rose, Peter S., (1999), *Commercial Bank Management*, 4th ed., Boston, MA.; Irwin/McGraw-Hill.

Sarbannes-Oxley Act of 2002, Public Law 107-204.

Schwab BondSource, New Issue Alert(Charles Schwab & Co.), LaSalle National Bank N.A., Step-up Coupon FDIC Insured CD, January 29, 2003.

Scott, William L., (1991), *Contemporary Financial Markets and Services*, St. Paul, MN: West Publishing Co.

"Scrutinizing European Firms' Balance Sheets," (2002), Wall Street Journal, February 25, pp. A11, A14.

Sidel, Robin, (2003), "Some Untimely Analyst Advice On World-Com Raises Eyebrows," *Wall Street Journal*, June 27, p. A12.

Silverberg, Stanley C., (1985), "Deposit Insurance and the Soundness of Banks,"appears in Federal Reserve Bank of Chicago Proceedings, *Conference on Bank Structure and Competition*, May 1-3, pp. 447-451.

Smith, Randall, and Aaron Lucchetti, (2002), "Analysts' Picks of Enron Stock Face."

"Scrutiny," *Wall Street Journal*, February 26, pp. C1, C15.

"Surreal," (2002), Economist, April 20, p. 74.

Tam, Pui-Wing, (2002), "H-P Claims Vote Approved Deal With Compaq," Wall Street Journal, April 18, p. A3.

Thornton, Emily, and Mike France, (2003), "For Enron's Bankers,A 'Get out of Jail Free' Card," *BusinessWeek*, August 11, p. 29.

Tittonel, Silvano, (2002). Member of the Secretariat, Basel Committee on Banking Supervision, e-mail message to Benton E. Gup concerning market discipline, March 18.

United States General Accounting Office, (2002), *Bank Regulation: Analysis of the Failure of Superior Bank, FSB, Hinsdale, Illinois*, Statement of Thomas J. McCool, before the Committee on Banking, Housing, and Urban Affairs, U.S. Senate, GAO-02-419T, February 7.

Unger, Laura S., (2001), "Special Study: Regulation Fair Disclosure Revisited," United States Securities & Exchange Commission, Washington, D.C., December.

United States Securities & Exchange Commission, (2002), Press Release, "SEC Brings First Pro Forma Financial Reporting Case–Trump Hotels Charged With Issuing Misleading Earnings," (2002-6), January 16.

United States Securities & Exchange Commission, (2002), Press Release, "SEC Issues Statement on Disclosure Requirements for Public Companies,"(2002-13), January 22.

United States Securities & Exchange Commission, (2002), PressRelease, "Xerox Settles SEC Enforcement Action Charging Company with Fraud," (2002-52), April 11.

United States Securities & Exchange Commission, (2003), Press Release "SEC Settles Enforcement Proceedings Against J.P. Morgan Chase and Citigroup," (2003-87), July 28.

"Using Subordinated Debt as an Instrument of Market Discipline," (1999), Staff Study 172, Board of Governors of the Federal Reserve System, December.

VandeHei, Jim, (2002), "Bush's Cherished Tort-Reform Plans Survive Enron 'Barely,' *Wall Street Journal*, March 14, pp. A20.

Volcker, Paul A., (1997), "The 1980s in Retrospect," appears in *History of the Eighties: Lessons for the Future*, Vol. II, Washington, D.C., Federal Deposit Insurance Corporation, pp. 89-91.

Volcker, Paul A., 2002. "A Litmus Test for Accounting Reform," *Wall Street Journal*, May 21, pp. A18.

Ward, Jonathan, (2002), "The New Basel Capital Accord and Developing Countries: Problems and Alternatives," Working Paper No. 04, Version, 2.0, Cambridge University, UK.

Wayne, Leslie, (2002), "Credit Raters Get Scrutiny and Possibly a Competitor," *The New York Times on the Web, April 23, http://www.nytimes.com* (visited 4/23/02).

White, Ben, (2002), "Analysts Say Enron Lied to Them," *http://www.washingtonpost.com*, February 28, pp. E01. (visited February28, 2002). *www.calpers.org* (California Public Employees' Retirement System is known as "CalPERS").

제7장
바젤 II와 연구쟁점들

Marc Saidenberg and Til Schuermann[1]

7.1 서론

넓게는 금융기관들 좁게는 은행들에 대한 자본규제에는 두 종류의 이유가 있다. 첫째는 우월한 정보를 갖고 있지만 투명하지 않은 금융기관들에게 이용당하는 것으로부터 소비자를 보호하는 것이다. 즉, 은행 자본규제의 목적은 예금자 보호이다. 둘째는 시스템 리스크이다.[2] 은행들은 지불시스템과 금융자원의 배분에 핵심역할을 하지만[3] 충격에 약한 재무구조의 특성 때문에[4] 시스템 리스크의 원인으로 간주된다. 은행들은 주로 예금의 형태로 비교적 단기부채에 집중되어 차입자본 의존도가 높고, 통상 가계나 기업들에 대한 대출을 포함한 유동성이 낮은 자산들로 이루어진 재무구조를 갖고 있다.

1_Larry Wall의 격려와 인내 그리고 Darryll Hendricks와 Beverly Hirtle의 유용하고 통찰력 있는 조언에 감사를 표한다. 이 논문의 초기 버전은 FMA Online에 올라있고, 모든 오류는 저자들에게 속한다.

2_모든 사람이 시스템 리스크가 은행자본규제의 주요한 목적이어야 한다는 것에 동의하는 것은 아니다. 예를 들어 Benston and Kaufman (1995) 참조.

3_많은 국가에서 은행들은 금융시스템 내 자산의 70%이상을 제어하고 있다. 하지만, 미국에서는 총자산 중 은행이 차지하는 지분은 약 20%정도를 상회하는 수준으로 떨어졌다(바젤위원회, 1996, p.126).

4_부문(sector)간 흥미로운 비교를 위해서는 Joint Forum (2001) 참조.

이런 맥락에서 은행은 특별하다고 말할 수 있고, 그래서 특별한 감독 및 규제의 대상이다.

예금보험과 자본규제 간에는 밀접한 관련이 있는데, 예금보험은 금융시스템에서 정보의 비대칭성을 극복하기 위해 고안되었다(Diamond and Dybvig, 1983; Dewatripont and Tirole, 1994). 은행은 여러 영업활동의 위험도에 대해 예금자들보다 더 많이 알고 있으므로, 예금자가 우량은행과 부실은행을 구별할 수는 없게 된다. 은행들은 차입자본에 대한 의존도가 높기 때문에, 예금자들이 어떤 은행의 재무상태를 의심하게 되면 그들의 자금을 인출하기 위해 앞다투어 그 은행으로 달려갈 강한 동기를 갖고 있다. 그 행렬의 제일 끝에 있는 예금자들은 아무것도 얻지 못할지도 모른다. 간단히 말해 예금보험은 은행들에 대한 뉴스에 예금자들이 과잉반응 하는 것을 방지하기 위해 만들어졌다._5

이런 안전망(safety net)의 창설은 도덕적 해이라는 비싼 대가를 치렀다. 자신들의 예금이 일정한도(현재 미국에서는 은행 별 1인당 $100,000)까지는 보호되었으므로 예금자들은 더 이상 은행들을 감시할(혹은 감시하기 위해 대가를 지불할) 이유가 없어졌다. 은행들은 리스크를 증가시킬 상존하는 유인을 갖게 되었다. 따라서 안전망을 설계하는데 가장 중요한 점은 은행 공황(그리고, 신용경색 등과 같은 은행도산에 따른 사회적 비용)을 방지할 필요성과 안전망의 존재로부터 발생한 도덕적 해이간에 균형을 유지하는 것이 되었다. 이 균형을 달성하기 위해 종종 은행자본 규제는 정당화된다._6

금융기관들에 대한 자본규제의 이론적 근거에 관한 연구는 광범위하고, 최근 몇몇 조사의 주제가 되었다(Santos, 2001; Ball and Stoll, 1998; Berger, Herring and Szeg?, 1995). 오랫동안 은행규제당국자들은 시스템 리스크의 방지를 은행들에게 자기자본요건을 강제하는 근본적인 이유로 간주하

5_19세기와 20세기 초, 미국에서 예금인출 사태와 은행 공황은 매우 심각하고 광범위했다. FDIC의 설립이전 몇 년간(즉, 1930년-1933년) 은행도산은 연평균 2000개에 달했다(Mishkin, 1997).

6_은행 자본규제에 대한 조사에서 Santos(2001)는 예금보험 수가산정, 최후의 보루로서의 대출자역할, 은행자본기준과 규제 등에서의 문제점들을 함께 고려해야 한다고 지적하였다. "일반적으로, 최적의 규제는 은행들로부터 정보를 얻고 우량은행들을 모방하도록 비우량은행들을 '매수하는' 비용을 최소화하기 위해 고안된 일련의 규제수단들을 망라한다"(Santos, 2001, p. 59). 요점은 금융분야에 내재하는 정보의 비대칭성은 실질적인 문제이지만 예금보험이 유일한 해결책은 아니며, 예금보험이 선택된다면 그 설계가 은행의 안정성과 효율성을 결정하는네 중요하다는 것이다.

였다. 기본가정은 자본에 대한 의사결정을 하는데 있어서 주주들이 시스템 리스크의 사회적 비용을 고려하지 않는다는 것이고, 그래서 파급효과 비용을 고려할 때보다 자본을 덜 보유하는 경향이 있게 된다.

자기자본요건은 금융기업이 고객들에 대한 책임을 다하는데 필요한 자원을 적어도 일정수준이상으로 보유하도록 함으로써 역선택의 리스크를 완화시키는 것이 목적이다. 또한, 자기자본요건은 금융기관의 주인들이 기업이 속임수에 관련되지 않고 영업의 규칙들을 따르도록 하는데 이해관계를 갖도록 함으로써 도덕적 해이를 완화시키는 것이 목적이다. 이러한 역할을 효과적으로 하려면 자기자본요건은 금융기관이 노출되어있는 리스크에 민감해야 한다.

공식적이고 체계적인 은행자본규제는 비교적 새로운 개념이다. 국제적인 영업을 하고 있는 은행들에 대한 최소자기자본기준을 정한 1988년의 바젤 자본협약 또는 바젤 I은 실제적으로 그러한 종류의 최초 국제협약이었다. 이 협약은 자본수준이 매우 낮은 시점에 이를 높이는 효과가 있었다. 어떤 유형의 자본이 포함되는가는 별도로 하고, 바젤 I은 리스크가중자산의 8%로 자기자본비율을 정했다. 그 동안 관심의 초점이었고 신바젤자본협약 또는 바젤 II로 귀결된 현재의 규제개혁의 핵심은 자산의 리스크조정이었다.

은행자본규제를 위한 신바젤자본협약은 보다 광범위하고 더 나은 체계적 리스크관리 관행을(특히, 신용리스크분야에서) 장려함으로써 규제자본과 내재하는 리스크들을 더욱 잘 맞추도록 되어있다. 더욱 리스크에 민감한 자본비율을 따르도록 한 것은 협약의 세 축(Pillar) 중 단지 하나에 불과하다. 또한, 이 번 개정은 건전성규제의 주요 요소들로 자본적정성에 대한 은행들의 내부평가(감독당국의 검토를 요함—Pillar 2)와 시장규율(제고된 투명성을 통함—Pillar 3)의 도입을 포함하고 있다. 그러므로 협약의 밑바탕에는 정교한 경제학적 모델화가 있다는 것은 놀랄 일이 아닐지 모른다. 여러 모델들과 협약의 시행에 있어서 이들이 갖는 의미는 많은 연구쟁점들을 만들었다. 이 쟁점들을 세 분야로 분류하면 ① 계획안이 은행 행태를 변화시킴으로써 글로벌 금융시스템에 미치는 영향 ② 리스크분석론을 둘러싼 제반 문제들 ③ Pillar 2(감독당국의 검토)와 Pillar 3(정보공개)에 의해 야기되는 문제들이다.

이 장의 순서는 7.2절에서 바젤 I이 갖고 있었던 문제점들을 검토하고, 7.3절에서는 바젤 II의 주요 목적들을 살펴보며, 7.4절에서는 이에 대한 더욱 상세한 내용을 다룰 것이다. 7.5절에서는 새로운 협약이 던지는 쟁점들을 검토하고, 7.6절에서는 이 장을 마무리할 것이다.

7.2 바젤 II의 문제점들

바젤 II의 기본 목표들과 이 목표들을 달성하기 위한 전략을 이해하기 위해서는 현 바젤 I의 결점들을 이해하는 것이 중요하다. 현 협약 하에서는 자본요건이 은행의 리스크 부담수준과 단지 미약하게 관련되어 있다. 신용리스크 노출에 대한 자본요건은 차입자의 신용등급이 AAA이든 CCC이든 같다. 게다가 자본요건은 종종 리스크에 대한 노출의 구체적인 법적 형태에 따라 결정된다. 예를 들면 금융공학이 리스크의 관점에서 보면 그러한 구분을 불필요하게 하지만, 장부상의 대출은 같은 차입자에 대한 부외 노출보다 대개 더 높은 자본요건에 직면하게 된다.

바젤 I 하의 이러한 리스크 민감성의 결여는 경제적 의사결정을 왜곡시킨다. 은행들은 거래들을 규제요건을 최소화하는 구조로 만들도록 장려되거나 어떤 경우에는 실제적인 리스크부담의 상응하는 감소 없이 주목적이 자기자본요건을 줄이는 거래들을 하도록 하는 동기를 갖게 된다. 한 예로서 만기가 1년 이하인 대출이나 대출약정에는 아무런 자본부담도 할당되지 않는다. 364일 만기의 융자제도가 인기를 얻는 것도 이런 점에서는 놀랄 일이 아니다. 따라서 문제는 현재의 시스템이 실제로 은행의 리스크들을 완화시키는 많은 기법들을 인정하지 않는다는 것이다. 이와 밀접하게 관련된 문제로는 바젤 I이 정적이고 새로운 금융활동들과 리스크관리 기법들에 쉽게 적용하기가 어렵다는 점이다. 마지막으로 어떤 은행들은 더 나은 리스크관리시스템을 위해 투자하는 것이 비용이 많이 들고 규제상의 명백한 이득을 가져다 주지 않기 때문에 이러한 투자를 주저할 지도 모른다.

리스크 민감성의 결여는 또한 효과적인 감독을 저해한다. 은행들과 감독당국 모두가 자본적정성에 대한 평가를 개선하기 위해 노력하고 있지만, 이런 평가는 실제의 자본수준과 규제상의 최소수준을 비교하는 것에 중점을 두는 경향이 있다. 감독당국자들은 부분적으로는 자기자본비율이 규제상의 조치를 취하는데 법적 근거가 되기 때문에 이 비율에 계속해서 치중하고 있다. 감독당국이 규제자본비율들을 강조하는 현실을 반영해서 금융시장이나 신용평가기관들도 이 비율들에 중점을 두고 있다. 결과적으로 감독당국자들이나 심지어는 은행들까지도 은행의 전체 리스크수준과 자본적정성에 대해 제한된 정보를 갖게 되는 경우가 발생한다. 이런 환경에서는 은행들이나 감독당국이 새롭게 대두되는 문제들에 시의적절하게 대처하는 것이 어렵게 된다.

7.3 바젤 II협약의 목적

광범위하게 말하면 바젤 II의 목적은 더 낫고 체계적인 리스크관리 관행들(특히 신용리스크 분야에서)을 장려하고, 감독당국이나 더 나아가서는 시장을 위해 자본적정성에 대한 개선된 측정치를 제공하는 것이다. 새로운 협약을 만드는 과정에 착수하면서 바젤위원회는 자본적정성과 관련하여 이른바 세 개의 축을 이용한 접근법(three-pillar approach)을 개발하였는데, 이는 ① 최소자본요건, ② 리스크 관련 자본의 내부평가모형들에 대한 감독당국의 검토, ③ 의미 있는 시장규율을 제공하기에 충분한 리스크와 자본에 대한 정보공시의 증진이다. 위원회의 계획안들이 지난 몇 년간 많이 바뀌어 왔지만 이 기본적인 목적들과 세 개의 축 접근법은 변하지 않고 있다.

은행들과 금융시스템이 금융 및 경제적 안정에 차지하는 중요성은 새삼 강조할 필요는 없다.[7] 건전하고 충분히 자본화된 금융시스템이 예견하지 못한 충격으로부터 한 국가의 경제를 보호하는 완충역할을 할 수 있다는 것은 금융시스템의 취약성 및 불안정성이 초래하는 부정적 결과만큼이나 잘 알려져 있다. 금융시장의 결정적인 취약성은 많은 경우에 리스크가 과소하게 추정되고, 일단 리스크가 현실화되면 극단적인 결과를 초래할 잠재성을 수반하지만 너무 늦기 전까지는 완전하게 인지되지 못한다는데 있다. 이것이 리스크에 대한 인식을 증대시키고 이에 대한 더욱 체계적인 주의를 증진시키려는 바젤위원회의 노력이 매우 중요한 이유이다.

바젤 II의 핵심은 리스크의 차별화와 신용리스크를 평가하는 방법들의 개선에 초점을 맞춘다는 점이다. 리스크의 차이들을 중시하지 않는 것이 오히려 바람직하다는 비판도 있고, 실제로 지불유예가 가장 신속한 해결책일 때도 있다. 그러나 리스크를 무시하는 것이 궁극적으로는 더욱 큰 문제를 야기하기 때문에 이 방식이 총체적인 접근방법으로서 효과가 없을 것이라는 점은 경험상 알 수 있다. 바젤 II의 주요 취지 중의 하나는 은행들, 감독당국자들 및 기타 시장참가자들 모두가 리스크에 더욱 잘 대처해야 하고 그러한 리스크에 대한 평가를 적기에 할 수 있어야 한다는 것이다. 은행감독당국은 사후에 위기관리 차원보다는 사전에 문제점들에 대처하는 역량을 향상시켜야 한다. 리스크관리에 대한 관심을 증대시키는 것은 은행들이나 감독당국자들이 사전 대비를 하도록 하는 주요한 메커니즘 중 하나이다.

7_은행위기들의 실제적인 경제적 파장에 대한 국가간 비교 연구는 Capiro and Klingebiel(1996) 참조.

바젤 II는 리스크에 더욱 민감한 최소자본요건을 통해 리스크의 차이들에 대해 더욱 주의를 기울이도록 하는 인센티브를 제공하는 것을 추구하고 있다. Pillar 1 자본요건은 규칙들에 근거한 어떠한 틀도 그러하듯이 불가피하게 불완전한 측정치일 뿐이다. 이 계획안들의 목적은 금융기관들과 시장에 대해 신용 및 운영리스크 평가에 대한 관심을 증대시키는 것이다.

장기적으로 더 중요한 것은 바젤 II의 두 번째 축이다. Pillar 2는 은행들이 조직 내에서 자본 대비 리스크 평가를 체계적으로 하도록 규정하고 있다. 내부평가모형들에 대한 감독당국의 검토는 내부평가과정을 심각하게 받아들이도록 함으로써 은행경영에 규율을 제공해야 하고, 금융기관들의 리스크에 대한 감독당국자들의 이해를 지속적으로 증진시키는데 일조할 것이다.

바젤 II의 세 번째 축은 향상된 투명성을 통해 시장규율을 강화함으로써 견제와 균형에 있어서 또 하나의 요소를 제공한다. 리스크와 자본의 주요한 요소들에 대한 공시의 확대는 은행의 특성에 대해 좀 더 정통한 견해를 갖기 위해 그러한 정보를 필요로 하는 거래상대방이나 투자자들에게 중요한 정보를 제공할 것이다.

7.4 협약의 주요 요소들

최소자기자본요건을 산정하는 방식은 상당한 변화를 겪었지만 자본비율 산정에서 실제로 중요한 것(자기자본/자산 비율에서 분자)은 변하지 않았다.[8] 바젤 II에서는 신용리스크를 평가하는 두 가지의 새로운 접근법을 설명하고 있고, 처음으로 운영리스크에 대한 자본부담을 고려하고 있다. 이 절에서는 바젤위원회가 금융산업 종사자들과 함께 시작한 조정노력을 포함하여 새로이 도입된 내용에 대해 상세하게 살펴볼 것이다.[9]

7.4.1 Pillar 1 : 신용리스크

신용리스크관리 기법들과 관행들을 발전시키기 위해 신자본협약은 신용리스크를 평가하는 일련의 방법들을 도입하고 있다. 표준방법과 내부등급법(IRB)으로 후자에는 두 종류가 있다. 표준방법에서는 리스크민감도를

8_포함 가능한 자본에 대한 자세한 내용은 Board of Governors of the Federal Reserve System(2002) 참조.

9_최소자기자본요건의 각 요소들에 대한 상세한 설명은 바젤위원회(2002) 참조.

향상시키기 위해 외부 신용평가등급과 같이 기존에 있는 리스크측정치를 사용함으로써 리스크민감도에 약간의 변화를 주었다. 규정들에 근거한 이 단순한 접근법은 현 협약의 가장 명백한 단점들 중 일부를 해소하기 위해 고안되었다.

현재의 협약과 비교해 보면 내부등급법은 개념, 설계 및 시행에 있어서 기본적으로 다르다. 바젤위원회의 목적과 일관되도록 하기 위해 이 방법은 각 은행의 실제 신용리스크와 밀접하게 연계된 자기자본요건이 산정되도록 되어 있다. 즉, 질이 낮은 포트폴리오는 높은 자본부담에 직면하고 양질의 포트폴리오는 낮은 자본부담을 할 것이다. 이러한 접근법은 은행들과 감독당국 모두에게 올바른 동기를 부여하는 데 필수적이다.

내부등급법은 신용리스크를 측정하기 위한 네 개의 주요 변수에 기초하고 있다.[10]

1. PD(probability of default)	채무자의 연간 부도율 → 부도확률
2. LGD(loss given default)	부도시 노출액 대비 비율로 나타낸 손실 (또는 1－회수율) → 부도시 손실률
3. EAD(exposure at default)	부도에 대한 노출액(백분율이 아닌 금액) → 리스크노출액
4. M(maturity)	만기

내부등급법에는 기초등급법과 고급등급법 두 종류가 있다.[11] 두 접근법은 네 개의 변수가 어떻게 내부적으로 측정되고 결정될 수 있는지에 있어서 주요 차이가 있지만, 두 방법의 핵심적인 특징은 신용리스크에 대해 은행 자신의 내부정보를 사용한다는 것이다. 기초 내부등급법에서는 감독당국의 검증(Pillar 2)하에 PD만이 내부적으로 정해질 수 있다. LGD는 고정되어 있으며 감독당국이 정한 수치에 근거하고 있다. EAD도 측정이 명확하지 않은 경우에는 감독당국이 정한 수치에 기초하고 있다. 마지막으로 포트폴리오에 대해서 3년 만기를 가정하고 있다. 고급 내부등급법에서는 네 개의 변수 모두가 은행에 의해서 결정되고 감독당국의 검토를 거친다.

내부등급법의 핵심은 네 개의 투입변수(PD, LGD, EAD, M) 및 차입자의 유형과 같은 측정 가능한 변수들과 최소자본요건 간에 지속적인 연계를 제공한다는 점이다. 이 연계는 대부분의 신용포트폴리오모델들에서 사용되

10_바젤위원회(2001a)의 Section III.B, §23-30.

11_필요조건에 대해서는 바젤위원회(2001a) 참조.

는 동일한 분석 틀에 기초하고 있다.[12] Gordy(2003)는 포괄적 리스크접근법과 같이 개별적 리스크의 특성들에만 의존하는 자기자본요건이 Merton(1974)의 옵션에 기초한 기업부도에 관한 모형에 근거한 점근적인 단일리스크요소 신용포트폴리오모형과 일치한다고 설명하고 있다.

리스크가중자산(risk-weighted assets, RWA)은 다음과 같이 네 개의 투입변수의 함수로 산정된다. RWA = K(PD, LGD, M)×12.5×EAD이고, 12.5는 단순히 RWA 대비 백분율로 나타낸 최소자기자본 수준인 8%의 역수이다.[13] 리스크가중함수 K(·)는 낮은 연간 채무불이행확률에서 가파르게 되고, 높은 채무불이행확률에서 비교적 평평하게 된다.

내부등급법과 관련된 핵심적인 문제는 자본부담의 기초가 되는 은행들이 제공하는 PD, LGD, EAD 등과 같은 신용리스크 변수들의 측정치에 대한 신뢰성 여부이다. 이 측정치들이 신뢰할 수 없다면 내부등급법은 리스크민감도에 대해 바젤 I보다 아무런 개선도 없게 된다. 내부등급법의 실시 이전에 내부적인 리스크변수인 PD, LGD, EAD를 결정하는 은행의 내부평가과정이 신뢰할만하도록 감독당국자들이 검증하는 것이 필수적이다. 이 목적을 위해 바젤 II는 은행들이 이러한 각 분야들에서 최소한의 운영요건을 충족할 것을 규정하고 있다. 이 기준들이 핵심적인 요소이기는 하지만, 이에 대해 감독당국이 확인하고 강제할 능력이 없다면 이런 기준들이 별 효과가 없을지도 모른다.

7.4.2 Pillar 2와 Pillar 3 : 감독당국 검토 및 공시

Pillar 2는 감독당국의 검토라는 절차를 강화하고 있으며, 새로운 협약의 핵심요소로 간주되고 있다. Pillar 2는 은행들이 리스크의 식별, 측정, 통제 등에 있어서 자신들의 고유한 리스크특성에 따른 내부적인 자기자본평가모형을 개발하도록 권고하고 있다. 자본적정성에 대한 내부평가모형에 있어서 주안점은 규칙에 근거한 어떠한 접근법도 복잡한 은행조직의 리스크특성 변화를 인식하는데 필연적으로 시차가 있다는 것을 인정한다는 점이다. 은행들의 내부평가는 리스크관리 및 통제과정의 질과 Pillar 1에서 충분히 반영되지 못한 리스크들에 대해 명시적으로 고려해야 한다.

12_5.2.4절 참조.

13_바젤위원회(2003) 및 Saunders와 Allen(2002) 참조.

완충역할로서의 자본은 편중리스크와 같이 Pillar 1에서 완전하게 포착되지 않거나 금리리스크나 영업리스크같이 Pillar 1에서 고려되지 않는 리스크들을 반영해야 한다는 인식 하에, 은행들은 규제상의 최소자본 이상을 보유해야 한다는 원칙에 초점이 맞추어져 왔다. 또한, 이러한 역할을 수행하는 자본은 경기순환효과(business cycle effects)와 같은 외부적 요인들도 고려해야 한다.

Pillar 3는 투명성의 제고를 통해 시장규율을 강화시키려는 바젤위원회의 노력을 대변하며, 바젤 II의 성공에 있어서 매우 중요한 역할을 하고 있다. 특히 Pillar 3는 은행들이 자본적정성과 리스크에 대한 정보를 더욱 상세하게 공시할 것을 규정하고 있다. Pillar 3의 기본 틀은 처음 제안된 이래로 수많은 변화를 겪었다. 바젤위원회는 협약의 개정과정 내내 내부평가모형들이 신뢰할 만하다는 전제하에 공시는 모든 은행들에게 선택사항이 아닌 필수사항이라는 입장을 견지하였다. 또한, 바젤위원회는 금융기관들이 기관 간이나 시간 별로 비교가 가능하도록 충분히 상세하고 의미 있는 공시를 하면서, 한편으로는 공시의무가 너무 부담을 주거나 지시적이지 않게 하기 위해 균형점을 찾으려고 많은 노력을 하였다.

7.4.3 조정 노력

암묵적으로나 명시적으로 리스크가중치의 조정은 ① 일 년 간의 신용손실의 변동성이나 불확실성을 추정하고, ② 추정된 변동성 하에 가능한 목표 유동성 확률을 달성하는 자본 수준을 결정하는 것과 관련된다.

바젤위원회는 내부등급법의 리스크가중치를 조정할 때 직접법과 조사자료에 기초한 방법 등 두 종류의 접근방법을 사용하도록 하고 있다. 조사자료에 기초한 접근법은 은행들의 내부자본평가시스템에서 산출된 자본요건을 사용하게 되며 이렇게 함으로써 이미 업계에서 진행된 연구에 기초하게 된다. 위원회는 은행늘의 자본배분에 대한 정보를 수집하고, 각 금융기관은 특정한 PD, LGD, 만기에 따른 리스크가중치를 추정하기 위해 이 자료들을 사용하게 된다.

또한, 바젤위원회는 조사자료와 일치하도록 리스크가중치에 대해 직접조정이나 모델에 근거한 조정을 하도록 하고 있다. 이 방법은 대규모의 잘 다각화된 포트폴리오에 포함된 개별 대출과 관련된 필요자본을 추정하기 위해 정식의 신용리스크모델을 사용하도록 하고 있다. 상관계수와 같은 주요 가정들은 업계의 관행과 여러 나라들의 채무불이행 자료에 대해 수행된 독자적인 연구들을 반영하고 있다. 신용리스크를 모형화하는 이러한 시도는 조사자료로부터 얻은 결과들과 견줄만한 결과들을 나타내고 있다.

적절한 리스크가중치함수 및 개별 변수들과 최소자본요건을 연계시키는 것은 매우 어려운 과제이다. 이 어려움은 주요 신용리스크 매개 변수들을 추정하기 위해 사용되는 과거자료가 충분하지 않다는 사실과 일정 부분 관련되어 있지만 이러한 실증적 쟁점들 외에도 많은 근본적인 정책상의 문제들이 있다. 바젤위원회는 바젤 II의 도입으로 금융시스템 내의 자본이 큰 폭으로 하락하거나 상승하지 않도록 하는 것을 목적으로 명시하고 있다. 또한, 리스크에 민감한 자본요건의 도입이 변동성이나 경기순응성을 심화시킬 것이라는 우려를 해소하려고 노력하고 있다. 일련의 영향도 조사(Quantitative Impact Studies, QIS)와 같은 연구들은 이러한 문제들을 다루기 위해 수행되었다.

7.4.4 운영리스크 : 세 접근방법

바젤위원회는 바젤자본협약의 개정과정을 통해 운영리스크에 대해 명시적인 자본부담이 있어야 하고 이 자본부담은 리스크에 민감해야 한다는 입장을 일관되게 유지하였다. 운영리스크는 '부적절하거나 결함이 있는 내부과정, 사람 및 시스템 또는 외부의 사건들로부터 발생하는 직접적이거나 간접적인 손실의 리스크' (바젤위원회(2001), §547)로 정의된다. 최소자본요건을 신용 및 시장리스크로 구분한 것과 더불어 운영리스크의 중요성은 이 리스크에 대한 명시적인 자본부담을 정당화하고 있다. 운영리스크에 대한 자기자본부담을 도입하는 것은 일치된 방법론이 없고, 과거의 손실자료가 부족하기 때문에 어려운 과제이다.

이러한 어려움들을 해소하기 위해 바젤위원회는 운영리스크에 대한 자본요건을 산정하는 세 종류의 접근방법을 개발하였다. 기본지표법(Basic indicator approach)과 표준방법(Standardized approach)은 총수입의 백분율에 근거해서 자본요건을 결정하는 복잡하지 않은 방법들이다. 바젤위원회는 고급측정법(Advanced measurement approach, AMA)을 통해 엄격한 질적 기준과 계량적 기준을 충족시킨다는 전제 하에 은행 고유의 내부측정모델을 사용하도록 함으로써 은행들에게 신축성을 부여하고 있다. 고급측정법의 주요 목적 중의 하나는 은행들로 하여금 향상된 운영리스크 측정치를 개발하고 규제자본요건을 조정하는데 사용될 운영손실에 대한 자료 수집 노력을 증대하도록 하는 유인을 갖게 하는 것이다. 이 내용은 BCBS (2002)에 상술되어 있다.

7.5 세 측면에서의 연구쟁점들

신바젤협약의 구체적 사항들을 설계하는데 규제당국자들은 학계, 특히 리스크관리 분야의 연구에서의 발전을 이용하였다. 한편, 이 협약안은 향후 많은 연구과제들의 대상이 되고 있다. 이 연구과제들을 세 분야로 구분해 보면, ① 은행들의 행태를 변화시킴으로써 협약안이 글로벌 금융시스템에 미치는 영향, ② 리스크 분석과 관련된 제반 문제들, ③ Pillar 2(규제당국의 검증)와 Pillar 3(공시)에 의해 야기되는 문제들이다.

7.5.1 금융시스템과 은행의 행태에 미치는 바젤 II의 영향

바젤 II의 명시적 목적은 리스크 수준이 변하지 않는 데도 글로벌 금융시스템의 전체적 자본수준이 급격하게 변동하는 것을 방지하는 것이다. 물론 이것은 개별 은행의 자기자본 수준이 변하지 않는다는 것을 의미하는 것은 아니다. 4.3절에서 논의된 조정노력은 바젤 II가 금융시스템에 미치는 영향을 규명하기 위해 바젤위원회가 어떻게 했는지를 기술하고 있다. 이 조정은 바젤 II가 일단 시행되면 은행의 행태가 어떻게 변할 지는 불확실하다는 상황불변의 가정 하에 행해진다. 이 점은 몇 가지 의문들을 제기한다.

첫 번째는 바젤 II가 신흥시장에 소재하거나 영업하고 있는 은행들에 어떠한 영향을 미칠까 하는 점이다. 시장리스크에 대한 바젤 I 개정안(BCBS, 1996)과 마찬가지로 바젤 II는 국제적인 영업을 하는 대형은행들을 염두에 두고 만들어졌다. 이 개정안은 시장리스크에 대해서 그릇된 유인을 갖게 하였는데, 표준방법에서는 종종 내부등급법보다 훨씬 더 낮은 규제자본 수준이 도출되었고, 이것은 처음 의도와는 정반대의 결과였다. 예를 들어 금리리스크에 대한 자본부담액은 1년에서 2년 만기의 채권에 대해 단지 90bp의 이자율 변동만을 반영한다. G-7의 채권시장에서 이 변동폭은 큰 것일지 모르지만, 많은 신흥시장에서는 매우 정기적으로 발생한다. 바셀 II의 신용리스크에 대한 표준방법에서 리스크에 민감한 매개 변수들의 값이 이와 유사하게 너무 낮다면, 바젤II에서도 은행들이 내부등급법을 채택할 유인들이 부족하게 된다. 신흥시장에서 표준방법과 내부등급법이 미치는 영향이 어떻게 다를지, 그리고 그 차이가 올바른 유인을 제공할 지에 대해서는 논란의 소지가 남게 된다.

두 번째는 소위 경기순응성(pro-cyclicality)논쟁이라고 불리는 바젤II가 경기 변동에 미치는 영향이다. 은행들의 자본과 계속적으로 변하는 신용등급을 연계시키는 것이 결국에는 은행들의 입장에서 경기순응적 행태를 낳을 것이라는 것이 기본적인 우려이다. 경기가 괜찮을 때는 신용리스크모형(내부등급법)에서 예측되듯이 기업(채무자)들이 수익성을 추구하며 더욱 대범해진다. 그 결과 이런 기업들에 대출해 준 은행들은 더 많은 자본을 보유해야 하고, 경기가 나빠지면 기업들은 수요가 회복될 때 유리한 위치를 점하기 위해 추가적인 자본을 필요로 하게 된다.

물론, 은행 대출은 이미 경기순응적이고(Lown, Morgan과 Rohatgi, 2000), 바젤 II가 이 경기순응성을 심화시킬지는 확실하지 않다. 경기변동은 신용포트폴리오의 손실분포도에 중요한 영향을 미친다. 표본 재추출기법을 이용하여 Carey(2002)는 미국에서 1990년과 1991년 같이 불황일 때 평균손실은 호황일 때의 분포도의 끝부분 0.5%에 해당하는 손실과 거의 같다는 것을 보였다. Bangia 등(2002)은 은행들이 보유한 자기자본의 수준은 불황기에 호황기보다 25~30% 정도 더 높아야 한다는 것을 발견했다.

경기순응성은 존재한다고 하더라도 이를 어떻게 찾아낼 지는 명확하지 않다. 불황기에 손실이 큰 이유가 단지 우연의 일치일까? 아니면 손실분포에 영향을 미치는 경기변동적 요인들이 변동되어서일까? Allen과 Saunders(2002) 및 Borio, Furfine과 Lowe(2001)는 바젤 II가 경기순응성을 심화시킨다고 주장한 반면 Carpenter, Whitesell과 Zakrajsek(2001)은 아니라고 주장하였다. 이 연구들은 QIS에서 조정노력과 마찬가지로 모두 비슷한 상황불변 가정하에 이루어졌다.[14] Lucas식의 비평과 같이 바젤II의 도입 자체가 은행의 행태에 영향을 미칠 것이다. Pillar 3를 통해 향상된 투명성이 모든 은행들의 행태에 영향을 미칠 것이고, 어떤 은행들은 바젤II 하에서 이루어진 리스크 측정 결과를 다양한 대출 간 자본배분, 리스크에 기초한 가격결정, 성과측정 등을 포함한 의사결정사항들에 유용한 투입요소로 사용할 수도 있다.

최근에 미국에서 자기자본에 대한 두 부류의 틀(국제적으로 활발한 영업을 하는 대형은행들에게는 고급 내부등급법 적용, 그리고 나머지 은행들에 대해서는 현재의 기준 적용)을 만들었는데, 이는 '제안된 규정 제정에 대한 사전통지'(연방준비제도이사회, 2003 참조)에서 강조되었다시피 경쟁력과 관련하여 몇 가지 질문을 던지고 있다. 가령 이러한 두 갈래의 접근방법이 자본의 효율성을 높이기 위해 대형은행들이 작은 은행들을 인수하는 추세를 가속화할 것인가? 더욱 중요한 것은 리스크에 민감하지 않은 현재의 틀

14_바젤위원회(2002).

을 계속 적용하는 것이 경쟁력 측면에서 시사하는 바는 무엇일까 하는 점이다. 은행의 행태를 변화시킬 잠재성과 그 경로는 향후 연구에 있어서 중요한 과제이다.

7.5.2 리스크 분석

이 주제는 현재 당면한 연구현안들 중 가장 방대한 분야일 것이다. 이는 모형들의 타당성 검증, 내부등급법의 네 개 변수 PD, LGD, EAD 및 M, 상관계수와 포트폴리오 통합, 운영리스크 측정, 일관된 리스크 측정치로 구분될 수 있고, 각각에 대해 핵심적인 내용을 간략하게 살펴볼 것이다.

리스크 분석 타당성 검증 7.4.1절에서 내부등급법을 중심으로 바젤 II의 신용리스크 관련 주요 요소들을 검토하였다. 부도확률(PD), 부도시 손실률(LGD), 부도시 리스크 노출액(EAD), 만기(M) 등 네 개의 변수 중 PD가 핵심적인 역할을 한다. 채무자의 신용도에 대한 종합적 지표인 신용등급이 각 채무자에게 할당되는데 실무차원에서 은행들은 이 평가등급을 통해 PD를 추정한다. 여기서 중요한 의문은 어떻게 좋은 등급평가시스템과 나쁜 등급평가시스템을 구분하느냐 하는 것이다. 시장리스크를 측정하는 VaR모델에 대해 사용되는 사후검증은 신용등급에 의해 예측되는 부도가 희귀하게 발생하기 때문에 매우 어려울 것이다. Lopez와 Saidenberg(2000)는 한정된 부도 건수와 공통적인 거시경제적 조건들이 모든 채무자들에게 영향을 미치기 때문에 단지 한 해의 결과만으로 모델의 성과를 판단하는 것은 어렵다고 지적하고 있다. 그래서 한 해의 자료로부터 부도의 장기적 추세를 추정하는 것은 오도의 리스크가 있게 된다. 더군다나 공통 요인들에 대한 의존은 독립성 가정의 적용을 어렵게 만들고, iid가정 하에 도출된 통계치들에 영향을 미칠 것이다.[15]

더욱 광범위하게는, 은행들의 내부등급시스템에 대한 자신들이나 감독당국의 평가(혹은 타당성 검증)에 있어서 관련되어 있긴 하지만 차별적인 두 가지의 주요한 요소들이 있다. 첫 번째는 등급평가시스템이나 모델의 정확성인데 이는 등급평가가 사전적 차원에서 채무자들의 실제적인 신용도를 잘 반영하고 있는지 여부를 일컫는다. 그러나 채무자들의 진정한 신용도는 결

15_그렇지만, 조건부 독립성 가정을 하는 것은 타당할 수도 있다. 여기서 조건은 경제상태가 된다.

코 알 수가 없기 때문에 정확성에 대한 절대적인 평가는 불가능한 일일 것이다. 독립적인 등급평가회사나 다른 은행들의 내부등급평가 등 다른 등급평가시스템과 비교하여 정확성을 평가해야 할 것이다.

내부등급평가시스템이나 모델의 평가에 있어서 두 번째 요소는 일관성이다. 그 배경은 좋은 등급평가시스템 하에서는 신용등급이 시간이나 채무자별로 예측 가능해야 한다는 것이다. 즉, 다른 시점이나 신규 채무자에 대한 새로운 정보에 기초해서도 시스템은 이미 할당된 등급과 비교하여 타당한 평가등급을 부여해야 한다.

리스크 분석 PD 부도확률(PD)은 0에서 1사이의 값을 취하는 실수(real number)이지만, 신용평가기관 등에 의해 부여된 신용등급은 이산적이다.[16] 이 두 변수를 어떻게 적절하게 연계시킬까? 평가시스템이 얼마나 많은 등급을 가져야 할까? 등급이 너무 많은지 혹은 너무 적은지는 어떻게 판단할까? 은행 자신이 스스로 이 질문들에 대한 답을 구할 수 있다고 하더라도, 감독당국은 어떻게 이 시스템을 검증하고 감시할 수 있을까?

PD와 등급평가의 또 다른 측면은 등급이동(ratings migration) 과정에 관한 것이다. 신용등급의 변이행렬(credit migration matrix 또는 credit transition matrix)은 채무자들(주로 기업들)의 신용도가 과거에 어떻게 변화했는지를 나타내고 있고, 포트폴리오 내의 신용 속성에 대해 편리한 요약을 제공한다. 즉, 부도율은 단순히 이 행렬의 마지막 열이다. 채권이나 고객에 대한 내부정보 등 과거의 신용등급 자료로부터 이 행렬을 추정하는 여러 가지 방법들이 있다. Schuermann과 Jafry(2003)는 연간 변이행렬을 구하는 데 사용되는 여러 다른 방법들 간에 차이가 있는지, 있다면 얼마나 있는지를 조사하였다. 또한, 이 행렬들은 비마코프(non-Markov) 속성을 보이며(Lando와 Skodeberg, 2002) 경기변동에 민감한 것으로 알려져 있다(Nickell, Perraudin과 Varotto, 2000; Bangia 등, 2002).

리스크 분석: LGD, EAD 및 M 부도시 손실률(LGD)를 측정하기 위해서는 다음과 같은 방법들이 사용된다.

1. 시장 LGD(Market LGD) : 부도난 채권이나 실제 부도가 난 직후 시장에서 거래 가능한 대출의 시장가격으로부터 구해짐.

16_1990년대 말까지 미국 은행들에서 사용되는 신용평가시스템에 대한 개관은 Treacy와 Carey(2000) 참조.

2. 워크아웃 LGD(Workout LGD) : 기업개선 작업(Workout)이나 대출금 회수과정에서 발생할 것으로 추정되는 현금흐름의 현재가치와 추정 노출액.
3. 내재시장 LGD(Implied Market LGD) : 자산가격결정모형을 이용하여 리스크가 있지만 부도는 나지 않은 채권의 가격으로부터 도출됨.

통상적으로 은행들은 두 번째 방법을 채택하지만, 가능하다면 그 결과를 다른 두 방법들과 비교하는 것이 필요할 것이다. 세 방법들에 공통된 핵심적인 가정은 적절한 할인율이다. 어떤 할인율을 적용해야 하는지는 명확하지 않지만, 원칙적으로 비슷한 수준의 리스크를 가진 자산에 대한 할인율을 사용해야 한다. 중요한 것은 채무자가 부도를 냈을 때 은행은 부도난 자산에 대한 투자자이고, 따라서 자산의 가치를 적절하게 평가해야 한다는 점이다. 표면 이자율은 부도 이전에 확정되어서 너무 낮고, 은행의 투자가능 수익률 역시 은행이 부도난 채권과 같이 매우 리스크가 높은 자산들에만 투자하지 않는 한 너무 낮기 때문에 적절하지 않다. 회수시 신뢰할 만한 리스크조정수익률을 추정하는 것은 중요한 과제로 남게 된다.

어떤 요소가 LGD를 변동시키는 지에 대해서는 알려진 것이 별로 없다. 중요한 것은 부도난 기업의 자본구조에서 타인자본이 차지하는 비중과 이 채무가 담보된 것인지 하는 점이다(Altman과 Kishore, 1996; Gupton, Gates와 Carty, 2000). 경기변동에 대해 LGD는 매우 민감하게 반응하고(Frye, 2000; Altamn, Brady, Resti와 Sironi, 2002; Hu와 Perraudin, 2002), 산업 별로 체계적인 차이가 있다(Altman과 Kishore, 1996). 신흥시장에서 회수율의 변동성에 대해서도 알려진 것이 없다.

부도시 리스크 노출액(EAD)에 연구가 많이 이루어지지 않았다. 기간이 정해진 대출에 대해서는 애매한 경우가 거의 없지만, 차입자가 약정된 금액까지 마음대로 인출이 가능한 대출한도가 정해진 대출상품들은 그렇지가 않다. 더군다나 재정상의 곤란이 악화됨에 따라 차입자는 부도를 막기 위해 가능한 최대한의 금액을 인출할 것이다. 기초 내부등급법에서 EAD는 그 측정이 명확하지 않은 경우에 감독당국의 수치에 기초하고 있다. 예를 들어 취소 불가능한 대출약정의 인출되지 않은 부분에 대해서 EAD는 75%이다. 그러나 고급 내부등급법에서는 은행이 정한 모델에 의해서 EAD가 결정될 수 있다.

노출액 및 이에 따른 LGD가 불명확한 경우에는 대출등가요인(loan equivalency factor, LEQ)이 불량한 채무자가 약정금액의 얼마만큼을 인출할 지에 대한 계량적 측정치를 나타낸다. LEQ는 신용도와 대출상품에 따라 차별화되어야 하지만 이에 대한 실증적 연구는 많이 이루어지지 않았다. 대출 성과에 대한 연구의 일환으로 Asarnow와 Marker(1995)는 1988년-1993년 동안 Citibank에서 이루어진 대규모 기업대출에 대한 성과를 분석하였고, 특히 투기성이 높은 대출에 있어서 신용평가의 중요성을 지적하였다. 최근에는 Araten과 Jacobs(2001)가 6년의 기간에 걸쳐 부도난 채무자들에 대한 400여 건의 대출상품의 행태를 평가하였는데 모든 신용등급에 걸쳐 부도시까지의 기간과 관련해 LEQ가 크게 증가하였고, LEQ와 신용등급 간에는 약한 관련이 있다는 것을 발견하였다. 이들은 또한 LGD와 유사하게 LEQ도 매우 광범위하게 분포되어 있다고 강조하였다.

리스크 분석 상관계수 및 포트폴리오 통합 내부등급법에서 사용될 모형을 만들 때 핵심은 노출 리스크(exposure-level risk)를 적절하게 추정하는 것이다: 즉, 특정한 채무자나 대출상품에 대해 PD와 LGD는 어떻게 될까 하는 것이다. 포트폴리오 수준에서 리스크(및 자기자본)를 계산하기 위해서는 공동부도(joint default) 과정이나 분포도에 대한 가정들이 필요하다. 공동부도로부터 발생하는 손실(joint loss)을 계산하기 위해서는 두 접근방법이 사용되는데, 자료로부터 직접 추정하는 방법과 기업의 가치평가 및 부도에 대한 모형을 통해 간접적으로 추정하는 방법이 있다. 여기서 통상적으로 주요 제약조건은 자료의 이용가능성인데 부도가 드물게 발생하듯이 공동부도는 더욱 희귀할 것이다.

직접법(direct approach)은 오랜 기간에 대한 많은 자료를 필요로 하고, 이 방법 하에서는 동시에 발생하는 부도를 포착하기 위해 한 달이나 한 분기 등 비교적 긴 기간의 부도와 손실에 대한 상관관계를 직접 추정한다. 직접법을 적절하게 사용하기 위해서는 많은 양의 자료를 필요로 하는데 이 전제조건이 통상적으로 직접법의 적용을 신용카드와 같은 소비자금융 포트폴리오로 제약한다.

간접법(indirect approach)에서는 Merton모형과 같은 부도에 대한 모형이 사용된다. 부도에 대한 자료가 희귀하므로, 부도과정에 초점을 맞추기보다는 자료가 좀 더 밀집된 모형을 만드는 데 주력하는 것이다. 가령 부도시까지의 기간을 추정하기 위해 Merton모델은 기업의 대차대조표가 어떻게 변화하는 지를 본다. 이 방법은 여느 구조적 접근방법들이 그러하듯이 논리적으로 정연하지만 시행하기가 까다롭다. 부도과정을 설명하는 많은 종류의 모형들이 존재하는데 이 모형들 중 어떤 모형을 선택할지 하는 것이 또 다른 과제이다. Merton모형은 많이 사용되고 있고, 실제로 만족스러운 결과를

낸다는 증거들도 있다.[17] 더군다나 바젤II에 의해 결정된 자기자본 수치는 자산 간의 상관계수가 12%와 24%의 가중평균인 단일요소의 Merton식 모형(single-factor Merton-type model)을 암묵적으로 가정하고 있다.[18]

최근 공동부도와 손실에 대한 연구에서 많은 진보가 있었다. 특히 Copula를 이용해서 결합분포(joint distribution)를 도출하는 방법은 전도가 매우 유망하다. Copula는 주변분포(marginal distribution)와 결합분포를 연계시키는 함수이다. 두터운 꼬리(fat tail)와 같이 리스크관리 분야의 핵심적 특성들을 포착하는 다양한 주변분포들의 통합을 허용하는 것 외에도 Copula는 다변량정규분포와 같이 단순한 모형들에서 고려할 수 있는 것보다 훨씬 심도 있는 의존적 구조를 허용한다. 이 이론에 대한 개관은 Nelsen(1998)을 참조하면 된다. Embrechts, McNeil과 Straumann(1999, 2002)이 Copula 기법을 재무학에 접목시킨 선발주자이고, Li(2000)는 신용리스크와 신용파생상품에 대한 적용을 제시하였다.[19] 이 방법들은 현재 테스트 중에 있고, 그 성과에 대한 결과가 매우 기다려진다.

리스크 분석 운영리스크 측정 논쟁의 여지는 있지만 자기자본을 산정하는 데 내부모형들을 사용하는 접근법이 규제과정의 대상이 되는 시점 및 정도는 리스크 유형을 모형화하는 데 있어서의 난이도 및 이용 가능한 자료와 역의 관계를 갖고 있다고 할 수 있다. 시장리스크에 대한 내부모형법은 첫 번째 바젤협약에 대한 1996년의 개정안에 포함되어 있다(바젤위원회, 1996). 바젤II에서는 내부등급법을 통해 신용리스크에 대한 자본산정에 있어서 완전하지는 않지만 어느 정도의 내부모형화를 허용하고 있다. 운영리스크에 대한 자본산정은 자기자본 규제에 있어서 새로운 영역이고, 어느 정도는 이러한 유형의 리스크를 모형화할 때 발생하는 어려움이 그 추진배경이라고 할 수 있다.[20]

17_Merton 부도예측모형의 위력에 대해서는, Merton모델이 부도를 잘 예측한다는 것을 보인 Falkenstein과 Boral(2001) 및 신용스프레드를 비교적 정확하게 예측한다는 것을 보인 Gemmill(2002) 참조.

18_Gordy(2002) 참조.

19_Wang(1999, 2002)은 보험에의 적용을 제시하였는데, 특히 전사적 리스크관리에 중점을 두었다.

20_Netter와 Poulsen(2003) 참조.

운영리스크 측면에서 기업의 존립 자체를 위협하는 대규모의 사건들은 그 정의상 희귀할 것이다. 소규모의 사건들은 운영리스크에 대한 자료를 생성하는 구조에 대해 연구하는 데 있어서 적절할 수도 있고 적절하지 않을 수도 있다. 운영리스크를 모형화할 때 근본적인 문제 중의 하나는 사건들이 희귀한 동시에 식별하기 어렵다는 점이다. 더군다나 어떤 사건이 운영리스크와 관련된 것인지 혹은 시장리스크나 신용리스크와 관련된 것으로 분류해야 하는지 명확하지 않은 수 많은 사례들을 생각해 볼 수 있다. 예를 들어 옵션에 대한 시가평가 과정에서 기업이 잘못된 모형을 사용하고 있다면 이는 시장리스크일까 혹은 운영리스크일까? 다른 예로는 사기에 의해 신용카드로부터 발생한 손실을 신용리스크로 분류해야 하나 아니면 운영리스크로 분류해야 하나 하는 것이다.

운영리스크와 관련된 사건들에 대한 자료가 부족한 상황에서, 은행들은 부족한 내부자료를 외부로부터 보충하기를 원할 것이다. 최근의 한 연구에서 de Fontnouvelle, DeJesus-Rueff, Jordan과 Rosengren(2003)은 어떻게 자기자본이 계산될 수 있는지를 보이기 위해 공개적으로 이용 가능한 두 종류의 데이터베이스를 사용하였다. 이들은 데이터베이스에 존재할 수 있는 편의(bias)를 명시적으로 조정하였다. 가령 어떤 손실은 규모가 너무 커서 숨길 수 없는 반면에 보통 규모의 손실은 과소하게 보고될 여지가 있다. 이러한 편의에 대한 조정 후 국제적으로 활동적인 대형 은행들을 대상으로 운영리스크에 기인한 규제자본은 시장리스크에 대한 것보다 크다는 것을 발견하였다.

Embrechts, Klüppelberg와 Mikosch(1997) 및 Embrechts(2000)에 수록된 논문들은 운영리스크를 정식으로 모형화하기 위해서는 보험리스크(insurance risk)에서 사용되는 기법이 유용하다고 주장하고 있다. 한 예가 과거의 경험을 벗어나는 극단적인 사건들을 모형화하는 데 사용되는 극단치 이론(extreme value theory, EVT)이다. 기초적인 단계에서 이 확률적 이론은 사건과정이 iid인 것을 가정하고 있고, 관측된 분포의 꼬리에 초점을 맞춤으로써 매우 멀리 떨어진(한 번도 보지 못한) 꼬리부분에 대해서 추정이 가능하다.

그러나 EVT의 확률적 측면과 통계적 측면에서 확연한 대조가 있는데, 확률적 이론은 정교하고 방대한 반면, 통계적 이론은 아직 기초단계에 있다. 이 점은 특히나 불행한 일인데 왜냐하면 실제에 있어서의 적용은 통계적 추론에 의존해야 하기 때문이다.[21] 가령 보험에서 사용되는 방법이 진정으로 유망하다면 리스크들은 재산 및 상해보험회사들이 보상해 주는 다른 사건들처럼 보험의 대상이 될 수 있다. 그러한 계약들에 대해 적절한 가격(즉, 보험료)을 결정하기 위해서는 사건발생과정에 대한 올바른 이해가 필요할 것이다.

리스크 분석 적절한 리스크 요약 규제의 일반적인 목적이 자기자본 규제를 관련된 리스크에 더욱 민감하도록 만드는 것이라면 어떤 리스크 측정치가 목표로 해야 하는 올바른 것일까? 많은 리스크 측정기법들이 VaR의 변형인데 VaR은 α%를 초과하는(가령, α=2.5%, 1%) 시장의 불리한 변화에 기인해서 포트폴리오로부터 발생하는 손실로 정의된다. 따라서 VaR은 매우 고차원의 문제에 대한 요약이며 숫자로 나타낸 측정치이다.

Christoffersen과 Diebold(2000) 및 Berkowitz(2001)는 VaR과 같이 한 숫자에 초점을 맞추기보다는 리스크 매니저나 규제당국이 Diebold, Gunther와 Tay(1998) 및 Berkowitz(2001)가 만든 기법 등을 이용해서 수익률분포함수의 전체에 초점을 맞춰야 한다고 주장하였다. 그럼에도 불구하고 좀 더 단순한 요약 측정치에 대한 관심은 지속되고 있다. 요약 측정치가 어떤 기준들을 충족시켜야 할까? 그리고 현재 사용 중인 규제상의 접근방법들이 이 기준들에 어떻게 부합될까?

Artzner, Delbaen, Eber와 Heath(1997, 1999)는 소위 '일관된'(coherent) 리스크 측정치에 필요한 조건들을 만들었다. 이 조건들은 포지션의 규모가 클수록 더 큰 리스크를 수반한다는 동질성(homogeneity), 수익이 클수록 리스크도 크다는 단조성(monotonicity), 개별리스크의 합계가 리스크의 합보다 클 수 없다는 하부가법성(subadditivity) 및 포트폴리오에서 차지하는 무리스크자산의 비중이 증가할수록 포트폴리오 리스크는 감소해야 한다는 무리스크조건을 포함한다. 중요한 것은 VaR이 하법가법성 조건을 충족시키지 못한다는 점이고, 이는 기업이 하나의 노출로부터 발생하는 리스크가 전체 포트폴리오VaR 경계를 초과하는 방식으로 꼬리 리스크(tail risk)를 한 곳에 모두 집중할 수 있다는 것을 의미한다.

이 결점에 대한 해결책으로는 기대손실액(expected shortfall, ES) 혹은 초과액(exceedence)이 있는데 이는 얼마나 나쁜 것이 나쁜 것인가와 같은 단순한 질문에 답을 주고 있다. Embrechts, Klüppelberg와 Mikosch (1997), Artzner, Delbaen, Eber와 Heath(1997, 1999), Neftci(2000) 및

21_리스크관리에서 EVT의 사용에 대한 종합적 평가는 Diebold, Schuermann과 Stroughair(1998) 참조.

Basak Shapiro(2001) 등은 보험분야에서 이루어진 연구를 바탕으로 VaR을 초과하는 범위에 대해 측정하는 방법들을 제시하였다.

ES는 VaR(α)를 초과하는 경우의 기대손실을 측정한다. 기대치는 VaR을 넘어서는 꼬리부분에 대한 매우 간단한 요약 통계치 이지만 리스크 매니저(그리고, 규제당국)는 VaR 경계 주변이나 꼬리 쪽으로 더 먼 부분에 누적된 확률질량에 대해 다른 관점을 가질 수도 있으므로 표준편차나 왜도와 같은 꼬리 부분의 적률을 추정하는 것이 필요할 것이다. 포트폴리오 리스크를 전체의 분포로부터 하나의 숫자로 요약할 때 발생하는 정보의 손실이 매우 클 수도 있다는 것은 명백하다.

7.5.3 Pillar 2와 Pillar 3 : 감독당국의 검증, 공시와 시장규율

Estrella(2000)는 금융기관들에 대한 규제를 만들 때 직면하는 어려움과 상반관계에 대해 의미 있는 논의를 제시하고 있는데 이는 다양한 주체들의 서로 다른 목표와 목적함수들을 포함하고 있다. 즉, 규정에서 특히 중요한 단순성과 감독 및 규제에 있어서 유연성을 함께 추구하며, 동시에 투자자들은 시장이 감시와 교정기능을 하기를 원한다.[22] 바젤 II의 틀은 부분적으로는 이들 상충하는 관계의 균형을 맞추려는 동기에 의해 추진되었다.

두 번째 축은 규제 틀에서 짐을 지우는 주요한 부분으로 간주될 수 있다. Estrella(1998, p. 192)는 이 축이 규제당국자들에게 '충분한 정보에 바탕한 감독(informed supervision)이라는 혜택' 을 허용할 것이고, "수리적 공식들은 규제에서도 일정 역할을 할 수 있지만, 일반적으로 은행이 얼마만큼의 자본을 보유해야 하는가라는 질문에 대한 해답을 제공할 수는 없다"고 주장하였다. 특히 복잡한 대형금융기관들에 대해서는 규정에 기초한 접근방법보다 감독당국의 검증이 훨씬 더 중요할 것이다. 이것은 감독당국이 금융기관의 내부리스크관리와 자본결정과정에 대한 적정성을 다양한 차원에서 평가할 수 있도록 할 것이다. 중요한 것은 이 축이 금융기관들 간의 차이를 허용할 수 있도록 신축적이어야 한다는 점이다. 이러한 차별화는 영업 영역, 리스크 특성, 법적 구조, 복잡성 정도에 있어서의 차이를 수용하는 데 필요하다.

Pillar 3는 자본적정성에 대한 시장의 판단을 강화할 것이다. 궁극적으로는 가격결정과 자금조달에 영향을 미침으로써 지주회사(그리고, 잠재적으로

22_Estrella(2000)와 Santos(2001)는 예금보험과 같은 안전망이 존재하는 한 리스크와 자본을 결정하기는 어렵고, 두 가지 설계상의 문제들(자본적정성, 예금보험)은 동시에 고려되어야 한다는 점을 강조하고 있다.

는 개별 자회사들)의 자본에 대한 시장의 평가는 단호할 것이다. 시장의 합의에 큰 무게를 두는 것이 이론적으로 보면 매력적일지 모르지만 이 축이 그 자체로 충분하기 위해서는 현실적으로 현재의 회계관행과 공시기준에 너무 많은 한계가 있다.

Pillar 3의 기본은 은행들이 시장참가자들에게 적절하고 중요한 리스크측정치를 제공하도록 하는 것이다. 그러나 금융기관들의 불투명성은 평가기관이나 애널리스트들에 의한 평가를 더욱 어렵게 만든다. 채권등급 평가회사들이 다른 업종의 회사들보다 은행이나 보험회사들의 등급평가시 의견이 더욱 엇갈린다는 것을 보임으로써 Morgan(2002)은 이러한 불투명성을 측정하였다. 더군다나 제 5.2.6 절에서 은행의 리스크 특성에 대한 적절한 요약통계치에 대해 합의하는 것이 얼마나 어려운지를 보았다.

공시를 강화하려는 시도는 시장리스크에 대해 이미 어느 정도 진행되어 왔다. 몇몇 논문들이 VaR모형에서 계산된 측정치들의 정확성과 이에 포함된 정보의 내용 및 이 후의 은행성과에 대해 분석하였다. 일반 시장참가자들에게는 공개되지 않는 규제상의 자료를 포함하고 있는 데이터베이스를 이용하여 미국의 대형은행들을 대상으로 Berkowitz와 O'Brien(2002)은 일간 VaR추정치와 익일의 실제 결과를 비교하였다. VaR모형들이 99% 수준에서는 평균적으로 보수적인 측정치를 제공하지만, 금융기관 간에 상당한 편차가 있었다. 또한, 일간 매매손익에 기초한 단순한 GARCH모형이 VaR모형들보다 우수하다는 것을 보여주었다. Jorion(2002)와 Hirtle(2003)도 VaR에 포함된 정보의 내용을 검토하였는데 두 연구 모두 공시가 정보적 측면에서 유익하다는 것을 제시하고 있다. Jorion(2002)은 VaR에 대한 공시가 매매수익을 예측하는 데 도움이 된다는 결론을 얻었고, Hirtle(2003)도 공시된 시장리스크에 대한 자본이 시간의 경과에 따른 개별 은행들의 시장리스크에 대한 노출에 있어서 변화를 추정할 때 유용하다는 것을 발견하였다. 그러나, 이러한 공시는 은행간 시장리스크에 대한 노출의 차이에 대해서는 아무런 정보도 제공하지 못한다는 것도 발견하였다. Estrella, Park과 Peristiani(2000)는 은행의 실패를 예측하는 연구를 하였는데 기본적인 레버리지비율이 바젤 I의 리스크자본 측정치보다 결코 떨어지지 않는다는 결론을 얻었다. 리스크에 민감해진 바젤 II의 측정치가 더 많은 정보를 제공할지는 증명되어야 한다.

평가회사(즉, 신용등급)에 의하거나 채권시장(즉, 채권에 대한 신용스프레드) 또는 주식시장(즉, 주가의 변동성)을 통해서든 공시를 통해 시장에 전해지는 정보가 실제로 유익하다는 견해에 대해 합의가 도출되고 있다고 말할 수 있다. 후순위채권에 대한 신용스프레드가 어떻게 은행의 리스크를 설명하는 지에 관해서는 많은 연구가 있다. 예를 들면 De Young, Flannery, Lang과 Sorescu(2001)는 후순위채권 수익률이 은행에 대한 정보를 포함하고 있다는 것을 발견하였다(또한, Evanoff와 Wall(2001) 참조). 그러나 Hancock과 Kwast(2001)는 은행들의 상태를 평가하기 위해 이 금융상품을 이용하는 데 있어서 낮은 유동성이라는 함정을 지적하였다. Krainer와 Lopez(2003)는 후자의 예인데 은행지주회사들의 상태를 평가할 때 수익률 변동성에 내포된 부도확률과 같은 주식시장의 변수들이 특별한 정보에 접근할 수 있는 감독당국자들에게 유용한지를 조사하였다. 이에 대한 답은 유용하다는 것이다.

물론 정보를 측정하고 보고하는 데 필요한 인프라를 구축하고 공시하기 위해서는 비용이 들지 않는 것은 아니다. 내부 및 외부의 이해관계자들에게 이러한 측정과 보고의 직접적 또는 간접적인 혜택들이 무엇인가는 많은 연구가 행해져야 하는 분야의 하나이다. 최근에 Baumann과 Nier(2003)는 공시는 비용을 지불할 가치가 있다는 고무적인 결과들을 얻었는데, 공시는 주가의 변동성을 감소시키고 시장가치를 증가시키며 가치를 추정할 때 기업이 제공하는 보도자료의 유용성을 증대시킨다는 것이다.

7.6 결론

상술한 목적들과 강화된 이론적 토대 하에 바젤 II는 많은 연구과제들을 만들어냈다. 이 논문은 많은 쟁점들을 크게 세 분야로 나누었는데, 첫째는 은행의 행태를 변화시킴으로써 바젤II가 글로벌 금융시스템에 미치는 영향, 둘째는 모형의 검증과 같은 리스크분석에 관련된 이슈들, 상관계수와 포트폴리오 통합, 운영리스크 측정과 은행의 리스크특성에 대한 적절한 요약통계치, 셋째는 Pillar 2(감독당국의 검증)와 Pillar 3(공시)와 관련하여 발생하는 이슈들이다. 리스크측정을 위한 내부모형의 면면이 공개됨에 따라 바젤 II 하에서는 리스크 계산의 결과가 은행의 행태를 변화시킬 수도 있다. 이 점을 명심하면서, 향후 연구의 방향은 규제적인 측면에 초점이 덜 맞춰질 것이다. 대신에 금융시스템에 대한 협약의 영향, 리스크측정 틀의 다양한 사용을 통한 은행행태의 변화(좁게는 신용리스크와 운영리스크에 대한 모형의 개발과 검증, 넓게는 리스크에 대한 적절한 요약통계치의 개발을 둘러싼 중요한 이론적 쟁점)들을 분석하는 쪽으로 가야 할 것이다. 주어진 범위와 복잡성을 고려할 때 바젤 II는 틀림없이 연구자들에게 정책토론이나 협약의 실행에 관련하여 기여할 수 있는 많은 기회를 제공할 것이다.

참고문헌

Allen, L., and A. Saunders, (2002), "A Survey of Cyclical Effects in Credit Risk Measurement Models," mimeo, Stern School of Business, NYU; available at *http://pages.stern.nyu.edu/~asaunder/procyclicality _allensaunders.pdf.*

Altman, E., and V.M. Kishores, (1996), "Almost Everything You Wanted to Know about Recoveries on Defaulted Bonds," *Financial Analysts Journal*, November/December, pp. 57-64.

Altman, E., B. Brady, A. Resti, and A. Sironi, (2002), "The Link between Default and Recovery Rates: Implications for Credit Risk Models and Procyclicality," forthcoming, *Journal of Business*.

Araten, Michel, and Michael Jacobs, Jr., (2001), "Loan Equivalents for Revolving Credits and Advised Lines," *RMA Journal*, May, pp. 34-39.

Artzner, P., F. Delbaen, J.M. Eber, and D. Heath, (1997), "Thinking Coherently," Risk 10(11), pp. 68-71.

Artzner, P., F. Delbaen, J.M. Eber, and D. Heath, (1999), "Coherent Measures of Risk," *Mathematical Finance* 9, pp. 203-228.

Asarnow, Elliot, and James Marker, (1995), "Historical Performance of the U.S. Corporate Loan Market: 1988-1993," *Commercial Lending Review*, Spring, pp. 13-32.

Ball, Clifford A., and Hans R. Stoll, (1998), "Regulatory Capital of Financial Institutions: A Comparative Analysis," *Financial Markets, Institutions & Instruments* 7(3), pp. 1-57.

Bangia, A., F.X. Diebold, A. Kronimus, C. Schagen, and T. Schuermann, (2002), "Ratings Migration and the Business Cycle, With Applications to Credit Portfolio Stress Testing," *Journal of Banking & Finance* 26, pp. 445-474.

Basel Committee on Banking Supervision, (1988), "Internal Convergence of Capital Measurement and Capital Standards," *http://www.bis.org/publ/bcbs04A.pdf, July*.

Basel Committee on Banking Supervision, (1996), "Amendment to the Capital Accord to Incorporate Market Risks (No. 24)," January.

Basel Committee on Banking Supervision, (2001a), "*The New Basel Capital Accord,*" *http://www.bis.org/publ/bcbsca.htm*, January.

Basel Committee on Banking Supervision, (2001b), "*The Internal Ratings Based Approach,*" *http://www.bis.org/publ/bcbsca.htm, May*.

Basel Committee on Banking Supervision, (2002), "*Quantitative Impact Study 3 Technical Guidance,*" *http://www.bis.org/publ/bcbsca.htm, January*.

Basel Committee on Banking Supervision, (2003), "*Third Consultative Paper,*" *http://www.bis.org/publ/bcbscp3.htm, April*.

Basak, S., and A. Shapiro, (2001), "Value-at-Risk Based Risk Management: Optimal Policies and Asset Prices," Review of Financial Studies 14(2), pp. 371-405.

Baumann, U., and E. Nier, (2003), "Disclosure in Banking: What Matters Most?" presented at the Federal Reserve Bank of New York Conference "Beyond Pillar Three in International Banking Regulation: Disclosure and Market Discipline of Financial Firms," October.

Benston, George J., and George Kaufman, (1995), "Is the Banking and Payment System Fragile?" *Journal of Financial Services Research* 9(3/4), pp. 209-240.

Berger, A.N., R.J. Herring, and G.P. Szeg?, (1995), "The Role of Capital in Financial Institutions," *Journal of Banking & Finance* 19, pp. 393-430.

Berkowitz, Jeremy, (2001), "Testing the Accuracy of Density Forecasts, Applications to Risk Management," *Journal of Business and Economics Statistics* 19, pp. 465-474.

Berkowitz, Jeremy, and James O' Brien, (2002), "How Accurate Are Value-at-Risk Models at Commercial Banks," *Journal of Finance* 57(3), pp. 1093-1111.

Board of Governors of the Federal Reserve System, (2002), Capital *Adequacy Guidelines*, 12 CFR 225, Appendix A.

Borio, C., C. Furfine, and P. Lowe, (2001), "Procyclicality of the Financial System and Financial Stability: Issues and Policy Options," *BIS Working Papers*, No. 1.

Calem, P., and R. Rob, (1999), "The Impact of Capital-Based Regulation on Bank Risk-Taking," *Journal of Financial Intermediation* 8, pp. 317-352.

Caprio, G., and D. Klingebiel, (1996), "Bank Insolvencies: Cross-Country Experience," World Bank, Policy Research Paper #1620, July.

Carey, M., (2002), "A Guide to Choosing Absolute Bank Capital Requirements," *Journal of Banking & Finance* 26(5), pp. 929-951.

Carpenter, S.B., W. Whitesell, and E. Zakrajsek, (2001), "Capital Requirements, Business Loans and Business Cycles: An Empirical Analysis of the Standardized Approach in the New Basel Accord," Federal Reserve Board, Finance and Economics Discussion Series #2001-48.

Christoffersen, P., and F.X. Diebold, (2000), "How Relevant Is Volatility Forecasting for Financial Risk Management?" Review of *Economics and Statistics* 82, pp. 12-22.

Crouhy, M., D. Galai, and R. Mark, (2001), *Risk Management*, McGraw-Hill (New York, NY).

DeYoung, R., M. Flannery, W. Lang, and S. Sorescu, (2001), "The Informational Content of Bank Exam Ratings and Subordinated Debt Prices," *Journal of Money, Credit and Banking* 33(4), pp. 900-925.

Dewatripont, M., and J. Tirole, (1994), *The Prudential Regulation of Banks*, MIT Press (Cambridge, MA).

Diamond, D.W., and P.H. Dybvig, (1983), "Bank Runs, Deposit Insurance and Liquidity," *Journal of Political Economy* 91, pp. 401-419.

Diebold, F.X., T.A. Gunther, and A.S. Tay, (1998), "Evaluating Density

Forecasts," *International Economic* Review 39, pp. 863-883.

Diebold, F.X., T. Schuermann, and J. Stroughair, (1998), "Pitfalls and Opportunities in the Use of Extreme Value Theory in Risk Management," Ch. 1 in A.-P. N. Refenes, A.N. Burgess, and J.D. Moody(eds.), *Advances in Computational Finance*, Kluwer Academic Publishers (Amsterdam, Netherlands).

Embrechts, P., C. Klüppelberg, and T. Mikosch, (1997), *Modelling Extreme Events for Insurance and Finance*, Springer Verlag (New York, NY).

Embrechts, P., A. McNeil, and D. Straumann, (1999), "Correlation and Dependence in Risk Management: Properties and Pitfalls," Working Paper, ETH Zürich, Forthcoming in M. Dempster(ed.), 2001, *Risk Management: Value at Risk and Beyond*, Cambridge University Press (Cambridge, UK).

Embrechts, P., (2000), *Extremes and Integrated Risk Management*, Risk Publications (London, UK).

Estrella, A., (1998), "Formulas or Supervision? Remarks on the Future of Regulatory Capital," *Federal Reserve Bank of New York, Economic Policy Review*, October, pp. 191-200.

Estrella, A., (2000), "Regulatory Capital and the Supervision of Financial Institutions: Some Basic Distinctions and Policy Choices," in A. Santomero, S. Viotti, and A. Vredin(eds.), *Challenges for Modern Central Banking*, Swedish Riksbank(Stockholm, Sweden).

Estrella, A., S. Park, and S. Peristiani, (2000), "

Capital Ratios as Predictors of Bank Failures," *Federal Reserve Bank of New York, Economic Policy Review* 6(2), pp. 33-52.

Evanoff, D., and L. Wall, (2000), "Sub-Debt Yield Spreads as Bank Risk Measures," Federal Reserve Bank of Atlanta, Working Paper #2000-24.

Falkenstein, E., and A. Boral, (2001), "Some Empirical Results on the Merton Model," *Risk Professional*, April.

Federal Reserve, Board of Governors, (2003), "U.S. Advanced Notice of Proposed Rule Making," available at *http://www.federalreserve.gov/boarddocs/press/bcreg/2003/20030804/default.htm*.

de Fontnouvelle, P., V. DeJesus-Rueff, J. Jordan, and E. Rosengren, (2003), "Using Loss Data to Quantify Operational Risk," Federal Reserve Bank of Boston, Working Paper 03-5.

Frye, J., (2000), "Depressing Recoveries," Federal Reserve Bank of Chicago, Working Paper, an abridged version appeared in Risk, November.

Gemmill, G., (2002), "Testing Merton's Model for Credit Spreads on Zero-Coupon Bonds," Faculty of Finance, City University Business School; available at *http://www.staff.city.ac.uk/g.gemmill/working_papers/credit_spread.pdf*.

Gordy, M.B., (2003), "A Risk Factor Model Foundation for Ratings-Based Capital Rules," *Journal of Financial Intermediation* 12, pp. 199-232.

Gupton, G., D. Gates, and L. Carty, (2000), "Bank Loan Loss Given Default," *Moody's Special Comment*, November.

Hancock, D., and M.L. Kwast, (2001), "Using Subordinated Debt to Monitor Bank Holding Companies: Is It Feasible?" *Journal of Financial Services Research* 20(2/3), pp. 147-197.

Hirtle, B., (2003), "What Market Risk Capital Reporting Tells Us About Bank Risk," *Federal Reserve Bank of New York, Economic Policy Review* 9(3), pp. 37-54.

Hu, Y-T, and W. Perraudin, (2002), "The Dependence of Recovery Rates and Defaults," CEPR Working Paper.

Joint Forum, (2001), Risk Management Practices and Regulatory Capital, Cross-Sectoral Comparison, November; available at *http://www.bis.org/publ/joint03.pdf.*

Jorion, P., (2002), "How Informative Are Value-at-Risk Disclosures?" *Accounting Review* 77, October, pp. 911-931.

Lando, D., and T. Skødeberg, (2002), "Analyzing Ratings Transitions and Rating Drift with Continuous Observations," *Journal of Banking & Finance* 26(2/3), pp. 423-444.

Li, David X., (2000), "Default Correlation: A Copula Approach," *Journal of Fixed Income*, March, pp. 43-54.

Lopez, J.A., and J. Krainer, (2003), "Incorporating Equity Market Information into Supervisory Monitoring Models," forthcoming in *Journal of Money, Credit and Banking*.

Lopez, J.A., and M. Saidenberg, (2000), "Evaluating Credit Risk Models," *Journal of Banking & Finance* 24(1/2), pp. 151-167.

Lown, C.S., D.P. Morgan, and S. Rohatgi, (2000), "Listening to Loan Officers: Commercial Credit Standards, Lending and Ourtput," *Federal Reserve Bank of New York, Economic* Policy Review 6(2), pp. 1-16.

Merton, R, (1974), "On the Pricing of Corporate Debt: The Risk Structure of Interest Rates," *Journal of Finance* 29, pp. 449-470.

Mishkin, F.S., (1997), "Evaluating FDICIA," Research in Financial Services: Private and Public Policy 9, pp. 17-33.

Morgan, D.P., (2002), "Rating Banks: Risk and Uncertainty in an Opaque Industry," *American Economic Review* 92(4), pp. 874-888.

Neftci, S.N., (2000), "Value at Risk Calculations, Extremes Events and Tail Estimation," *Journal of Derivatives* 8, pp. 23-37.

Nelsen, Roger B., (1998), *An Introduction to Copulas*, Lecture Notes in Statistics, 139, Springer Verlag (New York, NY).

Netter, Jeffry M., and Annette B. Poulson, (2003), "Operational Risk in Financial Service Providers and the Proposed Basel Capital Accord: An Overview," Terry College of Business, University of Georgia, Department of Banking and Finance Working Paper, available at *http://pape-rs.ssrn.com/paper.taf?abstract_id=369581.*

Nickell, P., W. Perraudin, and S. Varotto, (2000), "Stability of Rating Transitions," *Journal of Banking & Finance* 24, pp. 203-227.

Santos, J.A.C., (2001), "Bank Capital Regulation in Contemporary Banking Theory: A Review of the Literature," *Financial Markets, Institutions & Instruments* 10(2), pp. 41-84.

Saunders, Anthony, and Linda Allen, (2002), *Credit Risk Measurement-New Approaches to Value at Risk and Other Paradigms*, 2nd Ed., John Wiley & Sons (New York, NY).

Schuermann, T., and Y. Jafry, (2002), "Estimating Credit Migration Matrices: Measurement Matters," mimeo, Federal Reserve Bank of New York.

Treacy, W.F., and M. Carey, (2000), "Credit Risk Rating Systems at Large U.S. Banks," *Journal of Banking & Finance* 24, pp. 167-201.

Wang, Shaun S., (1999), "Aggregation of Correlated Risk Portfolios: Models & Algorithms," Casual Actuarial Society Theory of Risk Working Paper; available at *http://www.casact.org/cofor/Wang.pdf.*

Wang, Shaun S., (2002), "A Set of New Methods and Tools for Enterprise Risk Capital Management and Portfolio Optimization," CAS Forum Summer 2002; available at *http://www.casact.org/pubs/forum/02forum/02-sf043.pdf.*

제8장
바젤 II와 고급내부등급법: 자본상의 인센티브에 대한 근거

Christine Brown and Kevin Davis

8.1 서론

바젤 II의 핵심적 특징은 규제자본요건을 결정하는데 상이한 유형의 은행들이 다른 방법을 적용하도록 한 것이다. 신용리스크를 측정하고 관리하기 위해 복잡한 내부등급법(internal ratings-based, IRB)을 사용하는 은행들은 기초 또는 고급내부등급법 하에 규제될 것이고, 반면에 다른 은행들은 표준방법 하에 규제될 것이다. 어느 방법을 사용하든 자본부담은 리스크가중자산(risk-weighted assets, RWA)의 8%이지만, RWA를 계산하는 방식은 다르다. RWA를 결정하기 위해 전자의 경우 규제상의 변수들을 반영한 은행고유의 내부모델이 사용될 것이고, 후자의 경우 기존의 방식처럼 바젤위원회가 정한 공식에 기초한 모델이 사용된다.

특정한 대출포트폴리오에 대해 계산된 RWA는 두 방법 간에 다를 것이고, 고급방법이 낮은 자본부담이라는 결과를 낳을 것이다. 이것이 입안자들이 명시한 신바젤협약의 목적이지만 정당화하기 위한 구체적인 내용이 결여되어 있다. 이 목적은 잠재적으로 경쟁상의 중립성(competitive neutrality)에 심각한 영향을 줄 수 있으므로 추가적인 검토가 필요하다.

이 논문에서는 이러한 '자본상의 인센티브'(capital incentive), 즉 '자본경감' (capital concession)에 대해 진행되어 왔던 주요 쟁점들을 평가하고, 부족한 부분이 무엇인지를 논의할 것이다. 은행들이 많은 비용을 지출하면서도 고급내부등급에 기초한 리스크관리시스템을 시행하도록 만드는 인센티브가 무엇인지에 대한 분석을 토대로, 대안으로 제시될 수 있는 명분을 검토할 것이다. 예금보험당국(또는 납세자들)이 리스크관리 기법들의 개선으로부터 발생하는 혜택의 일부분을 누릴 수 있는 범위 내에서 규제자본의 경감은 정당화될 수 있다. 한편으로는 고급방법의 기준을 충족하는 은행들에 대해서는 예금보험의 가격을 조정하는 방안도 고려될 수 있다. 여기서 왜 자본경감이 규제상으로 선호되는 응답일까 하는 의문이 제기될 수 있다.

다음 8.2절에서는 바젤 II의 자본경감에 대한 부분을 요약 및 평가하고, 처음에 예상된 경감 규모와 바젤위원회의 3차 영향도 조사(Quantitative Impact Study, QIS3)에서 예측한 효과를 비교할 것이다. 8.3절에서는 고급 리스크관리시스템을 도입하는데 관련된 비용과 예상되는 혜택을 검토하고, 규제상의 자본경감 없이도 이러한 테크놀로지에 은행들이 사회적으로 최적인 투자결정을 할 것인가를 논의한다. 8.4절에서는 예금보험의 존재 때문에 은행들의 투자가 사회적으로 최적이 아닌 차선이 되는 이유에 대해 분석하고, 8.5절에서는 정당화될 수 있는 자본경감의 범위를 계량화하려는 시도를 할 것이다. 8.6절에서는 예금보험의 가격조정에 대한 정책적 대안을 고려하고, 자본상의 인센티브에 대한 선호도와 관련된 이슈들을 8.7절에서 논의하며, 8.8절에서는 이 논문의 결론을 요약할 것이다.

8.2 바젤 II하의 자본경감

내부등급법과 표준방법을 구분하는 중요한 특징은 은행들이 개별 활동에 대한 규제자본 부담액을 고급 리스크관리시스템(advanced risk management system, ARMS)을 사용하여 구해지는 자본규모 측정치에 맞추고자 하는 의도를 갖고 있나 하는 점이다. 내부등급법의 규제기준을 충족하는 은행들은 내부모형을 사용하여 규제자본부담액을 산정하게 된다. 특정한 대출의 유형에 대해서는 표준방법과 내부등급법간에 추정된 자본부담 규모에서 잠재적으로 큰 차이가 있을 수 있다. 예를 들면 표준방법 하에서 주택용 모기지에 대한 자본부담의 계산을 위해서는 35%의 리스크가중치가 할당되지만, 내부등급법을 사용하는 은행들은 평균적으로 표준방법에서의 리스크가중치의 약 15%정도를 할당하고 있다(Australian Prudential Regulatory Authority [APRA], 2002).

Kupiec(2001)은 특정한 자산에 대해서 두 방법간에 상이한 리스크가중치의 의미를 연구하였다. 이에는 특정 유형의 채무자에게 상대적으로 유리한 리스크가중치가 할당되는 방법을 사용하는 은행으로 그 유형의 채무자들이 옮겨가는 단골(clientele) 개발이 포함되어 있다. 이 효과는 신바젤협약이 금융시장에서의 경쟁에 미치는 영향에 중요한 의미를 갖는데, 내부등급법과 표준방법간 자산유형에 따른 리스크가중치의 차이로부터 발생한다. 여기서는 포트폴리오 구성과는 독립적으로 경쟁에 미치는 추가적인 효과에 초점을 맞추고, 두 방법간 리스크가중치의 차이가 자산유형별로 일정한지를 검토할 것이다.

가령 동일한 활동에 종사하는 두 은행을 고려해 보자. 한 은행은 내부등급법을 사용하고 다른 은행은 표준방법을 사용한다면 바젤 II의 입안자들이 제안한 것은 두 은행간 필요자본이 다르게 계산되는 시스템이다. 전자가 더 낮은 자본부담을 하게 되고, 이러한 차별적인 대우는 은행들에게 내부등급법 기준에 맞는 ARMS를 도입하도록 하는 인센티브를 제공하자는 근거에서 제안되었다.

바젤위원회는 은행들에 대한 인센티브라는 논거를 이용하여 이원적인 방법(내부등급법과 표준방법)의 도입을 정당화시켰다. "새로운 틀은 자본적정성 평가와 은행 리스크의 핵심요소들을 더 밀접하게 연계시키고, 리스크측정 및 관리 능력을 향상하도록 은행들에게 인센티브를 제공하기 위한 것이다"(Basel Committee, 2001, paragraph 2).

자본경감의 목적에 대해서는 다음과 같이 언급하고 있다. "내부등급법에 관해서 위원회의 궁극적 목표는 전체적인 규제자본 수준이 신용리스크를 흡수하기에 충분하고, 표준방법과 비교해서 자본상의 인센티브를 갖도록 보장하는 것이다(가령 기초내부등급법에서는 총량 기준으로 리스크가중자산의 2%~3% 감소)"(Basel Committee, 2001, paragraph 48).

이러한 일반적인 언급 외에는 자본경감의 필요성 및 적절한 규모에 대한 명분은 바젤위원회의 간행물 어디에서도 찾기 어려운데, ARMS의 도입과 관련한 은행들의 의사결정이 사회적으로 최적이 아니기 때문에 어떤 형태로든 규제상의 인센티브가 필요할 것이라는 인식이 묵시적인 명분인 것 같다. 이것이 사실일지도 모르지만 이를 지지하는 어떠한 근거나 분석도 이루어지지 않고 있다. 바젤II의 이행비용에 대해 KeyCorp의 Kevin Blakely가 상원에서 행한 진술은 시사하는 바가 크다. "바젤 II에 응하기 위해 소요되는 많은 비용을 받아들이기 전에 바젤 II와는 상관없이 우량은행이라면 투자할 리스크관리 시스템을 구축하는데 드는 비용은 차감해야 한다. 둘 사이의 차이가 크다고는 생각하지 않는다"(Blakely, 2003, p. 8).

IRB 요건을 이행하기 위해 ARMS를 수정하는 경우 추가적인 비용이 들 수 있지만 이런 시스템의 도입으로 부가가치를 창출할 수 있다면 은행들이 왜 도입을 주저하는지는 이 추가비용으로는 설명이 되지 않는다. 현재의 표준화된 자본적정성요건이나 시장 또는 규제상의 불완전성이 새로운 시스템의 채택과 관련한 은행의 의사결정을 왜곡시키는 경우에만 규제상의 인센티브가 필요할 것 같다. 자본적정성요건이 그러한 효과를 가진다는 어떠한 증거나 이론도 제시된 바 없다. 나중에 설명하겠지만 은행 리스크의 변화를 적절하게 반영하지 않는 예금보험의 가격결정이 그러한 왜곡을 초래하고 자본경감을 정당화시킬 수 있다.

바젤위원회는 2～3%정도 자본상의 이득을 의도했지만 이러한 결과를 얻기 위해 리스크가중치를 조정하는 것은 특히 은행포트폴리오 구성 및 내부모델을 만드는 기법들에 있어서의 다양성을 감안할 때 다소 어려운 것으로 판명되었다. 따라서 최근에는 내부등급법으로부터 계산된 자본요건에 임시적인 하한(floor)을 설정하는 방안이 제시되었다. “이 방법을 사용하는 은행들은 공식 시행 후 첫 2년간 새로운 자본요건에 대해 하한 규정의 적용을 받게 된다. 하한은 기존의 협약을 사용해서 계산되고, 시간이 지남에 따라 감소하여 첫 해에는 측정치의 90%, 두 번째 해에는 80%로 설정된다”(Basel Committee, 2002, paragraph 52).

QIS3의 결과는 이런 일시적인 하한을 부과하는 근거를 제시하고 있고, 처음 예상보다 자본경감 규모가 훨씬 더 클 수도 있다는 것을 시사하고 있다. 표 8-1은 2002년 말 조정된 바젤위원회 안을 적용할 경우 상이한 두 은행들에 대해 자본요건의 추정 변화치를 보여주는데 각 은행은 두 방법을 사용하여 자본부담액을 계산하였다. 기초 내부등급법 하에서 신용리스크에 대한 자본요건이 표준방법을 사용할 때보다 많이 낮다는 것을 알 수 있다. 경쟁상의 중립성에 대해 잠재적으로 심각한 영향을 예견할 수 있고, 다양한 자산유

[표 8-1] 자본요건의 변화 : 표준방법과 기초내부등급법

리스크 자본부담액(%)	그룹 1(대형은행)		그룹 2(소형은행)	
	표준방법	기초 내부등급법	표준방법	기초 내부등급법
신용리스크	0%	−7%	−6%	−27%
운용리스크	10%	10%	7%	7%
합계	10%	3%	1%	−19%

자료 : Basel Committee (2003b, p. 5).

형에 걸쳐 두 방법간에 존재하는 리스크가중치의 차이를 반영하여 포트폴리오 구성에 있어서의 변화가 초래되고 이 변화는 상황을 악화시킬 것이다.

8.3 고급 리스크관리시스템에 대한 은행의 투자

최근에 신용리스크의 측정 및 관리 분야에서 많은 진전이 있었는데, 은행과 기업들이 재무이론, 기술 및 과거 경험에 근거하여 복잡한 ARMS를 개발하였다.-[1] 이 시스템들을 이용해 더 정확한 신용리스크의 평가와 효과적인 관리가 가능하며, 이런 시스템을 개발하고 시행하는 데 자원을 투자하는 은행들은 경쟁상의 우위를 누릴 것이다. 은행업계의 경쟁은, ARMS를 사용하는 다른 은행들에게 시장점유율을 뺏기는 것을 방지하거나 경쟁상의 우위를 추구하는 은행들이 이런 시스템들을 도입하도록 유도할 것으로 기대할 수 있다.

신용리스크에 대한 ARMS는 통상 내부등급법의 채택과 관련되어 있는데 이 방법에서는 부도확률의 추정치에 바탕하여 리스크의 등급이 할당된다. 또한, 신용리스크의 관리에서 중요한 것은 대출조건, 담보 등의 특성에 기초한 부도시 손실률의 추정치이다. 과거의 자료들과 연계해서, 이런 정보는 특정한 대출 및 신용포트폴리오 전체에 대한 경제적 자본을 추정하기 위해 이용될 수 있다.

모든 은행들이 어떤 형태로든 신용리스크관리 시스템을 채택하고 있지만, 그 수준은 초보 단계에서부터 매우 고급 단계까지 다양하다. 소수의 대형은행들에서 사용되고 내부등급법의 필수조건인 고급시스템의 개발과 시행은 비용이 많이 드는 과제이다. 정보시스템에 대한 요건에서와 마찬가지로 광범위한 데이터가 필요하다. 따라서 소수의 은행들만이 내부등급법의 요건을 충족시킬 수 있으리라는 예상은 놀라운 것이 아니다. 전세계적으로 약 40여 개의 은행들만이 빠른 시일 내에 그런 지위를 달성할 수 있을 것이라는 의견이 있는데 이 수치는 미국에서 “최초 시행일 이전이나 직후 약 20여 개의 은행들이 바젤 II의 고급방법을 채택할 것으로 예상한다”는 FRB 부의장인 Roger Ferguson의 진술과 일맥상통한다(Ferguson, 2003, p. 9). 후자의 언급은 2003년 기준으로 자산규모 \$600～700억을 초과하는 미국의 은행들이 대상이다. 전세계적으로 100～120여 개의 은행들이 이 정도의 자산규

1_신용리스크의 측정 및 관리에서 사용되는 모델들 및 응용에 대한 비교/분석은 Crouhy, Galai, and Mark(2000) 참조.

모를 갖고 있다는 점을 감안할 때 IRB 지위를 달성할 수 있는 후보들의 숫자는 너무 낮게 추정된 것일 수도 있다.

IRB 요건을 충족하는 ARMS를 시행하는데 소요되는 비용은 추정하기 어렵고 편차가 매우 크다. 구체적인 추정치는 상원의 한 위원회에서 행해진 증언에서 제시되었다: "바젤 II 기준을 사행하기 위한 금전적 비용은 상당할 것이다. 지주회사인 Credit Suisse 그룹의 경우 시스템을 시행하기 위해 드는 초기비용은 $0.7～1억으로 추정되고, 이에 더하여 상당한 유지비용이 들 것이다"(Ervin, 2003, p. 8). "바젤 II를 시행하는 비용에 대해 고급모형들을 사용할 것으로 예상되는 대형은행들을 대상으로 한 최근의 설문조사에서는 은행당 $2억 정도 소요되는 것으로 나타났다"(Petrou, 2003, p. 14).

이 비용은 대형은행들만이 부담할 수 있는 상당한 규모의 액수인데, 부담능력 자체는 중요한 문제가 아니다. 다른 투자사업에서처럼, 미래의 수익에 대한 현재가치와 비용을 비교하는 자본예산 기법들을 이용하여 은행들이 시스템의 도입을 평가할 것으로 예상할 수 있다. 시스템의 도입이 양(陽)의 순현가(Net Present Value, NPV)를 갖는다면 은행들은 시스템의 도입에 투자를 할 것이다.

이런 투자로부터 어떤 혜택들이 발생될까? 더욱 정확하게 리스크를 평가하고 대출에 대한 가격결정을 할 수 있는 능력이 명백하게 주요한 매력이고, 이 분야에서 경쟁적 우위를 가진 은행들이 정상적인 경제적 이윤을 초과하는 조건으로 대출을 할 수 있을 것이다. 이 초과이윤은 시스템에 대한 투자비용을 보상하고도 남을지 모른다. 우량고객과 불량고객을 정확하게 판별하는 일은 효율적인 대출결정을 가능하게 하여 예상손실을 줄임으로써 대출 포트폴리오로부터의 손실에 대한 분산을 감소시킬 수 있다. 리스크에 기초한 가격결정은 우량고객과 그렇지 않은 고객에게 부과하는 금리의 폭을 확대시킬 것이다.

한편 경쟁이 매우 심한 금융환경 하에서는 은행들이 이런 투자를 할 수밖에 없는데 그 이유는 신기술을 채택한 은행들은 차입자의 신용상태를 정확하게 평가하여 대출의 가격결정을 하고 대출여부를 결정함으로써 그렇게 하지 않은 은행들이 행한 대출의 질은 떨어지게 되는데 이를 피하기 위해서다. 경쟁은 대출에서 정상적인 수준을 초과하는 경제적 이윤을 얻을 수 없도록 만들고, 시스템을 도입하는 비용은 대출의 가격결정에 반영될 것이다. 대출 포트폴리오 전체에 대한 예상손실의 감소는 시스템 도입 비용과 상계될 것이고, 리스크 식별에서의 향상으로 우량고객들은 불량고객과 구분할 수 없어서 부과되는 높은 금리라는 외부효과를 더 이상 감수하지 않을 것이다.

이 결과는 대출 가격결정에 대한 간단한 예에 의해 설명될 수 있는데 경쟁시장에서 어떤 은행도 우량고객과 불량고객을 구분할 수 없는 상황을 출발점으로 고려해 보자. 전자는 결코 부도를 내지 않지만 후자는 항상 부도를 내며 한 푼도 상환하지 않는다. 모든 차입자에게 적용되는 공통적인 금리(r)는 다음과 같다.

$$r = p + c + r_k$$

p는 대출금 $1당 예상손실이고, c는 대출금 $1당 운영비용, r_k는 가중평균자본비용이다. 경쟁시장에서의 이 대출금리는 개별은행 별로 대출에 대한 기대수익률이 자본비용과 같도록 해준다. 고객을 평가하는 새로운 기술이 개발되고 설명의 단순화를 위해 이 기술을 리스로 이용한다고 가정하면 대출금 $1당 x의 추가적인 운영비용이 들게 된다. 신기술을 이용하여 은행은 부도율이 제로인 우량고객을 식별할 수 있고, 이 우량고객 그룹에 부과된 금리(r_g)는 다음과 같이 변하게 된다.

$$r_g = 0 + c + x + r_k$$

위의 식에서 $c+r_k$를 대체하면,

$$r_g = r + x - p$$

간단한 이 예에서 우량고객은 차입비용이 낮아지는 혜택을 보게 되고, 부도율 100%인 불량고객은 시장에서 배제되게 된다. 신기술에 대한 비용은 우량고객에게 부과된 금리를 통해 회수될 것이다. 신기술을 채택하지 않은 은행은 r_g를 초과하는 대출금리 r을 부과하므로 우량고객을 유치하지 못하고 불량고객만을 유치하게 되어 손실을 입게 된다.

이 예에서 보다시피 예상이득이 비용을 초과하기 때문에 이윤극대화를 추구하는 은행은 새로운 리스크관리 시스템의 도입이 최적일 것으로 사전적으로 예상할 수 있다. 그런데 신바젤협약에서 왜 자본경감이 시스템 도입에 대한 인센티브로 제안되었을까?

자본경감을 정당화시킬 수 있는 두 가지 설명이 가능하다. 첫 번째는 시스템의 도입이 매몰비용과 관련된 투자프로젝트라는 점이다. 실물옵션(real option)분야에서 설명되듯이 시간의 경과가 프로젝트와 관련된 불확실성의 일부 요소들을 해소해준다면, 프로젝트가 양의 NPV를 갖더라도 착수를 연기하는 것이 최적일 수도 있다. 이 경우 리스크관리 시스템의 발달에 있어서 기술진보의 속도, 비용이 적게 드는 시스템에 대한 가능성 및 현재 시스템의 효과에 대한 불확실성 등은 '실물옵션'의 특성들과 관련되어 있다. 은행 소유주의 개별적 관점과 반대로 사회적 관점에서는 ARMS의 채택을 늦추는 것이 최적이다.

자본상의 인센티브를 정당화시킬 수 있는 두 번째 설명은 ARMS의 도입으로부터 발생하는 혜택의 일부는 은행이 아닌 규제당국/예금보험기관에 귀속된다. 따라서 사적인 비용 편익 계산과 사회적 비용 편익 계산간에 괴리를 초래할 수도 있다는 점에 기초하고 있다. 다음 절에서는 자본경감의 적정한 규모에 대한 설명과 그 의미를 제시할 것이다.

8.4 예금보험과 자본경감

이 절에서는 예금보험에 관한 문헌에서 통상적으로 사용되는 옵션가격결정의 틀을 사용할 것이다. 보험이나 보증은 보험기관이나 정부가 은행소유주에게 풋옵션을 발행하는 효과와 동일하게 된다. 이 풋옵션은 은행이 지급불능 상태에 빠졌을 때 행사 가능하고, 행사가격은 지급되어야 할 이자를 포함한 예금지불액이 된다.

동질적인 채무자들에게 1년 만기로 대출을 해준 은행을 고려해 보자. 운영비용도 없고 유동자산을 보유할 필요도 없다는 가정하에, 예금액은 D, 1년 후 상환해야 할 금액은 De^r, 자기자본은 E라고 하면 대출할 수 있는 규모는 A = D + E가 되고 장부가치(Book Value, BV)는 다음과 같이 표시된다.

$$A_{BV} = D_{BV} + E_{BV}$$

대출에 대한 NPV가 제로가 되도록 대출가격이 책정된다면, 장부가치와 시장가치는 같게 된다:

$$A_{BV} = A_{MV}$$

이제 ARMS의 도입을 고려해 보자. 두 가지의 잠재적인 효과가 있는데 첫째는 은행이 고객들을 더 효과적으로 선택하여 양의 NPV를 갖는 대출을 할 수 있다는 것이다. 따라서, $A_{MV} > A_{BV}$ 및 $E_{MV} = E_{BV}$가 된다. 은행자산의 시장가치가 더 크기 때문에 지급불능 사태가 발생하려면 대규모의 예상하지 못한 손실이 있어야 한다. 발행한 풋옵션의 가치가 감소하므로 예금보험기관은 이득을 보고, 은행은 새로운 리스크관리 기법의 도입으로 혜택을 보지만 예금보험료가 적정하게 하락하지 않는 한 혜택의 일부가 보험기관에 귀속되게 된다.

ARMS의 도입이 차입금 상환에서의 변동성을 감소시킨다면 비슷한 효과가 발생하게 된다. 대출채권 감시 및 관리관행, 대출포트폴리오 구성 그리고 신용파생상품 이용능력의 향상 등의 효과가 있을 것이고, 손실의 분산이 감소하며 은행 자산의 시장가치 변동성이 줄어들 것이다. 또한, 예금보험기관이 발행한 풋옵션의 가치가 하락하게 된다. 보험/보증이 존재하는 경우, 풋옵션의 낮아진 가치가 보험료에 반영되지 않거나 은행의 자본비율 감소로 상계되지 않는다면, 시스템의 도입으로 발생한 혜택의 일부는 예금보험기관/정부가 누리게 된다.

결과적으로 ARMS는 다른 요인들이 불변일 때 은행이 파산할 확률을 감소시킨다. 따라서 시스템에 대한 은행들의 투자는 예금보험기관에 대한 청구를 줄이게 될 것이다. 처음에 예금보험기관이 손익분기점에 있도록 예금보험의 가격이 공정하게 책정된다면 ARMS 도입은 예금보험기관이 초과이윤을 얻도록 하는 효과를 가질 것이다. 이에 대한 응답은 하락한 은행파산 확률 수준에서 다시 '공정한' 가격이 설정되도록 보험료를 낮추는 것이다. 또 다른 반응은 은행들에게 공정한 가격이 재설정되도록 레버리지를 증가시켜 원래의 파산 확률로 돌아가도록 허용하는 것이다.

그림 8-1은 이 논점을 설명하고 있다. 현재 시점에서 은행은 1년 후 예금상환액 De^r의 채무를 갖고 있고, 자기자본 E와 예금 D로부터 조달된 자금은 자산의 시장가치($A_{MV}{}^0$)가 장부가치($A_{MV}{}^0 = A_{BV} = D+E$)와 같아지도록 제로 NPV를 갖는 자산(즉, 대출)에 투자되어 있다. 대출포트폴리오로부터의 잠재적 손실을 반영하고 있는 자산가치의 변동성이 σ_0라면, 예금보험기간이 발행한 풋옵션의 가치는 P_0가 되는데, 이는 기초자산은 현재 은행 자

[그림 8-1] 변동성 및 자산가치의 변화에 따른 풋옵션의 가치

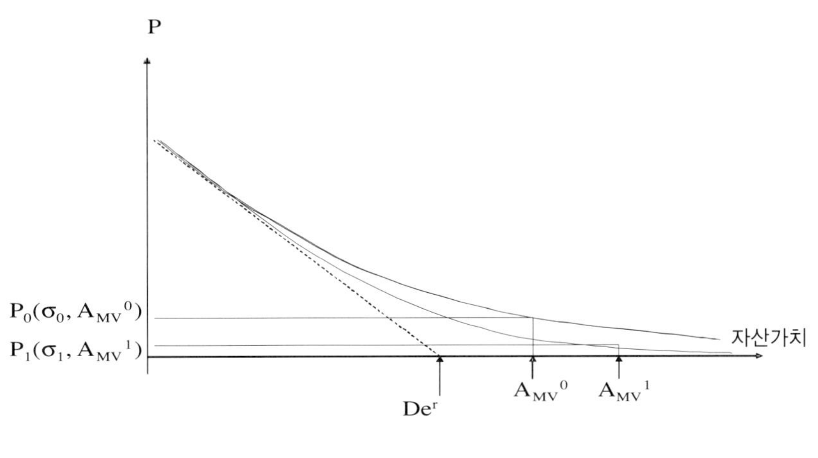

산의 시장가치, 행사가격은 De^r, 변동성은 σ_0을 이용하여 옵션가격결정모형으로부터 도출되고, P^0는 자산가치 $A_{MV}{}^0 = (D+E)$에서 풋옵션의 가치이다.

위에서 약술한대로 ARMS의 도입은 두 가지 효과를 갖는다. 첫째, 1년 후 자산가치의 변동성(σ_1)이 낮아지기 때문에 옵션가격 곡선은 아래로 이동한다. 둘째, 자산가치는 오른쪽(즉, $A_{MV}{}^1$)으로 이동하는데, 은행이 이제는 양의 NPV를 갖는 대출을 해준다는 사실을 반영하여 $A_{MV}{}^1 > A_{MV}{}^0$ 가 된다. 변화 후 풋옵션의 가치는 P_1이 되고, 예금보험의 가격이 낮아진 리스크를 반영하여 조정된다면, 은행의 자기자본은 $A_{MV}{}^1 > A_{MV}{}^0 + (P_0 - P_1)$만큼 증가하고 보험기관은 아무런 이득도 얻지 못할 것이다. 그러나 예금보험료가 변하지 않는다면, 은행 자기자본의 증가폭은 $A_{MV}{}^1 - A_{MV}{}^0$ 가 되고 보험기관은 $(P_0 - P_1)$만큼의 혜택을 보게 된다.

ARMS의 도입으로부터 파생되는 혜택의 일부가 풋옵션의 발행자에게 귀속되므로 이런 효과에 대한 논의가 있어야 한다. 첫째는, 풋옵션 가치의 하락을 반영하여 은행에 부과되는 옵션프리미엄(즉, 보험료)을 낮추는 것이고, 둘째는, 풋옵션의 가치가 변하지 않도록 은행이 레버리지를 증가(즉, 자본비율을 감소)시키는 것을 허용하는 것이다.

8.5 자본경감의 계산

이 절에서는, 예금보험료가 조정되지 않는 상황을 가정하고, 예금보험기관이 발행한 풋옵션의 공정한 가치가 하락하는 것을 상쇄하기 위해 필요한 자본경감의 규모를 고려할 것이다. 따라서 보험료의 변경대신 왜 자본경감이 제안됐는지에 대한 질문으로 돌아갈 것이고, 또한 양의 NPV를 갖는 대출을 함으로써 이득을 얻는 경우보다는 ARMS의 도입이 은행 자산의 변동성을 감소시키는 경우에 초점을 맞추기로 하겠다. 앞에서 언급한대로 전자의 이득은 발생할 수 있지만 많은 은행들이 신기술을 도입하는 경쟁적인 금융시장에서는 빠르게 사라질 것이다. 현재의 맥락에서 이러한 이득을 고려하는 대략적 방법은 ARMS의 도입으로 발생하는 자산가치의 변동성이 하락하는 규모를 더 크게 고려하는 것이다.

Merton(1977)에 의하면 행사가격이 예금액과 이자를 더한 금액(De^{rT})인 풋옵션의 가치를 p(T)라고 놓고 부보예금 \$1당 보증비용이 $g = p(T)/D$라고 하면

$$g(d,T) = N(h_2) - \frac{1}{d}N(h_1) \tag{8-1}$$

여기서,

$$h_1 = \frac{\ln\ d - \frac{1}{2}\sigma^2 T}{\sigma\sqrt{T}},\ \text{및},\ h_2 = h_1 + \sigma\sqrt{T}, \tag{8-2}$$

d = D/A는 현재의 예금/자산 비율이고, T는 풋옵션의 만기일, r은 무리스크이자율, A는 현재 은행의 시장가치, σ^2은 은행 자산의 수익률에 대한 순간분산, N(.)은 일변량 누적정규분포함수이다. 예금/자산 비율(d)과 기초자산의 변동성(σ)은 식 (8-1)에 주어진 예금 $1당 예금보험 비용을 결정하는 두 개의 주요한 요소이다.

옵션에 기초해서 예금보험의 가격을 결정하는 많은 모형들이 있는데 이 모형들은 예금보험 계약의 특성들이 어떻게 모델화되는지의 측면에서 다르다. 여기서는 자산가치 변동성에 있어서의 변화에 대해 공정한 예금보험료가 어떻게 변해야 하는지에 초점을 맞추고 있으므로, 자산 변동성의 변화에 따른 예금보험료의 민감도를 구할 수 있는 Merton 모델을 사용하기로 한다.

적정한 자본경감에 대한 추정치를 얻기 위하여 모델은 다음과 같이 조정된다. 첫째, 1981∼1982 기간을 대상으로 Pennacchi(1987)가 추정한 미국의 23개 대형은행들 평균 2.5%보다 높기는 하지만 자산의 변동성은 단기금융시장 상품의 변동성에 기초하여 Merton이 선택한 값과 비슷한 연간 4.0%로 가정한다. 둘째, 리스크가중자산/총자산 비율의 평균이 주요은행들에 대한 수치인 0.69이고 리스크가중자본비율은 8%라는 가정에 근거하여, 예금/자산 비율은 0.945로 선정한다. 이러한 가정들 하에 Merton 모형을 이용하면 예금보험의 비용은 14.6bp가 된다. 이 수치는 미국에서 은행들에 대한 최소보험료(23bp)보다 낮지만, 현재 대부분의 은행들은 보험료를 납부하는 것으로부터 면제되어 있다. 또한, 연간 시장 리스크프리미엄 5%를 가정하면, Crouhy, Galai, and Mark(2000)의 방법을 사용하여 연간 실제 부도확률 0.41%에 상응하는 연간 리스크중립 부도확률 8.2%를 얻을 수 있는데, 이는 Jackson, Perraudin, and Saporta(2002)가 추정한 범위 내에 있게 된다.

옵션가격결정모형의 속성에 근거해서 식 (8-1)에 주어진 예금보험의 가치는 자산의 변동성 및 예금/자산 비율과 정(正)의 관계에 있다는 결론을 내릴 수 있는데 이는 식(8-1)을 σ와 d에 대해서 각각 미분함으로써 알 수 있다.

$$\frac{\partial g}{\partial \sigma} = \frac{n(h_1)\sqrt{T}}{d},\ \text{여기서}\ n(h_1) = \frac{1}{\sqrt{2\pi}} e^{\frac{1}{2}h_1^2} \tag{8-3}$$

[그림 8-2] 낮은 자산 변동성(σ_L) 및 높은 자산 변동성(σ_H)의 경우 예금/자산 비율 대비 부보예금 $1당 공정 보험료

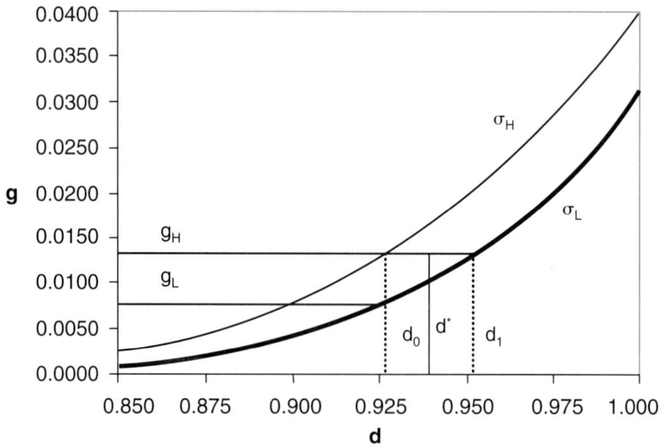

$$\frac{\partial g}{\partial d} = \frac{N(h_1)}{d^2} \tag{8-4}$$

그림 8-2는, 자산 변동성이 클 때(σ_H)와 낮을 때(σ_L) 예금/자산 비율 대비 예금보험료를 보여주고 있는데, 식 (8-3) 및 식 (8-4)에 있는 관계를 그린 것이다.

고정된 예금보험료를 가정하면 풋옵션의 가치를 일정하게 유지하기 위해서는 ARMS의 도입으로 자산 변동성이 감소하는 상황에 대한 적절한 규제상의 반응은 예금/자산 비율(d)이 증가하도록 '자본경감'을 허용하는 것이다. 이 점은 그림 8-2에 나타나 있는데, 변동성이 σ_H에서 σ_L로 낮아지고 예금/자산 비율이 d_0에서 d_1로 높아져도 예금보증의 가치는 변하지 않는다. 자산 변동성 4%와 비율 0.945를 투입하여 계산하면 예금보험의 비용은 14.6bp가 된다.

ARMS의 도입으로 σ가 0.04에서 0.035로 감소하는 상황을 고려해 보면 이 감소폭이 다소 임의적이기는 하지만 은행 자산 변동성의 차이에 대한 이전의 추정치에서 크게 벗어나지는 않는다. 가령 Pennacchi(1987)는 미국의 23개 대형은행들을 표본으로 은행 자산의 변동성이 연간 1.63%에서 3.40%에 걸쳐 분포되어 있는 것으로 추정하였다. 보험료를 14.6bp로 고정하기 위

2_은행이 8%의 자본/리스크가중자산을 갖는다면, 5.5%의 자본/자산 비율은 평균 리스크가중치 0.69에 해당한다.

[표 8-2] 보험 가치가 일정할 때 변동성, 레버리지 및 리스크중립 부도확률 간의 관계(g=0.00146)

d	0.925	0.936	0.945	0.954	0.962	0.971
σ	0.050	0.045	0.040	0.035	0.030	0.025
$N(h_2)$	0.068	0.074	0.082	0.091	0.103	0.120

해서는 d가 0.945에서 0.954로 증가해야 하고, 이것은 자본이 16.4%(자산 $100당 $5.50에서 $4.60으로) 감소하는 것과 동일하다. 바젤협약의 틀에서는 리스크가중치 평균이 0.69에서 0.58로 감소하는 것과 동일하게 된다.[2] 표 8-2는 식(1)로부터 도출된 공정한 예금보험료가 14.6bp에 고정되어 있을 때(σ, d)가 취하는 값의 범위를 보여주고 있고, 표에 제시된 N(h2)는 Merton 모델로부터의 리스크중립 부도확률이다. 변동성이 감소함에 따라 보험료를 일정하게 유지하기 위해 d의 값은 증가하지만, d가 증가하면 리스크중립 부도확률도 올라가가게 된다. 풋옵션으로부터 발생하는 미래의 현금흐름에 대한 현재가치가 일정하기 때문에 보험료의 가치는 변하지 않는다: 부도율은 증가하지만, 낮아진 자산 변동성 때문에 부도시 현금흐름은 낮아지게 된다. 따라서 예금보험기관의 우발채무는 일정하게 되고 규제상의 리스크도 증가하지 않는다.

전술한 예에서 규제상의 리스크를 증가시키지 않으면서 은행자산 변동성이 하락할 경우 감소될 수 있는 자본요건의 최대치를 구할 수 있다. 이러한 변화가 일어난다면 예금보험기관이 발행한 풋옵션의 가격은 기존의 보험료 수준에서 공정하게 책정된 상태로 남아있게 된다. 한편 예금보험이 보조금 가격수준에서 제공되고 있었다면, 은행들에게는 예금보험 보조금에 있어서 아무런 변화도 없을 것이다. 자본부담의 감소가 풋옵션의 가치보다 작다면, 은행들은 예금보험의 공정가치를 초과하여 프리미엄을 지불하게 되는 것이다.

이 논리는 그림 8-2를 통해 설명될 수 있는데, 자산변동성이 σ_H에서 σ_L로 하락할 때 예금/보험 비율이 d_0에서 d_1으로 증가(즉, 자본비율의 감소)하도록 허용된다면, 예금보증의 가치는 g_H 수준에서 공정하게 평가된 상태로 남아있게 된다. d의 증가폭이 이보다 작다면, 예금보증은 과대평가되게 된다.

예금보증의 가치가 공정하게 평가되어 있다면 ARMS의 도입으로부터 은행들이 얻는 이득은 양의 NPV를 갖는 대출을 해주는 역량이 향상되거나, 레버리지의 증가가 허용돼서 생기는 이득과 같이 직접적인 혜택이어야 한다. 레버리지의 증가가 허용됨으로써 발생하는 한 가지 주요한 혜택은 부채(즉, 예금)의 세금공제로부터 생기는 법인세절감효과이고, 이 혜택은 최소자본요건이 자본구조의 선택에 제약으로 작용했을 경우 가능하다. 부채인 부보예금이

D라고 하고, 법인세율(t)을 30%로 가정하면 법인세절감 규모는 tD가 된다.

이렇게 자본비율을 변경해서 법인세절감효과를 증가시키고 양의 NPV를 갖는 대출을 해줄 수 있는 역량이 향상되는 등의 혜택이 비용보다 크다면, 은행은 ARMS를 도입하는데 드는 고정비용 C를 지출할 인센티브를 갖게 된다. 이미 언급했듯이 경쟁 때문에 은행들은 양의 NPV를 갖는 대출을 못할 수 있고, 신용리스크를 관리하는 새로운 기술을 도입하는 비용의 일부가 차입자들에게 전가될 수 있다. 차입자들을 더 효과적으로 차별화한다는 것은 불량고객은 높은 대출금리를 부담하고 우량고객은 낮은 금리를 부담하게 되는 것을 의미한다. ARMS에 대한 비용은 은행의 자본비용을 상회하는 대출금리의 마진에 반영되게 된다. 평균적으로 예상되는 대출 손실액의 감소나 낮아진 경제적 자본요건의 효과가 ARMS 도입 비용보다 크다면 대출금리는 떨어질 것이다.

은행들이 ARMS 도입에 대한 비용을 고객들에게 전가하지 못하고 비용을 전혀 회수할 수 없는 최악의 상황을 고려해 보면 제기되는 질문은 다음과 같다. ARMS의 도입이 은행의 파산확률에 긍정적인 영향을 미치고 예금보험기관도 이득을 보기 때문에 이 기관이 얻는 혜택을 은행들에게 이전시켜 ARMS의 도입을 유도하기 위해 규제당국이 제공할 수 있는 인센티브의 유형이나 수준은 무엇인가 하는 점이다. 은행들이 대출가격 결정에서의 이득을 누릴 수 있거나 ARMS 도입비용을 고객들에게 전가할 수 있는 상황에서는 필요한 인센티브의 규모가 여기서 추정된 것보다 작을 것이다.

법인세절감으로부터의 이득(TS)과 대출가격 결정에서의 이득(NPV_{loans})을 더한 혜택이 ARMS 도입에 소요되는 고정비용(C)보다 크다면, 식 (8-5)에서처럼 전체적으로 은행은 이득을 얻게 된다.

$$C + TS + NPV_{loans} > 0 \quad (8\text{-}5)$$

앞에서 언급했듯이 양의 NPV를 갖는 대출로부터의 이득은 제로로 가정한다. 법인세절감 규모는 tD이므로 법인세절감액의 변화는 $t(d_1-d_0)A$로 표현할 수 있고, 식(8-5)는 다음과 같이 된다[3].

$$-C + t(d_1-d_0)A > 0 \quad (8\text{-}6)$$

3_전통적인 세금체계하에서, 부채에 대한 금리와 세금절감액 에 대한 할인율이 같다는 가정하에 레버리지로부터의 이득은 세율과 부채액수의 곱으로 구할 수 있다. 통합세금제도나 배당소득공제제도하에서는 레버리지의 증가로 인한 세금절감효과가 작아진다. 따라서 식 (8-9)를 충족시키기 위한 자본경감의 규모가 커져야 할 것이다.

ARMS의 도입을 위해 부담할 수 있는 최대비용은 식 (8-6)이 손익분기점이 되는 자산 대비 ARMS 시행비용(C/A) 비율을 의미한다는 점을 이용해서 구할 수 있다:

$$\frac{C}{A}=t(d_1-d_0) \tag{8-7}$$

t=0.3 및 $(d_1-d_0)=0.009$로 가정하면, C/A=0.0027이고, 시행비용/자산 비율은 0.27%가 된다. 따라서 시행비용이 $1억이라면 시스템에 대한 투자는 $370억 정도의 자산규모를 가진 은행에게 가치가 있을 것이다.

그러나 이 계산은 예금보험의 가격이 공정한 수준에서 유지되기 위해 약 16% 정도의 자본비율이 감소(즉, d가 증가)한다는 가정에 기초하고 있다. d가 0.009가 아니고 0.005만큼(즉, 0.945에서 0.95로) 증가한다면 레버리지와 관련된 혜택의 감소뿐만 아니라 은행들은 이제 과대평가된 예금보험이라는 비용을 부담하게 된다. 그림 8-2에서, d가 d_0에서 d*로 증가한다면, 연간 비용은 $g(\sigma_H, d_0)d_0A - g(\sigma_L, d^*)d^*A$ 가 되고, 이 비용이 영구적으로 발생한다는 가정하에 자본비용(r)로 할인하면, 투자타당성 조건은 다음과 같이 된다.

$$-C+t(d^*-d_0)A-\frac{g(\sigma_H,d_0)d_0A-g(\sigma_L,d^*)d^*A}{r}>0 \tag{8-8}$$

그리고 손익분기점이 되는 시행비용/자산 비율은 다음과 같다.

$$\frac{C}{A}=t(d^*-d_0)-\frac{g(\sigma_H,d_0)d_0-g(\sigma_L,d^*)d^*}{r} \tag{8-9}$$

$d_0=0.945$, $d^*=0.95$, $\sigma_H=0.04$, $\sigma_L=0.035$일 경우, $g(\sigma_H, d_0)=$ 14.62bp, $g(\sigma_L, d^*)-11.38$bp가 되고, r=0.15로 가정하면 이 수치들에 대해서 손익분기점이 되는 양의 시행비용/자산 비율은 없게 된다. 이제 과대책정된 예금보험료라는 비용이 레버리지로부터의 이득보다 크게 된다.

앞서 제시된 예는 아무런 조치가 없으면 예금보험기관에게 돌아갈 혜택을 은행들에게 보상하기 위해서는 최소자본비율을 적절히 조정하는 것이 중요하다는 것을 보여준다. 이러한 조정이 없다면 은행들은 ARMS에 대한 투자를 하지 않을 것이다. 극단적인 예를 들면 ARMS의 도입이 변동성을 감소시키기만 하고 최소자본비율이나 예금보험 비용에는 아무런 변화가 없다면, 은행들이 그러한 투자를 할 인센티브가 전혀 없을 것이다. 물론 앞에서 도출된 수치적 결과는 ARMS의 도입의 유일한 효과는 은행 자산의 변동성을 감소시키는 것이라는 가정에 근거하고 있다. 리스크관리 시스템의 도입으로 은행이 양의 NPV를 갖는 대출을 해줄 수 있거나 도입비용을 고객들에게 전가할 수 있다면 고급시스템의 도입으로부터 은행은 이득을 얻을 것이다.

Petrou(2003)는 고급 IRB 지위를 부여하는 ARMS를 시행하는데 드는 비용을 은행당 \$2억에 달하는 것으로 추정하였다. 추정치를 둘러싼 불확실성이 있다는 전제하에 표 8-3은 다양한 고정비용 수준(\$C)과 ARMS의 도입이 양의 NPV 투자이기 위한 은행 자산의 최소규모 간 관계를 보여준다. ARMS의 도입으로 자산 변동성이 감소하고, 이에 대한 규제당국의 반응은 보험료의 공정가치가 일정하도록 예금/자산 비율의 증가를 허용하는 것이라는 가정 하에 계산이 이루어졌다. 최초 예금/자산 비율은 0.945, 세율은 0.3으로 설정되었다. 예를 들면 처음의 자산 변동성 및 예금/자산 비율이 각각 4% 및 0.945이고, 자산 변동성이 4%에서 3.5%로 하락하면, 고정비용 \$1억에 대해 \$370억 정도의 자산규모를 가진 은행이 ARMS 도입으로부터 이득을 얻을 것이다. 고정비용이 \$2억이라면 시스템을 도입할 수 있는 은행의 최소규모는 \$740억이 된다. 은행의 관점에서 보면 양의 NPV 대출로부터의 이득이 제로라고 하더라도 ARMS 도입비용을 부담할 자본상의 인센티브가 충분하게 된다.

비록 표에 제시된 수치들을 추정할 때 타당성있는 최소규모를 과대평가했을 가능성이 많고, 변수들의 적절한 값에 대한 불확실성을 정확하게 고려하지 않았을 수도 있다. 하지만 이 추정치들은 IRB 지위를 부여 받을 수 있는 은행의 규모에 대해 시사하는 바가 크다. 앞에서 언급했듯이 전세계적으로 \$600～700억을 초과하는 자산규모를 가진 은행들은 대략 120여 개가 있다.

8.6 예금보험 가격의 조정

ARMS의 도입으로부터 파생되는 자산 변동성의 감소에 대한 또 다른 규제상의 반응은 은행들에게 부과하는 예금보험료를 조정하는 것이다. 이 경우 풋옵션의 가치 및 은행들이 지불하는 보험료는 감소하고, 부도확률도 하락하게 된다. 풋옵션 가치의 감소분이 리스크관리 시스템을 도입하는 비용(\$C)보다 크다면 은행에게는 이득이 될 것이다. 규제상의 유일한 반응이 보험료를 낮추는 것이다. 즉, 자본경감이 전혀 없다고 가정하자. 그림 8-2에서 보듯이, 변동성의 하락(σ_H에서 σ_L로)에 대해 예금보험료가 공정가치 수준으로 낮아지고 처음의 예금/자산 비율이 d_0라면 보험료는 $g(d_0, \sigma_H)$에

[표 8-3] 자본경감으로부터의 혜택이 ARMS 도입비용($m)보다 크게 하는데 필요한 최소 규모($b). 허용된 자산경감이 보험료를 공정한 수준에서 일정하게 유지하고, 변동성이 감소하기 전 d의 초기값은 0.945라는 가정 하에 결과가 도출됨. 또한, 양의 NPV 대출로부터 은행이 얻는 이득은 없다고 가정함

패널 A : 자산변동성 초기값 = 0.05		cost($b)		
		50	**100**	**200**
변동성 변화	0.005	20.83	41.67	83.33
	0.010	11.11	22.22	44.44
	0.015	7.25	14.49	28.99
	0.020	5.56	11.11	22.22
패널 B : 자산변동성 초기값 = 0.04		**cost($b)**		
		50	**100**	**200**
변동성 변화	0.005	18.52	37.04	74.07
	0.010	9.8.0	19.61	39.22
	0.015	6.41	12.82	25.64
	0.020	4.90	9.80	19.61
패널 C : 자산변동성 초기값 = 0.03		**cost($b)**		
		50	**100**	**200**
변동성 변화	0.005	15.15	30.30	60.61
	0.010	7.94	15.87	31.75
	0.015	5.38	10.75	21.51
	0.020	4.07	8.13	16.26

*도입비용이 $50 백만이고 자산변동성 변화가 0.005일 경우 요구되는 최소규모(단위:$십억)

서 $g(d_0, \sigma_L)$로 하락하게 된다. 예금보험료는 세액공제가 되는 비용이라고 가정하면 세후 현금흐름의 변화는 $(1-t)[g(d_0, \sigma_H)g(d_0, \sigma_L)]D$가 되고, $(1-t)[g(d_0, \sigma_H)\sim g(d_0, \sigma_L)]D > C$ 인 경우 비용 $C를 부담하여 ARMS를 도입함으로써 은행은 보다 나아지게 될 것이다.

p = gD이고, 자산 변동성이 변할 때 풋옵션 가치의 변화(Δp)는 다음과 같이 된다.

$$\Delta p = D\sqrt{T}n(h_1)\Delta\sigma \tag{8-10}$$

여기서, D는 부보예금, p는 풋옵션의 가치이다. 변동성의 변화는 영구적이라는 가정 하에 풋옵션 가치의 변화분에 대한 현재가치를 계산하면

$$PV(\Delta p) = \frac{1}{r} D\sqrt{T} n(h_1)\Delta\sigma(1-t) \tag{8-11}$$

여기서, t는 세율이고, r은 할인율이다.

따라서 다음의 조건을 충족하는 경우 자산 변동성의 감소에 대한 풋옵션 가치의 하락분은 리스크관리시스템을 시행하는데 소요되는 비용보다 크게 된다.

$$D > \frac{rC}{n(h_1)\sqrt{T}\Delta\sigma(1-t)} \text{ 또는 } A > \frac{rC}{n(h_1)\sqrt{T}\Delta\sigma(1-t)} \tag{8-12}$$

식 (8-12)는 풋옵션 가치(및 부과된 예금보험료)의 하락이라는 혜택이 리스크관리시스템 도입비용보다 크기 위해 필요한 은행의 최소규모를 추정하는데 사용될 수 있다. 앞에서와 마찬가지로 은행들이 고객들로부터 도입비용의 일부를 회수할 수 있다면 이 수치는 자산규모에 대한 과대추정치가 될 것이다. 최소규모에 영향을 미치는 요소들로는 할인율, 최초 자산 변동성(식 8-2에서 알 수 있듯이 h_1은 변동성의 함수임), 레버리지 비율, 변동성 변화분의 규모($\Delta\sigma$), 세율(t) 등이 있다. 표 8-4에서는 15% 할인율(자기자본 비용으로 가정함), 예금/자산 비율 0.945, 최초 자산 변동성 5%(패널 A), 4%(패널 B) 및 3%(패널 C), 세율 30%에 대해 최소규모를 보여주고 있다.

표 8-4에 제시된 관계는 예상대로이다. 변동성이 커질수록(예금보증이 더 가치 있게 됨을 의미) 풋옵션 가치의 감소가 리스크관리 시스템을 시행하는데 소요되는 비용을 초과하게 되는 규모는 작아진다. 다시 말하면 주어진 비용과 최초 자산 변동성에 대해 변동성 감소분이 클수록 지출이 가치가 있게 되는 최소규모는 작아진다.

최초 자산 변동성 4%가 3.5%로 하락하고 고정비용이 $1억일 경우 예금보험료가 공정하게 조정된다면 약 $320억의 자산규모를 가진 은행들이 고급시스템을 시행할 타당성을 갖게 될 것이다. 이 수치는 자본경감이 허용되는 경우에 대해 계산된 최소규모 $370억과 크게 다르지 않다.

8.7 규제상의 인센티브와 리스크관리

앞에 제시된 계산은 ARMS를 채택하는 은행들에게 자본상의 인센티브를 제공하는 데 관련된 이슈들을 조명하고 있다. 첫째, ARMS를 도입하기 위해서는 상당한 비용이 소요되기 때문에 IRB 지위 획득은 비교적 규모가 큰 은

[표 8-4] 예금보증 가치의 감소분이 리스크관리 시스템 시행비용($m)보다 크도록 하기 위해 필요한 최소자산규모($b). 자산변동성의 감소를 반영하여 예금보험 가격이 조정되어 공정한 수준에서 일정하게 유지된다는 가정 하에 결과가 도출됨. d = 0.945

패널 A : 자산변동성 초기값 = 0.05				
		cost($b)		
		50	**100**	**200**
변동성 변화	0.005	11.09	22.19	44.37
	0.010	5.55	11.09	22.19
	0.015	3.70	7.40	14.79
	0.020	2.78	5.55	11.09
패널 B : 자산변동성 초기값 = 0.04				
		cost($b)		
		50	**100**	**200**
변동성 변화	0.005	15.90	31.80	63.59
	0.010	7.95	15.90	31.80
	0.015	5.30	10.60	21.20
	0.020	3.97	7.95	15.90
패널 C : 자산변동성 초기값 = 0.03				
		cost($b)		
		50	**100**	**200**
변동성 변화	0.005	34.60	69.21	138.41
	0.010	17.30	34.60	69.21
	0.015	11.53	23.07	46.14
	0.020	8.65	17.30	34.60

*도입비용이 $50백만 이고 자산변동성 변화가 0.005일 경우 최소자산규모

행들에 국한될 것이다. 둘째, 자본경감이 수혜은행에게 시스템의 도입으로부터 직접적으로 얻은 경쟁력이상의 경쟁적 우위를 제공할 가능성이 있다. 셋째, 적정하게 조정된 자본경감은 수혜은행들에게 예금보험기관이 직면한 리스크의 감소에 대한 보상을 해주는 것으로 해석될 수 있고, 이는 ARMS에 대한 투자를 고려하고 있는 은행에 의해 행해지는 개별 비용/편익 계산과 사회적 비용/편익 계산 간의 괴리를 좁힐 것이다. 넷째, 자본경감에 대한 대안은 ARMS를 도입하는 은행들에 대해 예금보험료를 낮춰주는 것이다. 이 대안이 권장되고 있지 않다는 것은 예금보험 운영과 관련된 많은 복잡한 현실적 제약들을 반영하고 있는데 그 중 하나는 일부 국가들은 명시적인 예금보험제도를 갖고 있지 않다. 따라서 보험료 조정은 불가능하다는 점이다. 궁극적으로는 납세자들이 지불하게 되는 암묵적인 예금보험이 있다면 ARMS의

도입은 납세자에 의한 보조금을 줄이게 된다. 복잡하게 만드는 두 번째 제약은 정확하게 리스크에 근거하여 가격설정을 하는 예금보험제도는 거의 없다는 것이다. 그 결과 적절한 조정규모를 결정하고 이를 실시하기가 어렵게 된다. 세 번째 현실적 제약은 명시적인 예금보험제도가 존재하더라도 모든 예금이 보험대상은 아니라는 점에 기인한다. 이러한 상황에서는 총자본요건에 대한 조정은 부보예금과 비부보예금의 비율이 상이한 은행 간에 다른 영향을 미칠 수 있다. ARMS 도입을 고려하는 대형은행들의 총예금 대비 부보예금 비율이 낮을 경우 자본경감이 가지는 효과는 더 가치가 클 것이다.

이런 요인들 외에 제도적 요인들도 관련이 있다. 건전성감독(prudential supervision)과 예금보험이 항상 한 기관에 함께 존재하는 것은 아니다. 은행의 리스크관리 시스템에 대한 검증은 규제당국의 영역일 가능성이 크고, 독립적인 예금보험기관들은 보험료 산정을 그러한 평가에 기초하여 하는 것을 꺼릴 수도 있다.

자본경감을 옹호하는 설명을 추가하자면 공공정책의 관점에서 규제당국자들이 현재 은행의 리스크 수준을 대략적으로 적절하다고 인식하고 있다는 사실에 근거한다. ARMS를 도입하는 은행들에 대해 보험료를 낮춰주는 것은 은행들에게 집행한 지출에 대한 보상을 해주는 것이다. 다른 한편으로 그런 은행들의 파산율이 현 수준보다 밑으로 떨어졌다는 것도 의미한다. 다시 말하면 자본경감은 보상이기도 하지만 규제상의 리스크를 본래의 수준으로 회복시킨다. 자본경감 규모에 따라 비록 낮아진 자산 변동성 때문에 파산의 심각성 및 예금보험기관의 지출규모는 줄어들지만, 은행파산의 확률은 증가할 수 있다.

8.8 결론

ARMS를 도입하는 은행들에 대한 자본상의 인센티브는 지출에 대해 은행들에게 보상을 해준다는 근거로 정당화될 수 있다. 그렇지 않다면, 혜택은 예금보험기관에 귀속될 것이다. 은행실패를 줄이게 되는 더 나은 리스크관리시스템은 예금보험의 공정가치를 감소시킬 것이다. ARMS 도입과 관련된 결정을 할 때 은행들은 이런 사회적 편익을 고려하지 않을 것이다. 따라서 은행들이 사회적 편익에 대해 어떤 형식으로든 보상받지 못한다면 시스템의 채택은 사회적으로 최적인 속도보다 느려질 수 있다.

원칙적으로 규제당국은 두 방식으로 반응할 수 있다. 시스템을 도입하는 은행들에게 예금보험료를 낮춰주는 것이 한 방법이고, 자본상의 인센티브를 부여하는 것이 또 다른 방법이다. 적절하게 조정된다면 두 방법 모두 예금보험료를 공정한 수준에서 유지하도록 할 것이다. 그러나 후자의 방법은 ARMS의 도입으로 파생되는 은행파산 확률의 감소를 상쇄하는 방향으로 작용할 것이고, 이와는 대조적으로 예금보험료 하락은 파산 확률의 감소를 상쇄하지 않을 것이다.

두 방법 모두 경쟁상의 중립성에 대한 중요한 이슈들과 연관되어 있다. 선구자로서의 이점이든 경쟁력이 악화되는 것을 방지하기 위해 다른 경쟁은행들을 모방하든, 은행들은 ARMS의 도입이 부가가치를 창출한다고 판단하면 그렇게 할 것이다. 또한, ARMS를 도입한 은행들 간 경쟁 때문에 은행들이 경제적 초과이윤을 달성할 수 없는 상황에서 이득이 비용보다 커야만 은행들은 시스템을 도입하게 될 것이고, 비용은 더욱 정확한 대출가격과 마진 책정을 통하여 회수된다. 이런 상황에서는, 도입을 하지 않은 은행들이 정확한 신용평가 및 가격 결정을 할 수 없기 때문에 경쟁에서 불리한 위치에 있게 된다.

자본경감을 통해 추가적인 경쟁상의 우위를 제공하는 것은 이렇게 잠재적으로 논란의 여지가 많은 이슈이다. 적정한 경감규모의 산정은 어려운 과제이지만, 필요한 것이고, 이 논문은 예비적인 추정치를 제시하였다.

결론적으로 보험요율이 보조금을 받는 수준으로 낮은, 많은 국가에서 제공되는(명시적이거나 암묵적인) 예금보험의 존재로 인하여 자본경감에 대한 근거는 약화된다. 또한, '대마불사' 문제가 중요한 대형은행들에 대해서는 불균형적으로 그 근거가 약화될 것이다. 이런 상황에서 ARMS를 도입하는 대형은행들에게 자본경감을 제공하는 데 대한 논거는 아직 확립되지 않은 것 같다.

참고문헌

Australian Prudential Regulatory Authority, (2002), "PRA's Views on Basel II: Managing the Transition," APRA Insight, 2nd Quarter, pp. 3-6, *http://www.apra.gov.au/Insight/Insight-2nd-Quarter-2002.cfm*.

Basel Committee on Banking Supervision, (2001), "Overview of the New Basel Capital Accord," Consultative Document, January, *http://www.bis.org/-publ/bcbsca02.pdf*.

Basel Committee on Banking Supervision, (2002), "Overview Paper for the Impact Study," October, *http://www.bis.org/qisover.pdf*.

Basel Committee on Banking Supervision, (2003), "Supplementary Information on QIS 3," May, *http://www.bis.org/bcbs/qis/qis3sup.pdf*.

Blakely, Kevin, (2003), "Statement of Kevin Blakely," U.S. Senate Committee on Banking, Housing, and Urban Affairs, A Review of the New Basel Capital

Accord, June 18, *http://www.senate.gov/ ~banking/_files/blakely.pdf.*

Crouhy, M., D. Galai, and R. Mark, (2000), "A Comparative Analysis of Current Credit Risk Models," *Journal of Banking and Finance* 24, pp. 59-117.

Ervin, D. Wilson, (2003), "Statement of D. Wilson Ervin," U.S. *Senate Committee on Banking, Housing, and Urban Affairs, A Review of the New Basel* Capital Accord, June 18, *http://www.senate.gov/ ~banking/_files/erv-in.pdf.*

Ferguson, Roger, (2003), "Statement of Roger Ferguson," *U.S. Senate Committee on Banking, Housing, and Urban Affairs, A Review of the New Basel Capital Accord, June 18, http://www.senate.gov/ ~banking/_files/ferg-uson.pdf.*

Jackson, P., W. Perraudin, and V. Saporta, (2002), "Regulatory and 'Economic' Solvency Standards for Internationally Active Banks," *Journal of Banking and Finance* 26, pp. 953-976.

Kupiec, P., (2001), "Is the New Basel Accord Incentive Compatible?" *Presented at Workshop, Basel II: An Economic Assessment*, Basel, May 17-18, 2002, *http://www.bis.org/bcbs/events/b2eakup.pdf.*

Merton, Robert C., (1977), "An Analytic Derivation of the Cost of Deposit Insurance and Loan Guarantees: An Application of Modern Option Pricing Theory," *Journal of Banking and Finance* 1, pp. 3-11.

Pennacchi, George G., (1987), "A Reexamination of the Over-(or Under-) Pricing of Deposit Insurance," *Journal of Money, Credit and Banking* 19, pp. 340-360.

Petrou, Karen Shaw, (2003), "Statement of Karen Shaw Petrou," *U.S. Senate Committee on Banking, Housing, and Urban Affairs, A Review of the New Basel Capital Accord*, June 18, *http://www.senate.gov/ ~banking/_files/petrou.pdf.*

제9장
경기순응성, 은행의 보고 재량권, 유사함에 기인한 안전성*

Pipat Luengnaruemitchai and James A. Wilcox

9.1 서론

보유한 자본의 감소나 규제자본의 증가로 인하여 은행들은 자본상의 압박을 받게 되고, 이러한 제약은 은행의 대출감소로 이어질 수 있다. 바젤 입안자들은 자본규제가 거시경제적 변동 폭을 확대시킬 수 있다는 우려를 가지고 있다. 즉, 은행 자본규제가 경제의 경기순응성(pro-cyclicality)을 심화시킬 수 있다는 것이다. 은행 자산에 대한 예상손실을 바탕으로 신속하게 자본요건이 변경된다면 불황기를 전후하여 예상손실의 증가로 은행의 자본요건은 올라가고, 그 결과 대출은 더 경기순응적이 될 수 있다. 은행 자본규제의 경기순응성을 개선하기 위해 바젤자본협약의 개정에 일종의 '예외규정'을 포함시킬 수 있다. 예를 들면 불황기에 이용하도록 호황기에 은행들이 더 많은 자본을 보유하게 하는 조항을 포함시키는 것이다.

---

*_유익한 조언에 대해 Michael Dooley, Luis Dopico, Mark Flannery, George Kaufman, Joe Peek, 그리고 버클리에서 열린 세미나 및 2003년 FMA 연례학회 참가자들에게 감사한다. Steve Egli와 Ryan Stever는 훌륭하게 연구를 보조하였고, Anandamahidol Foundation 및 Kruttschnitt Family Chair의 재정적 지원에 감사를 표한다.

은행감독 및 규제가 경기순응적인지 경기조정적인지를 판단하는 것은 어려운 일이다. 은행규제에 있어서 예상손실 추정액이 변함에 따라 필요자본 규모를 즉각적으로 수정하는 것과 같은 일부 요소가 경기순응 효과를 가질 수 있고, 또 다른 일부 요소들은 경기조정 효과를 가질 수 있다. 예를 들면 침체기에 보고되는 대손상각 및 대손충당금전입 규모에 대해 은행이 갖는 '재량권'은 필요자본의 증가 및 대출의 감소에 기인한 경기순응성을 완화시키거나 심지어는 흐름을 바꿀 수도 있다. 명시적으로든 혹은 암묵적으로든 은행감독 및 규제는 금융시스템 전체가 곤경에 처해 있는 경우 그렇지 않을 때보다 실제 및 예상 대손에 비해 적은 상각액과 충당금전입액을 은행들이 보고할 수 있도록 허용할 것이다. 이러한 재량권은 이익 및 이익잉여금, 그리고 보고되는 자기자본비율에 도움이 될 것이고, 은행감독 및 규제의 엄격한 적용으로부터 파생되는 경기순응 효과와는 정반대인 경기조정 효과를 가질 수 있다.

거시경제적 성과를 관리하는데 도움을 요청받거나 조력하고 있는 것으로 보여지는 것에 대해 은행감독당국자들은 회의적일 가능성이 많다. 대손충당금전입액 및 상각액에 대한 은행의 보고 재량권은 은행과 예금보험기관의 손실을 악화시킬 수도 있고, 경기조정적인 통화정책에 혼란을 줄 수도 있다. 은행에게 보고에 대한 재량권을 부여하면 ① 대출모니터링에 있어서 은행들의 규율이 약화될 수 있고, ② 궁극적으로는 더욱 대규모의 불량채권이 발생할 수 있으며, ③ 효율적인 자원배분이 이뤄지지 않을 수 있다. 또한, 통화당국의 입장에서는 상각을 하지 않는 것을 허용하는 등 은행들에게 더 큰 재량권을 부여함으로써 은행감독당국이 수축적 통화정책에 응수하는 것으로 인식할 수도 있다. 보고 재량권의 규모 및 효과를 계량화하기 어려울수록 통화정책을 집행하기가 더 힘들게 될 것이다.

더 강화된 통화정책을 시행함으로써 통화당국은 보고 재량권의 예상되는 효과를 보정할 가능성이 있는데 강화된 통화정책은 보고 재량권의 혜택을 받지 못하는 차입자들(좋은 신용도를 가진 기업고객이 변동금리 대출을 받는 경우 및 보고 재량권을 행사하지 않는 은행들의 고객)에게 가장 큰 영향을 미칠 것이다.

이 논문에서는 미국 은행들의 경우 대출포트폴리오 구성상 실제로 예상되는 대손충당금전입 및 상각규모와 비교하여 보고하는 규모가 은행마다 어떻게 다른 지에 대한 실증적 분석을 할 것이다. 구체적으로 말하면 금융환경이 전반적으로 개별은행에 의해 보고되는 상각액 및 충당금전입 규모에 미치는 영향을 추정할 것이다. 이를 위해 1976~2001년까지 미국 30대 은행들의 대출금 연체, 자기자본, 이익 및 기타 변수들에 대한 자료를 사용한다. 또한, 일본의 9개 대형은행들에 대해 1999년의 자료를 검토할 것이다.

본 연구에서는 두 가지 가설을 검증하는데 첫 번째 가설은 은행이 보고하는 대손상각액과 충당금전입 규모에 대한 재량권과 관련되어 있고, 두 번째 가설은 '유사함에 기인한 안전성'(safety in similarity)에 대한 것이다. 은행감독당국은 개별은행들의 안전성 및 건전성을 감시하고 촉진함으로써 금융산업 전체의 안전성 및 건전성을 도모한다. 그러나 금융시스템 전반이 곤란에 빠진 경우와 문제가 일부 은행에 국한된 경우 은행감독당국은 다른 기준을 적용할 것이다. 은행업계가 전반적으로 양호한 상태인 경우 곤란을 겪는 은행에게 대손상각액 및 충당금전입액(그리고, 은행 재무제표의 다른 항목들)에 대한 보고요건의 완화를 허용하지 않고, 기존에 확립된 기준에 의해 규제상의 조치를 취할 것이다. 은행의 상태가 매우 나쁘다면, 감독당국은 은행을 폐쇄하게 된다.[1]

이와는 대조적으로 금융업계 전반이 어려움을 겪는 경우 은행감독당국은 ① 대출의 광범위한 감소에 따른 거시경제적 파장, ② 금융시스템의 안정성, ③ 만연한 은행파산이 감독당국에 미치는 영향 등을 고려하여 조율할 것이다. 이러한 고려사항들을 반영하여 문제가 소수의 은행들에 국한된 경우보다는 금융업계 전체가 곤란에 빠졌을 때 은행감독당국은 상각액 및 충당금전입액 보고시 은행들에게 더 많은 재량권을 부여할 것이라는 가설을 세울 수 있는데, 이 가설을 '보고 재량권 가설'(reporting discretion hypothesis)이라고 칭한다.

또한, 감독당국이 평균적인 은행들보다는 비정상적인 은행들 폐쇄할 가능성이 높다는 가설을 검증할 것이다. 전략이나 목표시장측면에서 경쟁자들과는 차별화함으로써 이익을 얻는 경영전략을 채택할 수 있는데 호황기에는 비교적 많은 이윤과 적은 상각액 및 충당금 규모 때문에 보고 재량권의 가치가 낮아지게 된다. 그러나 금융업계 전반이 곤란에 빠진 경우 은행들은 '유사함에 기인한 안전성'으로부터 혜택을 보게 된다. 서로서로 비슷하게 됨으로써 은행들은 동시에 곤란에 빠질 확률을 높이게 된다. 금융업계가 더욱 곤란에 빠질수록 보고 재량권이 허용될 가능성은 커지기 때문에

1_은행의 규모가 충분히 크다면('대마불사', TBTF), 은행이 생존할 가능성을 높이고 지속적인 은행 영업활동에서의 혼란을 최소화하며, 자신들의 재임기간 동안에 대형은행을 폐쇄하는 것을 피하기 위해 규제당국자들은 기준을 완화시켜줄 것이다. TBTF는 1980년대 미국에서 약 12개 은행에 적용되었고, 이후에 적용된 건수는 명확하지가 않다.

유사한 은행들은 보고 재량권이 자신들에게 가장 가치가 있을 때 이 재량권을 행사할 수 있게 된다. 이것이 '유사함에 기인한 안전성' 가설이다.

앞에서 제시된 가설들을 검증하기 위해 은행의 상각 및 충당금전입액 규모에 대한 식을 추정하고, 은행의 유사성에 대한 측정치를 계산할 것이다. 계량적 측정치들은 어려운 시기에 은행들이 더 큰 보고 재량권을 행사한다는 가설과 일치한다. 1980년대 말 미국 대형은행들의 자기자본비율은 일반적으로 낮았고 보고 재량권 때문에 과장되어 있었다. 그 당시 경쟁은행들의 자본비율이 낮을수록 개별은행들의 상각액은 작았다. 1990년대 말 평균적으로 자본비율은 높았는데 이 기간에는 경쟁은행들의 자본비율이 개별은행들에 의해 보고되는 상각액에 뚜렷한 영향을 미치지 않았다. 그리고, 금융업계가 곤란을 겪는 경우 은행들은 시장 베타(market beta) 및 자산 베타(asset beta)가 더 밀집되도록 한다는 사실을 발견하였는데 이 결과는 은행들이 유사함에 기인한 안전성을 추구한다는 가설과 일치한다.

9.2절에서는 관련된 이슈들에 대한 문헌연구를 제시하고, 9.3절에서는 논문에서 사용된 데이터 및 방법론을 설명한다. 9.4절에서는 ① 은행 자본규제의 경기순환성 및 ② 1980년대와 1990년대 초 미국의 금융위기 및 1980년대 이후 일본의 금융위기에 대한 자료에 근거하여 은행 회계에 있어서의 재량권을 검증하는 통계 결과들을 제시한다. 9.5절은 이 논문의 결론을 요약하고 그 의미를 논의할 것이다.

9.2 문헌 연구

이 절에서는, ① 보고 재량권 가설과 밀접하게 관련된 연구들을 요약하고 ② 금융업계가 전반적으로 위기에 빠진 경우 은행들은 더 밀집하는 경향이 있다는 가설에 대한 예비적인 증거들을 제시할 것이다.

은행 자본요건의 경기순환성 및 그 영향에 대한 연구는 최근에 활발해졌는데 Bernanke and Lown(1991)에서부터 Van de Heuvel(2002)에 이르기까지 많은 연구들이 그 존재를 확인하였다. 은행들은 지불준비금 및 자기자본 요건 모두에 의해 규제되기 때문에 팽창적 통화정책이 어떻게 은행 자산을 증가시키는 지에 대한 단순한 모형으로는 충분하지 못하다고 Bliss 등(2002)은 주장하였다. 자본요건이 구속력이 있을 때 지불준비금의 투입은 은행의 대출을 증가시키지 못하고 오히려 감소시킬 수도 있다.

회계학에서의 일부 연구는 은행들이 자신들이 보고하는 이익 및 자본규모를 규제상 및 일반적으로 용인되는 수준으로 관리하기 위해 대손충당금전입액, 상각액 및 다른 충당금전입액들을 이용한다는 결론을 얻었다. 예를 들면 Ahmed 등(1999)은 자기자본관리를 위해 대손충당금전입액이 이용된다는 증거를 발견했다. 그러나 은행들이 이익을 관리하거나 미래의 수익성을 알리기 위해 대손충당금전입액을 이용한다는 증거는 발견하지 못했다.

또한, 미국 및 일본을 대상으로 은행감독당국의 느슨함에 대한 연구도 행해졌다. 가령 Kane(1987, 1989) 및 Hayakawa(2001)는 각각 미국과 일본의 감독당국이 금융기관을 폐쇄하는 것을 어떻게 주저하는 지에 대해 분석하였다. Pilling(2002)은 일본 은행들의 부실채권이 보고된 규모보다 실제로는 훨씬 큰 것으로 널리 인식되어 있다고 지적하였다. Ioannidou(2002)는 연방준비제도가 은행감독당국 및 중앙은행으로서 두 가지 역할을 동시에 수행하는 현실에서 후자가 희생된다고 주장했는데 그 이유는 통화정책의 지표들이 은행감독당국으로서 연방준비제도가 취하는 조치들에 영향을 주기 때문이다. 그러나 동일한 통화정책 지표들이 통화정책에 책임이 없는 은행감독당국들(즉, OCC 및 FDIC)의 행동에는 영향을 미치지 않는다.

일본 은행들에서의 보고 재량권 및 미국 은행들의 밀집에 대한 근거를 제시하기 위해 일본 은행들에 대해서는 자본비율을, 미국 은행들에 대해서는 보통주 베타(equity beta)의 표준편차를 그 측정치로 사용할 것이다. 그림 9-1은 1999년 일본의 9개 대형은행들의 리스크가중자산 대비 자기자본비율을 보여준다. 범위가 10~13%로 좁게 분포되어 있는데, 이는 보고 재량권 가설을 확인해 주는 것이고, 일본의 은행들 및 금융시스템이 민간자본을 유인할 수 없을 정도로 매우 좋지 않은 상태에 있다는 것을 의미한다고 해석할 수 있다. 그 결과 개별은행들이 바젤자본요건을 충족시키는 자본을 보유하고 있다고 보고하도록 하기 위해 은행들이 보고하는 불량채권 규모에 상한을 두는 것을 암묵적으로 허용했다고 볼 수 있다.

그림 9-2는 2002년 일본의 5개 대형은행들의 리스크가중자산 대비 자본비율을 보여주고 있는데 1999~2002년 사이에 많은 변화가 있었다. 일부 부실은행들이 합병됨에 따라 대형은행의 수는 감소했고, 이는 조금 형편이 나은 은행들이 부실은행들을 인수했거나 사정이 좋지 않은 은행들간에 합병을 함으로써 일어났다. 그 결과 일본의 은행업계는 더욱 대규모화한 은행들에 의해 지배되고 있고, 각 은행은 물려받은 대규모의 불량채권을 보유하게 됐다고 Ibison(2002)은 지적하였다. 일본 5개 대형은행들의 자본비율 범위는 2002년에 10~11%로 더욱 좁혀졌고, 이는 최근에 더 큰 보고 재량권이 행사되고 있다는 것을 의미한다. 여기서 제시된 가설은 보고된 상각규모 및 자본비율을 신뢰하지 못할 수도 있다는 것을 의미할 뿐만 아니라, 누

[그림 9-1] 일본의 9개 대형은행의 리스크가중자본비율, 1999년

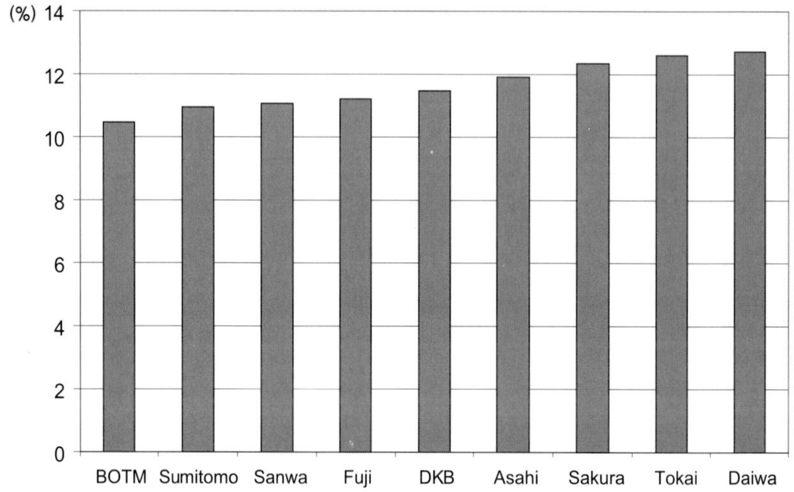

자료 : Morgan Stanley Dean Witter (1999).

[그림 9-2] 일본의 5개 대형은행의 리스크가중자본비율, 2002년

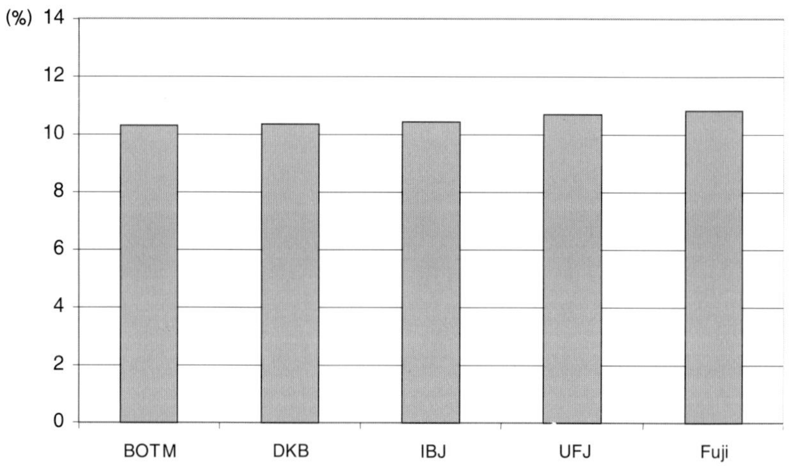

자료 : Merrill Lynch (2002).

적된 미보고 불량채권이 해소될 때까지는 보고되는 상각액이 낮은 것은 은행상황이 호전되고 있는 것이 아니라 오히려 나빠지고 있음을 의미한다고 볼 수 있다.

그림 9-3, 그림 9-7은 미국의 30대 은행들에 대한 자료에 근거하고 있다. 그림 9-3은 1976년부터 2001년까지 30대 은행들의 평균 자산수익률(return on assets, ROA) 및 평균 자기자본비율을 보여준다. 이 자료로부터 1990년대 중반까지는 은행상황이 눈에 띄게 나빴고 그 이후 좋아지고 있음을 알 수 있다. 또한, 1980년대 말에 은행들의 자기자본비율이 과대 포장됐을 가능성을 보이고, 1990년 초부터 ROA와 자기자본비율은 급격히 상승하였음을 보여준다.

그림 9-4, 그림 9-7은 일반적으로 금융업계가 허약할수록 은행들이 밀집한다는 가설에 대한 예비적 증거를 제공하고 있다. 개별은행에 대한 1986년 이전의 자기자본비율을 계산하기에는 자료가 부족하기 때문에 1976~1985년의 30대 은행들에 대한 자본비율은 다음과 같이 계산했다. 1986년 전체 은행의 자본비율과 30대 은행의 가중평균의 차이를 1976~1985년까지 매해 전체 은행의 자기자본비율로부터 차감하면, 그 결과가 30대 은행의 가중평균 자본비율에 대한 측정치 가 된다.

그림 9-4는 자산별로 가중된 평균 자기자본비율과 자산별로 가중된 평균 보통주 베타를 비교하고 있다. 낮은 보통주 베타는 ① 주식시장과 비교해서 낮은 변동성 및 ② 적은 리스크감수와 관련되어 있다. 평균 자기자본비율이 비교적 낮았을 때(1976~1991년 기간에 4.7~6.0%), 평균 보통주

[그림 9-3] 미국 대형은행들의 평균 자기자본비율 및 ROA, 1976~2001년

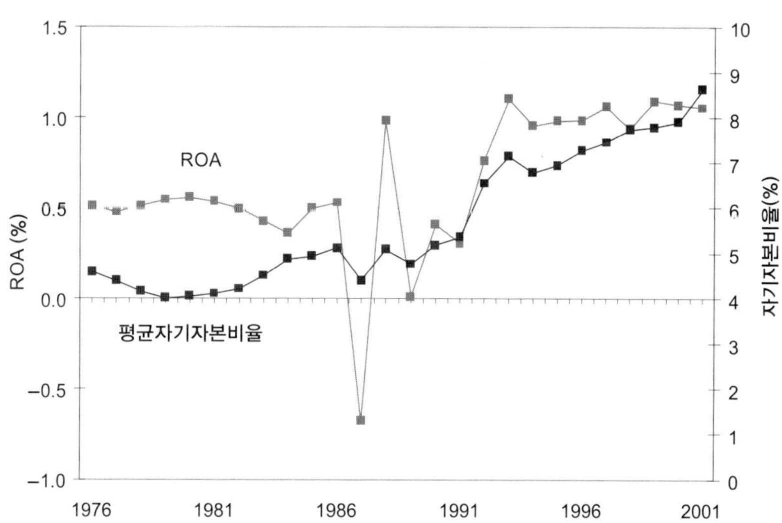

자료 : Federal Reserve Bank of Chicago (2003).

[그림 9-4] 미국 대형은행들의 가중평균 자기자본비율 및 보통주 베타, 1976~2001년

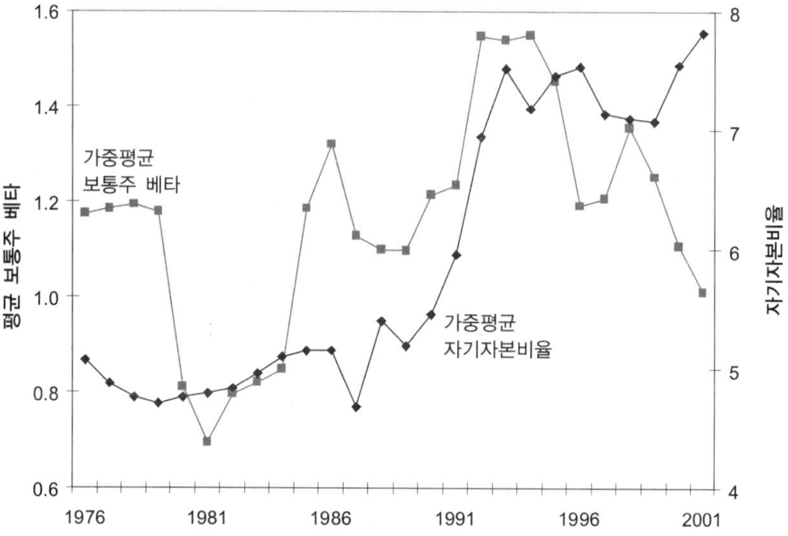

자료 : Federal Reserve Bank of Chicago (2003) and Center for Research in Security Prices (2003).

[그림 9-5] 미국 대형은행들의 가중평균 자기자본비율 및 자산 베타, 1976~2001년

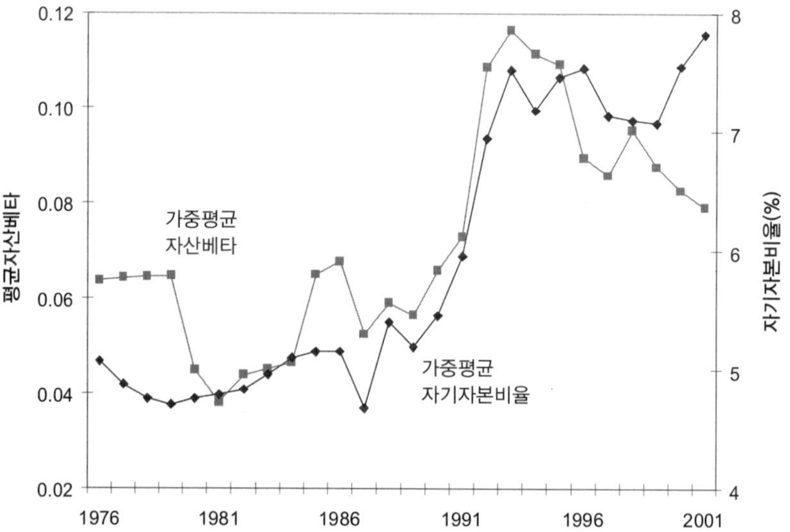

자료 : Federal Reserve Bank of Chicago (2003) and Center for Research in Security Prices (2003).

베타 역시 낮았다는 것(0.70~1.32까지 분포됨)을 그림 9-4가 보여준다. 이와는 대조적으로 평균 자본비율이 높았을 때(1992~2001년 기간에 7.0~7.8%), 평균 보통주 베타 역시 높았다는 것(1.01~1.55까지 분포됨)을 알 수 있다. 평균 보통주 베타의 추정치가 다소 변동적이기는 하다. 하지만 그림 9-4는 어려운 시기에는 은행들이 체계적 리스크를 줄인다는 가설을 확인해주고 있다.

은행들의 보통주 베타는 자신들의 자산뿐 아니라 레버리지도 반영하고 있는데 그림 9-5는 평균 자기자본비율과 은행 자산의 시장가치에 대한 변동성을 측정하는 평균 자산베타를 비교하여 보여준다. 자기자본비율이 증가하면서 이 기간 동안에 은행의 레버리지는 대폭 하락했다. 평균 자기자본비율이 낮을 때 평균 자산 베타는 낮았고(1976~1991년 기간에 0.038~0.073), 평균 자본비율이 높은 시기에는 평균 자산 베타도 높았다(1992~2001년에 0.079~0.116). 그림 9-5 역시 어려운 시기에 은행들은 덜 리스크한 자산을 보유한다는 가설을 지지한다고 볼 수 있다.

그림 9-6, 그림 9-7은 평균 자기자본비율과 보통주 베타 및 자산 베타의 표준편차를 비교하고 있다. 은행의 주식수익률, 시장지수에 대한 수익률 및 레버리지비율을 이용하여 베타를 계산하였고, 보통주 및 자산 베타의 표준

[그림 9-6] 미국 대형은행들의 가중평균 자기자본비율 및 보통주 베타의 표준편차, 1976~2001년

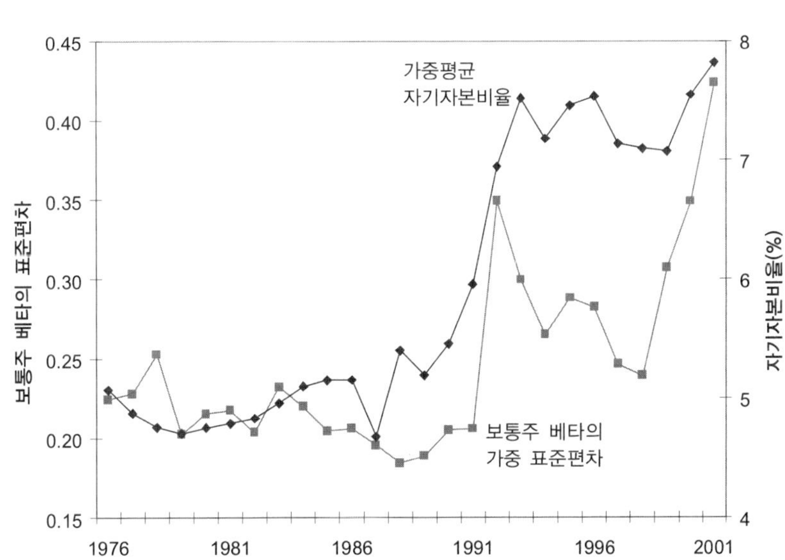

자료 : Federal Reserve Bank of Chicago (2003) and Center for Research in Security Prices (2003).

[그림 9-7] 미국 대형은행들의 가중평균 자기자본비율 및 자산 베타의 표준편차, 1976년~2001년

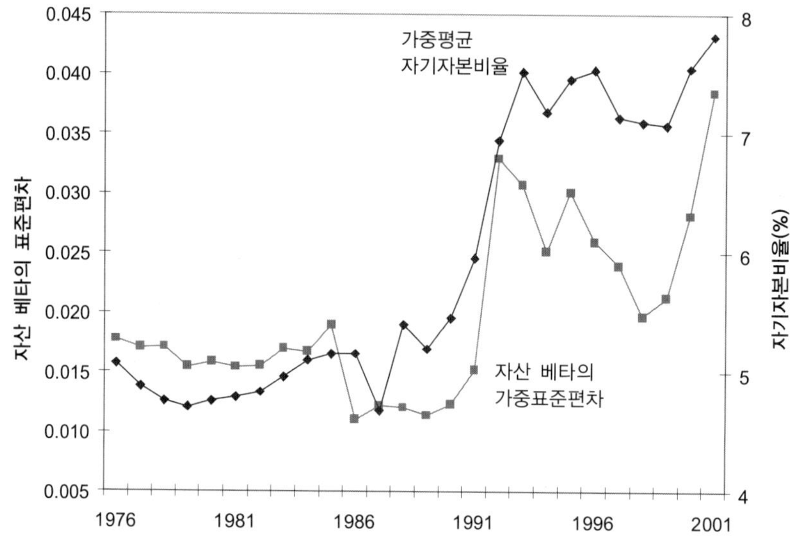

자료 : Federal Reserve Bank of Chicago (2003) and Center for Research in Security Prices (2003).

편차가 작을수록 은행들은 더 밀집하게 된다. 평균 자기자본비율이 낮을 때 보통주베타의 표준편차(1976~1991년에 0.18~0.25)와 자산 베타의 표준편차(1976~1991년 기간에 0.011~0.019)는 낮았고, 평균 자본비율이 높을 때 보통주베타의 표준편차(1992~2001년에 0.24~0.42)와 자산 베타의 표준편차(1992~2001년에 0.020~0.038)는 높았다. 그림 9-6 및 그림 9-7은, 은행업계가 전반적으로 어려울수록 은행들은 서로서로 밀집하게 된다는 가설을 확인해준다.

9.3 데이터 및 방법론

일본 및 미국 은행들의 보고 재량권을 측정하는 식을 추정하기 위해 최소자승법(ordinary least squares, OLS)을 사용하고, 일본의 9개 대형은행들의 1999년 자본비율, 영업이익, 대손충당금전입액 및 대손상각액에 대한 자료(Morgan Stanley Dean Witter, 1999) 및 미국 30대 은행의 1976년~2001년 재무제표에 대한 패널자료를 이용할 것이다. 미국 은행들에 대

한 자료는 시카고 연방준비은행의 데이터베이스로부터 구할 수 있는 요구 보고서에 포함되어 있다.

지금까지는 '유사함에 기인한 안전성' 이라는 가설을 계량적으로 분석하지 않았다. 9.2절에 제시된 그림들은 미국 30대 은행들의 1976~2001년 회계자료 및 같은 기간 40대 은행지주회사(bank holding companies, BHCs)의 주가와 수익률에 대한 자료를 사용하였다. 주가 데이터는 CRSP (Center for Research in Security Prices)로부터 얻었고, S&P 500를 이용해서 각 BHCs에 대한 보통주 베타 및 40개 BHCs에 대한 평균과 표준편차를 계산했다. BHCs에 대한 평균 자산 베타는 회계자료로부터 계산된 평균 자본비율을 이용하여 구했다.

금융업계가 곤란에 빠진 경우 은행들은 더 큰 보고 재량권을 행사한다는 가설을 세웠다. 이는 업계의 사정에도 불구하고 상각 및 충당금전입 규모가 은행 고유의 상황에 의존한다는 것을 의미하고, 또한 업계의 전반적인 상황이 악화될수록 그 영향은 증가한다는 것을 의미한다.

가설을 검증하기 위해 식 (9-1)을 사용한다.

$$y_t^i = \sum_{j=1}^{2} \alpha_j \cdot y_{t-j}^i + \sum_k \sum_{j=0}^{2} \beta_{jk} \cdot x_{t-j}^k + \sum_{j=0}^{2} \gamma_j \cdot OK_{t-j} \qquad (9\text{-}1)$$

y_t^i에 대해서는 대손충당금전입액과 상각액이라는 두 가지 측정치를 사용한다. 일본 및 미국 은행들의 충당금전입액과 상각액은 각각 리스크가중자산 및 총대출금을 이용하여 조정하였다.

시차효과를 고려하기 위해 y_t^i에 대한 두 시차변수 및 독립변수로 포함시켰고, 각 은행의 다양한 상황을 제어하는 통제변수 x_{t-j}^k에 대해서도 비시차변수에 더하여 두 시차변수를 고려하였다.[2] 통제변수들로는 영업이익, 장기 체납된 대출채권, 대손충당금및 자기자본을 포함시켰다. 일본 은행들의 영업이익은 리스크가중자산을 이용하여 조정하였고, 미국 은행늘의 영업이익은 법인세 및 충당금전입액 차감전 이익으로 정의되고 총자산을 이용하여 조정하였다. 장기 체납 대출채권과 대손충당금은 총대출채권에 의해 조정되었다. 일본 은행들에 대해서는, 바젤 총자본을 사용하고 리스크가중자산을 사용하여 조정했는데 총자본은 후순위채권과 대손충당금을 포함한다. 미국 은행들에 대해서는 총자기자본을 사용하고, 총자산으로 조정하였다.

2_대손충당금 및 자기자본비율에 대해서는 비시차변수를 제외하고 두 시차변수만을 포함시켰다.

또한, '다른 은행들-자본비율' (OK_{t-j})이라는 변수 및 이에 대한 두 시차 변수를 포함시켰다. 각 은행에 대해서 이 변수의 값은 표본에 포함된 다른 은행들(미국 자료의 경우 29개 은행)의 자본비율 평균으로 계산된다. 이 변수의 값은 은행들간에 편차가 크지는 않지만 시간이 흐름에 따라 은행업계 전체에 대한 자기자본비율의 보고 규모가 어떻게 변화했는지를 반영한다.

보고 재량권이 없다면 다른 은행들의 평균 자기자본비율이 증가해도 보고되는 상각액과 충당금전입액은 증가하지 않을 것이고, 오히려 역의 관계에 있을 수 있다. 다른 은행들이 겪고 있는 어려움은 이 은행들에 대한 자기자본비율의 하락에 반영되어 있고, 어떤 은행이 상각액 및 충당금전입액을 증가시키는 데 영향을 미치는 요인들과 경쟁은행들의 어려움은 서로 관련되어 있을 수 있다. 다른 은행들이 보고하는 자본규모를 측정하는 이 변수의 계수가 양의 값을 갖는 것은 경쟁은행들이 어려울수록 은행이 더 큰 보고 재량권을 행사한다는 가설에 대한 지지로 해석될 수 있다.

9.4 결과

표 9-1, 표 9-6은 일본 및 미국 은행들의 상각액과 대손충당금전입액에 대한 회귀분석 결과를 제시하고 있다. 표 9-1, 표 9-2 및 표 9-3, 표 9-4는 각각 1999년 일본의 9개 대형은행 및 1977~2001년 미국의 30대 은행에 대해 식 9-1의 축약판을 이용하여 분석한 결과를 보여준다. 표 9-5 및 표 9-6

[표 9-1] 영업이익 및 총자본과 상각액간의 관계(종속변수: 상각액/리스크가중자산)
- 일본의 9개 대형은행, 1999년

		(1)
1.	상수	0.05*
		(2.29)
2.	영업이익/리스크가중자산	0.13
		(0.19)
3.	총자본비율	0.60**
		(3.19)
	관찰지수	9
	R^2	0.63
	F-통계량	5.10

t-통계량의 절대값
** 1% 유의수준에서 유의함
* 5% 유의수준에서 유의함

[표 9-2] 영업이익 및 자본과 대손충당금전입액간의 관계(종속변수: 대손충당금전입액/리스크가중자산) - 일본의 9개 대형은행, 1999년

		(1)
1.	상수	0.01
		(0.85)
2.	영업이익/리스크가중자산	0.21
		(0.63)
3.	총자본비율	0.23**
		(2.47)
	관찰지수	9
	R^2	0.54
	F-통계량	3.48

t통계량의 절대값
** 1% 유의수준에서 유의함
* 5% 유의수준에서 유의함

은 1985~2001년까지의 기간에 미국 30대 은행에 대해 다양한 통제변수들을 사용하여 분석한 결과들을 포함하고 있다.

표 9-1 및 표 9-2의 회귀분석은 일본 은행의 위험가중자산으로 나눈 영업이익과 총자본비율을 설명변수로 사용했는데 상각액이나 충당금전입액에 대한 영업이익의 영향은 유의하지 않았다. 그렇지만 보고된 상각액 및 충당금전입액에 대해 자본비율은 양(陽)의 영향을 미쳤고, 이는 99% 신뢰수준에서 유의하였다. 이 결과는 대출이 부실해질 때가 아니라 은행 자신들이 보고하는 자기자본비율이 부실여신을 견딜 수 있을 정도로 충분히 높을 때 더 많은 부실채권을 인식하는 은행들의 행태와 일치한다.

표 9-1 및 표 9-2와 유사한 구도를 사용하여 미국 30대 은행에 대한 1977~2001년의 자료 및 부표본(subsample)을 분석한 결과가 표 9-3과 표 9-4에 제시되었다. 세 기간(1978~1983년, 1986~1991년 및 1994~1999년)으로 나눠진 부표본은 미국 금융시스템의 차별화되는 특징들과 관련되어 있다. 1978~1983년 기간은 높은 인플레이션 실업률 및 W형 경기침체를 포함하지만, 이 기간에는 대손상각액이 비교적 적었다. 1986~1991년의 부표본은 경기침체기이면서 심각한 금융위기 및 대규모의 상각액으로 특징 지울 수 있고, 1994~2001년 기간은 장기적인 경기호황, 낮은 인플레이션 및 상각액을 포함한다.

표 9-3과 표 9-4에서 종속변수는 상각액과 충당금전입액이고, 각각은 리스크가중자산이 아닌 총대출을 사용하여 조정하였으며, 독립변수는 총자산

[표 9-3] 이익 및 다른 은행들의 자본과 상각액간의 관계(종속변수: 상각액/총대출금) - 미국 30대 은행, 1977~2001년

		1978~1983 (1)	1986~1991 (2)	1994~1999 (3)	1977~2001 (4)
1.	상수	−0.02	−0.02	0.00	0.01**
		(1.31)	(1.34)	(0.80)	(2.82)
2.	세전 순이익/자산	0.29**	0.41	0.27**	0.67**
		(5.60)	(1.73)	(3.49)	(10.43)
3.	29개 경쟁은행의 평균	0.29	0.55*	0.00	0.07*
	자기자본비율(t-1년)	(0.91)	(2.09)	(0.02)	(2.52)
	관찰지수	180	180	180	750
	은행수	35	56	69	106
	R^2	0.18	0.07	0.10	0.15
	F통계량	16.04**	4.27*	6.16**	54.50**

( ): t통계량의 절대값
** 1% 유의수준에서 유의함
* 5% 유의수준에서 유의함

에 의해 조정되었다. 또한, 표 9-1과 표 9-2에서 사용된 각 은행의 자본비율 대신에, 29개 경쟁은행들의 자기자본비율에 대한 t-1년 시차변수를 포함시켰다. 표 9-3 및 표 9-4로부터 보고된 상각액 및 충당금전입액이 법인세 및 충당금전입액 차감전 이익 및 자본과 갖는 관계를 알 수 있다. 특히, 금융계가 더 어려웠던 시기에 계수가 큰 것은 보고 재량권이 은행업계의 전반적 상황과 역의 관계에 있다는 가설을 지지한다고 해석할 수 있다.[3] 보고된 상각액 및 충당금전입액과 이익간에 정(正)의 관계가 클수록 적은 이익을 낸 은행들은 상각액과 충당금전입액을 적게 보고함으로써 부실채권을 적게 인식한다는 가설과 일맥상통한다. 한편, 이익이 클 경우 은행들은 과소보고된 누적 상각액 및 충당금전입액을 줄일 수 있게 된다.

다른 은행들의 자기자본에 대한 계수의 부호 및 유의성은 이익에서처럼 각 기간에 걸쳐 안정적이지는 않다. 업계 전반적으로 상각액이 적을 때(1978~1983년 및 1994~1999년) 다른 은행들의 자기자본이 미치는 영향은 유의하지 않고, 다른 은행들의 자기자본비율이 낮은 1986~1991년 기간에는 상각액 및 충당금전입액 규모가 적었다. 후자는 보고 재량권 가설을 뒷받침하는 증거이다.

[표 9-4] 이익 및 다른 은행들의 자본과 대손충당금전입액간의 관계(종속변수: 대손충당금전입액/총대출금) - 미국 30대 은행, 1977~2001년

		1978~1983 (1)	1986~1991 (2)	1994~1999 (3)	1977~2001 (4)
1.	상수	−0.03	−0.09**	−0.00	0.01*
		(1.33)	(4.53)	(0.45)	(2.31)
2.	세전 순이익/자산	1.71**	0.75*	0.52**	0.93**
		(5.37)	(2.13)	(5.97)	(10.49)
3.	29개 경쟁은행의 평균 자기자본비율(t-1년)	0.39	1.91**	−0.00	−0.15*
		(0.87)	(4.86)	(0.01)	(4.06)
	관찰지수	180	180	180	750
	은행수	35	56	69	106
	R^2	0.17	0.21	0.25	0.15
	F통계량	14.77**	15.79*	18.04**	56.91**

( ): t통계량의 절대값
** 1% 유의수준에서 유의함
* 5% 유의수준에서 유의함

1985~2001년 기간 및 두 부표본 기간(1986~1991년 및 1994~1999년)에 미국 30대 은행을 대상으로 동일한 종속변수에 대해 더 많은 통제변수들을 사용하여 회귀분석을 한 결과를 보여주고 있다. 데이터의 제약 때문에, 표 9-5와 표 9-6에서의 회귀분석(1985~2001년)은 표 9-3과 표9-4에서의 회귀분석(1977~2001년)보다 짧은 기간을 대상으로 하고 있다.

표 9-5와 표 9-6은 이전의 결과들을 확인해주고 있는데 이익에 대한 계수는 일반적으로 양수이고, 표 9-3과 표 9-4에 제시된 결과와 비슷하게 1986~1991년 기간에 이 계수는 유의성이 가장 낮고 상각액보다는 충당금전입액에 대한 회귀식에서 더 유의하다. 다른 은행들의 자본에 대한 계수는 전반적으로 표 9-3에 제시된 결과들과 유사하지만 충당금전입액에 대해서는 결과가 명확하지 않다. 다른 은행들의 자본 및 이에 대한 시차변수가 상각액에 미치는 영향은 1986~1991년 기간에는 모두 양(陽)이고 유의하지

3_표 9-3 및 표 9-4에 제시된 대손상각액 및 충당금전입액에 대한 결과는 대체로 비슷하기 때문에 구분해서 설명하지 않고, 둘 다를 "보고된 부실채권"으로 지칭할 것이다.

[표 9-5] 은행 고유의 상황 및 다른 은행들의 자본과 상각액간의 관계(종속변수: 상각액/총대출금) - 미국 30대 은행, 1985~2001년

		1986~1991 (1)	1994~1999 (2)	1985~2001 (3)
1.	상수	−0.06*	0.00	0.00
		(2.00)	(0.35)	(1.58)
2.	상각액/총 대출금(t-1)	0.05	0.00	0.21**
		(0.52)	(0.02)	(4.58)
3.	상각액/총 대출금(t-2)	−0.27**	0.00	−0.18**
		(2.85)	(0.00)	(4.08)
4.	세전 순이익/자산(t)	0.00	0.42**	0.32**
		(0.00)	(6.24)	(5.19)
5.	세전 순이익/자산(t-1)	−0.16	−0.14	−0.06
		(0.71)	(1.51)	(0.82)
6.	세전 순이익/자산(t-2)	0.18	−0.20**	−0.09
		(1.02)	(3.06)	(1.69)
7.	장기 체납된 대출채권/총 대출금(t)	0.13**	0.43**	0.13**
		(2.68)	(5.83)	(5.44)
8.	장기 체납된 대출채권/총 대출금(t-1)	0.12	0.00	0.07
		(1.67)	(0.02)	(1.95)
9.	장기 체납된 대출채권/총대출금(t-2)	0.07	0.05	−0.03
		(1.05)	(0.86)	(5.44)
10.	대출 및 리스 허용손실/총 대출금(t-1)	0.19*	0.21**	0.15**
		(2.54)	(2.76)	(4.12)
11.	대출 및 리스 허용손실/총 대출금(t-2)	0.00	−0.22**	0.09*
		(0.05)	(3.35)	(2.38)
12.	자기자본비율(t-1)	−0.05	−0.02	−0.05
		(0.42)	(0.63)	(1.74)
13.	자기자본비율(t-2)	−0.23	0.01	0.01
		(1.78)	(0.31)	(0.42)
14.	29개 경쟁은행의 평균자기자본비율	0.55*	0.06	0.03
		(2.62)	(0.91)	(0.57)
15.	29개 경쟁은행의 평균자기자본비율 (t-1)	0.83**	−0.01	0.05
		(2.81)	(0.19)	(0.91)

( ): t통계량의 절대값.

** 1% 유의수준에서 유의함.

* 5% 유의수준에서 유의함.

[표 9-5] 은행 고유의 상황 및 다른 은행들의 자본과 상각액간의 관계(종속변수: 상각액/총대출금) - 미국 30대 은행, 1985~2001년(계속)

	1986~1991 (1)	1994~1999 (2)	1985~2001 (3)
16. 29개 경쟁은행의 평균자기자본비율 (t-2)	0.12 (0.36)	−0.03 (0.24)	−0.11 (1.88)
관찰지수	178	179	504
은행수	55	69	101
R^2	0.63	0.53	0.59
F 통계량	12.13**	7.12**	37.98**

( ): t통계량의 절대값.
** 1% 유의수준에서 유의함.
* 5% 유의수준에서 유의함.

만, 1994~1999년 기간에는 유의하지 않았다. 이와는 대조적으로 다른 은행들의 자본이 충당금전입액에 미치는 영향은 표 9-4에 제시된 결과들과 모순되는데 다른 은행들의 자본에 대한 계수의 부호 및 유의성은 보고 재량권의 존재 여부를 확인하는 일관된 패턴이 없다.

표 9-5로부터 경쟁은행들이 많은 자본을 보유하고 있는 경우 은행들은 더 많은 상각액을 계상하는 경향이 있는 것을 알 수 있다. 금융업계가 어려웠던 1986~1991년 기간에 경쟁은행들의 자본비율이 하락함에 따라 은행들은 적은 상각액을 계상했고, 상황이 호전된 1994~1999년 기간에는 경쟁은행들의 상태에 따라 상각액을 조정하는 경향은 없는 것으로 나타났다.

[표 9-6] 은행 고유의 상황 및 다른 은행들의 자본과 대손충당금전입액간의 관계(종속변수: 대손충당금전입액/총대출금) - 미국 30대 은행, 1985~2001년

	1986~1991 (1)	1994~1999 (2)	1985~2001 (3)
1. 상수	0.08 (1.66)	0.02* (2.06)	0.01 (1.29)
2. 대출손실/총대출금(t-1)	−0.10 (0.47)	0.59** (4.71)	0.12 (1.62)
3. 대출손실/총대출금(t-2)	0.12	0.01	0.09

[표 9-6] 은행 고유의 상황 및 다른 은행들의 자본과 대손충당금전입액간의 관계(종속변수: 대손충당금전입액/총대출금) - 미국 30대 은행, 1985~2001년(계속)

	(1)	(2)	(3)
	(0.83)	(0.12)	(1.71)
4. 세전 순이익/자산(t)	0.53	0.42**	0.56**
	(0.17)	(5.72)	(5.67)
5. 세전 순이익/자산(t-1)	0.36	−0.29**	0.17
	(0.97)	(2.77)	(1.47)
6. 세전 순이익/자산(t-2)	0.02	0.11	0.09
	(0.07)	(1.37)	(1.01)
7. 장기 체납된 대출채권/총 대출금	0.53**	0.20*	0.51**
	(6.62)	(2.53)	(12.63)
8. 장기 체납된 대출채권/총 대출금(t-1)	0.24	−0.13	0.110
	(1.95)	(1.36)	(1.86)
9. 장기 체납된 대출채권/총대출금(t-2)	0.06	0.07	0.00
	(0.50)	(1.22)	(0.09)
10. 대출 및 리스 허용손실/총 대출금(t-1)	−0.45*	−0.18*	−0.18*
	(2.27)	(2.14)	(2.13)
11. 대출 및 리스 허용손실/총 대출금(t-2)	0.15	−0.18*	−0.05
	(0.81)	(2.33)	(0.65)
12. 자기자본비율(t-1)	0.23	0.01	0.04
	(1.08)	(0.21)	(0.81)
13. 자기자본비율(t-2)	0.23	0.02	0.02
	(1.10)	(0.57)	(0.43)
14. 29개 경쟁은행의 평균자기자본비율(t)	−1.29**	0.01	−0.30**
	(3.86)	(0.21)	(3.29)
15. 29개 경쟁은행의 평균자기자본비율(t-1)	0.06	0.16*	0.28**
	(3.86)	(0.21)	(3.29)
16. 29개 경쟁은행의 평균자기자본비율(t-2)	−0.88	−0.14	−0.11
	(0.14)	(2.23)	(3.01)
관찰지수	178	179	504
은행수	55	69	101
R2	0.62	0.62	0.53
F 통계량	11.66**	10.49**	28.92**

( ): t통계량의 절대값.

** 1% 유의수준에서 유의함.

* 5% 유의수준에서 유의함.

9.5 결론

대규모 대손이 자본을 감소시키거나 규제상의 변화로 자본요건이 강화되기 때문에 은행들은 자본상의 압박을 받게 되고, 이러한 자본 압박은 은행들이 제공하는 대출의 규모를 감소시킬 것이다. 바젤자본협약은 가령, 불황기에 예상되는 대손이 증가하면 즉각적으로 규제자본 규모도 증가하도록 개정될 수 있다. 이 경우 은행 대출은 자본요건이 현재의 상화에 덜 민감할 때보다 더 경기순응적이 될 것이다. 개정된 바젤자본협약의 경기순응성을 약화시키기 위해 일부에서는 '예외규정'을 포함시킬 것을 주장한다. 예를 들면 호황기에 은행들이 보유자본을 증가시키도록 하고 침체기에는 자본의 하락을 허용하는 것과 같은 조항이다.

비슷한 방식으로 은행이 보고하는 상각액과 충당금전입액에 대해 재량권을 부여하는 것은 경기순응성을 약화시킬 뿐만 아니라 거시경제에 경기조정 효과도 가질 수 있다. 문제들이 일부 은행들에 국한되어 있을 때보다는 금융시스템이 전반적으로 어려울 때 은행들에게 더 큰 보고 재량권을 행사하도록 허용할 수 있는데 '유사함에 기인한 안전성' 때문에 이러한 재량권은 은행들이 밀집하도록 만들 것이다.

FDICIA의 적기시정조치(PCA)과 같은 개혁은 장래의 금융위기 및 예금보험위기를 최소화하는 데 그 목적이 있다. PCA의 요점은, 어떤 은행의 자본이 여러 수준으로 설정된 기준 이하로 하락하게 되면 그 은행에 대한 제약이 점점 강화되는 것이다. PCA는 규제상의 관용에 대한 필요성이나 기회를 줄이도록 설계되어 있지만 이와 같은 정책들은 은행들이 PCA의 작동을 피할 수 있도록 하는 수단인 보고 재량권에 의해 무용지물이 될 수 있다. 보고 재량권 가설은 은행들과 감독당국이 자본비율을 일정한 목표수준 이상으로 유지하는 것을 선호할 때 은행들은 문제들을 과소하게 보고할 것이라고 가정한다.

가설을 검증하기 위해 일본과 미국의 은행들을 대상으로 은행들의 유사함 및 대손충당금전입액과 상각액에 대한 자료를 분석했다. 1980년대 말 미국과 1999년 일본에 대해 보고 재량권에 대한 증거를 발견했고, 이 증거는 FDICIA 이전의 어려웠던 시기에 보고 재량권이 행사됐었다는 것을 제시하고 있다. 또한, 어려운 시기에 은행들은 더 밀집하는 경향이 있다는 것도 발견했다.

1990년대 말에는 미국에서 은행들이 보고 재량권을 행사했다는 근거는 발견하지 못했는데 이것이 앞으로 발생할지도 모르는 금융위기시 보고 재량권이 행사되지 않을 것이라는 것을 의미하지는 않는다. FDICIA가 제정된 이래, 은행업계의 수익성은 양호했고 자기자본비율도 가장 높은 수준으로 향상됐다.

금융위기의 거시경제적 반향효과 때문에 여기에서 논의된 보고 재량권과 같은 수단의 등장이 사회적으로 최적일 수 있다. 그렇다면 민간부문의 은행들과 공공부문의 정책당국자들이 결정하는 방침들이 일반 정책과 개별 반응들을 더욱 잘 조화시킬 수 있도록 보고 재량권이 양심적이고 일관되게 행사되는 것이 바람직할 것이다. 과거의 보고 재량권 규모를 인정하고 측정하는 일이 양 부문에서 더욱 일관된 정책을 향한 첫 걸음이 될 것이다.

참고문헌

Ahmed, Anwer S., Carolyn Takeda, and Shawn Thomas, (1999), "Bank Loan Loss Provisions: A Reexamination of Capital Management, Earnings Management and Signaling Effects," Journal of *Accounting and Economics 28*, pp. 1-25.

Bernanke, Ben, and Cara S. Lown, (1991), "The Credit Crunch," *Brookings Papers on Economic Activity*, pp. 205-239.

Bliss, Robert, George Kaufman, and John Smith, (2002), "Explaining Bank Credit Crunches and Procyclicality," Federal Reserve Bank of Chicago, *Chicago Fed Letter* 179, July.

Hayakawa, Yoshihisa, (2003), "Crisis and Regulation: The Japanese Case," in *Financial Regulation: A Guide to Structural Reform*. Edited by Douglas Arner and Jan-juy Lin, Sweet & Maxwell Asia, Hong Kong, pp. 241-256.

Ibison, David, (2002), "Merging Two Bad Banks Doesn' t Create a Good One," *Financial Times*, September 30.

Ioannidou, Vasso P., (2002), "Does Monetary Policy Affect the Central Bank' s Role in Bank Supervision?" Tilburg University, Center for Economic Research, *Discussion Paper Series, No*. 54.

Kane, Edward J., (1987), "Dangers of Capital Forbearance: The Case of the FSLIC and Zombie S&Ls," *Contemporary Policy Issues 5*, pp. 77-83.

Kane, Edward J., (1989), *The S&L Insurance Mess: How Did It Happen?* Urban Institute Press, Washington, D.C.

Merrill Lynch, (2002), "Japanese Banks: FY3/02 Results for Major Banks," Merrill Lynch Global Securities Research and Economics Group, June 5.

Morgan Stanley Dean Witter, (1999), "Japanese Banks, to Reorganize or Nationalize? A Question of Survival," *Japan Investment Research*, July.

Pilling, David, (2002), "Japan Bank' s Bad Loans Warning Fall on Deaf Ears," *Financial Times*, September 25, p. 4.

Van de Heuvel, Skander J., (2002), "Does Bank Capital Matter for Monetary Policy?" *Federal Reserve Bank of New York, Economic Policy Review*, May, pp. 259-265.

제10장
금융기관 규제를 위한 자본적정성 정책의 적합성

Benton E. Gup

10.1 자본적정성의 개념

무엇이 자본을 구성하는가 하는 것에 대해서는 의견이 불일치할 수 있기 때문에 자본적정성(capital adequacy) 정의에 대한 혼란은 야기될 수 밖에 없다. 회계사는 부외거래를 반영한 장부가치 자산에서 장부가치 부채를 차감한 것을 자본으로 생각할 것이고, 주주는 현행 주가에 발행주식수를 곱한 것을 자본으로 생각할 것이다. 또한, 금융기관의 지급불능상태와 회생비용에 관심이 있는 감독기관은 시장가치 자산에서 부채를 차감한 값을 자본으로 생각할 것이고, 변호사는 규제법률 위반시 적용되는 임의규제 또는 강제규제 활동에 따른 최저 한도액을 자본으로 생각할 것이고, 입법자는 안전성과 건전성을 달성하기 위한 수단으로서 자본을 생각할 것이고, 경제학자는 미래의 지속적인 현금흐름에 대한 할인된 가치로서 자본을 생각할 것이다. 이와 같은 다른 시각들 때문에 자본에 대한 동일한 측정기준을 만들기 어려웠다. 비록 부분적으로 겹치는 부분이 있겠지만 자본에 대한 다른 평가는 자본적정성에 다른 평가를 낳게 되었다.

비록 어떤 회계담당자, 주주, 감독기관, 변호사, 입법자, 경제학자 들은 규제대상 금융기관이 자본적정성을 유지하는 것을 반대하지 않지만 자본적정성에 대한 개념은 각 주체마다 다르다. 지금도 무엇이 자본으로 포함되어야 하는지 또는 포함되지 않아야 하는지? 자산이 시장가치로 평가되어야 하는지 또는 단순히 장부가치로 평가되어야 하는지에 대한 논의는 계속되고 있다. 자본에 대한 측정은 여전히 '뜨거운 감자'로 떠오르고 있다.

다소 의외긴 하지만 자본의 본질에 대한 이러한 견해의 차이로 인해 금융 정책분야에서 자본적정성은 매우 중요한 부분이 되었다. 감독기관은 개념적인 단순성과 정책수행의 용이함 때문에 금융기관 지급능력의 측정에 대한 도구로 자본을 채택하였다. 예컨대 A라는 회사가 지난 분기에 측정한 자본이 사전에 감독기관에 의해 설정된 규제자기자본비율을 초과하였다면 감독기관은 A회사가 자본적정성을 유지한다고 발표할 것이다. 다른 모든 조건이 일정할 경우 경쟁하에 있는 금융기관들은 리스크 요인과 다양한 제약들을 고려해야 한 상태에서 순자산 가치[1]를 극대화하려고 할 것이다. 하지만 이러한 순자산 가치 극대화 노력은 확률적인 최적화 문제에 봉착하게 되는데 그 이유는 미래는 불확실하고 순가치 평가 역시 상당부분 예측에 의존해야 하기 때문이다. 기업은 그들의 리스크관리 능력과 리스크선호도를 반영하는 기대수익과 분산을 선택하기 위해 포트폴리오를 조정한다. 금융기관은 최적화 문제에 대하여 잘 숙지하고 있는 반면 입법자들과 감독기관은 경제적 자본 또는 순자산 가치는 분기별 수입과 재무제표에서 직접적으로 관찰되지 않고, 보다 더 세련된 회계개념도 이러한 최적화문제를 반영하고 있지 않다는 사실을 서서히 받아들이고 있다.

금융관련 논문들에서는 경제적 순자산 가치가 '0'보다 크면 그 금융기관은 지불능력이 있다고 말하고 있다. 하지만 정말 그런가? 경제적 순자산 가치가 음수일 경우 해당 금융기관은 지급능력이 없다고 가정하지만 재무측면에서 보면 지급능력은 현재 상태보다 다양한 상태 가능성을 가진 불확실한 미래와 더 높은 관련성을 가진다. 감독기관은 규제대상 금융기관이 정상적인 경영조건하에서 현재 지급능력이 있는지 없는지에 관해 알고 싶어하고, 그 외에도 일련의 경제적 위기하에도 생존할 수 있는가에 대해서도 역시 궁금해 한다.

만약 미래의 경영환경이 정상적일 경우 그 기업은 현재 지급능력이 있다고 말하고, 만약 미래 일정기간 동안 경제적 위기가 발생할 경우 그 기업은 현재 지급불능상태에 있다고 말할 수 있는가? 만약 미래에 두 상태의 발생 가능성이 동일하다면 그 기업의 지급능력은 어떻게 되는가? 비록 감독기관

1_자산의 현재가치에서 부채의 현재가치를 차감한 값으로 자본의 현재가치라고 할 수 있다.

은 쉽게 받아들이려 하지 않겠지만 현재에도 유동성(liquidity)과 지급불능(insolvency)을 정확히 구분하지 못하고 있는 실정이다. 실제로 감독기관은 많은 미국의 부실 은행과 저축기관들이 지급불능 상태에 빠진 수 년 후에도 그것을 정확히 결정하지 못했다. 반면 감독기관, 회계사, 주주, 그리고 다른 이해관계자들은 정당하게 자본을 직접 측정할 수 있기를 원하였지만 자본과 자본적정성은 여전히 모호한 대상으로 남아있다.

자본은 조건부 확률변수의 성격을 가진다. 금융기관의 현재시점의 순자산 가치는 미래가치에 의하여 추정된다. 예를 들어 한 금융기관이 오늘 $300억의 가치가 있다고 하자. 이때 $300억에 어느 정도의 편차가 있을 수 있다는 가정이 포함되지 않았다면 이 금융기관의 가치는 $30billion보다 작을 수도 있을 것이다. 만약 편차가 ± $50억이라고 한다면 이 기업의 가치는 $250~350억 사이가 되고 그 확률은 약 69%가 되며 또한 지급불능 리스크는 '0' 보다 크게 된다.

감독기관들은 어떤 금융기관이 적절히 또는 부적절하게 자본을 유지하고 있는 것에 대해 합리적인 확실성을 가지고 나타내고 싶을 것이다. 이것은 기업 및 산업 평가 전문가들 역시 마찬가지이다. 하지만 불확실성 정도를 고려할 수 없다면 이것은 불가능하다. 분명히 자본이 적정한 것인가의 확률은 자본의 표준오차가 $50억인가? $100억 또는 그 이상인가? 등에 의해 좌우된다. 편의가 없고, 효율적이며, 일관성 있는 현재 및 미래의 자본의 추정치를 얻는 것은 매력적인 일이지만 불행스럽게도 대부분 외면당하고 있다.

현재 감독기관들은 회계와 법적 관점을 가지고 자본에 대해 주로 접근해왔다. 기업, 의사결정기구, 감독기관 순으로 접근하는 상향식 접근방법(buttom-up approach)은 귀찮은 규제모형을 개발하지만 종종 조건부 순자산과 조건부 확률분포 추정된 관련된 불확실성을 무시하는 경향을 보인다. 이에 대한 예외적 접근법에는 구조화된 내부접근법(structured internal approach)이 있는데 이것은 아직 완전히 시행되지는 못하고 있다.

다행히 기존의 자본적정성 모형의 부적합성은 많은 논쟁과 다른 가능한 대안들을 만들어내었다. 이 대안들은 다음과 같은 공통적 요소들을 가지고 있다. 먼저 자본을 조건부 확률변수로 가정하고 미래를 예측한다. 이러한 새로운 접근방법들은 채택되기 전에 먼저 인증을 받아야 한다. 이를 위해 현행 검사과정과 현장감독에 대한 보완이 이루어져야 한다. 다음으로 검사자는 통계적 추론과 리스크관리에 정통해야 한다. 새로운 대안들은 사용하기가 쉽고, 접근이 용이해야 하고, 사용할 경우 유연하게 조정될 수 있어야 하고, 정보를 효율적으로 활용할 수 있어야 한다. 무엇보다도 새로운 대안은 규제문화내의 변화와 통계학, 재무학, 그리고 경제학을 기존의 회계 및 법적 자본기준에 적용하기 위한 변화를 요구한다.

미래의 자본기준은 규제당국 자신의 청사진과 신뢰구간, 기업 자신의 공약 및 시장정보 등을 통합시킨 원격 규제모형을 능가할 것이다. 미래의 감독기관은 자본기준을 설정하기 앞서 위와 같은 추정치를 잘 융합해야 할 것이다. 궁극적으로 이러한 과정은 증권의 인수, 부외 가치평가, 리스크가치, 리스크관리 인식을 통합하게 할 것이다.

무엇이 이러한 변화를 가져오는 것인가? 자본기준에 대한 학계, 시중은행, 중앙은행의 토론과 비평이 이러한 변화를 가져올 것이다. 기존의 자본적정성 기준은 금융기관이 리스크를 추구하는 왜곡을 가져와 법적 규제적 변화를 거치게 되었지만 오히려 이러한 현상은 대형 금융기관의 실패를 지연시킬 수도 있다. 특히, 자본적정성을 유지한다고 공표한 뒤 해당 금융기관이 부실해지면 감독기관은 현재의 기준이가 적절하지 못하다는 사실은 인정해야 상황에 직면하게 될 것이다.

대형 금융기관의 실패는 최근 들어 보다 빈번히 발생하고 있다. 더구나 비슷한 유형의 사건은 계속 발생할 것으로 보인다. 자본기준은 이러한 실패를 보호하지 못하는 것인가? 1980년대에 15%를 넘는 자기자본비율을 과신한지 불과 한 달만에 파산선고를 받았던 중소은행과 저축기관을 상기해 보자. 당시 파산한 모든 금융기관들은 자본적정성을 유지하는 것처럼 보였다. 미래의 감독기관은 기존의 자본적정성 측정이 부적합하다고 증명되지 않더라도 대형 기관에 대해 파산선고를 내리는데 주저하지 않을 것이다.

자본적정성이란 용어는 지난 30년간 입법 및 규제 회담에서 널리 퍼진 용어가 되어 의류산업 회의참석자에게 있어 자본의 개념과 측정기법은 충분히 숙지된 것으로 잘못 인식되어 왔다. 현실적으로 어려운 정의와 측정기법으로 자본과 자본적정성을 다루고 있다. 감독기관 입장에서 볼 때 최소 자본요구량 기준의 설정과 자본요건의 강화는 최우선 순위사항이 아니었으므로 이에 따른 리스크성은 상존하였다. 그래서 규제조치가 단발성에 그치고, 역사적으로도 실패한 경우가 있다는 것을 쉽게 잊어버린다.

규제담당자는 규제대상 금융기관자의 자본이 자본적정성을 갖추었는지를 판단하는 권한을 부여받았다. 그들은 “현재의 보유자본이 예측하지 못한 미래의 손실에 대하여 충분한 완충기능을 제공하는가?”를 반문하면서 “모든 금융기관들은 충분히 자본적정성을 유지하고 있다”라는 단순 명료한 답을 듣기를 원할 것이다. 그러나 안타깝게도 위의 질문은 보기보다 복잡한 성격을 띠고, 현재의 자본과 미래의 자본을 정확하게 정의하고 특정할 수 있느냐에 의해 답변이 달라진다.

2001년 바젤위원회산하 은행감독국은 신바젤협약으로 불리는 새로운 협정서를 제출하였는데 이 협정서에는 3가지 기준안이 포함되어 있는데 규제를 위한 최소자본기준을 정의한 첫 번째 축(Pillar 1)를 비롯하여 은행의 내부감독과 시장공시에 대한 내용을 각각 포함하고 있는 두 번째 축(Pillar 2)과 세 번째 축(Pillar 3) 등으로 구성되어 있다.

BIS를 사용하고 있는 용어인 Pillar는 공정한 규제구조가 발전해나갈 초석을 제공한다. 자본은 원칙적으로 한 금융기관의 순자산 가치이며 동시에 금융기관의 건전성을 평가하는데 좋은 토대가 된다. 불행히도 금융감독기관은 자본에 대한 잘못된 선입견을 정당화하기 위해 순자산 가치라는 개념을 사용하면서도, 규제대상 금융기관의 실제 순자산 가치가 관측불가능하다는 것을 발표하지 못하고 있다. 또한 그것을 측정하기 위해 장부가치 자본, 시장가치 자본, 리스크가중 자산에서 부채를 차감한 값 등을 사용하고 있지만 이는 오히려 자본적정성이 추구하는 편리성을 왜곡시키고 순자산 가치 추정이란 어려운 문제를 남기고 있다.

이 장에서 자본적정성과 그것의 평가에 대한 몇 가지 대안들을 대해 알아보도록 하겠다. 이들 대안들은 현재의 표준과 규칙에 의존하는 것이 리스크할 수 있음을 주장하고 있다. 이 장의 주요내용은 네 가지인데 ① 관련논문들에서 제기되는 비평과 각기 다른 금융산업에서 경함한 역사적인 규제경험들을 종합하여 역사적인 고찰을 하고자 한다. ② 확률적 변수로서의 자본에 대한 개념을 다루고자 한다. ③ 현재의 자본적정성에 대한 대안으로서 최근에 제시된 방법들에 대해 알아보고자 한다. ④ 마지막으로 이들에 대한 결론으로 마무리를 짓는다.

10.2 자본적정성에 관한 역사

10.2.1 여명기

1913년 연방준비위원회법(Federal Reserve Act)은 금융기관의 최소자기자본에 대해 규정한 최초의 법이었다 하지만 기술적으로 볼 때 의회는 연방준비위원회에 기존의 기관들에 대해 엄격한 자본기준을 적용할 것을 강요하지 않았다. '자본구조의 적정성' 은 1933년 제정되어 1935년 과 1936년 각각 개정된 은행법(Banking Act)에 문구로 등장을 하게 된다. 이

법에서는 감독기관이 자본적정성을 규제감독의 필수요소로 요구하도록 명시하고 있지만, 자본적정성에 대한 정의는 하지 않도록 함으로써 자본적정성을 감독기관의 자유재량에 맡기고 있다.

최초 리스크가중 자기자본 기준이 연방준비위원회의 시스템에 등장한 것은 1950년대와 1960년대였다. 이것은 소위 '은행자본 분석을 위한 보고'(form for Analyzing Banking Capital, ABC)이라고 불렸는데 연방준비위원회는 ABC를 통해 손실확률을 은행의 자산과 부채의 평가에 적용하는 방법을 소개하였다. 비록 은행의 지주회사에 공식적으로 적용되지는 않았지만 이러한 개념들은 개선되어 1980년대에 리스크가중 자기자본의 개념 등에 적용된다.

10.2.2 미국증권협회; 때 이른 시가평가

1975년 증권거래위원회는 15C 3-1이라는 규정을 제출하였는데 이 규정서에는 증권 브로커와 딜러가 매일 매일 거래하는 순자산의 가치를 시가로 평가할 것을 요구하고 있다. 이것이 자본적정성에서 순산가치/자산에 대한 비율을 2%이상으로 명시한 최초의 규정일 것이다. 만약 브로커와 딜러가 모든 자산을 유동화시킨다면 자본완충(Capital Cushion)역할을 하는 자기자본비율 2%는 브로커 계좌와 채권자를 보호하기 위해 충분할 것이다. 장부가치에서 출발해서 브로커와 딜러들은 모든 자산과 부채에 대한 시가평가를 위한 일련의 조정을 지속해왔다.

10.2.3 BIS의 권고

1970년대 초반의 금융시장에 대한 과도한 혼란(서독의 BankHouse Herstatt의 부도 등)으로 인해 중앙은행의 관료들은 BIS에서 연합해서 자본적정성에 대한 연구를 시작하여 지난 30년간 계속해 왔다. 미연방준비위원회의 적극적인 지원을 통해 BIS는 금융의 안정성을 확보할 수 있는 최선의 방법은 자본적정성을 평가하는 기준으로 국제적 자본기준을 공포하는 것이라는 결론에 이르게 된다. 금융업계 전방에 대한 안전한 보호조치가 그들의 분명한 관심임에도 BIS는 거시적 자유재량을 갖는 규율에 대하여서는 강조하지 않았다.

자본적정성 규제가 실행에 옮겨지기 이전까지 많은 연구가 이루어진 결과 1988년에 G10의 지도자들은 금융기관들이 리스크가중의 자기자본비율을 8%로 유지할 것을권고하는 바젤 I을 만들었다. 이 때부터 BIS는 본격적인 활동을 시작하게 된다. 1993년과 1999년 사이에 BIS는 하나의 기준을 가지고 전체를 끼워 맞추려는 식의 자본적정성 측정에 대하여 금융인, 학자 그리고 감독기관들로부터 많은 불평과 비판을 들어야만 했다. 1999년 7월 바젤위원회는 이러한 문제를 해결하기 위해 추가적인 자본적정성에 대한 연구를 시작했다. 2001년 1월 BIS는 보다 광범위한 권고안을 발표하였는데 이것이 신바젤협약이다. 신 바젤협약에서는 자본기준은 은행기준으로 강제되어져야 한다는 측면에서는 기존의 바젤 I과개념적으로는 같은 맥락을 유지하고 있으나, 바젤 I에서의 문제점으로 지적된 하나의 기준으로 모든 사건을 해결하려는 부분에 대해서는 확장성을 가지고 새롭게 접근하기 시작하였다.

바젤 II에서는 감독기관에 의해서 만들어진 규제모형에만 의존하지 않고 규제대상기관에서 자체적으로 채택한 자본산출 모형을 수용할 수 있도록 권고하고 있다. 바젤 II에서는 개선된 내부등급법이 복잡한 모형을 위한 장부가치 재무비율 또는 기존의 규제모형보다 자본의 측정, 감독 측면에서 우수하다는 것을 인정하였다. 바젤 II는 각각의 은행들이 자기자본비율 산출을 위해 대형 국제은행들이 자체적인 경험하고 평가한 부도확률, 부도시 손실률, 상관계수, 잔여만기 등을 내부등급모형에 반영하는 것을 허용하고 있다.

10.2.4 미국 은행과 저축기관(1981~1990년)

1981년 이전에는 은행 감독기구들은 체계적 형태로 주어진 자본적정성을 강요하지는 않았다. 은행설립 규정에는 최소자본을 보유할 것을 요구하고 있었지만, 고정된 자본 가이드라인은 강요하지 않았다. 감독기구들이 명시적으로 자본에 대한 규제를 강요한 것은 1982년부터이다. 이에 따르면 자본의 수준은 영업권과 무형자산을 포함한 엄격히 법률로 제한된 계정과 항목만으로 구성되어지도록 하였다. 그 당시 대부분 자본규제는 단순히 장부가치의 레버리지 비율로서 리스크의 조정이나 시장가치의 조정은 이루어지지 않았다.

1986년 은행 저축기관 사태와 다시 재연되는 은행 위기로 인해 감독기관에 의해 제기되었던 리스크조정 요구자본이 다시 수면 위로 부상하게 되었다. 결국 저축기관 사태와 은행 위기가 발생한 충격으로 인해 1990년대부터 감독기관은 리스크자산을 줄이는 형태로 리스크조정 요구자본을 강화하고 있다. 미국의 은행들과 저축은행 감독기관들은 1972~1992년까지 약 2000개의 부실 저축기관들에 대한 정리를 단행해야 했다.

1980년대 말에는 감독기관은 보험기금이 수많은 문제기관을 다루기에는 부족하다고 판단했기 때문에 1989년 의회는 감독기관이 보험기금의 적립할 수 있도록 돕기 위해 개입하게 된다. 이러한 탁월한 해결책으로 저축기관과 은행은 보다 많은 자본을 확충할 수 있었다.

10.2.5 의회, 예금기관, 그리고 자본적정성(1991년 이후)

미 의회는 바젤 I 과 같은 규제자본 기준을 제공하기 위해 자본적정성에 관한 법률을 1991년 통과시켰다. 이 법률에 따르면 '적절하게 자본화된 은행' 은 자기자본/리스크가중 자산의 비율이 8%를 넘어야 하며 BIS과 유사하게 리스크가중 자산 대비 기본자본비율은 4% 이상, 그리고 총자산 대비 기본자본비율 역시 4% 이상을 유지해야 한다.

연방예금공사발전법(Federal Deposit Corporation Improvement, 1991)은 자본기준 뿐만 아니라 의무적인 세부 규정에 관한 법까지 다루고 있는데 이러한 직접적인 규제의 내용은 예금 배당 그리고 관리 수수료 등에 대한 제한, 자본건정성 회복에 대한 계획서 제출 요구, 무분별한 자산 증대의 제한, 신규활동에 대한 승인 요구, 자본재구성에 대한 명령, 후순위채[2]에 대한 지급보류, 보험료의 설정, 자본규제 위반의 정도에 따른 관리지도 등을 포함하고 있다.

1991년에서야 의회는 저축은행과 은행들이 지급불능에 따른 제약을 받지않는 것에 대해 문제가 있음을 인식하게 되었다. 저축은행과 은행을 비롯하여 정부의 지원을 받는 국책 금융기관(GSE)과 보험회사 등으로 점차 그 대상을 확장하기 시작했다.

10.2.6 의회, 국책 금융기관, 그리고 자본적정성

1992년 의회는 Fannie Mae와 Freddie Mac 자본적정성 기준을 만들기 위한 법안을 통과시켰다. Fannie Mae 와 Freddie Mac는 정부의 지원을 받는 비예금 금융기관이다. 이는 은행과 저축기관에 대한 연방예금보험공사발전법의 후기 형태로 해석해야 할 것이다. 이 두 국책 금융기관은 예외적으로 낮은 장부가치 자기자본비율을 가지게 되는데 예금보험공사 발전법에 의하면 두 기관의 자본적정성은 적합하지 않았지만, 의회는 이 두 기관에 대해 예외적인 기준을 적용하는 것을 인정하였다. 대신에 의회는 OFHEO(Office of Federal Housing Oversight)라는 감독기구를 1992

2_후순위채란 다른 형태의 부채에 비하여 우선 순위가 낮은 부채를 말한다.

년 따로 만들어서 이 두 기관에게 최소 자기자본 기준[3]과 OFHEO에서 작성하 리스크가중자산 기준 등을 활용하여 적정 자본을 유지하도록 하였다.

이에 따라 OFHEO는 1992년 작성된 최소 자기자본 기준에 대한 감시를 하면서 2002년까지 리스크가중 자기자본(Risk Based Capital, RBC)과 스트레스기법을 이용한 자기자본(Stress Based Capital, SBC) 등과 같은 새로운 기준을 개발하였다. 2003년 초 OFHEO의 국장은 Fannie Mae와 Freddie Mac가 장부상으로 충분한 자본을 보유하고 있기 때문에 최소 자기자본 기준과 RBC기준을 모두 만족하여 자본적정성을 갖추었다고 발표하였다.

10.2.7 보험회사와 자본적정성(1990년~현재)

지금까지 논의된 자본적정성에 대한 유사한 발전과정이 보험업계에서도 일어났다. 1993년 전국보험위탁업협회(NAIC)는 자산에 대한 리스크, 보험 리스크, 이자율 리스크 및 영업 리스크 등을 반영하기 위해 NAIC 자체의 모형을 제안하였다.

이 모형은 총 자기자본/리스크가중 자기자본에 대한 비율을 제시하고 있다. 이 모형에서 만약 보험감독 관리자가 1보다 큰 총 자기자본/리스크가중 자기자본 비율을 산출하면 해당 보험회사는 적정 자기자본비율을 충족하게 된다. 따라서 이와 같은 NAIC 자체의 모형을 통한 자본측정은 자본적정성을 감시하기 위한 만들어진 표준모형과 비교되어졌다. 유사한 모형으로 1994년에 상해보험쪽에서 제안되었던 모형으로 이 모형은 서로 다른 리스크 가중치를 사용하였으나, NAIC와 마찬가지로 최종적으로는 자본적정성을 평가하기 위해 총 자기자본/리스크가중 자기자본과 같이 하나의 단순비율 형태로 만들어졌다. 즉, NAIC와 같이 자본적정성을 감시하기 위한 단순지표를 제공한다.

10.2.8 감독기관이 자본적정성을 강조하는 이유

1970년대부터 2002년까지 자본적정성은 안전성과 건전성을 추구하는 감독기관의 관심의 대상이 되었는데 왜 그런 것인가? Saunders(2000)는 왜 감독기관이 자본적정성에 집착하는지에 대해 다음과 같이 네 가지 이유를 들어 설명하였다. 즉, 금융 감독기관이 자본적정성에 대한 기준을 만들

3_약 자산의 2.5%로 유지하는가 하는 것을 말한다.

고 최소 규정을 충족시킬 것을 강제하고 자본기준과 자본적정성을 규제대상기관에 강조하는 이유는 다음과 같다.

1. 자본은 예상치 못한 미래의 손실을 예방해야 한다.
2. 자본은 지급불능이나 또는 유동성위기 상황에서 무보증 신용제공자와 채권자 들을 보호해야 한다.
3. 자본은 연방정부 및 주정부의 보험기금과 납세자를 보호해야 한다.
4. 자본은 금융기관이 설비를 취득하고 다른 일련의 서비스를 제공하기 위해 필요한 실물투자를 가능하게 해야 한다.

그래서 감독기관들은 자본을 지불불능 및 미래의 경제적 손실에 대한 주요한 보호 장치로 보게 되는 것이다. 감독기관들은 금융기관들이 충분한 양의 자본을 보유하고 리스크가중 자기자본을 줄임으로써 안정성과 건전성을 유지하고 체계적 리스크를 최소화 할 것을 요구하게 된다.

하지만 불행히도 자본은 그 특성상 미래에 대한 자본적정성과 순자산 가치를 감시할 수 있도록 정의되고 측정되어지기가 어렵다.

10.2.9 장부가치 자본

모든 금융기관 심지어 규제대상 금융기관일지라도 손익계산서와 대차대조표를 통해 장부가치 자본을 측정할 수 있다. 이러한 이유 때문에 우리는 명백히 자본을 시간에 대한 함수 t로서 나타낼 수 있다. 특정시점 t의 장부가치 자본을 다음과 같은 공식으로 나타낼 수 있다.

$$C_t = A_t - Lt + OBS_t$$

여기서 t : 시간에 대한 함수 t= 1, 2, 3, …, T
C : 장부가치 자본
A : 재무제표상의 자산의 장부가치 → 장부가치 자산
L : 재무제표상의 부채의 장부가치 → 장부가치 부채
OBS : 부외 순가치의 합(net value of off-balance-sheet)

C_t는 다음과 같은 네 가지 요소로 구성되어 있다.

1. 자기자본의 액면가 → 액면가액
2. 자기자본의 잉여액(발행가 – 액면가) → 주식발행 초과금
3. 이익잉여금
4. 손실준비금

장부가치 자본은 시간 의존적이고 금융기관 순자산 가치를 대표한다. 장기증권, 저당증서, 대출의 장부가치는 각각 독립적 항목으로 이들 자산의 내역을 반영한다. 장부상의 자본에는 아직 손실로 처리되지 않은 부실자산까지도 포함한다. 장부상의 자본과 그것의 구성요소는 시간에 따라 변화하게 되는데 C_t는 단지 역사적 가치만을 언급한 것으로 어떠한 확률적 분포를 가지고 있지 않다.

왜냐하면 회계상의 결합이 없고, 불확실성이 없다는 가정하에서 재무제표를 공표하기 때문이다. 물론 장부상의 가치는 이자율 변동, 신용변동, 세무조사, 그리고 경기변동 등에 따라 실제로 경제적 가치 또는 순자산 가치와는 차이가 있을 수 있다. 기술적으로 장부가치는 리스크를 반영하지 못한다. 그 이유는 과거의 자료를 반영한 것이고, 리스크는 미래의 자료를 반영한 것이기 때문이다.

Furlong and Keeley(1990), Kim and Santomero(1988), Koehn and Santomero(1980), Richet(1992), Thakor(1996) 등은 은행자산 배분의 왜곡을 지적하였는데 이는 자산리스크의 시장평가와 장부가치와의 큰 차이로 인해서 발생한다고 한다.

10.2.10 장부가치 자본은 미래 손실에 대한 완충역할을 하지 못하는가

미래지향적 관점에서 볼 때 전기의 장부가치 자본이 미래의 손실에 대해 완충장치 역할을 못하는지는 쉽게 알 수 있다. 만약 특정기간 동안 부채와 비교하여 자산의 시장가치가 상대적으로 많이 감소하였다고 하면 장부가치 자본은 실질적으로 시장가치에 비해 과장되어 있고, 금융기관들은 실제보다 더 많은 자본을 보유하였다는 인상을 줄 수 있다.

저축기관 사태와 금융기관의 위기는 어떻게 장부가치와 시장가치가 달라질 수 있는지를 보여 주는 좋은 예이다. 당시 많은 금융기관들은 파산 1년 또는 2년 전에 15%가 넘는 장기가치 레버리지비율을 유지하고 있었다. 자산의 장부가치는 부채가 자산을 잠식하면서 엄청난 파산비용을 초래하는 결과를 가져오게 되었다.

10.2.11 주가와 자본

주요은행과 국책 금융기관 등의 대형 금융기관의 주식은 거래가 되고, 거래되는 자산과 부채의 시장가치는 자산의 장부가치와 관련한 조정된 잠재적 차이라는 것을 애널리스트들이 인식하게 되었기 때문에 몇몇 시가평가방법은 규제감독 도구의 대안으로 제안되기도 한다.

즉, 단순히 발행된 주식수에 대해 시장가치를 곱한 t 기간 동안의 주식가격은 예상 배당(D)에 대한 함수로 나타낼 수 있다는 것인데 식으로 나타내면 다음과 같다.

$$P_t = (D_{t+1})/(1+K)+(D_{t+2})/(1+K)^2+ \cdots +(D_{t+n})/(1+k)^n=D/r$$

여기서, $MV_t = P_t \times$ 발행된 주식의 수
k : 할인율 , 투자자의 요구수익율

자본(C_t)은 자본의 시장가치(MV_t)와 반드시 같아야 할 필요는 없다고 재무분석가들은 오랫동안 지적해 왔다. 이러한 장부가치 비율의 차이에 대한 극적인 예가 시장에서 나타났다. Saunders & Wilson(1995) 연구에 의하면 1913~1993년까지 은행의 MV/BV 비율은 0.6~2.5까지 차이를 보이고 있었으며 1929년 대공황 전에 가장 큰 차이를 나타내고 있다는 것을 보였다.

10.2.12 시장가치 자본 대비 장부가치 자본

불행하게도 금융기관이 보유하고 있는 모든 자산이 거래가 활발한 것은 아니다. 또한 투자자와 거래자는 반드시 감독기관과 같은 시각에서 미래를 예측할 필요는 없다. 감독기관은 투자자와 거래자보다 장기적인 관점에서 그리고 보다 악조건 하에서의 미래를 고려하게 된다. 오늘의 자산-부채의 시장가치는 반드시 실제 경제적 순가치와 혼돈되어서는 안된다.

주어진 시점에서 시가는 투자자와 거래자가 주식을 거래할 때 믿고 있는 가치를 반영한 것이므로 결과적으로 시가평가 측정은 기업의 이익과 순자산 가치를 계산하여 반영한 것이다. 여기서 순자산 가치는 주주의 미실현 자본이득과 주주손실에는 영향을 미치지만 기업의 이익에는 영향을 미치지 않는다.

'시가 평가' 접근방식에 대한 비판론자들은 기업의 수익률 변화가 반드시 주가의 변화나 주주들의 수익률 변화를 반영되지 않는다고 말한다. 오히려 일시적인 이자율 변화나 주요 신문기사내용이 거래되는 주목할 만한 극적인 주가변동성을 유발시켜 기업 이익의 변동성을 과대평가하게 한다.

2001~2003년까지의 주가변동성은 감독기관에게 매우 큰 관심거리였는데 특히 이 기간동안에는 기업의 실제 수익이 주가변동성과 매우 낮은 연관성을 가지고 있다. 다시 말하면 시장가치가 경기에 선행적으로(pro-cyclically) 변화하고 있다는 것이다. 시가평가 측정방법에 기초한 한 금융관의 순자산 가치는 시징가치에 따라 오르거나 내리게 된다. 반일 감독기관

이 시가평가를 강요한다면 경기변동 주기를 더 악화시킬 수 있다.[4] 즉 경기후퇴기에는 자본을 늘리라고 요구하게 되고 경기팽창기에는 자본을 줄이라고 요구하게 되어 결과적으로 감독기관들은 시가측정 접근방식에 전적으로 의존하는 것을 꺼리게 된다.

10.3 경제적 순자산가치; 자본 대 조건부 확률변수

먼저 자본이 관측가능하다는 가정하에 자본적정성에서 사용되는 자본의 경제적 금융적 정의에서 부터 시작해 보기로 하자. t기간에서의 자본은 경제적 순자산가치(Economic Net Worth) 또는 순자산가치 자본(Net-Worth Capital, NWC_t)로 정의한다.

10.3.1 순자산가치 자본과 시장가치의 구분

NWC_t[5]는 기업 자산의 시장가치와 재무제표상에 나타나지 않은 활동들에 대한 조정을 거친 부채의 가치의 차이로 영속적인 기업의 가치를 나타낸다. NWC_t는 t기간동안 시장을 통해 반영된 전체적인 기업의 가치로 관측이 불가능하다.

NWC_t가 확률분포 함수를 갖는다고 가정하자. 감독기관은 실제로 현재 시점에서의 NWC_{t0}와 미래의 n기에서의 NWC_{t0+n} 두 가지의 NWC_t를 필요로 한다. NWC_{t0}와 NWC_t는 재무제표 상에서 나타나지 않지만 조건부 평가는 만들어 질 수 있다. 이상적으로 통계적으로 예측 가능한 바람직한 값을 얻기 위해 추정치가 사용되는데 우리는 NWC가 효율적인 불편 추정치라고 본다.

10.3.2 순자산가치에서 최적의 조건부 추정치

NWC의조건부 추정치를 다음과 같이 정의한다.

- $E(NWC_{t0} \mid \theta)$는 현재의 경제적 상황 θ하에서 기업의 현재 포트폴리오에 기초한 현재 NWC값의 최적의 추정치이고,

---

4_경기가 좋을 때는 금융기관들이 서로 대출을 해주려고 해서 경기가 과열되고 경기가 하강 국면일때는 대출을 자제하는데 감독기관은 오히려 더 많은 요구자본을 규제하기 때문에 경기가 더 악화된다.

5_이 절에서는 순자산 가치를 NWCt로 표기한다.

- $E(NWC_{t0+n} | \varphi)$는 미래의 경제적 상황 φ하에서 미래의 포트폴리오가 어떻게 발전할 것인가 하는 것에 대한 현재의 기대값으로 나타낸 것이다.

여기에서 φ는 θ과는 다른 가정을 담고 있는데, 예를 들면 φ는 경제적 충격 경기변동에 대한 낙관적 또는 비관적 시나리오, 경기상승 또는 경기후퇴 등을 반영하는 반면, θ는 일반적인 현재의 환경이나 기본가정만을 담고 있다.

$E(NWC_{t0} | \varphi)$와 $E(NWC_{t0+n} | \varphi)$는 모두 기업의 실제가치를 추정하기 위한 조건부 기대값을 제공한다. 즉, 정의에 의해 확률분포의 평균값의 반영한 것인데 각각은 50%의 발생가능성이 있다고 본다.

10.3.3 자본적정성과 조건부 현재

기업의 관리자는 NWC_{t0}가 정규분포라고 믿고 있다고 가정하자. NWC 값의 최적 추정치, $E(NWC_{to} | \varphi)$ = $350억이라고 할 때 기업의 관리자는 $ 350억이란 가격에 대해서 50% 확신을 하게 된다. 만약 관리자가 이 분포의 분산이 $(90억)^{2}이고 표준오차는 $30억이면 다음과 같은 식으로 나타낼 수 있다.

$$NWC_{t0} \sim N(\$350억, \$(90억)^2 | \theta)$$

이것은 관리자가 기업의 가치가 $320~$ 380억 사이에 있을 확률이 약 68%이고 $ 320억보다 낮을 확률은 16%이다. 이러한 확률은 어떻게 추정되는가? 확률 추정은 NWC의 확률분포에 의해 산출되고, 이것은 리스크선호도, 자산과 부채의 시장가치, NWC의 불확실성 등을 구체화시킨다. 이러한관점에서 이 회사의 파산확률은 다음과 같이 예측할 것이다.

$$Pr((NWC_{t0} | \theta) < 0.005\%$$

만약 감독기구가 파산확률의 상한선을 λ_{t0}와 같이 부여한다면회사의 경영자는 자신의 회사의 자본적정성을 평가할 수 있을 것이다. 즉, λ_{t0}가 0.1% 라면 이 회사의 경영자는 자신의 회사가 적정화된 자본구조를 가지고 있다고 판단을 할 수 있을 것이다.

$$Pr((NWC_{t0} | \theta) < 0) = 0.005\% < (0.1\% = \lambda_{t0})$$

만약 관리자와 감독자가 이러한 NWC의 평가에 대하여 합의하였다면 양자는 99.9% 회사의 건진성에 대해 확신한다고 할 수 있다. 이섯이 자본적정성 평가에 대한 기본개념이다. 이 회사는 지급능력이 있는가? 이 경우 대답은 대부분의 경우 확실하게 그렇다는 것이다. 감독자는 주어진 θ에서의 모든 정보를 가지고 확률을 산출하다. 즉, 현장에서 검사와 감독에 의한 정보와 현장 밖의 장부가치, 시가평가 그리고 평가기관에 의한 건전성 평가에 의한 정보를 토대로 파산확률을 산출한다. 언제나 그렇지는 않지만 파산확률을 평가하기 위한 E(σ)와 σ 등이 예측에 사용되기도 한다.

만일 E(NWC)가 t0−1에서 t0 사이에 증가하였다면 상대적으로

$$Pr(NWC_{t0}|\theta<0) > Pr(NWC_{t0-1}|\theta<0)$$

일 수 있으므로 이 경우 감독자는 파산가능성이 증가하였다고 판단하고 추가적인 조사를 통해 원인을 찾으려고 할 것이다.

10.3.4 자본과 조건부 미래

현재의 파산확률만으로 자본적절성을 결정하기에는 충분하지 않다. 감독자는 미래의 특정 기간동안 예상하지 않았던 사건이나 외부충격을 회사가 능숙히 해결할 수 있다는 것을 입증할 것을 요구한다. 이러한 요구는 n기 후 미래의 NWC인 NWC_{t0+n}의 확률분포에 대한 감독관의 이해를 필요로 한다. 감독관과 회사가 미래의 NWC에 대해 정규분포를 가정하는 것에 대해 동의하여 n기 후 미래의 NWC는 다음과 같은 특성을 가진 분포라고 하자.

$$NWC_{t0+1} \sim N(\$270\text{억}, \$(100\text{억})^2)$$

이 경우 감독관과 회사, 자본시장 분석가 , 경쟁사들은 모두 t0+n 기의 NWC에 대한최적 예측치가 평균이 \$270억 이고, 분산이 $\$(100억)^2$이며, 표준편차가 \$100억인 다음과 같은 분포를 따른다고 예측 할 수 있을 것이나.

$$E(NWC_{t0+n}|\varphi) = \$270\text{억 이고 } \sigma = \$100\text{억}$$

이때 파산확률은 다음과 같이 나타낼 수 있다.

$$Pr((NWC_{t0+n}|\varphi) < 0) = 0.3\%$$

현재의 조건부 파산확률이 과거 10년 동안 자료를 이용한 Stress Test하에서 산출한 조건부 파산확률보다 작다고 가정하는 것은 합리적이지 못하

다. 만약 감독자가 미래 특정기간 지급불능 확률의 상한선으로 λ_{t0+n} = 1% 로 부여한다면 관리자와 감독자는 미래의 자본적정성을 다음과 같이 평가할 것이다.

$$Pr[(NWC_{t0+n}|\varphi) < 0] = 0.3\% < (0.1\% = \lambda_{t0})$$

이 경우 양자는 모두 이 회사의 오늘 주어진 φ하에서의 Stress Test에 대하여 본 적정성을 갖추었다고 동의하게 될 것 이다.

물론 t0 와 t0+n은 다른 분포와 가정을 반영하고 있고, 더구나 회사가 $(NWC_{t0+n}|\varphi)$을 목적함수로, 규제 및 σ를 제약조건으로 하는 최적화 문제를 풀려고 한다면 이러한 분포는 독립적이지 않을 것이다. 그리고 t0와 t0+1기의 진정한 수입(손실)은 다음과 같이 나타낼 수 있다

$$\text{진정한 수입(손실)} = NWC_{t0+1} - NWC_{t0}$$

10.3.5 자본적정성과 확률의 표시

자본적정성은 t0기 와 t0+1기 사이에 대한회사의 NWC의 확률분포를 알고 있다면 NWC가 변화함에 따라 확률분포가 변화하는 것과 밀접하게 연관이 있으며 예측이 가능하다. 그림 10-1에서는 미래의 NWC에 따라 자본적정성이 어떻게 변화하는지를 나타내고 있다.

누적밀도함수를 이용하여 금융기관의 관리자는 현재와 미래의 NWC가 요구되는 자본을 만족하는지에 대한 평가를 할 수 있다. 이 경우 두 가지의 제약조건을 고려하여야 한다. 첫째, 자본요구량은 제도적 최소규정을 초과해야 한다. 여기서는 자본요구량이 $250억이라고 가정하자 둘째, 자본요구량은 Stress Test로부터 산출한 리스크조정자본을 초과해야 한다.

그림 10-1을 이용하면 NWC가 0보다 작을 확률(파산상태)은 0.3%이다. 또한, NWC가 리스크조정 자본요구량인 $190억보다 작을 확률은 21.2 %이고 최소 자본요구량인 $250억보다 작을 확률은 약 42%이다. 어떻게 수직축을 따라 확률이 직접 읽을 수 있는지 알아보자. t0기의 NWC가 $ 270억일 경우 확률은 $(NWC_{t0} = \$\ 270억|\theta)$로 구할 수 있으며 50%인 것을 알 수 있다. 이것은 NWC의 미래의 기대값이 $270억이기 때문에 당연한 것이다. 기술적으로 기대값과 분산을 추정하기 위해서 보다 복잡하거나 또는 단순한 모형이 사용될 수 있다.

기대값 : $E(NWC_{t0+n} | \varphi)$

분산 : $\sigma^2 = E(NWC_{t0+n}) - E(NWC_{t0+n} | \varphi)^2$

감독자가 NWC에 대한 부정적인 시각을 가지고 있으며 보다 강한 외부 충격 조건을 고려한다고 하자. 그림 10-2는 보다 강도 높은 Stress-Test에서 자본적합성에 대한 확률을 평가한 것을 나타내고 있다.

$$NWC_{t0+n} \sim N(\$\ 150억, \$(120억)^2)$$

그림 10-2는 실선이 아닌 점선으로 표시된 것이 보다 높은 부도확률, 최소 자본요구량 그리고 리스크조정 자본요구량을 나타내고 있다. 그리고 보다. 강도 높은 Stress-Test테스트하에서 부도확률이 더 많이변화함을 수 있다. 비록 회사는 여전히 지불능력이 있는 것으로 결과를 보이지만 NWC의 값이 \$270억보다 적은 \$150억이고, 표준편차 역시 \$100억보다 약간 큰 \$120억이기 때문에 부도확률이 0.3%에 10.6%로 증가하였다.

그림 10-1과 그림 10-2는 부도확률을 통해 상대적으로 단순하게 자본적정성을 비교하는 방법을 보여주고 있다.

[그림 10-1] 확률과 미래 자본의 표시

$NWC_{t0+n} \sim N(\$\ 270억, \$\ 100억)$

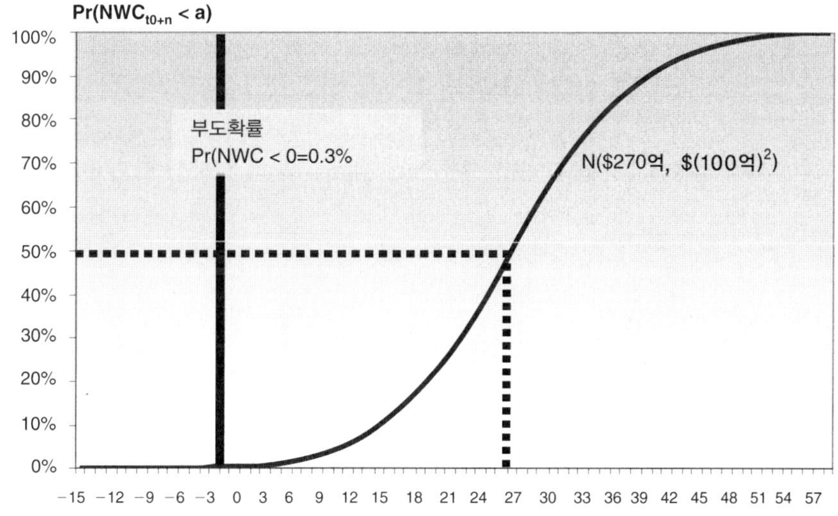

[표 10-1] 추정 부도확률의 비교

자본요구량	부도확률		차이	증감방향
	Base방식	Stress방식		
Pr(NWC<0)	0.3 %	10.6 %	10.3 %	증가
Pr(NWC<19)	21.2 %	63.1 %	41.9 %	증가
Pr(NWC<25)	42.1 %	79.8 %	37.7 %	증가

10.3.6 자본적정성 : 더 많은 자본은 파산가능성을 줄이는가?

표 10-2는 NWC가 $180 ~ $ 300억까지 변화하고 표준편차가 $10 ~ 150억까지 변화할 때 NWC의 Pr(NWC_{t0+n}< 0에 대한 부도확률의 예측치를 나타내고 있다. 표 10-2에 의하면 자본이 증가한다고 해도 자본이 높은 표준편차를 갖게 되면 부도리스크이 반드시 줄어들지 않는 이유에 대해 설명하고 있다.

예를 들어 사례 2에서는 자본이 증가하였음에도 불구하고 부도확률은 오히려 증가하였다. 무엇이 이러한 결과를 만들었을까? 그 이유는 금융기관이 NWC를 극대화하기 위해 투기적인 전략을 선택하였기 때문이다.

만약 사례 1의 0.4%에서 사례 2의 1.2 %로 부도확률을 늘이는데 상대적으로 많은 비용이 들지 않는다면 사례 1보다는 성장 지향전략인 사례를 선

[그림 10-2] 확률과 미래 자본의 표시: 두 포트폴리오의 비교

NWC_{t0+n} ~ N($ 270억, $(100억)^2)
NWC_{t0+n} ~ N($ 150억, $(120억)^2)

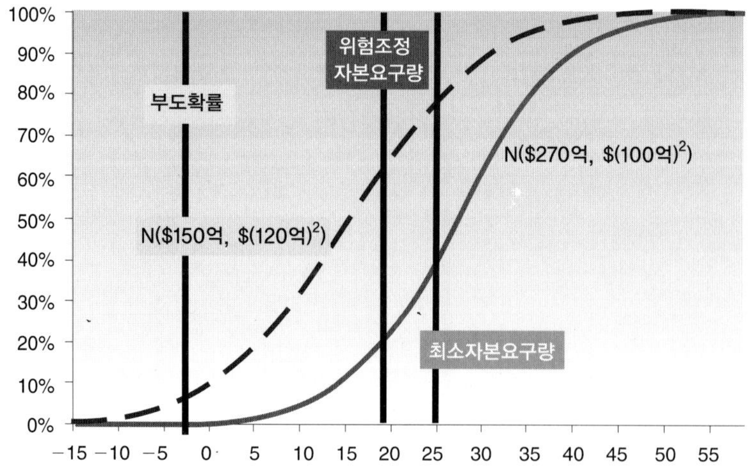

[표 10-2] 다양한 NWC의 기대값과 표준편차하에서 추정 부도확률

E(NWC) σ	18	19	20	21	22	23	24	25	26	27	28	29	30
1	0.0%	0.0%	0.0%	0.0%	0.0%	0.0%	0.0%	0.0%	0.0%	0.0%	0.0%	0.0%	0.0%
2	0.0%	0.0%	0.0%	0.0%	0.0%	0.0%	0.0%	0.0%	0.0%	0.0%	0.0%	0.0%	0.0%
3	0.0%	0.0%	0.0%	0.0%	0.0%	0.0%	0.0%	0.0%	0.0%	0.0%	0.0%	0.0%	0.0%
4	0.0%	0.0%	0.0%	0.0%	0.0%	0.0%	0.0%	0.0%	0.0%	0.0%	0.0%	0.0%	0.0%
5	0.0%	0.0%	0.0%	0.0%	0.0%	0.0%	0.0%	0.0%	0.0%	0.0%	0.0%	0.0%	0.0%
6	0.1%	0.1%	0.0%	0.0%	0.0%	0.0%	0.0%	0.0%	0.0%	0.0%	0.0%	0.0%	0.0%
7	0.5%	0.3%	0.2%	0.1%	0.1%	0.1%	0.0%	0.0%	0.0%	0.0%	0.0%	0.0%	0.0%
8	1.2%	0.9%	0.6%	0.4%	0.3%	0.2%	0.1%	0.1%	0.1%	0.0%	0.0%	0.0%	0.0%
9	2.3%	1.7%	1.3%	1.0%	0.7%	0.5%	0.4%	0.3%	0.2%	0.1%	0.1%	0.1%	0.0%
10	3.6%	2.9%	2.3%	1.8%	1.4%	1.1%	0.8%	0.6%	0.5%	0.3%	0.3%	0.2%	0.1%
11	5.1%	4.2%	3.5%	2.8%	2.3%	1.8%	1.5%	1.2%	0.9%	0.7%	0.5%	0.4%	0.3%
12	6.7%	5.7%	4.8%	4.0%	3.3%	2.8%	2.3%	1.9%	1.5%	1.2%	1.0%	0.8%	0.6%
13	8.3%	7.2%	6.2%	5.3%	4.5%	3.8%	3.2%	2.7%	2.3%	1.9%	1.6%	1.3%	1.1%
14	9.9%	8.7%	7.7%	6.7%	5.8%	5.0%	4.3%	3.7%	3.2%	2.7%	2.3%	1.9%	1.6%
15	11.5%	10.3%	9.1%	8.1%	7.1%	6.3%	5.5%	4.8%	4.2%	3.6%	3.1%	2.7%	2.3%

택하게 될 것이다. 더구나 감독기관이 부도확률의 상한선을 5%로 설정하였다면 높은 부도확률을 가진 전략을 선택하였음에도 불구하고 감독기준을 준수하는 데는 아무런 문제가 없다.

단위: $10억, %

사례 1: $NWC_{t0+n} \sim N(24, 9), Pr(NWC_{t0+n} < 0) = 0.4\%$

사례 2: $NWC_{t0+n} \sim N(27, 2), Pr(NWC_{t0+n} < 0) = 1.2\%$

10.3.7 고정된 자본기준하에서 의도하지 않았던 인센티브

리스크하에서 의사결정에 직면한 모든 회사는 자신의 결정을 자본기준 관점에서 경제적 환경변화에 따라 어떻게 조정할지를 고려하여야 한다. 이러한 개념에 관한 단순한 예로 영업자료, 포트폴리오 그리고 NWC의 가치 평가능력을 가진 회사가 있다고 생각하자. 이때 A포트폴리오는 다음과 같은 NWC의 결과로 구해진다.

포트폴리오 A: $NWC_{t0+n} \sim N(\$\ 270억, \$(100억)^2)$

포트폴리오 자산의 기대수익률과 공분산이 주어질 때 NWC는 정규분포인 N($270억, $(100억)^2)를 따른다고 하자. 이때 감독기관은 최소자본요구량을 $250억을, 리스크조정 자본요구량으로 $190억을 요구하고 있다. 이때 이 회사의 부도확률, 리스크조정 자본요구량을 만족시키지 못할 확률, 그리고 최소 자본요구량을 만족시키지 못할 확률을 계산해보면 각각 0.3%, 21.2% 그리고 4.6%이다.

한편 자산의 기대수익률과 공분산이 아래와 같이 주어진 또 다른 포트폴리오 B가 다음과 같다고 하자.

포트폴리오 B: $NWC_{t0+n} \sim N(\$240억, \$(80억)^2)$

표 10-3을 살펴보면 의사결정자로서 당신은 포트폴리오의 자산가치는 $30억이 작지만 불확실성에 따른 리스크 역시 작다는 것을 알 수 있을 것이다.

포트폴리오 B는 파산가능성을 0.3%에서 0.1%로 낮추어 리스크를 헤지한 것이다. 그리고 다른 모든 조건이 일정하다면 포트폴리오 B가 낮은 부도확률을 나타낸다. 그러나 완전한 리스크 회피자에 의해 포트폴리오 B가 선택될 수 있다는 것을 보기 전에 자본기준의 위반정도를 고려하여야 한다. 표 10-4를 살펴보자.

[표 10-3] A와 B 포트폴리오 기대값과 표준편차의 비교

단위: $ 10억

포토폴리오	기대값: E(NWC)	표준편차: σ
포토폴리오 A	27	10
포토폴리오 B	24	8

의사결정자로서 당신은 포트폴리오 A와 포트폴리오 B 중 선택을 해야 한다. 포트폴리오 B는 포트폴리오 A 보다 부도확률이 낮은 반면 최소 자본요구량과 리스크조정 자본요구량을 충족시킬 확률 역시 낮다. 포트폴리오 A는 부도확률이 상대적으로 높지만 최소 자본요구량과 리스크조정 자본요구량을 충족시킬 확률도 높다. 의사결정자인 당신은 어떤 것을 선택하겠는가?

그림 10-3은 부도확률에 대한 평가와 자본기준에 대한 관계를 나타내고 있다. 이 그림을 통해 포트폴리오 B가 최소 자본요구량과 리스크조정 자본요구량을 충족시키지 못하는지를 알 수 있다. 따라서 의사결정자는 자본기준 위반 확률을 낮추고자 한다면 포트폴리오 A를 선택해야 하고, 부도확률은 낮추고 대신 자본기준을 위반할 확률을 높아지는 것을 허용한다면 포트폴리오 B를 선택해야 한다.

포트폴리오 B는 NWC > $140억일 때 포트폴리오 A와 누적밀도함수의 값이 같아지게 되며 NWC > $140억일 때는 그림 10-3에서 보는 듯이 포트폴리오 B는 리스크조정 자본요구량을 만족시키지 못할 확률이 커지게 된다. 이것이 의사결정자로 하여금 자본규제를 회피하기 위해 포트폴리오 A를 선택하게 하는 이유가 된다.

더욱 나쁜 점은 감독자 역시 포트폴리오 B의 부도확률이 더 낮다는 이해의 부족으로 포트폴리오 A를 선택할 수 있다는 것이다. 그림 10-3은 이러한 현상을 잘 보여주고 있다.

자본에 대한 규제가 커질수록 최소 자본요구량이 $250억을 초과하고 리스크조정 자본요구량 역시 $190억 이상이 되면 포트폴리오 A가 포트폴리오 B의 대안으로 선택될 확률은 더욱 커지게 된다.

[표 10-4] 자본기준의 위반 확률

포토폴리오	Pr(NWC 〈 0)	Pr(NWC 〈 19)	Pr(NWC 〈 25)
포토폴리오 A	0.3%	21.2%	4.6%
포토폴리오 B	0.1%	26.6%	59.9%

그렇다면 감독기관이 자본에 대한 제약만으로 건전성과 안전성을 확보할 수 있는가? 그림 10-3를 보면 아마도 그 대답은 'No' 일 것이다. 마찬가지로 감독기관이 파산확률과 변동성에 대한 규제만을 강화한다면 건전성과 안정성을 확보할 수 있는가? 이러한 조치는 최소 자본요구량과 리스크조정 자본요구량을 만족시키지 못한 채 투기적 성향만 조장할 수 있다.

10.3.8 현재 가치평가와 미래 가치평가의 결합

어떤 기업이 오늘 적정자본수준을 유지하고 있다고 하자. 영업은 정상적인 조건이지만 미래의 특정 시나리오에 대한 충격을 견디기에는 적절한 자본구조를 가지고 있지 않다고 가정하자. 감독기관은 이러한 조건을 구분하여 두 가지를 동시에 다 만족시킬 수 있는 전략을 짜낼 수 있는 판단과 유연성을 갖추고 있어야 한다. 여기서 두 가지를 다 만족시킨다는 것은 조건부 확률 수준하에서 받아들여질 수 있다는 것을 의미한다. 이를 위해 가장 최소의 비용이 드는 방법을 통한 탁월한 전략을 살펴보게 될 것이다.

조건부 현재와 조건부 미래의 자본 적정성을 평가하기 위한 두 가지 추정방법은 바람직한 자본적정성을 산출하기 위해 사용될 수 있다. 만일 감독기관과 기업이 θ와 σ에 합의한다면 감독기관과 기업은 수용 가능한 확률

[그림 10-3] 자본기준은 왜 부도리스크를 증가시키는가에 관한 도해

NWC_{t0+n} ~ N($ 270억, $(100억)^2)
NWC_{t0+n} ~ N($ 240억, $(80억)^2)

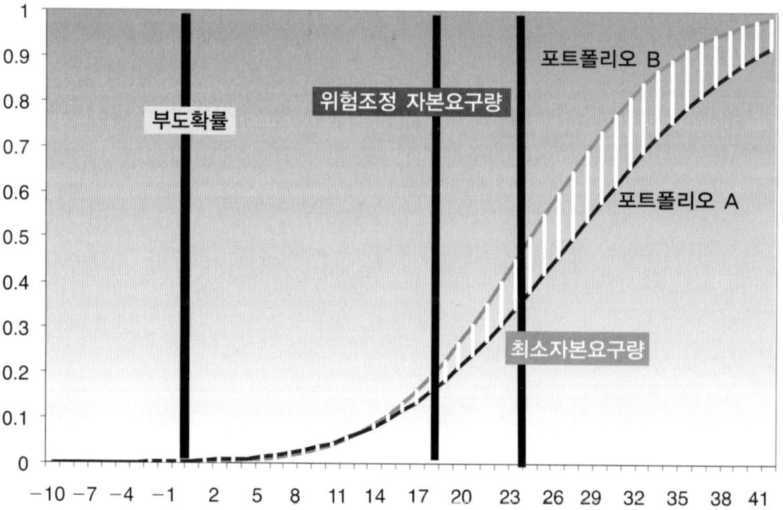

수준과 자본에 대한 하한선을 함께 선택할 것이다. 이 경우 하한선은 바로 경영조건과 안전성 그리고 건전성의 지표가 될 것이다.

10.3.9 규제적 리스크평가, 안정성, 그리고 건전성

감독기관의 리스크관리를 기업수준의 리스크관리와 비교해 보자. 파산에 따른 사회적 손실규모의 추정은 주주 또는 채무자의 그것과 매우 다를 것이다. 감독기관은 자본기준을 설정시 이를 고려하여야 한다. 또한 감독기관은 손실 확률분포에 대한 상한선을 설정할 수 있고, NWC의 분포로부터 얻는 정보를 통해 리스크수준과 잠재적인 경제적 충격승수(Economic Impact Multiplier)를 추정할 수 있다.

이것을 설명하기 위해 어떤 회사가 현재 시점에서 \$5억의 NWC가지고 있다고 가정하자. 만약 회사가 파산이 난다고 가정하면 주주는 유한책임을 가지므로 \$5억만 잃게 될 것이다. 채무자는 정부의 보장책에 따라 손실이 훨씬 작을 수도 있다. 감독기관은 회사의 파산 이전에 미시적인 분석을 통해 대형 금융기관이 파산과정 중에 지역경제에 \$10억의 손실을 줄 수 있다고 결론지었다고 가정하자. 또한 금융기관이 파산이 날 확률로 현재 0.5%로 주어졌다면 사회적 리스크 프리미엄은 다음과 같다.

$$\$10억 \times 0.005 = \$\ 5백만$$

이러한 리스크 프리미엄은 체계적 리스크에 대한 보상인 자본부담을 통해 관리 할 수 있다. 금융기관이 계속해서 자신의 포트폴리오를 조정하여 파산확률을 0.5 %에서 0.1%로 조정한다면 리스크 프리미엄은 \$1백만으로 줄어들 것이다. 이 경우 \$1백만의 마진은 금융기관으로 하여금 그러한 노력을 기울이도록 하기에 충분한 인센티브를 제공할 수 있다. 예컨대 장기간에 걸쳐 부도확률이 1% 수준을 유지한다면 리스크 프리미엄은 여기에 맞추어 조정될 것이다. 기업 또한 포트폴리오 조정을 통해 파산가능성을 낮출 것이다.

감독기관에 의해 리스크이 관리되기 위해서는 자본의 확률분포에 대한 지식이 요구된다. 그리고 감독기관이 고려하는 손실은 주주와 채무자의 손실에만 국한되지 않고 경제전체에 미치는 사회적 손실도 포함한다는 것이다.

모든 경우에 있어서 감독기관과 기업은 NWC_{t0}와 NWC_{t0+n} 사이의 확률분포라는 두 가지 관점에서 자본을 바라보게 된다. 두 가지 모두 자본적정성을 예측하는데 필수 불가결한 요소이다. 그리고 두 가지는 동시에 공정가치이어야 한다. 감독기관은 이러한 측정도구를 이용해서 금융기관의 건정성을 감시할 수 있다.

10.3.10 확률분포를 사용한 자본적정성의 잠재적 이익

이상의 정보들을 통해 NWC에 대한 지식을 확장하게 되면 현재의 자본적정성 모델에 도입된 임의적인 '리스크가중치(Risk Weight)' 와 '대용변수(Proxy Variable)' 을 제거할 수 있다. 모든 사람의 기대 NWC가 실질적으로 감소하고 분산이 커진다는데 동의한다면 감독기관, 채무자, 주주와 법원 사무관 등은 리스크가 증가하고 있다는 것을 알 것이다. 권한행사의 보류는 즉각적 시정조치로 변경되어야 할 것이다. 감독조치는 지난 분기의 재무비율이나 시장가치에 의존하지 않고 현재와 미래의 NWC의 분포에 의존하게 된다. 감독기관은 금융기관의 현재와 미래의 부도확률이 다음과 같으면 파산조치를 취할 것이다.

$$\Pr((NWC_{t0} \mid \theta) < 0) \Rightarrow 100\%$$

$$\Pr((NWC_{t0} \mid \varphi) < 0) \Rightarrow 100\%$$

이와 같은 시스템에서 금융기관이 너무 크기 때문에 부도처리를 하지 못한다는 것은 전혀 부담스럽지 않다. 누가 이미 발생한 경제적 손실을 막기 위해 금융기관이 파산상태로 운영하는 것을 허용하겠는가? 재무적 신호는 다소 애매모호하므로 정부의 명시적인 또는 묵시적인 보장제도(Guarantee)는 불필요한 것이 될 수도 있다. 다음 절에서는 우리가 현재와 미래의 자본의 분포에 대한 실질적인 추정 능력이 있는지를 살펴볼 것이다.

10.4 전통적인 자본적정성에 대한 대안들

10.4.1 자본적정성과 순자산 가치 모형

자본적정성에 대한 계산을 수치적으로 다룰 수 있도록 하기 위해서 자본이 확률분포를 갖는 순자산 가치라고 가정하고, 금융기관 자신은 불확실성하에서 의사결정을 한다고 가정하자. 은행과 같은 금융기관은 최근의 리스크관리 도구가 만들어지기 이전에도 리스크를 관리해 왔다. 이것은 순자산가치를 평가하고, 어느 정도 확실성하에서 미래의 현금을 조명하고, 미래의 순자산 가치는 얼마인가를 추정하는 능력으로 전환되었다. 통계와 경제학,

금융, 컴퓨터, 금융공학과 리스크 관리기술의 발전이 이러한 기법들을 더욱 향상시켰다. 최근 금융기관은 자체적인 리스크관리 도구와 소프트웨어를 도입하거나 외부의 전문기관으로부터 구매하고 있다. 리스크관리는 실질적인 시장의 경험, 자산 포트폴리오 그리고 기업수준에서 과학적인 분야와 융합을 계속하고 있다. 그 결과 금융기관들은 최근 잠재적인 손실에 대해 과거에 비해 보다 정교하게 측정할 수 있게 되었다.

이러한 리스크관리의 핵심은 금융자산의 수익 또는 손실에 대한 확률분포를 가정하고 평가하는 능력에 달려있다. 개별 금융기관의 관점에서 볼 때 잠재적인 손실은 주주 또는 채무자의 손실이 된다. 따라서 내부적인 리스크관리가 가능한 개별금융기관은 NWC_{t0+n} 기에 대한 조건부 추정치와 관련한 표준편차를 감독기관에게 제공하는 것이 타당할 것이다.

앞장에서 이 두 모수가 어떻게 현재와 미래 순자산 가치의 조건부 확률밀도함수를 구성하는 토대를 제공하는지를 살펴보았다. 금리리스크, 신용리스크, 운영리스크 그리고 조건부 밀도함수로 나타내는 모든 함수가 이러한 모수를 포함하고 있다는 점에 주목하라.

순자산 가치의 기대값과 표준편차의 변화는 금리리스크, 신용리스크, 운영리스크, 그리고 조건부 확률밀도함수로 나타내는 모든 함수의 리스크를 측정하는토대가 된다. 개별기업 이외의 다른 기관들은 순자산 가치와 그것의 표준편차를 추정하기 위해 자료의 접근성을 허용해야 하는가? 감독기관, 브로커, 또는 개별적인 평가기관들이 그와 같은 모수들을 보다 잘 평가한다는 가정한다. 이것은 특별한 이유가 있어서가 아니라 그들이 평가를 위한 적절한 평가도구를 가지고 있기 때문이다.

Lutton(2000)은 OCC내 은행들을 위한 평가시스템을 제공하고 있다. 물론 독점적 자료에 대한 리스크관리 도구로서 보다 복잡한 관계를 갖는 계량경제학적 접근이 발전되고 일반화 될 것이다. 순자산 가치의 평가를 위한보다 이론적으로 일반화된 접근 방식은 Swamy et al(2001)을 참고하라.

10.4.2 다양한 모형의 결과들을 활용한 정보수집

감독기관의 애널리스트와 학계 그리고 컨설턴트들은 감독대상 기관의 모형이 담고 있는 정보와는 다른 정보를 제공하는 모형을 구성하려고 하는데 이때 새로운 모형을 찾는 것보다 다양한 모형의 결과들을 통해 필요한 정보를 얻을 것인가 하는 것이 최근의 이슈가 되고 있다. 감독기관은 개별기관의 모형에 접근할 수 있다면 탁월한 솔루션을 찾을 수 있을 것이다.

여기서 미래를예측하는 세가지 모형을 가정해보자.

모형1 : 감독기관의 모형으로 θ_1 과 φ_1으로 주어진 가정하에서 NWC의 분포를 예측하고 제공한다.

모형2 : 감독대상 기관의 모형으로 감독기관의 모형과는 약간의 차이를 보이는데 θ_2과 φ_2의 집합으로 주어진 가정을 통해 NWC에 대한 분포를 산출한다.

모형3 : 전문화된 외부 컨설팅 회사에 의해 주어지는 θ_3 과 φ_3을 통해 NWC에 대한 분포를 산출한다.

1 단계 : 각각의 모델에 묵시적으로 담겨있는 $\theta_1=\theta_2=\theta_3$라는 정보와분포에 대한 가정을 만족시키도록 한다. 먼저 예상되는 정보를 종합하고 가정을 표준화 할 수 있는 토대를 제공하는 현재의 순자산 가치에 초점을 두자.이와 같은 모형들은 장부가치 자본 또는 시장가치 자본을 포함하고 있을 것이고 NWC_{t0}의 분포를 평가하는 일부로서 할인된 현금흐름을 고려하고 있을 것이다.

2 단계 : 각 모형의 순자산 가치의 예측방법, 각 분포의 분산, 각 모형간의 공분산을 비교한다. 먼저 정규분포 가정을 통해 다양한 모형의 기대 순자산 가치 $E(NWC_{t0} \mid \theta_1, \theta_2, \theta_3)$는 가중평균치($w_i$)로서 다음과 같이 나타낼 수 있다.

$$E(NWC_{t0} \mid \theta_1, \theta_2, \theta_3) = E(NWC_{it0} \mid \theta_i) \times w_i$$

여기서, $i = 1, 2, 3$

$0 < w_i < 1$

$\Sigma w_i = 1$

3 단계 : NWC_{t0}의 분산을 구성한다.

$$\sigma^2=\Sigma_j\Sigma_j\sigma_{ij}*w_i*w_j$$

여기서, $i = 1, 2, 3$

각각의 모형은 서로 다른 평균, 분산 그리고 공분산 값을 산출할 것이다. 예를 들면 감독기관은 $w_2=w_3=0$ 이라는 가정을 통해 그들의 모델의 값을 산출한다. 마찬가지로 감독대상 기관은 $w_1=w_3=0$이라는 가정을 사용한다. 여기서 모든 기관의 정보가 동등한 가치를 지니고 있다고 가정하면 $w_1= w_2=w_3$가 될 것이다. 반면에 한 모델이 다른 모델보다 좀 더 좋은 결과를 가져온다면 현금흐름이나 순이익 전망과 관련된 예측오차에 기반을 둔 최적 가중치를 통해 얻은 최적화 알고리즘의 해로부터 각각 다른 가중치가 적용될 수도 있을 것이다. NWC_{t0+n} 의 확률분포에 대한 예측을 구성하는 것에도 비슷한 절차가 적용될 수 있다.

결국 이러한 방법의 응용을 통해 NWC_{t0} 와 NWC_{t0+n}에 대한 평균과 분산을 각각 얻을 수 있게 된다.

10.4.3 사전규제 접근법: 자본적정성 비율

Kupiec 과 O' Brien(1997)은 자본적정성에 대한 사전규제 접근법을 제안했는데 이것은 은행이 자체적으로 규제자본의 하한선을 제안한다는 내용을 담고 있다. 이러한 사전구속적인 제한은 감독기관의 심의와 승낙을 받아야 하는 규제자본의 표준으로 은행에게 받아들여질 것이다. 만약 은행의 자본이 잠식되는 손실을 입었다면 은행은 적절한 양의 자본을 할당하려고 하는 감독기관으로부터 페널티를 부과받게 된다. Kupiec 과 O'Brien은 자본을 조건부 확률변수로 보고, 자본이 순자산 가치를 반영하긴 하지만 회사가 정확하게 순자산 가치를 정확하게 측정할 수 없다고 생각한다.

그럼에도 불구하고 감독기관은 균형 상태하에서 도출된 자본요구량을 제시할 것이다. 이러한 균형 상태에서 기업은 사전에 제시한 기준을 위반함으로써 받게 되는 확률 가중 페널티를 고려하여 최적의 자본을 은행이 선택할 것이다.

Taylor(2002)는 이러한 방법의 두 가지 한계에 대하여 언급하였다. 첫째, 페널티의 부과는 은행이 그것을 부담할 수 없을 때 부과될 수 있기 때문에 오히려 재정적인 조건을 더욱 악화시킬 수 있다는 것이다. 예를들어 만일 경기 후퇴기에 자본이 완전히 잠식되고 있는 상황에서 페널티가 부여된다면 신용경색에 의해 경기는 더욱 더악화 될 수 있다.

둘째, 실질적인 문제인데 감독기관이 어떻게 사전에 자본규제에 대한 기준이 적절한지 에 대한 결정을 어떻게 할 수 있는가 하는 것이다. Kupiec 과 O'Brien의 세계에서 은행은 정보비대칭으로부터 명백한 이익을 얻을 수 있기 때문에 비록 초과이익을 추구하고 도덕적해이가 발생한다 하더라도 결과적으로 은행의 경영층은 주어진 예상 리스크에 대하여 효과적으로 규제자본의 수준을 제안할 수 있다. 반면에 감독기관은 그와 같은 리스크를 측정하는 능력이 떨어지는데 이는 감독기관 자신이 이해 당사자가 아니기 때문이다. 또한 감독기관은 더 이상 개별은행 또는 전체 금융시스템의 자본을 통제할 수 있는 위치에 있지 않다.

바젤 II에서 사전규제 접근법은 감독기관에 최초로 제안되었다는 장점에도 불구하고 시작부터 상처투성이라 결국 감독기관이 처음부터 자본적정성을 부과하는데 부적절한 위치에 있었다는 것을 인정하게 되었다. 너무 급진적이고 단순하게 또는 너무 엉성하게 받아들여진 감독기관의 사전규제 접근방식은 채택되어지는 것에 실패하였다. Taylor(2002)는 Kupiec 과 O'Brien이 제시하지 못한 규제감독방안을 제시하는데 감독기관이 사전규제를 통한 자본의 통제가 가능하도록 한 CAR(Capital Adequacy Ratio : 자본적정성 비율)이 바로 그것이다.-[6] 앞으로 자본적정성 비율은 CAR로 표시한다. Taylor의 CAR은 두 개의 사전규제로 구성이 되어 있는데 첫 번째는 구체적 기간동안 측정이 가능한 순자산가치 개념의 자본제한과 최소자기자본기준이다. 은행은 감독기관에게 순자산 가치가 항상 최소자기자본기준 이하로 떨어지지 않는 다는 것을 보고해야 한다.

둘째, 분기와 같이 주어진 기간동안 견딜 수 있는 손실의 측정이다. CAR은 손실/자본 또는 주어진 자본에 대한 손실로 구성된다. 기술적으로 자본은 진실된 순자산가치이기 때문에 진실된 손실은 분기간 순자산 가치의 차이가 될 것이다. 이와 같은 사전규제는 Kupiec 과 O' Brien의 원본 제안서에서도 발견할 수 있는데 Tayor는 규제자본 적정성모수를 도입하였다. 이것은 CAR은 사전규제를 위한 감시도구로서 분자에 자본을, 분모에 손실을 넣어 사전에 주어진 비율을 만족해야 한다. 또한 CAR 값은 금융기관 마다 다르고 또한 시기마다 다르다. 사전규제를 초과한 손실을 입거나 또는 자본의 손실이 주어진 수준을 초과한 금융기관은 관례상 많은 비용이 드는 감독과 규제를 받아야 한다.

Taylor는 자본과 손실을 각각 자신의 분포를 가지고 있는 조건부 확률변수로 보았다. 이러한 분포는 그것을 사용하는 은행에게 알려져 있고, 따라서 은행은 합리적인 사전규제 수준을 얻을 수 있다고 보았다. 단순화를 위해 Taylor는 확률을 상대적인 빈도로 다루는 안정적 정규분포로 가정하였다. 그는 은행이 분기당 $3천만(연간 $1억 2천만)의 수익을 기대하고 있으며 이때 진실된 수입은 N($1억 2천만 , $(4천만)²)를 따른다고 가정하였다. 이때 순 수입이 정규분포를 따른다면 $1천만의 손실이 발생할 확률은 15.9% 이다.

마찬가지로 $2천만의 손실이 발생할 확률은 10.6% 이다. 그리고 $9천만의 손실이 발생할 확률은 약 0.1%이다. 이러한 정보를 이용해서 금융기관

6_ 10.4 절에서 자본적정성 비율은 CAR로 표시한다.

은 감독기관이 부과한 CAR을 만족하는 최적의 최소자본규제 비율을 얻을 수 있는데 표 10-5는 감독기관이 어떻게 CAR을 설정하는지를 보여주고 있다.

감독기관은 CAR을 표 10-5의 좌측열에 나타난 것처럼 0.01~0.2까지 설정을 한 뒤 사전규제 비율과 감독기준을 단순한 매칭시킨것이다. 자본 임계치(Capital threshold)는 사전규제 임계치(Precommitment threshold)와 거꾸로 변하고 있음을 알 수 있다.

이것은 표 10-5에서 감독기관이 CAR을 0.1에 두었다면 사전규제 손실(precommitment loss)이 $5천만에 해당하는 자본수준은 $5억이 되므로 은행이 $5천만에서 더 이상의 손실을 입지 않는다면 $5억의 자본을 부담하는 것에 동의할 것이다. 또한 은행의 사전규제 손실수준을 $1천만까지 줄인다면 CAR 0.1 하에서 자본수준을 $1억까지 줄일 수 있게 된다. 반대로 은행의 사전규제 손실수준이 $1억로 상승하게 되면 자본수준은 $1,000억으로 상승하게 될 것이다. 또한 만약 감독기관이 CAR을 낮추기로 결정했다면 동일한 사전규제 손실수준에서 자본수준은 증가하게 될 것 이다.

$$\text{CAR} = \frac{\text{사전규제 손실수준}}{\text{사전규제 자본수준}}$$

10.4.4 사전규제 수준하에서 회사의 최적 의사결정

은행의 사전규제의 평가는 순자산 가치와 수익성의 조건부 확률분포로부터 구해진다. 또한, 손실과 순 자산의 확률분포는 은행이 바라보는 자본의 확률밀도함수, 목적함수의 시간범위, 그리고 사전규제 수준의 이하 또는 이상이 되었을 때의 기대 비용 및 이익 등을 가지고 직접 구할 수 있다.모든 금융기관은 적절한 리스크관리 감시수준을 감안하여 사전규제 수준을 산출하여야 한다. 지금 Taylor가 제안한 단순 접근방법 이외에도 보다 정교한 방법을 통해 산출이 가능하게 되었다.

Swamy et al(2001)은 모든 은행의 수익으로부터 시장가치를 추정하는 계량경제학적 접근방법을 제시하였는데 여기서 확률적 계수절차(Stochastic Coefficient Procedure)를 사용하여 은행의 자본적정성, 안전성, 건전성을 감시하고, 예측을 위해 은행의 복잡한 정보와 시장가치 그리고 회계 등을 어떻게 고려하는지에 대한 자세한 설명과 조사연구를 담고 있다.

또한, 이 보고서에서는 장부가치, 시장가치 그리고 경제적 순자산가치를 구분하는 방법을 제시하고 있다. 이러한 접근 방법에서는 순수입의 합계와

[표 10-5] 주어진 CAR하에서 자본 임계치와 손실 임계치의 관계

규제	100	90	80	70	60	50	40	30	20	10
0.01	$10,000	$9,000	$8,000	$7,000	$6,000	$5,000	$4,000	$3,000	$2,000	$1,000
0.02	$5,000	$4,500	$4,000	$3,500	$3,000	$2,500	$2,000	$1,500	$1,000	$500
0.03	$3,333	$3,000	$2,667	$2,333	$2,000	$1,667	$1,333	$1,000	$667	$333
0.04	$2,500	$2,250	$2,000	$1,750	$1,500	$1,250	$1,000	$750	$500	$250
0.05	$2,000	$1,800	$1,600	$1,400	$1,200	$1,000	$800	$600	$400	$200
0.06	$1,667	$1,500	$1,333	$1,167	$1,000	$833	$667	$500	$333	$167
0.07	$1,429	$1,286	$1,143	$1,000	$857	$714	$571	$429	$286	$143
0.08	$1,250	$1,125	$1,000	$875	$750	$625	$500	$375	$250	$125
0.09	$1,111	$1,000	$889	$778	$667	$556	$444	$333	$222	$111
0.10	$1,000	$900	$800	$700	$600	**$500**	$400	$300	$200	$100
0.11	$909	$818	$727	$636	$545	$455	$364	$273	$182	$91
0.12	$833	$750	$667	$583	$500	$417	$333	$250	$167	$83
0.13	$769	$692	$615	$538	$462	$385	$308	$231	$154	$77
0.14	$714	$643	$571	$500	$429	$357	$286	$214	$143	$71
0.15	$667	$600	$533	$467	$400	$333	$267	$200	$133	$67
0.16	$625	$563	$500	$438	$375	$313	$250	$188	$125	$63
0.17	$588	$529	$471	$412	$353	$294	$235	$176	$118	$59
0.18	$556	$500	$444	$389	$333	$278	$222	$167	$111	$56
0.19	$526	$474	$421	$368	$316	$263	$211	$158	$105	$53
0.2	$500	$450	$400	$350	$300	$250	$200	$150	$100	$50
Pr(Loss>a)	0.1%	0.1%	0.3%	0.6%	1.2%	2.3%	4.0%	6.7%	10.6%	15.9%

자기자본수익률(ROE), 총자산수익률(ROA), 레버리지비율(Leverage Ratio), 세율 등을 사용하는데 이것들만 가지고는 대형금융기관이 직면한 포트폴리오 문제를 전적으로 간파하는 데는 한계가 있다. 그럼에도 불구하고 이들의 예측절차 및 회계개념, 그리고 전체적인 접근방법은 Kupiec 과 O' Brien 그리고 Taylor(2002)의 모형의 수행을 위해 필수적인 자본의 분포와 손실의 분포를 추정하는데 토대를 제공하고 있다.

10.4.5 감독기관의 CAR수준 결정방법

Talyor는 감독기관이 CAR을 설정하는데 필요한 여섯 가지 요소를 다음과 같이 나열하였다.

1. 수익이 보고되는 기간
2. 감독기관의 관점에서 파산에 따른 손실
3. 은행 체계의 중요성
4. 정부보증
5. 경기변동의 단계
6. 지역적 이슈

각각의 요소들은 잠정적으로 CAR에 + 또는 − 의 영향을 줄 수 있다. 예를 들면 수익이 보고되는 기간이 길어지면 질수록 CAR은 커져야 한다. 마찬가지로 감독기관이 파산에 따른 손실을 크게 가정할수록 CAR 역시 커진다. 비슷한 개념으로 감독기관이 볼 때 어느 특정 금융기관의 시스템 리스크이 크다고 판단되면 상대적으로 큰 사전규제 자본을 부과하게 된다.

상대적으로 중요성이 낮은 금융기관에게 0.1의 CAR을 요구한다면 이보다 중요하다고 판단되는 금융기관에는 0.15의 상대적으로 높은 CAR을 요구하는 것이다. Taylor는 보다 많은 금융기관이 정부보증으로부터 혜택을 받게 될수록 보다 적은 자본을 보유하게 됨으로써 감독기관의 CAR도 역시 낮아지게 될 것이라고 주장하고 있다. 더구나 CAR은 경기변동주기와 반대로 적용될 수도 있는데 경기확장기에는 CAR이 높아지고 경기 침체(축소)기에는 오히려 낮아질 수 있다. 또한 감독기관은 CAR을 결정함에 있어 지역경제의 상황을 고려하여 지역경제의 축소 또는 확장에 따라 개별은행에게 자본요구량을 높이거나 낮춤으로써 인센티브를 제공할 수 있다. 이러한 요소들을 결합하는 것은 신중한 판단을 요하며 명백한 규제 목적 함수가 없다면 CAR의 설정은 양적인 정보가 아니라 질적인 정보에 의존하기 쉽다.

먼저 CAR 값의 기준선(Baseline)을 고려하는 것이 필요한데 이것을 CAR_b라고 부르기로 한다. Taylor는 CAR_b를 조금씩 증가 또는 감소시켜서 어느 정보가 더 리스크한 요소인지를 파악할 것을 제안했다. 물론 감독기관은 기간별 CAR을 구축하는 것에 제약을 받지 않으므로 감독기관은 시스템 리스크와 거시적인 관점에서 시간에 따른 최적화를 충족시키는 CAR를 선택할 것이다.

10.5 결론

금융 감독기관은 자본적정성과 관련되어 많은 어려운 문제에 직면하게 된다. 감독기관의 검사도구는 완전하지 않으며, 자원 역시 감독대상 기관의 그것과 비교하여 제한되어 있다.감독기관은 지난 몇 십년간 거시경제의 하강국면에는 자본요구량을 강화하고 상승국면 동안에는 자본요구량을 풀어왔는데 이는 오히려 경기변동을 더 심화시켰다. 1980년대 2천개의 은행과 저축은행의 파산이 초래한 손실은 하나의 보험 연기금을 날리게 했으며 다른 연기금들에도 피해를 주었고, 감독기관은 그들의 외부 조기경보시스템에 대한 형편없는 예측 능력을 비공식적으로 한탄해야만 했다.

이러한 문제점은 미국내 문제를 넘어서 자본의 측정에 대한 전 세계적인 감독기구들의 문제로 발전하여 자본기준을 가장 중요한 감독도구로 받아들이게 되었다. 자본적정성, 최소 자본요구량, 그리고 리스크조정 자본요구량 등은 감독기관에게 사회와 재무부 관료들에게 금융기관이 안전성과 건전성을 갖추고 있음을 확신시키는 도구가 되었다. 과거의 재무제표, 장부가치회계, 그리고 하나로 모든 것을 끼워 맞추려는 자본기준은 결국 점점 설득력을 잃어갔다. 그리고 이 금융기관이 적절히 자본화 되었는가 하는 질문에 대한 이분법적인 대답은 회계기준과 대형 금융기관들의 파산을 맞으면서 더 이상 의미가 없게 되었다.

애널리스트들은 만일 $100억의 자본을 가진 금융기관이 10년 후에 $10억을 보유한다면 이는 적절히 자본화 된 것인가 등등 현재의 장부가치 자산이 미래의(예컨대 10년 이상의) 충격기간을 통한 시장의 손실을 커버할 수 있는지에 대에 질문하기 시작했다. 이러한 혼란을 통해 해결책이 등장하였는데 그것은 자본적정성으로 경제적 순자산 가치 관점에서 바라보아야 한다는 것이다. 여기서 경제적 순자산 가치는 확실하게 주어지는 것이 아니라 조건부 확률변수로 주어지고 예측된다. 이것은 새로운 것이 아니라 기본적인 이론들을 기초로 한다. 많은 가정을 지니고 있는 감독기관의 규제모형은 규제목적에 맞는 좀 더 단순하고 쉽게 예측이 가능한 모형을 찾게 된다. 복수의 모형들이 자본적정성의 산출을 위해 통합적으로 사용되는데 이는 자본적정성이 더 이상 단순히 외부 감독기관의 모형에만 의존해서 산출되는 것이 아니다. 즉, 개별 금융기관의 모형과 자본시장의 모형 그리고 학계의 모형을 융합하여 적용한다는 것을 의미한다. 또한, 자본적적성은 과거 레버리지나 자본수준 관점이 아니라 현재의 경제적 환경과 경영상황의 관점에서 바라보아야할 뿐만 아니라, 미래의 상황까지도 반영되어야 한다.

참고문헌

Allen, L. and Saunders, A. (2002), *Credit Risk Measurement: New Approaches to Value at Risk and Other Paradigms*, New York, John Wiley and Sons.

Baer, H. and McElravey, J. (1992), "The Changing Impact of Capital Requirements on Bank Growth: 1975 to 1991," *Federal Reserve Bank of Chicago Working Paper*, Chicago.

Basel Committee (1999), "A New Capital Adequacy Framework," Consultative paper issued by the Basel Committee on Banking Supervision, Bank of International Settlements (BCBS), Basel, Switzerland.

Basel Committee (2001), "The New Basel Capital Accord, Basel II," BCBS, Basel, Switzerland.

Benninga, S. (2000), *Financial Modeling*(2nd Edition), MIT Press, Cambridge, Massachusetts.

Berger, A., Herring, R. and Szego, G. (1995), "*Finance and Economics Discussion Series* 95 – 23," Board of Governors of the Federal Reserve System(U.S.).

Borio, C. (2003), "Towards a Macro-prudential Framework for Financial Supervision and Regulation," *BISWorking Papers*, No.128, February.

Calem, P. S. and Rob, R. (1996), "The impact of capital-based regulation on bank risk-taking: a dynamic model", *Federal Reserve Board Finance and Economics, Discussion Series*, pp. 96 – 12, February.

DeCamps, J., Rochet, J. and Roger, B. (2002), "The Three Pillars of Basel II: Optimizing the Mix in a Continuous-time Model." *Basel II: An Economic Assessment* (Basel, 17 – 18, May 2002), A workshop jointly organized by the Basel Committee on Banking Supervision, the Centre for Economic Policy Research, and the Journal of Financial Intermediation.

Federal Reserve Board of Governors (2003), "Differences in Capital and Accounting Standards among the Federal Banking and Thrift Agencies," Submitted to the Congress pursuant to section 121 of the Federal Deposit Insurance Corporation Improvement Act of 1991, Washington, D.C., July 24.

Froot, K. and Stein, J. (1998), "A New Approach to Capital Budgeting for Financial Institutions," *Journal of Financial Economics*, 47, pp. 55 – 82.

Furlong, F. and Keeley, N. (1990), "A Reexamination of Mean-Variance Analysis of Bank Capital Regulation," *Journal of Banking and Finance*, pp. 69 – 84.

Golub, B. and Tilman, L. (2000), *Risk Management: Approaches for Fixed Income Markets*, John Wiley & Sons, Inc., New York.

Gorton, G. and Winton, A. (1995), "Bank Capital Regulation in General Equilibrium," *National Bureau of Economic Research*, *Working Paper* 5244, Cambridge, Mass.

Karacadag, C. and Taylor, M. (2000), "The New Capital Adequacy Framework: Institutions Constraints and Incentive Structure," *IMF Working Paper Series* No. 00/93, June.

Kim, D. and Santomero, A. M. (1988), Risk in Banking and Capital Regulation," *Journal of Finance*, 43, pp. 1219 – 1233.

Koehn, M. and Santomero, A. (1980), "Regulation of Bank Capital and Portfolio Risk," *Journal of Finance*, 35, pp. 1235 – 1244.

Kupiec, P. and O' Brien, J. (1997), "Regulatory Capital Requirements for Market Risk and the Precommitment Approach," *Federal Reserve Board Working Paper*.

Lutton, T. (1999), "Peer Group Analysis and Risk Measurement," *OCC Draft Working Paper*, Office of the Comptroller of the Currency, December.

Morgan, G. (1992), "Capital Adequacy," *The New Pa grave Dictionary of Money and Finance*, Peter Newman, Murray Milgate, and John Eatwell, editors, Macmillan Press, New York.

Rochet, J. C. (1992), "Capital Requirements and the Behavior of Commercial Banks," *European Economic Review*, 43, pp. 981 – 990.

Santos, J. (2000), "Bank Capital Regulation in Contemporary Banking Theory: A Review on the Literature," *BIS Working Paper*, No. 90, Basel, Switzerland.

Saunders, A. (2000), *Financial Institutions Management: A Modern Perspective*, 3rd Edit., New York, Irwin/McGraw-Hill.

Saunders, A. and Wilson, B. (1995), "Bank Capital Structure: An Analysis of the Charter Value Hypothesis," Salomon Center, New York University, Working Paper.

Stein, J., Usher, S., La Gattuata, D. and Yourn, J.(2001), "A Comparable Method for Measuring Cashflow at Risk for Non-Financial Firms," *Journal of Applied Corporate Finance*, Vol. 13, No. 4.

Swamy, P.A.V.B, Lutton, T. and Bartholomew, P. (2001), "Improved Methods of Treating Critical Issues in Regulating and Supervising Bank Safety and Soundness," A. H. Chen, Ed., *Research in Finance*, New York: JAI, an Imprint of Elsevier Science.

Taylor, C. (2002), "New General Approach to Capital Adequacy: A Simple and Comprehensive Alternative to Basel II," CSFE Center for the Study of Financial Innovation.

Thakor, A. V. (1996), "Capital Requirements, Monetary Policy, and Aggregate Bank Lending," *Journal of Finance*, 51(1), pp. 279 – 324.

United States Congress Financial Institutions Reform, Recovery, and Enforcement Act of 1989(FIRREA).

United States Congress Federal Deposit Insurance Corporation Improvement Act of 1991(FDICIA).

제11장
바젤 II하에서의 은행 대출과 통화정책의 효과

Kevin T. Jacques and David C. Schirm

11.1 서론

1980년 후반에 미국은행 규제자들은 은행업 규제와 감독 실무기관에 관한 국제 바젤위원회의 일원으로써, 리스크가중 자본기준인 바젤 I을 채택했다. 이 자본기준의 초기 목적은 은행 자본요구량이 은행의 자산 포트폴리오와 신용 리스크에 민감하게 반응하도록 만드는 것이었다. 자기자본 비율은 리스크가중 자본의 실행 이후 수년간 상당히 상승해 온 반면 단순한 접근법 때문에 자본기준들은 일반적으로는 자산의 신용리스크과 부분적으로는 상업대출들 사이에 적절히 차이를 두는 것에 실패한 것을 비롯해서 여러 문제들을 야기했다. 이러한 약점들은 다양한 왜곡을 발생시켰는데 수로 바젤 I의 요구사항들을 완화시키는 목적을 겨냥한 법적 · 재정적인 획책에 의해 악화되었고, 그래서 규제 자본비율들은 재정적 능력의 지표로써 거의 신뢰할 수 없게 되었다.

위와 같은 약점을 해결하고자 하는 노력들은 미국과 다른 세계에 있는 국제적 대형은행들에 적용되어지기 위해 개정된 표준들과 함께 1988년 바젤 I을 개정하는 방향으로 현재 진행중이다. 최근 금융시장의 변화와 은행 리스크 측정, 관리시스템의 향상과 함께 리스크가중 자본기준의 발전이 필요하다는 것을 인식하였다. 동시에, 개정된 바젤 II의 중요한 목적들 중 하나는 바젤 I에서 존재하는 왜곡을 감소시키기 위해 규제 자본요구량을 은행활동에 있어 기본적인 신용리스크와 좀 더 밀접하게 연관짓는 것이다. 이것은 신용등급을 규제 자본기준에 편입함으로써 그리고 특정자산에 대한 리스크가중 자본요구량을 차주의 신용등급에 따라 다양화시키는 것을 허용함으로써 일부분은 달성된다. Tanaka(2002), Van den Heuvel (2002b), 그리고 Kopecky and Van Hoose(2003b)는 개정된 바젤 II가 통화전달 메카니즘에 어떻게 영향을 미치는지에 대한 선행연구가 매우 적음을 언급하였다.

이론적으로 규제 자본기준들이 은행의 대출행위와 통화정책의 효과를 변경할 수 있는(종종 상반된 결과를 낳는) 여러가지 가능한 방법이 제시되었다. Chami and Cosimano(2001)와 Van den Heuvel(2002b)의 모형들과 같은 것들은 통화정책상의 변화가 은행 수익성을 변경하고, 차례로 은행자본과 대출에 영향을 미친다는 사실을 발견하면서 통화정책과 은행자본간의 관계를 강조한다. 통화정책은 은행 대출경로 가설하에서 부분적이지는 하지만 지급준비금을 가지고 은행 대출공급에 직접적인 영향을 미친다. Van den Heuvel(2002a)는 규제 자본요구량을 묶어놓는 것은 확장 통화정책에 대응하여 대출을 늘릴 수 있는 은행능력을 자본제약이 제한하게 되어 통화정책의 실효성을 떨어뜨리게 된다고 설명한다.

반면에 Stein(1998)과 Van den Heuvel(2002a)는 은행자본이 역선택 문제를 완화시킬지도 모른다고 설명하고 있다. 만일 긴축 통화정책의 경우 자본제약을 받는 은행들은 예금의 발행을 증가시키지 않을 것 같고, 대출을 좀더 감소시킬 것이다. 만약 은행들이 자본제약을 받는다면, 통화정책의 효과가 좀 더 강력하게 된다. 표면적으로는 논쟁중인 이와 같은 결론들에 대한 한 가지 가능한 설명은 중요한 횡단면적인 차이점들이 은행들이 통화정책 충격에 반응하는가에 존재한다는 것이다(Kashyap and Stein, 1994; Kishan and Opiela, 2000). 그러나 이런 모든 이론들 중 공통적인 것은 통화정책이 직접적으로든 간접적으로든 은행 대출공급에 영향을 미치고, 이런 관계의 특성은 최소한 부분적이라도 규제 자본기준에 의해 영향을 받을 수 있다는 점이다.

규범적인 자본기준이 은행대출과 통화정책에 어떻게 영향을 미치는지에 대한 문제를 논하기 위한 방법으로 1988년 바젤 I에 대한 선행 연구들을 검토하는 것이다. Hall(1993), Haubrich and Wachtel(1993), Jackson et al.(1999), Furfine(2000), 그리고 Aggarwall and Jacques(2001)들의 연구에 의하면 은행들은 일반적으로 1988년 리스크가중 자본기준에 대응하여 증권과 같은 낮은 신용리스크 자산을 상업 대출과 같은 높은 신용리스크 자산들로 대체하면서 그들의 대차대조표 구성을 변경했다고 논한다. 만약 은행들의 자산구성이 통화정책의 효과에 영향을 미친다면 개정된 바젤 II에 의한 자산대체는 전달 메카니즘에 영향을 미칠 것이다. Kashyap and Stein(1994) 과 Thakor(1996)에 의한 다른 연구들 리스크가중 자본기준이 통화정책에 효과적으로 적용됨을 암시하는 동시에, 통화와 은행대출간의 관계를 변경한다는 사실을 보여 주고 있다. 더불어 Berger and Udell (1994), Hancock and Wilcox(1994), Brinkmann and Horvitz(1995), 그리고 Peek and Rosengren(1995b)는 자본기준들이 1990년대에 신용경색기에서 어떤 역할을 했는지에 대해 조사해오고 있는데 종종 그들의 결론들이 충돌한다. 이전의 조사에서는 1988년 리스크조정 자본기준들이 은행 포트폴리오 구성과 통화 정책에 중요한 영향을 끼쳐왔었다는 것을 제안했던 반면, 현재 진행중인 연구에서는 앞으로 닥쳐올 개정된 기준들이 1988년 바젤 I과는 상당히 다르기 때문에 개정된 바젤 II에 대한 그것의 적용성으로 한정되고 있다고 주장한다.

이 연구는 리스크조정 자본기준들에 대해 앞으로 닥쳐올 바젤 II가 은행대출과 통화 정책의 효과에 어떻게 영향을 미치게 될 것인지를 조사함으로써 은행 자본규제에 시사점을 제공한다. Peek and Roseng-ren(1995a)와 Kishan and Opiela(2000)에 의한 최근 연구를 수정함으로써 은행들이 개정된 바젤 II에서 통화정책에 어떻게 비대칭적으로 반응할 것인지가 보여준다. 특히, 비대칭적인 차이점은 통화정책의 효과 속에 있다. 통화정책의 효과는 은행들이 개정된 리스크가중 자본기준에 의해 제한되어 있는지 여부에 좌우될 뿐만 아니라 자본제약을 받는 은행들의 포트폴리오내 자산의 상대적 유동성과 신용의 질에 의해 좌우된다. 더불어, 개정된 바젤 II하에서 신용 등급의 완화와 통화정책 효과에 영향을 미친다는 것도 보여 준다.

11.2 리스크가중 자본

1999년 6월 바젤위원회는 리스크가중 자본기준과 은행 활동상 실제 리스크를 좀 더 밀접하게 결합시키고, 은행들에게 리스크 측정, 리스크 관리 체계를 향상시키는 유인을 제공하도록 1988년 바젤 I을 개정할 것을 강조하는 자문 보고서를 발행했다. 제안된 개정안 하에서 은행의 규제 자본요구량을 계산하기 위한 두 가지 일반적인 방법들이 존재한다. 한 가지는 표준방법에 기초한 것이고 다른 한 가지는 은행 내부등급법에 기초한 것이다.

외부신용등급 접근방식인 표준방법하에서 리스크가중치와 리스크량에 대한 신뢰는 바젤 I의 몇 가지 약점을 보완하기 위해 실행되는 변경작업들과 함께 계속 유지되고 있다. 자산과 부외 활동을 기초자산의 형태와 신용리스크에 기초한 네 가지 리스크가중 범주들 중 하나에 넣었던 1988년 바젤 I는 대조적으로 가장 크게 개정된 부분 중 하나는 은행자격과 상업대출을 포함한 신용리스크노출을 외부 신용평가기관에 기초한 리스크가중 범주 속으로 넣는다는 것과 150% 리스크 가중치 범주를 포함하는 리스크량의 수를 증가시키는 것을 포함한다는 것이다. 1988년 바젤 I하에서처럼 은행들은 각 자산 또는 부외 자산의 달러가치 합에 상응하는 리스크가중치를 곱한 금액으로 총 리스크가중 자산들을 계산한다. 최소한의 규제 자본요구량을 만족시키기 위해서 은행들은 리스크가중 자산대비 최소 4% 기본자본과 최소 8% 총자본(기본자본 + 보완자본)을 유지해야 한다.

두 번째 개정된 바젤II에서 중요한 변화는 시간의 경과로 법인 대출자의 신용등급이 변화하면 그 차주에 대한 대출은 다른 리스크가중치 범위에 놓이게 된다는 것이다. 제안된 개정판하에서 상업대출에 대한 리스크 자본요구량은 신용등급 안에서는 더 이상 불변이다. 만약 그 법인 대출자의 신용이 악화된다면 오히려 대출에 대한 규제 자본요구량은 증가하게 된다. 바젤위원회가 바젤 I에 대한 수많은 변화를 제안해 오는 동안 어떤 누구도 은행포트폴리오 구성과 통화정책의 효과에 대한 중요성을 좀 더 깊이 인식하지 않은 것 같다. 신용등급 변화는 규제 자본요구량의 변동 가능성을 높이게 되고(Jokivoulle and Peura, 2001), 신용등급은 경기 불황시 하향조정되는 경향이 있기 때문에(Nickell et al., 2000; Bangia et al., 2002), 규제 자본기준은 점차 경기순응적(pro-cyclical)이 되는 것 같다(Lowe, 2002). 이것은 신용등급을 고려하지 않은 모든 상업대출이 100% 리스크가중치 범위에 속해졌던 1988년 바젤 I과는 매우 대조적이다. 규제 자본요구량의 엄격한 적용과 통화정책과의 연결고리에 대해 현 연구에서 제시한 바와 같이 제안된 자본기준하에서 신용 등급이 변화한다는 사실은 개정된 바젤 II에서 통화정책의 효과에 관한 추가적인 논제들을 발생시킨다.

11.3 모형

11.2절은 자본요구량이 신용등급에 기초하고 자산변화에 따라 신용등급이 변화할 수 있도록 개정된 리스크가중 자본기준의 적용이 은행대출과 통화정책 전달에 어떻게 영향을 미칠 것인지에 대한 문제를 제기하고 있다.

이 주제를 조사하기 위해 Peek and Rosengren(1995a)와 Kishan and Opeila(2000)에 의해 개발된 1기간 이론 모형을 개정된 기준과 통합하기 위해 수정하여 사용하고자 한다. 보다 명확히 말하면 은행은 준비금(R: reserves), 증권(S: Securities) 그리고 대출(L: Loans)의 세 가지 형태의 자산을 가지고 있는 것으로 가정한다. 부채의 종류는 두 가지로써 요구불예금(DD)과 보험에 들지 않은 거액의 정기예금(TD)이 있고, 또 다른 은행계정 대변항목으로 자본(K)이 있다. 그리고 이들을 대차평균의 원리에 의해 나타내면 아래와 같다.

$$자산 = DD + TD + K \tag{11-1}$$

대차대조표상 부채항목과 같이 대변에 표기되는 자본은 단기간 동안 고정되어 있다고 가정하자. 이론적(Stein, 1998), 실증적(Cornett and Tehranian, 1994) 증거에 의해 자본을 늘리는 것은 비용이 매우 많이 든다. 특히 리스크가중 자본기준에 의해 제약을 받는 은행들일 경우는 더욱 그러하다(Jacques and Nigro, 1997). 요구불예금은 연방기금이자율(r_{FF})과 역관계인 것으로 가정하고, a_0, a_1 , f_0 그리고 f_1은 양수일 것이라 기대한다. 정기예금의 총량은 예금에 대해 은행이 지불하는 이자율(r_{TD})과 시장에서의 정기예금에 대한 평균이자율(r_{TDM})과의 스프레드에 의해 결정된다고 하자. 그러므로

$$DD = a_0 - a_1 r_{FF} \tag{11-2}$$

$$TD = f_0 + f_1(r_{TD} - R_{TDM}) \tag{11-3}$$

대차대조표의 자산 부분에 은행은 지급준비금, 증권 그리고 상업 · 산업 대출을 가지고 있다. 요구불예금의 수준이 주어져 있다면 은행들은 다음과 같은 준비금을 가지는 것이 요구된다.

$$R = \alpha DD \tag{11-4}$$

연방준비은행이 설정한 지급준비금 비율인 α하에서 은행은 이 비율을 초과한 지급준비금을 보유하지 않는 것으로 가정한다. 덧붙여 은행은 요구불예금의 수준(h_1)에서 지급준비금을 감한 고정된 비율로 증권을 소지하는 것으로 가정한다.

$$S = h_0 + h_1 DD - R \tag{11-5}$$

h_0와 h_1이 양수라고 기대한다. 이 모형에서 증권은 거래예금의 인출사태로 발생하는 유동성 문제에 대한 완충 역할을 한다. 더 나아가 은행 대출시장은 불완전하게 경쟁적이고 은행이 어느 정도의 시장경쟁력를 가지는 것으로 가정된다. 그래서 은행 대출은 다음과 같이 시장 내에서의 평균이자율(r_{LM})과 관련하여 제공된 이자율(r_L)에 영향을 받는다.

$$L = g_0 - g_1(r_L - r_{LM}) \tag{11-6}$$

시장과 관련하여 은행이 정하는 이자율이 높으면 높을수록, 대출은 점점 더 감소한다. g_0 와 g_1은 양수이다.

마지막으로 정기예금, 대출 그리고 증권에 대한 시장이자율은 연방기금이자율과 다음과 같은 관계가 있는 것으로 가정한다.

$$r_{TDM} = b_0 + \varphi r_{FF} \tag{11-7}$$

$$r_{LM} = c_0 + \varphi r_{FF} \tag{11-8}$$

$$r_S = e_0 + \varphi r_{FF} \tag{11-9}$$

단순화하기 위해 Peek and Rosengren(1995a)와 Kishan and Opeila(2000)는 세 가지 이자율 모두는 연방기금이자율의 변화와 동일하게 반응한다는 가정을 한다.

식(11-1)~식(11-9)에서 보여지는 대로 은행은 다음과 같이 이득(p_i)을 극대화하는 것으로 가정된다.

$$\pi = (r_L - \theta)L + r_S S - r_{DD}D - r_{TD}TD \tag{11-10}$$

여기서 $r_L L$은 대출의 이자율 소득이고, θL은 대출손실율을 의미한다. 또한, $r_S S$는 증권의 이자율 소득이며, $r_{DD}D$ 와 $r_{TD}TD$는 각각 요구불예금과 거대한 정기예금의 이자비용이다. 이득을 극대화하기 위한 시도에서 은행은 다음과 같이 잠재적인 규제자본 제약에 직면하기 된다.

$$K \geq \gamma_S S + \gamma_L L \tag{11-11}$$

식(11-11)은 은행들이 리스크가중 자본요구량에 귀속된다는 사실을 인지하는데, γ_S 와 γ_L은 증권과 대출 각각의 리스크가중 자본요구량을 측정한다. 명백하게 외부 신용등급을 그 모형에 적용하기 위한 은행대출과 증권에 대한 리스크가중 자본요구량은 다음과 같이 다시 작성될 수 있다.

$$\gamma_L = \bar{\rho}\tilde{\Omega}_L \tag{11-12a}$$

$$\gamma_S = \bar{\rho}\tilde{\Omega}_S \tag{11-12b}$$

대출과 증권에 대한 리스크 가중치, $\tilde{\Omega}_L$ 과 $\tilde{\Omega}_S$ 는 둘 다 변수이면서 다음과 같은 기초자산의 신용리스크 함수이다.

$$\tilde{\Omega}_L = \tilde{\Omega}_L(c_L) \qquad \frac{d\tilde{\Omega}_L}{dc_L} < 0 \tag{11-12c}$$

$$\tilde{\Omega}_S = \tilde{\Omega}_S(c_S) \qquad \frac{d\tilde{\Omega}_S}{dc_S} < 0 \tag{11-12d}$$

식(11-12a)와 식(11-12d)에서 $\bar{\rho}$ 는 특정한 규제 최소자기자본비율이고, 바젤위원회에 의해 현재 8%로 고정되어 있다. 더 나아가 표준방법에서, $\tilde{\Omega}_L$ 은 대출계약상의 차용자의 신용등급, 즉 cL과 반비례하고, $\tilde{\Omega}_S$ 는 차주 자체기초증권의 신용등급 즉, c_S와 반비례한다. 그래서 $d\tilde{\Omega}_L/dc_L$과 $d\tilde{\Omega}_S/dc_s$은 0보다 작다.

바젤 II와 비교하면 1988년 바젤 I에서 대출과 증권에 대한 리스크가중 자본요구량은 신용등급의 변화에 대해서는 불변이다. 이 경우에서는 식(11-12a)와 식(11-12b)이 다음과 같이 다시 작성될 수 있다.

$$\gamma_L = \bar{\rho}\bar{\Omega}_L \qquad \text{단, } \frac{d\bar{\Omega}_L}{dc_L} = 0 \tag{11-13a}$$

$$\gamma_S = \bar{\rho}\bar{\Omega}_S \qquad \text{단, } \frac{d\bar{\Omega}_S}{dc_S} = 0 \tag{11-13b}$$

여기서 $\bar{\rho}$ 는 고정되어 있을 뿐만 아니라, Ω_L와 Ω_S는 실제로 신용리스크의 변화와는 독립적이기 때문에 그들은 또한 고정되어 있다. 그래서 γ_L과 γ_S도 고정된다.

식(11-1)~(11-10)을 통해 만들어진 모형은 Peek and Rosengren(1995a)와 Kishan and Opeila(2000) 와 동일하며 한 가지 중요한 예외를 가진다. 이 연구는 은행들이 리스크가중 자본요구량에 귀속되는 것을 명확하게 인식하고 있으며, 이는 새롭게 첨부한 식(11-11)과 식(11-12a)~식(11-12d)에서 나타난다. Kishan and Opiela(2000)가 규제 자본기준이 구속력이 없다고 가정한 반면, Peek and Rosengren(1995a)는 레버리지 비율은 구속력은 있지만 리스크가중 자본에 대한 어떤 역할도 하지 않는다는 가정하에서 그 모형을 연구한다. Peek and Rosengren의 레버리지비율에 대한 결론과 1988년 바젤 I하에서 식(11-13a), 식(11-13b)을 비교하는 것은 비교 목적을 위한 유용한 결론을 도출한다. 그러나 위에서 소개된 개정된 바젤 II의 중요한 변화에서처럼 이런 자본요구량으로부터 도출된 결론들은 통화정책이 개정된 바젤 II에 의해 어떻게 영향 받을지에 대한 제한된 의견만을 제공하게 된다.

11.4 자본기준에 제약을 받지 않는 은행과 제약을 받는 은행

식(11-12a)에서 식(11-12d)를 식(11-11)로 바꾸고, R, DD, TD, S, r_{TD}, r_L, r_{TDM}, r_S 그리고 r_{LM}을 제거하기 위해 식(11-1)에서 식(11-9)를 사용하면서 대출을 목적함수로 한 라그랑지 함수를 형성한다. 첫 번째 조건들은 자본기준에 제약을 받지 않은 은행 경우의 대출(L)문제를 해결하기 위해 사용된다. 정기예금과 같은 다른 중요한 변수들도 비슷한 방법으로 해결하였다.

다른 조건이 같다면 개정된 바젤 II를 실행하는 것은 1988 바젤 I하에서는 자본기준에 제약을 받지 않았지만 개정된 바젤 II하에서는 제한받게 될 몇몇의 은행에 대한 행동에 영향을 미친다는 것이다. 그 반대의 결과 또한 가능하다. 현재까지 진행된 선행연구에 의하면 규제 자본기준에 의한 제약 여부에 따라 은행 행동이 달라진다는 것이다. 이것은 개정된 바젤 II하에서 자본기준에 제약을 받지않는 은행과 제약을 받는 은행의 차이점을 분석할 때 필요하다.

11.4.1 자본기준에 제약을 받지 않는 은행들

은행이 리스크가중 자본기준에 의해 제약받지 않는다고 가정할 경우 연방 펀드 이자율의 변화가 은행의 포트폴리오 구성에 영향을 미친다는 것은 다음과 같이 표현할 수 있다.

$$\frac{dL}{dr_{FF}} = \frac{-g_1 a_1 (1-h_1)}{f_1 + g_1} < 0 \qquad h_1 < 1 \text{ 가정함} \tag{11-14}$$

$$\frac{dS}{dr_{FF}} = -a_1(h_1 - \alpha) \ \lesseqgtr \ 0 \tag{11-15}$$

$$\frac{dR}{dr_{FF}} = -a_1 \alpha < 0 \tag{11-16}$$

$$\frac{dTD}{dr_{FF}} = \frac{f_1 a_1 (1-h_1)}{f_1 + g_1} > 0 \qquad h_1 < 1 \text{ 가정함} \tag{11-17}$$

$$\frac{dDD}{dr_{FF}} = -a_1 < 0 \tag{11-18}$$

$$\frac{d(deposits)}{dr_{FF}} = \frac{-a_1 (g_1 + f_1 h_1)}{f_1 + g_1} < 0 \tag{11-19}$$

식(11-14)에서 식(11-19)의 결과는 연방자금이자율이 증가하면 은행들은 요구불예금의 감소 결과로 나타난 펀드에서 손실을 대체할 수 있는 것을 찾기 때문에 은행이 정기예금 발행을 증가시킨다는 것을 보여준다. 동시에 식(11-19)는 총체적으로 요구불 예금의 감소는 정기예금 증가에 의해서 완전히 상쇄되지 않고, 그것은 결국 총 예금 수의 감소를 이끌게 된다는 것을 보여주고 있다. 부채가 감소함에 따라 은행들은 연방자금이자율 증가에 대응하여 자산을 감소시킬 것이다. 특히, 요구불예금의 감소는 불확실한 증권에 영향을 줌과 동시에 지급준비금의 감소를 이끌 것이다. Kishan and Opiela(2000)는 규제 자본기준에 제한받지 않거나 지급 준비금과 비례한 증권 포트폴리오를 가진 은행들에게 $(h_1-\alpha)$는 0보다 더 클 것이고, 이는 연방자금이자율 증가에 대응한 증권의 감소로 나타나게 될 것이다. 증권의 변화와 정기예금의 증가에도 불구하고 은행들은 긴축 통화정책에 대응해 대출을 감소시킬 것인데 이 감소의 정도는 h_1뿐만 아니라, 요구불예금의 이자율 민감도(a_1), 정기예금의 이자율민감도(f_1) 그리고 대출의 이자율 민감도(g_1)에 의해 결정된다. 특별히 중요한 것은 리스크가중 자본기준에 의해 제약받지 않는 은행의 경우 대출과 증권의 리스크가중 자본요구량 $\bar{\rho}\tilde{\Omega}_L$ 과 $\bar{\rho}\tilde{\Omega}_S$ 는 은행 포트폴리오 구성이나 연방기금이자율 변화에 따른 자산, 부채의 반응 둘중 한 개에는 영향을 미치지 않는다는 것이다.

11.4.2 자본기준에 제약받는 은행들

선택적으로 은행들은 개정된 바젤 II에 의해 제약될 것이다. 이 조건하에서 라그랑지함수를 미분하고, 중요한 결론들을 해결하기 위해 1계차 조건을 설정하면 다음과 같은 결과를 나온다.

$$\frac{dL}{dr_{FF}} = \frac{\bar{\rho}\tilde{\Omega}_S a_1 (h_1 - \alpha)}{\bar{\rho}\tilde{\Omega}_L} \ \substack{\le \\ >} \ 0 \tag{11-20}$$

$$\frac{dS}{dr_{FF}} = -a_1(h_1 - \alpha) \quad \begin{matrix} < \\ > \end{matrix} \quad 0 \tag{11-21}$$

$$\frac{dR}{dr_{FF}} = -a_1\alpha \quad < 0 \tag{11-22}$$

$$\frac{dDD}{dr_{FF}} = -a_1 \quad < 0 \tag{11-23}$$

$$\frac{dTD}{dr_{FF}} = \frac{a_1(1-h_1)\bar{\rho}\tilde{\Omega}_L + a_1(h_1 - \alpha)\bar{\rho}\tilde{\Omega}_S}{\bar{\rho}\tilde{\Omega}_L} \quad \begin{matrix} < \\ > \end{matrix} \quad 0 \tag{11-24}$$

$$\frac{d(deposits)}{dr_{FF}} = \frac{a_1(h_1 - \alpha)\bar{\rho}\tilde{\Omega}_S - a_1 h_1 \bar{\rho}\tilde{\Omega}_L}{\bar{\rho}\tilde{\Omega}_L} \quad < 0$$

$\tilde{\Omega}_S < \tilde{\Omega}_L$ 이라 가정함 (11-25)

이와 같은 결과들은 대출과 증권 양자 모두에 대한 리스크가중 자본요구량이 자산과 부채가 통화정책의 변화에 반응하는 방법에 있어 부의 역할을 한다는 면에서 자본기준 제약을 받지 않은 은행의 경우와는 근본적으로 다르다. 특히, $\bar{\rho}\tilde{\Omega}_L$ 과 $\bar{\rho}\tilde{\Omega}_S$ 이 대출, 정기예금 그리고 총 예금 등이 통화정책 변화에 따라 변화하는 방법에 영향을 미친다. 그리고 상대적인 리스크 가중치의 정도인 $\frac{\bar{\rho}\tilde{\Omega}_S}{\bar{\rho}\tilde{\Omega}_L}$ 에 중요한 요인(factor)이다.

11.4.3 1988년 바젤 I과 개정된 바젤 II에 대한 비교

1988년 바젤 I과 개정된 바젤 II에 대한 비교 핵심을 이해하기 위해 1988년 바젤 I하에서 대출과 증권에 대한 자본요구량이 고정되어 있는 방정식(11-13a)와 (11-13b)를 연상해 보아라. 만약 은행이 20% 리스크가중치 범주에 들어가는 증권($\bar{\Omega}_S = 0.2$)과 상업 대출($\bar{\Omega}_L = 1.0$)로 구성된 자산 포트폴리오를 가지고 있다고 가정한다면, 1988년 바젤 I에서 $\frac{\bar{\rho}\bar{\Omega}_S}{\bar{\rho}\bar{\Omega}_L} = 0.2$ 가 된다. 반대로, 개정된 바젤 II에서는 신용등급에 대한 리스크가중치에 의존하기 때문에 기초 자산에 대한 신용등급에 따라 바뀐다. 증권의 신용등급은 리스크 가중치가 20%로 남아 있다고 가정한다면 모든 상업대출이 개정 바젤 II하에선 100%리스크가중 범주로 분류되는 것이 아니고, 대신 그들의 신용 등급에 따라 가중치가 부여되기 때문에 $\frac{\bar{\rho}\bar{\Omega}_S}{\bar{\rho}\bar{\Omega}_L}$는 0.13~1.0의 범위에서 바뀌게 될 것이다. 개정된 바젤 II하에서 상업대출의 리스크가중치에 더 커진 재량권이 주어지기 때문에 대출을 변화시키는 통화정책의 영향은 차자의 신용등급에 따라 다르게 될 것이다. $(h_1-\alpha) < 0$라 가정하고, 만약 은행이 BB−아래로 등급이 매겨진 상업대출로 구성된 포트폴리오를 가지고 있어서 발생하게 될 상대적 가중치가 $\frac{\bar{\rho}\tilde{\Omega}_S}{\bar{\rho}\tilde{\Omega}_L} = 0.13$이라면 통화정책은 1988년 바젤 I하에서 보다 바젤 II하에서는 덜 효과적이게 될 것이다. 이런 경우 연방기금 이자율의 상승은 1988년 바젤 I하에서 발생해 왔던 대출감소의 단지 65% 정도의 감소를 이끌게 될 것이다. 양자택일적으로 만약 포트폴리오가 AA− 또는 그 이상으로 매겨진 대출로 구성되어 있어 발생할 수 있는 $\frac{\bar{\rho}\tilde{\Omega}_S}{\bar{\rho}\tilde{\Omega}_L} = 1.0$이라면 통화 정책은 1988년 바젤 I 보다 개정된 바젤 II하에서 더 효과적일 것이다. 이런 경우 연방기금 이자율의 증가에 따른 대출 감소는 1988년 바젤 I보다 5배 더 커지게 될 것이다.

11.4.4 $(h_1 - \alpha) > 0$인 경우 은행대출과 통화정책

앞의 예와 식(20)에서 식(25)의 결과로 부터(h_1-a) 또한 연방기금 이자율의 변화에 대한 자본기준에 제약받는 은행의 반응을 구별 짓는다는 것을 알 수 있다. 이처럼 아래의 세 가지 사례는 마땅히 연구 대상이 되어야 한다. 한 가지 가능성은 은행들이 그들의 지급 준비금에 비례한 즉, $(h_1- a)>0$인 증권 포트폴리오를 가지게 되는 것이다. 이것은 만약 증권이 외부 부채 자금조달을 위한 대체물이고, 긴축 통화정책의 경우 은행들이 요구불예금과 예금보험에 들지 않은 거액의 정기예금 사이에서 마찰음 없이 변경할 수 없어서 외부 부채 자금조달을 비싸게 들여와야 한다면 발생할 수 있는 경우이다(Kash-yqp and Stein, 1997, James, 1995). 이 은행들은 좀 더 유동적인 대차대조표를 가지고 있는 것으로 여겨질 수 있다. 만약 $(h_1-a)>0$ 이다면 연방기금이자율 증가는 정기예금을 증가시키고, 요구불예금을 감소시키게 되고 이는 전체 예금을 감소시킨다. 전체 예금의 변화가 '0'과 같이 않다는 사실은 은행이 레버리지비율에 의해 제약받는다는 Peek and Rosengren(1995a)의 주장과 대조를 이룬다. 그러나 은행들이 예금형태간 진환이 일어남에 따라 발생하는 충격과 그들의 대출활동이 완전히 분리하지 않는다는 통화정책의 대출관점과 모순되지 않는다

(Kashyap and Stein, 1994). 요구불예금의 감소는 증권의 감소를 동반하면서 지급준비금의 감소로 귀착된다. 그리고 Peek and Rosengres(1995a)과 비슷하게 은행들이 지급준비금과 증권을 감소시켜 온다는 사실이 주어진다면 은행들은 대출을 증가시킨다.

이 결과는 직관적으로 이해되지 않지만 긴축 통화정책하에서 대출의 증가를 일으킨다는 Morgan(1998)의 발견 뿐만 아니라, 긴축 통화정책이 단기적으로 대형은행들에게 상업대출의 증가를 일으킨다는 Kashyap and Stein(1994)의 실험적 발견과도 또한 모순되지 않는다. 더 중요한 것은 긴축 통화정책에 대응하여 대출이 증가한다는 사실이다. 만약 대형은행내 몇몇의 은행들이 자본기준에 제약을 받는 은행이고 좀 더 유동적인 대차대조표를 소유한다면 통화정책의 효과가 줄어들게 됨을 의미한다.

11.4.5 $(h_1-\alpha)<0$인 경우 은행대출과 통화정책

두 번째는 은행들이 그들의 지급 준비금에 따라 거액의 증권 포트폴리오를 소유하지 않는 즉, $(h_1-\alpha)<0$이고, 그래서 덜 유동적인 대차대조표를 소유하는 경우이다. 이 경우 정기예금에 대한 통화정책 충격의 효과는 막연하고 모수인 h_1, $\bar{\rho}\tilde{\Omega}_L$, $\bar{\rho}\tilde{\Omega}_S$ 그리고 α의 상대적인 정도에 의존한다. 긴축 통화정책의 경우 dTD/dr_{FF}의 부호가 확실치 않은 반면 전체 예금 감소는 더 커지고, 예금은 좀 더 유동성 있는 은행의 앞 사례보다도 대출을 지탱하기 위해 이용가능성이 적으며, 은행대출 경로와 모순되지 않은 요구불예금 감소는 정기예금 변화에 의해 완전히 상쇄되지 않는다. 다시 위축되고 있는 부채와 함께 총자산들 또한 감소할 것이다. 그러나 은행들이 좀 더 유동성 있는 대차대조표를 가지고 있는 경우와는 달리 이 경우엔 대출이 감소하고 증권이 증가한다. 이와 같은 은행들이 리스크가중 자본기준에 의해 제약받고 있고 증권 포트폴리오들이 상대적으로 작다면 은행들은 약간의 대출을 유동화시킴으로써 전체 예금감소에 대응하게 된다. 리스크가중 자본기준들이 자본요구량을 대출과 증권 양쪽 모두에게 두고 있기 때문에 대출 유동화는 은행이 이자부 증권을 획득하기 위해 사용할 수 있도록 하여 미약하나마 자본제약으로부터 벗어날 수 있게 한다. 대형 미국은행들이 일반적으로 그들의 대차대조표 관리시 부채관리에 중점을 둔다(Gardner, Mills, and Cooperman, 2000). 특히 보험이 되지 않는 부채시장에 대형 미국은행들이 좀 더 쉽게 접근할 수 있을 때 까지 이 사례는 개정된 바젤 II가 적용 될 것 같은 US 은행들이 어떻게 반응할 것인지를 좀 더 잘 반영하고 있

다. 그리고 이전에 제시된 사례와는 반대로 이런 조건들하에서 자본기준에 제약받는 은행들은 제약받지 않는 상대은행들처럼 긴축 통화정책에 반응하여 대출을 감소시키기 때문에 통화정책은 효과적이게 된다.

11.4.6 $(h_1-\alpha)=0$인 경우 은행대출과 통화정책

마지막으로 앞에 예들은 리스크가중 자본기준하에서 '0' 이 아닌 리스크가중치가 적용되는 증권들을 소지한 은행의 경우에 적용된다. 그러나 더 일찍부터 논했던 대로 개정된 리스크가중 자본기준하에서 차주의 신용등급과 기초자산의 형태에 따른 다른 자본요구량이 주어진다. 증권의 경우 AAA의 신용등급을 가진 증권 이를테면 미재무증권과 같은 증권에 대한 리스크 가중치는 0%의 자본요구량을 가지는 반면에, 개정된 바젤 II하에서 다른 형태의 증권에 대한 리스크가중치는 20~150%이 된다. 그래서 1.6%와 12%사이의 자본요구량을 필요로 하게 된다. 선행연구에 밝혀진 연구결과를 정리하면 통화정책의 효과는 은행 포트폴리오안의 증권의 신용등급에 좌우된다는 것을 알 수 있다. 식(11-20)~(11-25)는 은행들이 '0' 이상의 리스크가중치를 가지는 증권을 소유한다는 가정하에서 은행 대차대조표의 다양한 구성요소가 연방기금이자율 변화에 어떤 영향을 주는지 분석하고 있다.

만약 은행 포트폴리오내에 모든 증권들이 0% 리스크가중 범주($\tilde{\Omega}_s=0$)로 들어간다면 정기 예금, 총예금 그리고 대출에 대한 결과는 상당히 변화할 것이다. 이것을 보기 위해 확장 통화정책이 총 예금의 증가를 이끈다는 것에 주목해 보자. 대차대조표의 자산 부분에서 예금증가 부분은 지급 준비금 증가를 일으키고, $(h_1-\alpha)$ 부호에 의하여 증권들은 증가하거나 감소할 것이다. 그러나 증권에 무슨 일이 발생했는지에 관계없이 은행들은 대출에는 변화를 주지 않을 것이다. 이것은 통화정책이 은행 대출변화에는 완전히 효과적이 않다는 Kashyap and Stein(1994) 그리고 Kopecky and Van-Hoose(2003a) 결론이다. $(h_1>\alpha)$인 경우에 은행들은 그들의 증권을 증가시키지만 대출은 증가시키지 않는다. 왜냐하면 대출증가는 이미 자본기준에 제약받는 은행에게 추가적인 자본을 요구할 것인 반면에, AAA등급의 국채를 증가시키는 것은 이 국채가 0%의 리스크가중치를 가지기 때문에 추가적인 자본을 요구하지 않고 이미 이득을 증가시키기 때문이다.

전체적으로 정리하면 다가올 개정된 바젤 II에 의해 제약받는 은행들에 대한 결론은 은행 자본화가 통화정책의 변화에 따른 은행반응의 횡단면적인 차이점을 설명하는데 있어 중요하다는 것을 발견한 Kishan and

Opeila(2000) 연구결과와 일치한다. 그러나 리스크가중 자본기준을 모형에 적용할 경우, 통화정책에 대한 은행대출의 반응은 비대칭적일 수 있다. 이는 자본기준에 제약받는 은행 대차대조표의 상대적 유동성과 은행대출과 증권의 신용 질 또한 은행이 통화정책 변화에 어떻게 반응하는지를 이해하기 위한 중대한 요소이기 때문이다.

11.5 통화정책과 신용등급 변화

11.4절에서 논한 것처럼 개정 바젤 II의 구별되는 두 가지 특징은 신용등급을 규제 자본요구량에 적용시킨 것과 기초 신용등급 변화에 따른 특정자산 변동에 대한 자본요구량의 변화가능성이다. 11.4절은 이와 같은 두 가지 변화 중 첫 번째 것의 중요성에 초점을 맞추고 있다. 신용등급 변화가 통화정책의 효과에 미치는 중요성을 알기 위해 식(11-12a)~(11-12d)를 떠올려 보자. 이 식은 1988년 바젤 I과는 달리 개정된 바젤 II하에서 대출과 증권에 대한 리스크가중 자본요구량은 은행의 신용리스크 노출에 대한 차주의 신용등급함수이다. 대출이 신용등급 변화에 따라 리스크가중 범위를 이동하고, $(d\tilde{\Omega}_L / dc_L) < 0$ 라는 사실은 은행의 리스크가중 자본요구량이 신용등급내 변동에 따라 변화한다는 것을 의미한다. 실제로 신용등급 변화는 통화정책의 효과를 두 가지 측면에서 바꿀 수 있다. 첫째, 신용충격은 은행들이 리스크가중 자본에 제약을 받거나 받지 않는 상태 사이에서 움직이는데 영향을 줄 것이다. 예를 들어 만약 회사 신용등급이 경기와 정의 상관관계가 있고 경기불황과 같은 시장 특수요인 때문에 변화한다면(Saunders, 2000), 이전에 자본제약을 받지 않았던 은행들은 그들의 상업대출 포트폴리오에 대해 상당히 많은 신용등급 하향화를 경험하게 될 것이고, 리스크가중 자본에 의해 제한받게 될 것이다. 11.4절에서 보여진 대로 통화정책의 잠재력은 은행들이 개정된 바젤 II에 의해 제약을 받는지 여부에 좌우될 뿐만 아니라 은행 자산의 다른 특징들에도 의존하여 상당히 달라질 수 있다.

두 번째, 식(11-20)~(11-25)에 의하면, 신용등급의 변화는 통화정책의 변화에 따른 은행 자산과 부채의 반응을 바꾸게 될 것이다. 좀 더 엄밀히 말하자면 자본제약을 받는 은행에 대한 중대한 결론은 다음과 같다.

$$\frac{d\left(\frac{dL}{dr_{FF}}\right)}{dc_L} = \frac{d\left(\frac{dTD}{dr_{FF}}\right)}{dc_L} = \frac{-a_1 (h_1 - \alpha)\tilde{\Omega}_S}{\tilde{\Omega}_L^2} * \frac{d\tilde{\Omega}_L}{dc_L} \lesseqgtr 0 \qquad (11\text{-}26)$$

식(11-26)은 통화정책 전달이 은행자산을 구성하고 있는 대출과 증권의 신용 질에 좌우될 뿐만 아니라, 은행 예금과 대출이 신용등급 변화에 어떻게 반응하는지에도 좌우된다는 것을 보여준다. 반대로 1988년 바젤 I하에서 $(d\bar{\Omega}_L / dc_L) = 0$ 이고, 그래서 통화정책은 은행 상업대출에 대한 신용등급 변화에 영향을 받지 않는다. 개정된 바젤 II에서, 차주의 신용등급이 악화됨에 따라 대출에 할당된 리스크가중치는 이미 자본제약을 받는 은행에 대한 자본요구량 증가와 조화되어 증가한다. 다른 조건이 일정하다면 대출에 대한 리스크가중치는 절대적으로나 상대적으로나 증권의 리스크가중치보다 크게 주어진다. 그래서 은행들은 통화정책 변화에 대출과 정기예금이 반응하는 방법의 변화로 인해 이윤최대화 문제에 직면하게 된다.

11.5.1 $(h_1 - \alpha) > 0$인 경우 통화정책과 신용등급 변화

더 유동적인 대차대조표$(h_1 - \alpha)$를 가진 은행의 연방기금이자율에 대한 정기예금과 대출의 반응 변화는 차자의 신용등급 변화와 정의 관계가 있다. $(h_1 > \alpha)$일 때 $dTD/dr_{FF} > 0$ 이고 $dL/dr_{FF} > 0$인 식(11-20)과 식(11-24)를 인식해야 한다. 이와 같은 결론은 차주의 신용등급이 악화될 때 연방기금이자율 변화에 대한 대출과 정기예금의 반응이 감소할 것이라는 점을 말한다. 실제로 더 높은 리스크가중치는 이미 자본제약을 받는 은행들이 더 높은 신용리스크을 가진 대출 포트폴리오와 직면할 뿐만 아니라, 점차 엄격한 리스크가중 자본기준과도 직면하게 된다는 것을 의미한다. 결과적으로 외부 자금조달을 늘리는 것은 좀 더 어려워 질 것이다. 그래서 거액의 정기예금이 덜 필요해 지고 대출 증가조차 작아지는 결과를 발생시킨다.

11.5.2 $(h_1 - \alpha) < 0$인 경우 통화정책과 신용등급 변화

빈대로 상대적으로 증권을 많이 소지하고 있지 않은$(h_1 < \alpha)$ 은행들에 대해 연방기금이자율 변화에 대한 정기예금과 대출의 반응은 차주의 신용등급과는 음의 관계가 있다. 그래서 차주의 신용등급 악화는 상업대출에 대한 리스크가중 자본요구량이 증가하도록 만들고, 동시에 dL/d_{FF}도 증가시킨다. 이와 같은 은행들에 대해 개정된 바젤 II하에서 통화정책은 신용등급이 향상된 때보다 신용등급 악화에 직면할 경우 덜 효과적일 것이라는 결론이 내려진다. 더 유동적인 대차대조표를 가진 은행들에 대한 결론과 조합하면 이러한 결론은 개정된 바젤 II하에서 통화정책의 비대칭적인 효과에 대한 진보된 증거를 제시한다.

11.6 리스크가중 자본과 내부 신용리스크모형

Peek and Rosengren(1995a) 과 Kishan and Opiela(2000)의 이론적 접근법을 수정하여 사용하면서 우리는 은행대출에 영향을 끼치는 통화정책의 효과에 있어서 개정된 바젤 II가 지니고 있는 시사점을 비교하였다. 우리의 분석은 은행의 규제 자본요구량이 외부 신용등급접근법에 기초를 두고 있다고 가정하는 반면, 개정된 바젤 II는 은행의 신용리스크 노출을 결정하기 위해 내부 신용평가모형 사용을 허용하고 있다. Ferguson의 최근 발표(2003b)에 의하면 개정된 바젤 II에 의해 가장 직접적으로 충격을 받게 될 미국 20개의 대형 은행들은 외부 신용등급접근법을 사용하지 않고, 대신 고급 내부등급법 사용이 요구받는 동시에 감독기관이 자본요구량을 결정하는데 중요한 입력값을 제공받는다. 이때 이 입력값이란 부도확률(PD), 부도시 손실률(LGD) 그리고 부도시 리스크노출액(EAD)를 말하는 것이다. 그리고 나서 이런 입력값들은 은행들에 의해 실행되어져야 할 최소 리스크가중 자본을 결정하기 위한 감독공식에서 사용된다. 개정된 바젤 II하에서 고급 내부등급법을 사용하여 리스크가중 자본요구량을 결정하기 위해 감독기관에 의해 제공된 그 입력값들이 외부 신용평가기관들이 평가한 부도 리스크와 다르지 않다는 것은 주목할 만한 가치가 있다.

우리들은 고급 내부등급법을 포함하기 위해 이론적 모형의 수정된 버전을 사용함으로써, 은행대출 행동에 영향을 끼치는 연방준비은행의 통화정책의 효과에 대한 우리의 일반적인 결론들이 외부 신용등급접근법을 사용한 이론 모형으로부터 이끌어진 결론들과 매우 비슷하게 될 것이라는 가설을 세운다. 이와 같은 더 진보된 이론모형의 수정은 식(11-12a)내의 PD, LGD 그리고 EAD함수처럼 은행대출에 대한 리스크기반 자본요구량$\left(\bar{\rho}\tilde{\Omega}_L\right)$을 재작성하고, 바젤위원회에서 발견한 감독함수(2003)를 병합함으로써 완성되어질 수 있다. 이것은 미래 연구를 위한 주제이다. 여러 외국에 있는 은행들은 고급 내부등급법보다는 차라리 외부 신용등급접근법를 적용할 것이라는 사실을 인지한다. 모형에서 중앙은행 이자율과 관련하여 연방기금이자율을 대용하는 것은 경제상황에서의 통화정책의 효과에 대한 직관을 제공한다.

11.7 결론

바젤협약에 대한 선행연구에서 협약개정이 연방준비은행 통화정책의 효과에 어떤 영향을 줄 것인지에 대한 의문을 제기해 오고 있다. 1988년 바젤 I

과 반대로, 개정된 리스크가중 자본기준은 은행의 자본요구량이 신용등급에 의해 결정되도록 하고 있다. Peek and Rosengren(1995a)과 Kishan and Opiela(2000)는 은행대출에 영향을 끼치는 통화정책의 효과가 은행들이 리스크가중 자본기준에 제약을 받는지 아닌지에 따라 달라지게 된다는 것을 발견하였다. 더 나아가 대출에 영향을 미치는 통화정책의 효과는 은행대출과 증권의 신용 질과 은행 대차대조표의 유동성에 좌우됨을 보여준다. 이러한 연구결과는 통화정책에 대한 은행 자산과 부채의 반응 차이가 은행의 자본화에 달려 있다는 것을 발견한 Kishan and Opiela(2000)의 연구와도 일맥상통한다. 1988년 바젤 I과는 대조적으로 최근 제안된 개정안들 또한 규제 자본요구량이 차주의 신용등급이 변화함에 따라 변화하는 것을 허용하고 있다. 또한, 통화정책의 효과는 신용등급 변화에 따라 다양하지 않다는 것을 보여주고 있다. 차주의 신용등급 변화는 오히려 은행 대차대조표의 상대적 유동성에 좌우되며, 은행들이 통화정책 변화에 비대칭적으로 반응한다.

이번 연구결과는 연방준비은행의 통화정책 수행에 시사점을 제공한다. 즉, 통화정책이 은행대출 변화에 더 효과적인지 덜 효과적인지는 은행이 바젤 II에 제약을 받는지 여부에 좌우된다. 만약 신용등급이 경기에 따라 변한다면 은행과 은행 자산의 재무적 특성이 은행 상업대출의 방향과 정도에 영향을 미칠 통화정책력을 결정할 것이다. 통화정책에 대한 은행의 반응은 비대칭적이다. 몇몇 특성은 통화정책을 더 효과적으로 만들고, 다른 특성은 덜 효과적으로 만든다. 그러나 Bliss and Kaufman(2002)와 같은 거시적 정책 견해에 의한 이 연구의 시사적 의미는 만약 연방준비은행의 목표가 경제에 신용을 제공하는 동시에 이자율을 관리하는 것이라면 개정된 바젤 II는 통화정책을 복잡하게 하는 것이라는 점이다.

참고문헌

Aggarwal, Raj and KevinT. Jacques, (2001), The impact of FDICIA and prompt corrective action on bank capital and risk: Estimates using a simultaneous equations model, *Journal of Banking and Finance* 25, pp. 1139 – 1160.

Bangia, Anil, Francis X. Diebold, Andre Kronimus, Christian Schagen, and Til Schuermann, (2002), Ratings migration and the business cycle with application to credit portfolio stress testing, *Journal of Banking and Finance* 26, pp. 445 – 474.

Basel Committee on Banking Supervision, (2003), The New Basel Capital Accord: Consultative Document.

Berger, Allen N. and Gregory F. Udell, (1994), Did risk-based capital allocate bank credit and cause a 'credit crunch' in the United States? *Journal of Money, Credit, and Banking* 26, pp. 585 – 628.

Bernanke, Ben S. and Alan S. Blinder, (1992), The federal funds rate and the channels of monetary transmission, *American Economic Review* 82, pp. 901 – 921.

Bliss, Robert R. and George G. Kaufman, (2002), Bank procyclicality, credit crunches, and asymmetric monetary policy effects: A unifying model, *Federal Reserve Bank of Chicago Working Paper* 2002-18, pp. 1 – 15.

Blum, Jurg and Martin Hellwig, (1995), The macroeconomic implications of capital adequacy requirements for banks, *European Economic Review* 39, pp. 739 – 749.

Brinkmann, Emile J. and Paul M. Horvitz, (1995), Risk-based capital standards and the credit crunch, *Journal of Money, Credit and Banking* 27, pp. 848 – 863.

Chami, Ralph and Thomas F. Cosimano, (2001), Monetary policy with a touch of Basel, *International Monetary FundWorking Paper*, WP/01/151.

Cornett, Marcia M. and Hassan Tehranian, (1994), An examination of voluntary versus involuntary security issuances by commercial banks: the impact of capital regulations on common stock returns, *Journal of Financial Economics* 35, pp. 99 – 122.

Ferguson, Roger, (2003a), Comments before the Risk Management Association' s Conference on Capital Management, Washington, D.C., April 9, 2003.

Ferguson, Roger, (2003b), Testimony before the Committee on Banking, Housing, and Urban Affairs, U.S. Senate, Washington, D.C., June 18.

Furfine, Craig, (2000), Evidence on the response of U.S. banks to changes in capital requirements, *Bank for International Settlements Working Paper*, No. 88.

Gardner, Mona, Dixie Mills, and Elizabeth Cooperman, (2000). *Managing Financial Institutions*, Fourth edition, New York: Dryden Press, pp. 740 – 746.

Hall, Brian, (1993), How has the Basle accord affected bank portfolios? *Journal of the Japanese and International Economies* 7, pp. 8 – 40.

Hancock, Diana and James Wilcox, (1994), Bank capital and the credit crunch: The roles of risk-weighted and unweighted capital regulations, *Journal of the American Real Estate and Urban Economics Association* 22, pp. 59 – 94.

Haubrich, Joseph and PaulWachtel, (1993), Capital requirements and shifts in commercial bank portfolios, *Economic Review*, Federal Reserve Bank of Cleveland 3, pp. 2 – 15.

Jackson, Patricia, Craig Furfine, Hans Groeneveld, Diana Hancock, David Jones, William Perraudin, Lawrence Radecki, and Masao Yoneyama, (1999), Capital requirements and bank behaviour: The impact of the Basle Accord, Bank for International Settlements, *Basle Committee on Banking Supervision Working Papers*, No. 1.

Jacques, Kevin T. and Peter Nigro, (1997), Risk-based capital, portfolio risk, and bank capital: A simultaneous equations approach, *Journal of Economics and Business* 49, pp. 533 – 547.

James, Christopher, (1995), Discussion, *Federal Reserve Bank of Boston Conference Series, Is Bank Lending Important for the Transmission of Monetary Policy?* 39, pp. 76 – 79.

Jones, David, (2000), Emerging problems with the Basel Capital Accord: Regulatory capital arbitrage and related issues, *Journal of Banking and Finance* 24, pp. 35 – 58.

Jokivuolle, Esa and Samu Peura, (2001), A value-at-risk approach to banks' capital buffers: An application to the new Basel accord, *Bank of Finland Discussion Papers*, No. 15.

Kashyap, Anil K. and Jeremy C. Stein, (1994), Monetary policy and bank lending. In N.G. Mankiw, ed., *Monetary Policy*. Chicago: University of Chicago Press, pp. 221 – 256.

Kashyap, Anil K. and Jeremy C. Stein, (2000), What do a million observations on banks say about the transmission of monetary policy? *American Economic Review* 83, pp. 78 – 98.

Kishan, Ruby P. and Timothy P. Opiela, (2000), Bank Size, Bank Capital, and the Bank Lending Channel, *Journal of Money, Credit, and Banking* 32, pp. 121 – 41.

Kopecky, Kenneth J. and David VanHoose, (2003a), A Model of the Monetary Sector with and without Binding Capital Requirements, *Journal of Banking and Finance*, forthcoming.

Kopecky, Kenneth J. and David VanHoose, (2003b), Bank capital requirements and the monetary transmission mechanism, forthcoming, *Journal of Macroeconomics*, forthcoming.

Lowe, Phillip, (2002), Credit risk measurement and procyclicality, *Bank for International Settlements Working Paper*, No. 116.

Morgan, Donald P., (1998), The credit effects of monetary policy: evidence using loan commitments, *Journal of Money, Credit and Banking* 30, pp. 102 – 118.

Nickell, Pamela, William Perraudin, and Simone Varotto, (2000), Stability of ratings transitions, *Journal of Banking and Finance* 24, pp. 203 – 227.

Peek, Joe and Eric S. Rosengren, (1995a), Bank lending and the transmission of monetary policy, *Federal Reserve Bank of Boston Conference Series, Is Bank Lending Important for the Transmission of Monetary Policy?* 39, pp. 47 – 68.

Peek, Joe and Eric S. Rosengren, (1995b), The capital crunch: neither a borrower nor a lender be, *Journal of Money, Credit and Banking* 27, pp. 625 – 638.

Saunders, Anthony, (2000), *Financial Institutions Management: A Modern Perspective*. Third edition, Irwin McGraw-Hill Publishing Co.

Stein, Jeremy C., (1998), An adverse-selection model of bank asset and liability management with implications for the transmission of monetary policy,

RAND Journal of Economics 29, pp. 466 – 486.

Tanaka, Misa, (2002), How do bank capital and capital adequacy regulation affect the monetary transmission mechanism? *Center for Economic Studies and the Ifo Institute for Economic Research Working Paper*, No. 799.

Thakor, AnjanV., (1996), Capital requirements, monetary policy, and aggregate bank lending: Theory and empirical evidence, *The Journal of Finance* 51, pp. 279 – 324.

Van den Heuvel, Skander J., (2002a), Does bank capital matter for monetary transmission? *Federal Reserve Bank of New York Economic Policy Review*, pp. 259-265.

Van den Heuvel, Skander J., (2002b), The bank capital channel of monetary policy, *University of Pennsylvania Working Paper*.

제12장 바젤 II의 인센티브는 적합한가?*

Paul H. Kupiec

12.1 서론

국제결제은행(Bank for International Settlements, BIS)의 바젤은행 감독위원회에서는 2004년 6월 24일 현행 바젤 I을 대폭적으로 수정, 보완 바젤 II[1]를 2006년 말부터 회원국 은행을 대상으로 시행할 예정이라고 발표하였다. 이에 따라 우리나라도 2007년을 도입시기로 결정하고 모든 은행이 신BIS 기준을 적용하도록 하였다. 표 12-1은 현행 바젤 I과 바젤 II의 추진 경과를 나타내고 있다.[2] 바젤 II는 1992년부터 도입된 바젤 I이 은행의 다양한 리스크, 특히 신용리스크 및 운영리스크를 적절히 반영하지 못함에 따라 이를 보완하기 위해 1999년 6월부터 추진되었다. 그동안 3차에 걸친 시안을 마련한 끝에 2004년 6월 최종안을 확정하였다.

---

*_제12장은 독자의 이해를 위해 원서의 순서에 의하지 않고 새롭게 재해석하여 서술하였습니다.

1_본 논문에서는 1999년 이후 수정된 BIS협약을 바젤 II라 부른다.

2_Jackson(2002)은 바젤위원회의 자기자본비율 규제의 내용 및 시간에 따른 변천과정을 자세히 설명하고 있다.

[표 12-1] BIS 자기자본규제제도 추진경과

구분	시기	추진 내용
바젤 I	1988. 7월	「바젤 I」발표(1992년 말부터 8%유지 의무화)
	1996. 1월	「시장리스크 반영 수정 바젤 I」발표(1997년 시행)
바젤 II	1999. 6월	바젤 II 1차안 발표(CP1; Consultative Paper 1)
	2001. 1월	바젤 II 2차안 발표(CP2)
	2003. 4월	바젤 II 3차안 발표(CP3)
	2004. 5월	시행시기 일부 연기(고급법 2007년말)
	2004. 6월	바젤 II 확정

바젤 II는 '금융기관의 자본요구량은 해당 금융기관이 보유하고 있는 리스크의 크기에 따라 결정되어야 한다'는 원칙에 따라 차주의 신용도에 따라 신용리스크에 대한 위험가중치 및 자본요구량이 차이가 나도록 하였다. 즉, 현행 바젤 I하에서는 기업여신에 대한 리스크가중치 및 필요자기자본 규모가 차주의 신용리스크와 관계없이 각각 100%와 8%로 일정한 데 반해, 바젤 II에서는 차주의 신용도를 평가하여 신용도가 호전되면 현행 바젤 I보다 낮은 리스크가중치 및 자본요구량을, 신용도가 악화되면 현행 바젤 I보다 높은 리스크가중치와 자본요구량을 요구하게 된다. 구체적으로는 바젤 II에서는 신용리스크의 측정방법으로 외부 신용평가기관의 신용등급을 활용하는 표준방법과 금융기관이 자체적으로 산출한 내부등급을 활용하는 내부등급법으로 구분하고 있다. 표준방법하에서는 보유 자산을 국가, 은행, 기업에 대한 익스포져로 구분하고 각각에 대해서 외부신용평가기관의 신용등급을 활용하여 리스크가중치를 0~150%로 달리 부여하고 있다. 표 12-2는 표준방식하에서의 주요 익스포져별, 신용등급별 리스크가중치를 나타내고 있다.

이에 비해 내부등급법은 바젤위원회가 정한 리스크가중 자산함수식에 개별 금융기관이 자체적으로 측정한 리스크 요소값을 대입하여 리스크가중자산 및 자본요구량을 산출하는 방식이다. 리스크가중 자산함수식은 부도확률(probability of default: PD), 부도시 손실률(loss given default, LGD), 만기(maturity, M) 및 부도시 리스크노출액(exposure at default, EAD)의 네 가지 리스크 요소에 의해 결정된다.

내부등급법은 금융기관이 측정한 리스크 요소의 활용정도에 따라 기초 내부등급법과 고급 내부등급법으로 구분된다. 기초 내부등급방식은 상기의 네 가지 리스크 요소중 부도확률(PD)만 금융기관이 자체적으로 산정한 값

[표 12-2] 표준방식의 주요 익스포저별 · 신용등급별 리스크가중치

(%)

	AAA ~AA-	A+ ~A-	BBB+ ~BBB-	BB+ ~BB-	B+ ~B-	B- 미만	무등급
국가	0	20	50	100	100	150	100
은행[2]							
1 안	20	50	100	100	100	150	100
2 안							
3개월 이하	20	20	20	50	50	150	20
3개월 초과	20	50	50	100	100	150	50
기 업	20	50	100	100	150	150	100
자본요구량(%)	1.6	4	8	8	12	12	8

주 : 1) S&P 신용등급 기준

2) 은행에 대한 채권의 경우 감독당국의 판단에 따라 일률적으로 해당국가의 리스크가중치보다 한 단계 높은 리스크가중치를 적용하거나(1안), 은행자체의 신용등급에 따른 리스크가중치를 적용(2안)

을 사용하고 나머지는 바젤위원회가 정한 값을 사용하며, 고급 내부등급법은 네 가지 리스크 요소 모두를 금융기관이 자체적으로 산정한 값을 사용하여 리스크가중자산을 산출한다.

12.2 리스크중립모형

은행대출과 관련하여 두 가지 경우 즉 이자와 원금을 완전히 지급받는 경우와 채무불이행이 발생하는 경우로 상태분포를 가정한다.

은행들은 사후의 주주부의 극대화를 할 수 있는 예금보험수준과 대출 포트폴리오의 특성을 선택한다. 투자자들은 리스크중립적이며 리스크에 대한 요구수익률은 무리스크수익률이다.

12.2.1 은행대출가치

리스크 중립가정하에서 은행대출의 현재가치는 아래와 같이 측정된다.

단, 해당 은행은 시장을 선도할 만큼의 시장력이 존재하지 않는다는 것을 가정한다.

$$L(pr_i, LGD_i) = \frac{P(1 - pr_i LGD_i)}{1 + r_f} \qquad (12\text{-}1)$$

12.2.2 은행 이해관계자 청구권의 가치

만약 예금보험공사와 같은 정부기관이 존재하여 예금의 사후 리스크프리미엄의 수준을 0으로 고정시킬 수 있다면 은행의 stakeholder들 예컨대, 자본(주주), 부채(채권자), 그리고 예금보험공사의 요구권의 가치는 다음과 같다.

보험예금의 최종가치는 D이다. 만약 pr_i가 양수이고, $D>P(1-LGD_i)$일 경우 예금보험은 가치 있을 것이다. 그 경우 예금보험가치는 아래와 같이 측정된다.

$$INS(D, pr_i, LGD_i) = \frac{\left[D - P\left(1 - LGD_i\right)\right] pr_i}{1 + r_f} \tag{12-2}$$

은행의 자기자본(부채인 예금에서 자산이 대출을 차감한 것)의 현재 시장가치는 다음과 같이 측정된다.

[채무불이행 발생분] [채무불이행 미발생분]

$$EQ(D, pr_i, LGD_i) = \frac{Max\left(0, P\left(1 - LGD_i\right) - D\right) pr_i + (P - D)\left(1 - pr_i\right)}{1 + r_f} \tag{12-3}$$

만약 예금보험이 가치를 가질 경우 자기자본의 현재 시장가치는 다음과 같다.

$$EQ(D, pr_i, LGD_i) = \frac{(P - D)\left(1 - pr_i\right)}{1 + r_f} \tag{12-4}$$

12.2.3 예금보증가치와 최적화

예금보험이 있는 경우의 자기자본가치에서 예금보험이 없는 경우의 자기자본 가치를 차감한 것이 예금보증가치이다. 은행의 주주들은 예금보증가치를 극대화함으로써 자신의 사후 부의 가치를 극대화할 것이다.

[예금보험이 있는 경우] [예금보험이 없는 경우] [예금보증가치]

$$EQ(D, pr_i, LGD_i) - \left(L(pr_i, LGD_i) - \frac{D}{1 + r_f} \right) = INS(D, pr_i, LGD_i)$$

12.3 기업대출에 대한 규제 자본요구량

1988년 바젤 I은 모든 기업대출의 리스크가중치가 100%이고, 리스크에 대한 자본요구량이 8%이다. 이 경우 미래의 리스크자산의 $(1+rf)L(pr_i, LGD_i)$의 8%을 제외하고 기업대출을 할 것이고 이를 위해 이 금액보다 같거나 작은 만큼의 보험이 적용되는 예금상품으로 자금조달할 것이므로 예금보험의 조달 한계식은 아래와 같다.

$$D \le .92(1+r_f)L(pr_i, LGD_i) \tag{12-5}$$

12.3.1 표준방법

표준방법은 외부 신용평가기관에서의 신용등급에 따른 자본요구량을 아래 식에 대입하므로써 예금보험의 조달 한계를 산출한다.

$$D \le \left(1 - Cap(rating_i)\right)(1+r_f)L(pr_i, LGD_i) \tag{12-6}$$

여기서, $Cap(riting_i)$: 신용등급별 자본요구량(%)

	AAA ~AA-	A+ ~A-	BBB+ ~BBB-	BB+ ~BB-	B+ ~B-	B- 미만	무등급
기업	20	50	100	100	150	150	100
자본요구량(%)	1.6	4	8	8	12	12	8

12.3.2 내부등급법

내부등급법 중에서 기초 내부등급법은 상기의 네 가지 리스크 요소중 부도확률(PD)만 금융기관이 자체적으로 산정한 값을 사용하고 나머지는 바젤위원회가 정한 값을 사용한다. 2001년과 2003년 개정내용은 다음과 같다.

12.3.3 2001년 1월 방법

2001년 기초내부등급법은 기본자본에 한정하여 자본요구량을 다음과 같이 산정한다.

$$0.08\frac{Min\left[BRW_C(pr_i), 625\right]}{100}L(pr_i, LGD_i)$$

여기서, $BRW_C(pr_i)$

$$BRW_C(pr_i) = 976.5\left(1 + .0470\frac{1 - Max[pr_i, .0003]}{Max[pr_i, .0003]^{.44}}\right)\Phi\left(1.288 + 1.118\Phi^{-1}\left(Max[pr_i, .0003]\right)\right)$$

자본요구량에 따른 예금보험의 조달 한계는 다음과 같이 산출된다.

$$D \le \left(1 + r_f\right)L\left(pr_i, LGD_i\right)\left(1 - .08\frac{Min\left[BRW_C\left(pr_i\right), 625\right]}{100}\right) \qquad (12\text{-}7)$$

좀 더 개선된 방식은 대출자산의 만기를 무시하고, 기본자본에 대한 자본요구량 산출을 엄격히 한 것으로 기초 내부등급법에 의하면 자본요구량은 다음과 같이 산정되고

$$0.08\ Min\left[\frac{LGD_i}{.50}\frac{BRW_C\left(pr_i\right)}{100}, 12.5 \times LGD_i\right]L\left(pr_i, LGD_i\right)$$

자본요구량에 따른 예금보험의 조달 한계는 다음과 같이 산출된다.

$$D \le \left(1 + r_f\right)L\left(pr_i, LGD_i\right)\left(1 - .08\left[\frac{LGD_i}{50}\frac{BRW_C\left(pr_i\right)}{100}, 12.5 \times LGD_i\right]\right) \qquad (12\text{-}8)$$

12.3.4 2003년 4월 방법

2003년 방법은 만기와 상관관계를 고려한 후 자본요구량을 아래와 같이 산출하도록 하고 있다.

만기 : $b\left(pr_i\right) = \left[.08451 - .058981n\left(pr_i\right)\right]^2$

상관관계 : $R\left(pr_i\right) = .12\left(\frac{1 - e^{-50pr_i}}{1 - e^{-50}}\right) + .24\left(1 - \frac{1 - e^{-50pr_i}}{1 - e^{-50}}\right)$

$$K\left(pr_i, LGD_i\right) = \left(\frac{LGD_i}{1 - 1.5b\left(pr_i\right)}\right)\Phi\left[\left(\frac{1}{1 - R\left(pr_i\right)}\right)^{\frac{1}{2}}\Phi^{-1}\left(pr_i\right) + \left(\frac{R\left(pr_i\right)}{1 - R\left(pr_i\right)}\right)^{\frac{1}{2}}\Phi^{-1}(.999)\right] \qquad (12\text{-}9)$$

2003년의 일반적 방법의 경우 LGD을 45%를 적용하였으나

$$D \le \left(1 + r_f\right)\ L\left(pr_i, LGD_i\right)\ \left(1 - \mathrm{K}\left(pr_i, 0.45\right)\right) \qquad (12\text{-}10)$$

고급 내부등급법은 자유롭게 LGD를 적용하게 하였다.

$$D \leq \left(1+r_f\right) L\left(pr_i, LGD_i\right) \left(1-K\left(pr_i, LGD_i\right)\right) \tag{12-11}$$

12.4 리스크회피 가정하의 모형

만약 주주들이 리스크회피적이라고 가정하고 리스크회피의 효과를 측정하기 위기 위해 실제확률(physical probability)와 리스크중립 확률(마팅게일하에서 확률 : risk-neutural probability, equivalent martingale probability)사이의 이론적 연결을 세울 필요가 있다.

12.4.1 평균-분산 기대효용함수

만약 초기의 부의 수준을 W_0이고, 1명의 리스크회피형 투자자가 기대효용함수의 가치를 최대화하기 위해 S개의 Arrow-Debreu증권의 포트폴리오에 투자한다고 가정할 경우 연도말 부에 대한 기대효용은 아래와 같이 산출된다.

[평균항] [분산항]

$$E\left(U\left(\tilde{W}\right)\right) = \alpha E\left(\tilde{W}\right) - \Gamma Var\left(\tilde{W}\right)$$

여기서, $E\left(\tilde{W}\right) = \sum_{i=1}^{S} y_i x_i$: 실제 확률하에서 기대수익률

$Var\left(\tilde{W}\right) = \sum_{i=1}^{S} y_i x_i^2 - \left(\sum_{i=1}^{S} y_i x_i\right)^2$: 실제확률하에서 분산

여기서, y_i: 실제확률

x_i: 투자자가 보유하고 있는 Arrow-Debreu증권수로 각 증권은 i번째 상황이면 단위당 1달러가 지급되고, 그 외의 경우는 지급되지 않는다.

12.4.2 Arrow-Debreu 하에서 효용극대화

만약 Arrow-Debreu증권이 i번째 상황에서 실제 지급되는 가격을 p_i라고 가정한다면 1명의 리스크회피형 투자자들의 기대효용을 최대화하기 위한 Arrow-Debreu 증권 수는 아래와 같다.

$$x_i^* = \frac{1}{\sum_{i=1}^{S} p_i}\left[W + \frac{a}{2\Gamma}\left[\left(\sum_{i=1}^{S}\frac{p_i^2}{y_i}\right) - \frac{p_i}{y_i}\right]\right], i = 1, 2, 3, \cdots, S \tag{12-12}$$

만약 시장에 N명의 리스크회피형 투자자가 존재한다면 i번째 상황에서 지급되는 누적 산출량(X_i^Q)은 다음과 같다.

$X_i^Q = Nx_i^*$ 이고, $x_i^* = \frac{X_i^Q}{N}$

[평균항] [분산항]

$$E\left(U\left(\tilde{W}\right)\right) = \alpha E\left(\tilde{W}\right) - \Gamma Var\left(\tilde{W}\right)$$

여기서,

$E\left(X^Q\right) = \sum_{i=1}^{S} y_i X_i^Q$: 실제확률하에서 기대수익률

$Var\left(X^Q\right) = \sum_{i=1}^{S} y_i \left(X_i^Q\right)^2 - \left(\sum_{i=1}^{S} y_i X_i^Q\right)^2$: 실제확률하에서 분산

만약 초기 부와 연도말의 부 사이에 일정한 비례관계(K)가 성립한다면

$$K = \frac{aW_0}{aE\left(X^Q\right) - 2\Gamma Var\left(X^Q\right)}$$

균형시장하에서 Arrow-Debreu증권의 가격은 다음과 같이 표현된다.

$$p_i = y_i K\left[1 + \frac{2\Gamma}{a}\left(E\left(X^Q\right) - X_i^Q\right)\right],\ i = 1, 2, 3, \cdots, \mathrm{S} \tag{12-13}$$

여기서, 각 상황에서의 Arrow-Debreu증권의 가격의 합은 무위험수익률(r_f)과 다음과 같은 관계를 가진다.

$r_f = \frac{1}{K} - 1$, 여기서, $\sum_{i=1}^{S} p_i = K$

12.4.3 리스크중립 확률과 증권가치

Harrison and Pliska(1981)의 연구에 의하면 상태공간모형에서 재정거래 기회가 존재하지 않은다면 리스크중립 유사(pseudo)확률과 균등 마

팅게일 시장이 존재함을 함의한다고 주장하였다. 마팅게일 시장하에서 증권의 균형가격은 증권의 미래 현금흐름의 현재가치와 일치하고, 현재가치 할인율은 무위험수익률이다. 즉, 마팅게일 하에서 미래의 증권가격(y_i^E)은 현재 증권가치(p_i)에 무위험수익률만큼 증가된 가치이므로 아래와 같은 관계식이 존재한다. 이 경우 i상황에서 지급되는 단위당 가격이 1달러라면 (y_i^E)는 균등 마팅게일 확률을 의미한다.

$$p_i = \frac{y_i^E}{\left(1+r_f\right)} \tag{12-14}$$

식(12-13)과 식(12-14)를 활용하면 실제확률(y_i)과 리스크중립하에서 유사확률(y_i^E)사이에는 다음과 같은 관계가 존재한다.

$$y_i^E = y_i\left[1+\frac{2\Gamma}{a}\left(E\left(X^Q\right)-X_i^Q\right)\right], \text{ for } i=1,2,3,\cdots, \text{S} \tag{12-15}$$

여기서, 모수 a, Γ는 양수이어야 한다. 만약 실제 산출가격이 기대 산출가격보다 낮다면 실제 확률보다 리스크중립하에서 유사확률이 클 것이다. 또한 실제확률과 리스크중립하에서 유사확률의 차이는 Γ가 클수록(리스크회피 정도가 클수록) 차이가 커진다.

12.4.4 리스크중립하에서 은행대출가치

은행대출과 관련하여 두가지의 경우, 즉 이자와 원금을 완전히 지급받는 경우와 채무불이행이 발생하는 경우로 상태분포를 가정한다.

투자자들이 리스크회피적이며 채무불이행 일어날 경우 대출 $P(1-LGD_i)$을 받는다고 가정한다. 균등 마팅게일 하에서 채무불이행의 리스크는 다음과 길다.

$$pr_i^E = \sum_{\forall i \in \Omega_i} y_i^E$$

은행대출가치

투자자들이 리스크회피적이라면 은행대출의 현재가치는 아래와 같이 측정된다.

$$L\left(LGD_i, pr_i^E\right) = \frac{P\left(1-LGD\ pr_i^E\right)}{1+r_f} \tag{12-16}$$

여기서, $pr_i^E = pr_i\left[1+\frac{2\Gamma}{a}\left(E(X^Q)-\sum_{\forall i\in\Omega_i}\left(\frac{y_i}{pr_i}\right)X_i^Q\right)\right]$

$$pr_i = \sum_{\forall i\in\Omega_i} y_i$$

투자자들이 리스크회피적일 경우 예금보험가치

$D(pr_i, pr_i^E, LGD_i)$은 실제 부도확률, 리스크중립하에서 유의확률, 부도시손실률을 고려하여 결정된다. 이 경우 예금보험의 가치는 아래와 같이 측정된다.

$$INS(pr_i, pr_i^E, LGD_i) = \frac{\left[D(pr_i, pr_i^E, LGD_i) - P(1-LGD_i)\right]pr_i^E}{1+r_f} \quad (12\text{-}17)$$

리스크회피 가정하에서 기업대출에 대한 규제 자본요구량

1988년 바젤 I은 모든 기업대출의 리스크가중치가 100%이고, 리스크에 대한 자본요구량이 8%이다. 이 경우 미래의 리스크자산의 (1+ rf)L(pr_i, LGD_i)의 8%을 제외하고 기업대출을 할 것이고 이를 위해 이 금액보다 같거나 작은 만큼의 보험이 적용되는 예금상품으로 자금조달할 것이므로 예금보험의 조달 한계식은 아래와 같다.

$$D \le (1-Cap(rating_i))(1+r_f)L(pr_i^E, LGD_i) \quad (12\text{-}18)$$

$$D \le .92(1+r_f)L(pr_i, LGD_i)$$

표준방법은 외부신용평가기관에서의 신용등급에 따른 자본요구량을 아래 식에 대입하므로써 예금보험의 조달 한계를 산출한다.

$$D \le (1-Cap(rating_i))(1+r_f)L(pr_i^E, LGD_i) \quad (12\text{-}19)$$

2001년 기초내부등급법은 기본자본에 한정하여 자본요구량은 다음과 같이 산정한다.

$$0.08\frac{Min\left[BRW_C(pr_i), 625\right]}{100}L(pr_i, LGD_i) \quad (12\text{-}20)$$

자본요구량에 따른 예금보험의 조달 한계는 다음과 같이 산출된다.

$$D \le (1+r_f) L(pr_i^E, LGD_i)\left(1-.08\frac{BRW_C(pr_i)}{100}\right) \quad (12\text{-}21)$$

좀 더 개선된 방법은 대출자산의 만기를 무시하고, 기본자본에 대한 자본요구량 산출을 엄격히 한 것으로 기초내부등급법에 의하면 요구자본량은 다음과 같이 산정되고 자본요구량에 따른 예금보험의 조달한계는 다음과 같이 산출된다.

$$0.08\ Min\left[\frac{LGD_i}{.50}\frac{BRW_C(pr_i)}{100}, 12.5\times LGD_i\right] L(pr_i, LGD_i) \quad (12\text{-}22)$$

주주가 리스크회피적일 때 최적의 은행행위

투자자들이 리스크회피적일 경우 1988년 바젤 I하에서 예금보험가치를 극대화하기 위한 은행의 최적화식은 다음과 같다.

$$INS(pr_i, pr_i^E, LGD_i) = \frac{\left[D(pr_i, pr_i^E, LGD_i) - P(1-LGD_i)\right]pr_i^E}{1+r_f} \quad (12\text{-}23)$$

여기서, $pr_i^E = pr_i\left[1+\frac{2\Gamma}{a}\left(E(X^Q) - \sum_{\forall i\in\Omega_i}\left(\frac{y_i}{pr_i}\right)X_i^Q\right)\right]$

제약조건 $D \le .92(1+r_f)L(pr_i, LGD_i)$

투자자들이 리스크회피적일 경우 표준방법하에서 예금보험가치를 극대화하기 위한 은행의 최적화식은 다음과 같다.

$$\text{Max}\ INS(pr_i, pr_i^E, LGD_i) = \frac{\left[D(pr_i, pr_i^E, LGD_i) - P(1-LGD_i)\right]pr_i^E}{1+r_f}$$

여기서, $pr_i^E = pr_i\left[1+\frac{2\Gamma}{a}\left(E(X^Q) - \sum_{\forall i\in\Omega_i}\left(\frac{y_i}{pr_i}\right)X_i^Q\right)\right]$

제약조건 $D \le (1-Cap(rating_i))(1+r_f)L(pr_i^E, LGD_i)$

투자자들이 리스크회피적일 경우 내부등급법하에서 예금보험가치를 극대화하기 위한 은행의 최적화식은 다음과 같다.

$$\text{Max } INS\left(pr_i, pr_i^E, LGD_i\right) = \frac{\left[D\left(pr_i, pr_i^E, LGD_i\right) - P\left(1 - LGD_i\right)\right]pr_i^E}{1 + r_f}$$

여기서, $pr_i^E = pr_i\left[1 + \frac{2\Gamma}{a}\left(E\left(X^Q\right) - \sum_{\forall i \in \Omega_i}\left(\frac{y_i}{pr_i}\right)X_i^Q\right)\right]$

제약조건 $D \le \left(1 + r_f\right)L\left(pr_i^E, LGD_i\right)\left(1 - .08\frac{BRW_C\left(pr_i\right)}{100}\right)$

또는

$$D \le \left(1 + r_f\right)L\left(pr_i, LGD_i\right)\left(1 - .08\ Min\left[\frac{LGD_i}{.50}\frac{BRW_C\left(pr_i\right)}{100}, 12.5 * LGD_i\right]\right)$$

12.4.5 대출 포트폴리오

지금까지는 한 개의 대출을 한다는 가정하에서 투자자들이 리스크중립적일 경우와 리스크회피적일 경우 은행의 최적행위에 대하여 논의하였다. 이를 좀 더 일반화하기 위해 은행이 n개의 대출 포트폴리오를 구성하고 있을 경우를 생각해보자.

만약 은행이 대출포트폴리오 만기에 지급하기로 약속한 금액이 P_{Bnk}라 하고, 대출포트폴리오에 대한 은행의 채무불이행 실제확률과 리스크중립하에서 유사확률을 각각 pr_{Bnk}, pr^E_{Bnk}라 하고, 채무불이행에 따른 손실금액을 LGD_{Bnk}라 하고, D_{Bnk}는 규제자본 제약하에 있는 은행이 예금보험에서 지급받게 되는 보험금이라 하자. 이 경우 은행의 예금보험가치는 식(12-18)과 같은 방식으로 아래와 같이 표현할 수 있다.

$$INS(D_{Bnk}, P_{Bnk}, LGD_{Bnk}, pr_{Bnk}^E) = \frac{\left(D_{Bnk} - P_{Bnk}(1 - LGD_{Bnk})\right)pr_{Bnk}^E}{1 + r_f} \quad (12\text{-}24)$$

12.5 바젤 II가 미치는 영향에 대한 주요연구 결과

12.5.1 동일한 부도확률(pr_i)이 주어질 경우 자본요구량에는 어떤 차이가 있는가? (2001년 기초 내부등급법과 2003년 기본내부등급법의 경우)

그림 12-1에 보듯이 부도확률이 2%이전에는 2003년 방법은 2001년 방법보다 높은 규제 자본요구량을 요구하였지만 2%이후부터는 2003년 방식은 2001년보다 상대적으로 부도율이 높을수록 낮은 자본요구량을 요구한다. 즉, 2003년 방법은 2001년에 비하여 경기순응성(procylicality)문제를 완화하는 측면이 있다. 왜냐하면 경기 침체로 기업의 부도율이 높아지면 일반적으로 감독기관은 높은 자본요구량을 요구하여 더욱 경기가 침체되는 악순환을 가져올 수 있으나 2003년 방법은 2001년 방법에 비하여 그러한 문제를 좀 더 완화하는 측면이 있다.

[그림 12-1] 기초 내부등급법하에서 자본함수들

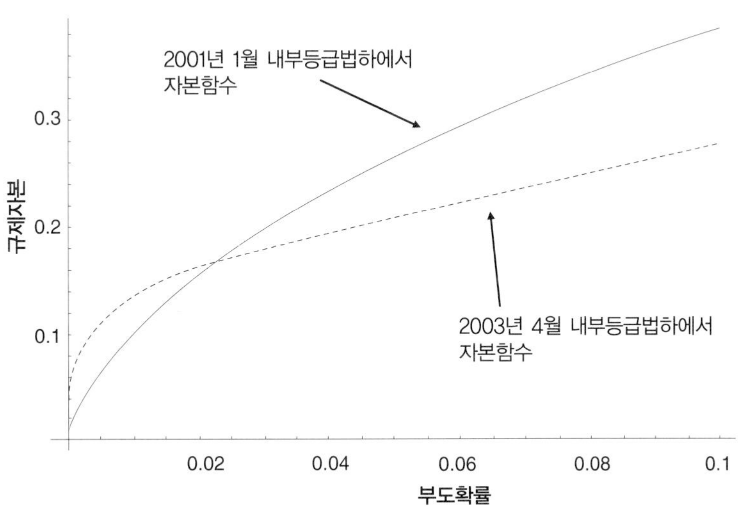

12.5.2 2003년 기초 내부등급 방법하에서 만기가 2.5년이고 식(12-11)과 같이 다양한 부도확률(pr_i)과 부도시 손실률(LGD_i)가 주어질 경우 자본요구량에는 어떻게 변화하는가?

그림 12-2에 보듯이 부도확률과 부도시 손실률이 높을수록 자본요구량이 증가함을 알 수 있다. 이는 2003년 기초 내부등급법이 경기순응성 측면에서 2001년보다 개선시키는 긍정적 측면 외에도 1988년 방법에 비하여 은행으로 하여금 도덕적 해이를 유발시키는 인센티브를 억제하는 측면이 있음을 알 수 있다.

[그림 12-2] 2003년 4월 내부등급법에서 규제 자본요구량

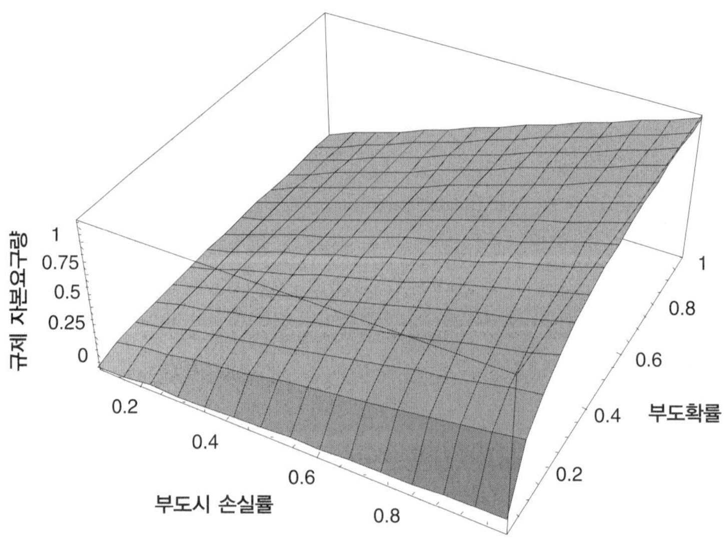

12.5.3 1998년 방법의 경우 부도확률과 부도시 손실률(LGD_i)이 얼마일 때 예금보험가치가 높은가?

그림 12-3에 보듯이 부도확률이 50%이고, 부도시 손실률(LGD_i)가 100%일 경우 예금보험가치가 가장 높음을 알 수 있다. 만약 부도시 손실률에 상한선 제약($LGD^U < 1$)이 있다면 이 경우 최적의 다음을 만족하는 부도확률을 선택하는 것이 최적이다.

$$pr_i^* = \frac{LGD^U - .08}{1.84\ LGD^U}$$

[그림 12-3] 1988년 방법하에서 예금보험가치

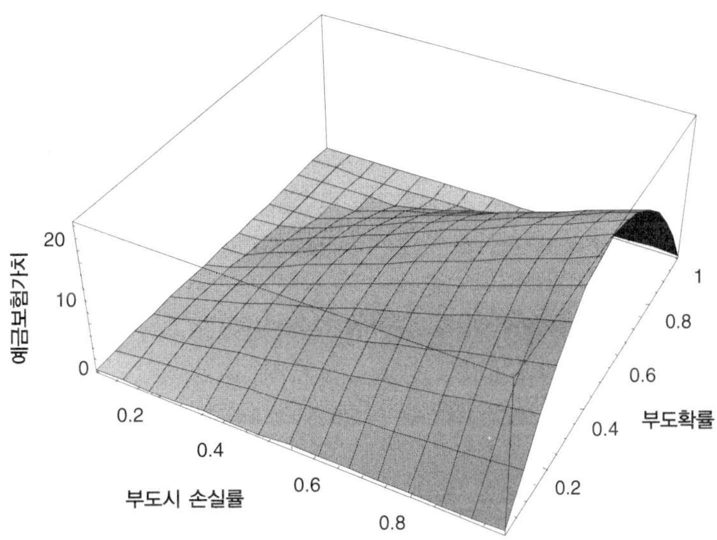

12.5.4 자본요구량에 대한 연도별 산출방법이 예금보험가치에 미치는 영향은?

표 12-3은 P=110, *rf*=0.05, LGD_i가 50%일 경우 연도별 자본요구량 산출방법에 따른 예금보험가치를 표기한 표이다. 표 12-3에 의하면 표준방법, 2001년 방법, 2003년 방법은 1988년에 비하여 BB+ 이하 신용등급에서 예금보험가치가 상대적으로 낮아 은행의 도덕적 해이를 어느 정도 예방할 수 있음을 알 수 있다. 그러나 B등급 이하의 경우 2003 방법은 표준방법에 비하여 많이 개선되었으나 2001년 방법과 비교하면 오히려 예금보험가치가 상대적으로 높음을 알 수 있다. 이는 2003년 방법이 2001년보다 은행의 도덕적 해이에 인센티브를 제공하는 부정적 측면이 있음을 의미한다.

[표 12-3] 연도별 산출방식에 따른 예금보험가치

S&P 신용등급	과거 1년동안 부도확률(%)	예금보험가치			
		1988년 방법	표준방법	2001년 내부등급법	2003년 내부등급법
AAA	0	0	0	0	0
AA+	0	0	0	0	0
AA	0	0	0	0	0
AA−	0.03	0.0132	0.0152	0.0149	0.1289
AA+	0.04*	0.0176	0.0193	0.0198	0.0171
A	0.05	0.0219	0.0241	0.0247	0.0212
A−	0.05	0.0219	0.0241	0.0247	0.0212
BB+	0.12	0.0527	0.0527	0.0578	0.0486
BBB	0.22	0.0966	0.0966	0.1032	0.0851
BBB−	0.35	0.1534	0.1534	0.1593	0.1294
BB+	0.44	0.1927	0.1927	0.1965	0.1587
BB	0.94	0.4093	0.4093	0.3826	0.3084
BB−	1.33	0.5767	0.5767	0.5074	0.4157
B+	2.91	1.2396	1.1194	0.8744	0.7946
B	8.38	3.3488	3.0123	1.0311	1.4459
B−	10.32	4.0276	3.6174	0.8040	1.4668
CCC	21.94	7.3339	6.5154	0	0.2038

기본가정 : 투자자는 리스크중립적이고, $P = 110, r_f = 0.05$

12.5.5 2003년 기본 방법하에서 부도확률(pr_i)과 부도시 손실률(LGD_i) 예금보험가치에 미치는 영향은?

2001년 방법의 경우 부도율(pr_i)이 0.295이고, 부도시 손실률(LGD_i)이 100%일 경우 예금보험가치가 가장 높았고, 2003년 4월 방식의 경우 그림 12-4에서 보듯이 부도확률(pr_i)이 0.44이고, 부도시 손실률(LGD_i)이 예금보험가치가 가장 높았다. 2003년 방식이 1988년 방법에 보다 낮은 부도확률을 보유한 자산쪽으로 기업대출을 유도하였다. 그러나 부도시 낮은 부도시 손실률을 갖고 있는 기업대출로 유인하는 어떤 인센티브도 제공하지 못할 것이다.

[그림 12-4] 2003년 기초 내부등급법하에서 예금보험가치

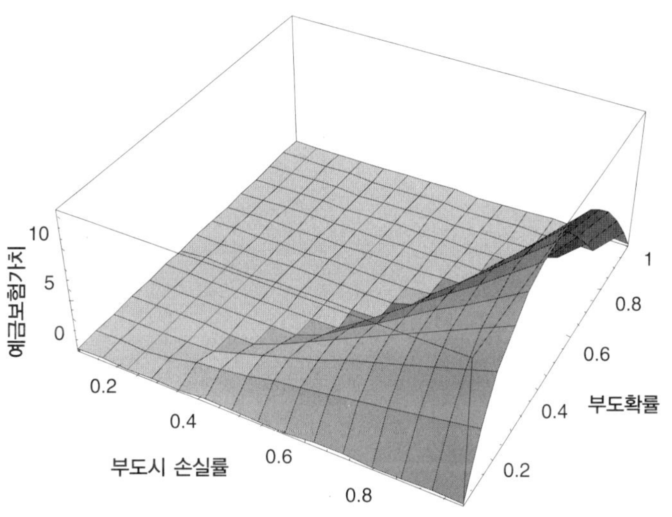

12.5.6 2003년 진보된 방법하에서 부도확률(pr)과 부도시 손실률(LGD) 예금보험가치에 미치는 영향은?

그림 12-5에 보면 첫 번째 그림은 2003년의 진보된 방법하에서 예금보험가치를 구한 것으로 P=110, r_f=0.05로 가정하였다. 두 번째 그림은 2003년 방법과 2001년 방법에 따른 예금보험가치의 차이를 나타낸 그림이다. 기초 내부등급법에 반하여 고급 내부등급법은 예금보험 최대가치가 상대적으로 낮아졌다. 다소 놀라운 것은 회사가 더 낮은 기대 부도시 손실률을 가진 대출을 선택하도록 유도해서 예금보험가치가 낮아진 것이 아니라 점이다. 회사는 여전히 낮은 회수율을 가진 대출을 선택함으로 예금보험가치의 이점을 누린다는 것이다.

고급 내부등급법에서 2001년의 경우 부도확률(pr_i)=0.068%, 부도시 손실률 (LGD_i)=100%일 때와 2003년의 경우 부도확률(pr_i)=12.31%, 부도시 손실률 (LGD_i)=100%일 때 가장 높은 예금보험가치를 보였다.

[그림 12-5] 2003년 고급 내부등급법하에서 예금보험가치

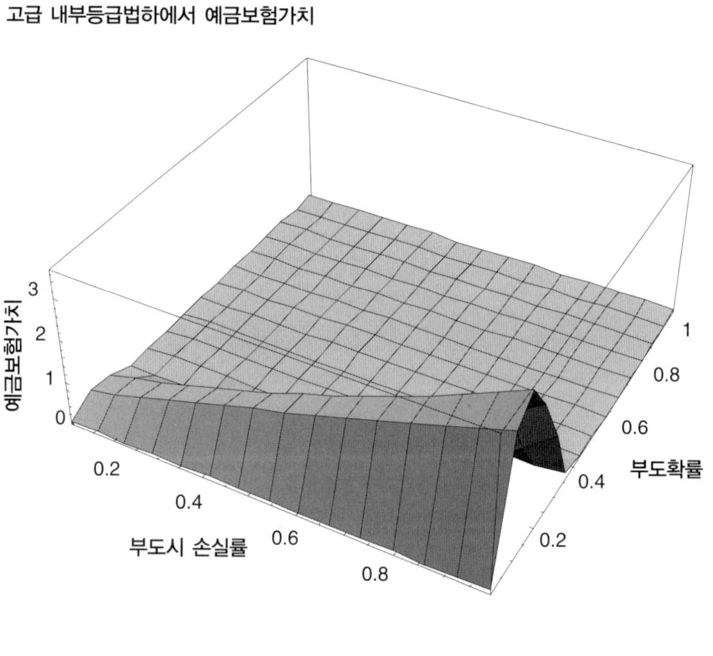

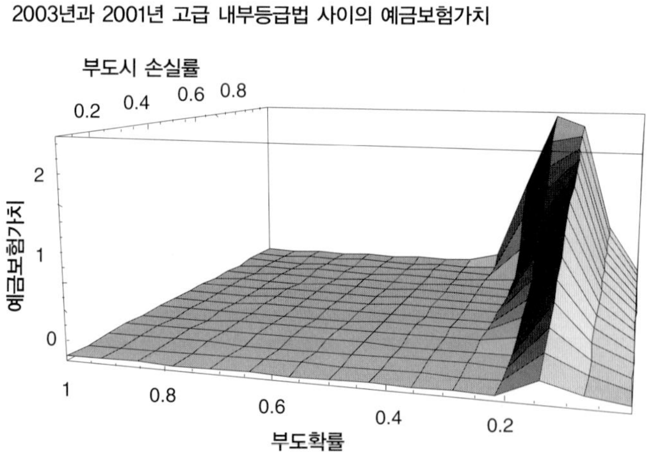

12.5.7 내부등급법하에서 최적의 대출은 어떤 특성을 가지는가?

표 12-4은 부도시 손실률(LGD_i)을 10%에서 100%까지 변화시킬 경우 최적의 부도확률과 최적의 예금보험가치를 표시한 것이다. 표 12-5에 의하면 부도시 손실률이 40%보다 적은 경우 2003년 방법이 2001년 방법보다 최적 부도확률과 최적 예금보험가치가 높았다. 이와 같은 현상은 기초 내부등급법 뿐만 아니라, 고급 내부등급법에서도 마찬가지였다. 이것은 2003년 방법이 2001년 방식에 비해 부도시 손실률이 40%이하일 경우 높은 부도시 손실률을 갖고 있는 기업대출로 유인하는 인센티브도 제공한다는 것이다.

[표 12-4] 내부등급법하에서 최적의 대출 특성

기초 내부등급법				
	2001년 1월		2003년 4월	
LGD(%)	최적부도확률 (%)	최적 예금가치	최적부도확률 (%)	최적예금가치
10	0.45	0.02	0.15	0.01
20	1.34	0.11	1.75	0.17
30	2.58	0.31	4.79	0.41
40	4.16	0.65	7.94	1.04
50	6.13	1.16	11.92	1.99
60	8.57	1.89	16.99	3.35
70	11.60	2.88	23.07	5.18
80	15.52	4.18	19.02	7.51
90	20.92	5.19	37.09	10.36
100	29.46	8.24	44.03	13.67
고급 내부등급법				
	2001년 1월		2003년 4월	
10	5.74	0.22	8.92	0.31
20	5.83	0.45	9.14	0.63
30	5.93	0.68	9.38	0.95
40	6.03	0.92	9.65	1.29
50	6.13	1.16	9.95	1.65
60	6.25	1.41	10.28	2.02
70	6.37	1.66	10.67	2.40
80	6.50	1.92	11.11	2.81
90	6.64	2.19	11.65	3.24
100	6.80	2.46	12.32	3.70

자료 : $P = 110$, $r_f = 0.05$로 가정할 경우 최적 대출 부도확률과 예금가치

12.5.8 투자자가 리스크회피적일 경우 1988년 방법하에서 예금보험가치는?

그림 12-6에서 보듯이 투자자의 리스크회피정도 계수의 초기값이 a=45, Γ=1이고, r_f=0.05, $E(X^Q$=30, $Var(X^Q)$=60.5인 상태에서 최적의 예금보험가치는 경기가 호황이냐 불황이냐에 상관없이 부도확률이 50%, 부도시 손실률이 100%일 때이다.

[그림 12-6] 투자자가 리스크회피적일 경우 1988년 방법하에서 예금보험가치

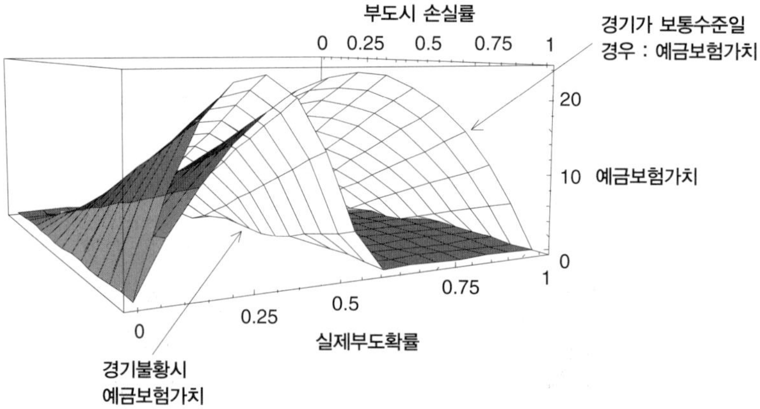

12.5.9 투자자가 리스크회피적일 경우 1988년 방법하에서 최적의 대출 특성은?

표 12-5는 다양한 실제산출량과 기대산출량의 시나리오 하에서 예금보험가치, 실제 부도확률, 회수율의 관계를 나타낸 표이다. 표 12-5를 보면 실제산출량이 기대산출량보다 작을 경우 은행은 채무불이행 리스크가 증가하여 기업대출에 집중할 인센티브를 가지지 못한다.

[표 12-5] 1988년 방법하에서 최적의 대출 특성

	$E(X^S)-\sum_{\forall i\in D}\left(\frac{y_i}{pr_i}\right)X_i^S=-20$		$E(X^S)-\sum_{\forall i\in D}\left(\frac{y_i}{pr_i}\right)X_i^S=-10$		$E(X^S)-\sum_{\forall i\in D}\left(\frac{y_i}{pr_i}\right)X_i^S=0$		$E(X^S)-\sum_{\forall i\in D}\left(\frac{y_i}{pr_i}\right)X_i^S=10$		$E(X^S)-\sum_{\forall i\in D}\left(\frac{y_i}{pr_i}\right)X_i^S=20$	
LGD_i	pr_i^* (%)	$INS(pr_i^*, LGD_i)$	pr_i^* (%)	$INS(pr_i^*, LGD_i)$	pr_i^* (%)	$INS(pr_i^*, LGD_i)$	pr_i^* (%)	$INS(pr_i^*, LGD_i)$	pr_i^* (%)	$INS(pr_i^*, LGD_i)$
0.1	> 60	-	19.56	0.11	10.87	0.11	7.52	0.11	5.75	0.11
0.2	> 60	-	58.69	2.05	32.61	2.05	22.58	2.05	17.26	2.05
0.3	> 60	-	> 60	-	39.86	4.59	27.59	4.59	21.10	4.59
0.4	> 60	-	> 60	-	43.47	7.29	30.10	7.29	23.02	7.29
0.5	> 60	-	> 60	-	45.65	10.04	31.61	10.04	24.17	10.04
0.6	> 60	-	> 60	-	47.10	12.83	32.61	12.83	24.94	12.83
0.7	> 60	-	> 60	-	48.13	15.63	33.32	15.63	25.48	15.63
0.8	> 60	-	> 60	-	48.91	18.45	33.86	18.45	25.90	18.45
0.9	> 60	-	> 60	-	49.52	21.27	34.28	21.27	26.21	21.27
1.0	> 60	-	> 60	-	50.00	24.10	34.62	24.10	26.47	24.10

기본가정 : $a = 45$, $\Gamma = 1$, $E(X^Q) = 30$, $Var(X^Q) = 60.5$, and $r_f = .05$.

12.5.10 균등 마팅게일하에서 최적의 부도확률은?

표 12-6는 균등 마팅게일하에서 손실율이 50%이고, 표준방법에 의해 자본요구량이 제시될 경우 실제 S&P신용평가기관의 실제 부도확률과 최적의 리스크중립 부도확률와의 관계를 나타낸 표이다. 즉, 표준방법에 의해 리스크가중치가 20%인 경우 자본요구량은 1.6%이고 S&P신용평가기관에 의한 실제 평균부도확률은 0.03%인데 반하여 리스크중립 부도확률은 49.19%이다. 또한 리스크가중치가 100%인 경우 자본요구량은 8%이고 S&P신용평가기관에 의한 실제 평균부도확률은 0.50%인데 반하여 리스크중립 부도확률은 45.65%이다.

이 경우 표준방법을 사용하는 은행은 리스크중립 부도확률이 S&P신용평가기관에 의해 평가된 실제 부도확률을 초과하는 대출을 선택할 인센티브를 가진다. 즉, 누적산출량이 작아질 경우 부도가 예상되는 낮은 S&P의 낮은 신용등급 기업에 선택한다는 것이다. 왜냐하면 이 경우 예금보험가치가 높아지기 때문이다.

[표 12-6] 균등 마팅게일하에서 최적의 부도확률

표준방법하에서 자본요구량(%)	LGD	S&P 실제 부도확률(%)	최적 리스크 중립확률(%)
1.6	0.5	0.03	49.19
4.0	0.5	0.05	47.97
8.0	0.5	0.50	45.65
12.0	0.5	10.00	43.18

12.5.11 투자자가 리스크회피적일 경우 2001년 고급 내부등급법하에서 예금보험가치는?

그림 12-7는 내부등급법하에서 다양한 실제산출량과 기대산출량의 시나리오 하에서 예금보험가치, 실제 부도확률, 회수율의 관계를 나타낸 표이다. 그림 12-7를 보면 실제산출량이 기대산출량보다 작을 경우, 즉 경기상황이 나빠 대출에 채무불이행이 발생할 경우 예금보험가치는 더욱 극대화된다.

[그림 12-7] 리스크회피성향 고려시 2001년 고급 내부등급법하에서 예금보험가치

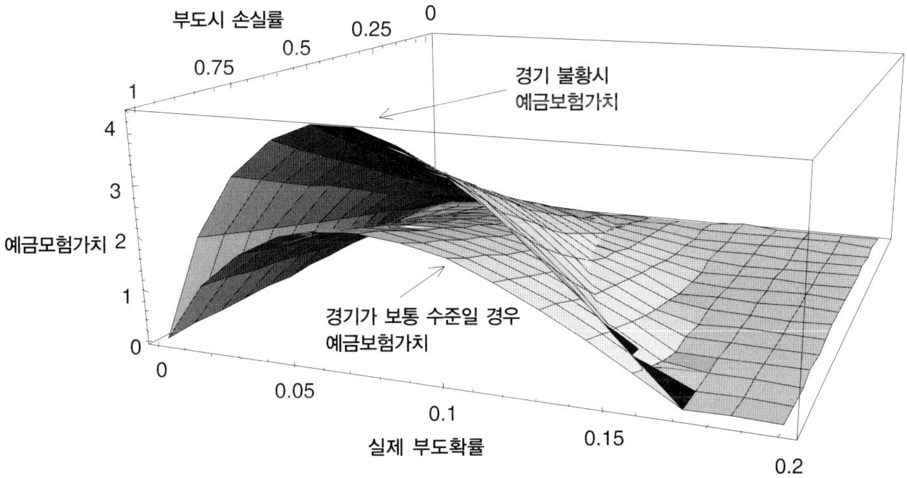

12.5.12 내부등급법하에서 예금보험가치에 투자자의 리스크회피성향을 고려한다면?

그림 12-7 투자자가 리스크회피성향을 가질 경우 2001년 고급 내부등급법에 의해 예금보험가치를 구할 경우 경기 상황이 불황일 경우가 호황일 경우에 비하여 동일한 부도확률과 부도시 손실률하에서 상대적으로 높은 예금보험가치를 가진다. 즉, 투자자의 리스크 성향은 최적의 부도시 손실률 설정에 영향을 미치지 않지만 실제산출량이 기대산출량보다 적은 경기불황일 경우 은행은 부도가 예상되는 대출은 선택해 예금보험가치를 높인 인센티브를 가질 수 있다.

참고문헌

Arrow, K. J., (1953), "Le rôle des valeurs boursiéres pour la répartition la meilleure des risques," *Econométrie*, Paris, Centre National de la Recherche Scientifique, pp. 41-48.

Debreu, G., (1959), *Theory of Value*, Cowles Foundation Monograph 17. New Haven: Yale University Press.

Bank for International Settlements, (1988), *International Convergence of Capital Measurement and Capital Standards*, Basel Committee on Banking Supervision, Basel, Switzerland.

———, (1999b), *A New Capital Adequacy Framework*, Basel Committee on Banking Supervision, Basel, Switzerland.

———, (2001), *The New Basel Accord*, Basel Committee on Banking Supervision, Basel, Switzerland.

———, (2003), *Third Consultative Paper of the New Basel Capital Accord*, Basel Committee on Banking Supervision, Basel, Switzerland.

Harrison, J., and S. Pliska, (1981), "Martingales and stochastic integrals in the theory of continuous trading," *Stochastic Process and Their Applications*, Vol. 11, pp. 215-260.

Kupiec, P. H., (2002), "Internal Models-Based Capital Regulation and Bank Risk-Taking Incentives," IMF Working Paper No. WP/02/125, Washington, D.C.

Standard & Poor' s, (2001), "Ratings Performance 2000: Default Transition, Recovery, and Spreads," January.

제13장 바젤 II와 옵션성

Rober Brooks와 Benton.E.Gup

13.1 서론

바젤 II는 1988년 바젤 I을 대체하게 되었다. 2006년 효력이 발생할 것으로 예상되는 Basel II은 3가지 축(Pillars)을 대하여 다루고 있다. 즉, 최소자기자본요건(minimum capital requiremerts), 자본적정성에 대한 감독당국의 검증(supervisory review), 시장규율(market discipline) 등이다. 여기서는 두 번째의 축인 자본적정성에 대한 감독당국의 검증에 초점을 두고 설명하고자 한다. 은행 감독자에게는 은행리스크의 형태에 따른 자본적정성을 평가하고, 자본이 최소자기자본 수준 이하로 떨어지는 것을 방지하게 위해 개입할 것이 요구된다. 최소자기자본 수준은 기본자본(Tier I)-[1]과 보완자본(Tier II)-[2] 에 각각 4%이다.

자본적정성에 대한 감독당국의 검증은 금리리스크를 포함한 은행과 관련된 다양한 리스크를 평가할 것을 포함하고 있다. 은행감독에 대한 바젤위원회는 금리리스크를 금리가 은행의 수입 뿐만 아니라 은행의 자산, 부채, 부외 포지션에 미치는 악영향하에서 은행 재무상태의 리스크노출정도로 정의한다. 금리리스크의 주요원천에는 재조정리스크, 만기수익률 곡선 리

1_기본자본 = 보통주(장부가치)+우선주+자회사 지분-영업권 등.

2_보완자본 = 대손충당금 + 전환사채 + 금리상환계약이 있는 후순위채 등.

스크, 베이시스 리스크, 그리고 옵션성(optionality)등이 있다. 바젤위원회에서는 은행 자산, 부채, 부외 포지션에 내재된 옵션을 옵션성이라 한다.

바젤 II는 금리리스크에 대한 강제적인 자기자본 부담을 부과하지 않는다. 즉, 단일 자기자본비율 규정을 탈피하고 있다. 그럼에도 불구하고, 선택권은 금리 충격이 발생할 경우 은행의 경제적 가치와 자본적정성에 중요한 영향을 미칠 수 있다. 그리고 이와 같은 금리 충격은 은행이 상당한 자본부족상태(significantly undercapitalized)에 빠지게 한다. 선택권은 듀레이션과 관련이 있어, 금리가 변화하면 금리의 민감도만큼 은행의 경제적 가치도 변화한다.

바젤 II에 관한 과거 및 최근의 보고서에는 옵션이 조정된 듀레이션을 다루고 있지 않고, 만기가 확정된 고정금리 대출 및 CD에 내재된 콜옵션 및 풋옵션의 금리 충격에 관하여서도 다루고 있지 않다. 조기상환권을 가진 고정금리 대출 및 만기 이전에 중도해약시 위약금이 부과되지 않는 CD는 내재된 옵션을 가진 금융상품에 대한 예가 될 수 있다.

대출의 경우 은행은 금리에 대하여 풋옵션을 발행한 것과 같다. 만약 금리가 하락하면 차입자들은 보다 낮은 대출금리로 대체할 것이다. CD의 경우 은행은 금리에 대하여 콜옵션을 발행한 것과 같다. 만약 금리가 상승한다면 예금자들은 CD에서 자금을 인출하여 보다 높은 금리를 주는 금융상품을 구입할 것이다. 그래서 은행의 자산 및 부채에 내재된 옵션의 행사가격은 은행 규제구조를 약화시킨다. 바젤위원회는 은행들이 잔여만기 또는 최근 재조정일을 기준으로 은행의 자산, 부채, 부외 포지션을 보고하도록 제안하였다. 각각 포지션은 금리리스크 가중치를 곱한 다음 합산하여 순리스크가중치 포지션을 산출한다. 순 포지션은 은행의 경제적 추정가치 변화를 대변한다.

근본적으로 은행의 자산 또는 부채에 포함된 내재적 옵션이 있을 때 옵션 조정된 듀레이션을 사용하지 않을 경우 발생할 수 있는 리스크를 지적하고자 한다. 옵션 조정된 듀레이션의 측정은 이 장의 범위을 넘어선 어려운 작업이다.

옵션 조정한 듀레이션에 관한 일부 작업들은 진행되었다. OTS(1994)는 자산가격 민감도에 중요한 영향을 미치는 내재옵션을 가지고 자산의 가치를 평가하기 위해 순현가법과 몬테카를로 시뮬레이션 접근법을 사용해 자산의 가격 민감도에 영향을 미치는 내재옵션을 가진 자산을 평가할 것을 제안하였다.

그들은 또한 자산의 실효듀레이션(effective duration)-[3] 을 고려하였다.

3_실효듀레이션은 수정듀레이션처럼 금리변동에 따른 채권가격 변화율을 나타낸다. 다만, 듀레이션 산출시 실제 시장의 금리지표 및 채권가격지표를 이용한다면 측면에서

OTS(The Office of Thirft Supervision)는 특히 금리상한계약(cap)과 금리하한계약(floor) 같은 옵션을 가진 모기지 상품에 대하여 관심을 가졌다. Fabozzi와 Modilgliani(1992)은 몬테카를로 시뮬레이션을 사용해 MBS에 관한 옵션 조정 스프레드를 추정하였다.

Anderson, Barber,Chang(1993), DeRosa, Goodman, Zazzarino(1993)은 금리민감도를 고려한 MBS에 관한 수정 듀레이션을 추정하였다. Carlson과 Lawler(1987)는 MBS에 관한 닫힌 해(closed solution) 공식을 연구하였다. Bierwag(1987)은 금리가 급격히 하락할 경우 1986년 1월부터 5월까지 수의상환 채권의 행태를 연구하였다. 금리하락 기간동안 수의상환 채권과 MBS의 행태는 유사하였다.

수의상환 채권에 대한 듀레이션의 변동을 설명하지 못한 투자관리자들은 그 기간동안 그들의 포트폴리오에서 큰 손실을 보았다. 손실폭은 금리변화를 정확히 예측할 수 있는 그들의 능력에 달려있다. 옵션 조정 듀레이션의 사용은 금리리스크의 효과를 어느 정도 희석화시킬 수 있다. Bierwag은 듀레이션 모형의 신중한 사용이 수의상환 옵션을 평가하거나 또는 회피할 때 요구된다고 제안하였다. 금융자산과 금융부채 상품에 내재된 옵션의 광범위한 사용을 회피할 수도 없고, 모든 옵션들이 평가되는지도 명확하지 않다. Simons(1995)은 상업은행의 자산부채종합관리(ALM)시 은행의 파생상품 사용-[4]을 연구하였으나, 내재옵션에 관하여서는 언급하지 않았다.

금리리스크에 관한 듀레이션의 효과는 Hanweck과 Shull(1994), O' Keefe(1993)과 Cohen(1993)에 의해 연구되었다. 전반적으로 이들 논문들은 자본적정성을 위한 듀레이션 기준은 이전의 단조로운 자본기준보다 금리변화에 더욱 민감하다고 결론지었다. 그러나 듀레이션 기준은 상황에 따라 판단을 그르치게 하여 자본의 적정성을 측정하는데 심각한 오류를 가져올 수 있다. 이 장은 금리의 변화시 은행의 대출과 예금에 내재된 옵션의 가치가 자본의 적정성에 미치는 영향을 연구를 주가하였다. Cohen(1991)은 내재옵션은 연구하였으나, 자본기준에 관련된 연구는 없었다.

채권평가모형을 사용하여 구하는 기존방식과 다르다.

실효듀레이션 = A/B, A = $(P_d - P_u)/P_0$, B = $2(r_u - r_0)$

여기서, P_0 : 기준시점 가격, P_u : 금리하락시 가격, P_d: 금리상승시 가격
r_u : 금리상승시 금리, r_d : 금리하락시 금리

4_파생상품을 이용한 금리리스크 회피방법에는 금리선물, 금리옵션, 금리스왑을 이용하는 방법 등이 있다.

13.2절에서는 충분히 면역화된 은행의 대차대조표하에서 내재옵션의 충격을 연구하였다. 추가적으로 은행의 리스크를 고려한 자기자본비율을 연구하였다. 13.3절에서는 면역화되지 않은 은행을 대상으로 내재옵션의 충격을 연구하였다. 먼저 자본 듀레이션이 양의 값을 가지는 경우를 조사하였고, 그 후 자본 듀레이션이 음의 값을 가질 경우를 조사하였다. 13.4절은 결론과 시사점을 언급하였다.

13.2 충분히 면역화된 은행의 금리변화에 따른 효과

금리리스크에 측정에 관한 문제의 속성을 설명하기 위해 다음과 같은 예를 고려하였다. 만약 가상의 은행의 자산이 $1억, 부채가 $9,000만, 자기자본이 $1,000만이 있다고 가정하자. 여기서 나타난 결과들은 척도가 다르지 않기 때문에 은행의 규모는 문제가 되지 않는다. 은행은 부외 부채를 가지고 있지 않다. 예금보험공사(FDIC)의 리스크에 기초한 자본기준에 의하면 이 가상은행은 지속적으로 리스크을 고려한 자기자본비율 10%-[5]을 유지하고 있다. 예를 보다 간단히 하기 위해 가상은행이 상환조건이 없는 만기 2.86년이고, 고정금리 6%인 자산 1개와 3년 만기, 3% CD인 부채 1개를 보유하고 있다고 가정하자. 단, 대출과 CD의 이자지급은 1년 단위로 지급된다.

아래에서 보듯이 충분히 면역화된 은행을 가정하기 위해 자본 듀레이션이 '0'이 되는 자본구조를 선택하였다. 수정 듀레이션은 아래 식(13-1)에 의해 산출된다.

$$D = \frac{dP/P}{dy} = \frac{1}{1+y}\sum_{t=1}^{n}(i-f)\frac{CF_i/(1+y)^{i-f}}{P} \tag{13-1}$$

5_연방예금보험공사(FDIC)의 자기자본비율 적정성 기준

적정성	자기자본 비율
풍부한 자기자본 보유	10% 이상
적정 자기자본 보유	8% 이상
자기자본 부족 상태	8% 미만
상당한 자기자본 부족 상태	6% 미만
심각한 자기자본 부족 상태	2% 미만

자기자본 부족 상태 이하의 금융기관은 감독당국은 적시시정조치(prompt corrective action)를 지시한다. 적시시정조치를 시행하지 못한 금융기관은 최종적으로 폐쇄된다.

여기서, n : 미래현금흐름의 수
CF_i : i시점의 미래현금흐름
i-f : 마지막 현금흐름 지급 후 경과일수
y : 할인율

이 경우 자산의 듀레이션은 2.545이고, 부채의 듀레이션은 2.829년이다. 은행의 자산과 부채의 듀레이션의 완전이 면역화되어, 자본의 듀레이션이 0이 되었다.

자산듀레이션은 식(13-2)와 같이 나타낼 수 있다.

$$D_A = \frac{L}{A}D_L + \frac{E}{A}D_E \tag{13-2}$$

자산의 듀레이션은 자산과 부채의 듀레이션을 해당 포지션 가중치로 합산하여 구할 수 있다. 그리고, 식(13-2)는 식(13-3)으로 변환할 수 있다.

$$D_E = \left(D_A - \frac{L}{A}D_L\right)\frac{A}{E} \tag{13-3}$$

그래서 자산과 부채의 포지션 금액(단위: $백만) 및 자산과 부채의 듀레이션을 식(13-3)에 대입하면 자본 듀레이션이 0이 됨을 알 수 있다.

$$D_E = \left(2.545 - \frac{90}{100}2.829\right)\frac{100}{10} \cong 0$$

이와 같은 자본구조와 금리민감도를 가지면 자본포지션의 시장가치가 금리변화에 상대적으로 덜 민감하다. 그래서 대출금리가 6%이고, CD금리가 3%일 때 은행의 순자산 가치인 $1,000만에는 변화가 없다. 우리는 자산과 부채의 금리 스프레드가 항상 3%로 일정하다고 추정한다. 보다 자세한 내재 옵션을 가진 증권의 듀레이션 계산은 Choi(1996)을 참고하라.

내재 옵션을 고려하기 전에 만기수익률이 6%에서 8%대까지 20bp 만큼 증가할 경우 효과를 살펴보자. 표 13-1에서 보듯이 금리가 200bp 만큼 상승하면 자산의 시장가치는 $491만 하락하여 $9,509만이 된다. 부채의 시장가치는 $490만이 하락하여 $8,510만이 되어, 자본의 시장가치는 $1만 하락한 $999만이 된다. 비록 자본의 시장가치는 하락하였지만 리스크를 감안한 자기자본비율은 10%에서 10.5%로 상승하였다.

만약 만기수익률이 200bp만큼 하락한다면 자산의 시장가치는 $10,528만로 상승하고, 부채의 시장가치는 $9,529만로 하락하여, 자본의 시장가치는 $998만이 된다. 이 경우 자기자본비율은 9.48%로 하락한다. 자산과 부채 사이의 금리변화에 대한 민감도 차이는 금리가 상승 또는 하락할 때 약간의 자본손실을 야기한다.

표 13-1에서 보듯이 이 가상의 은행은 금리리스크에 거의 노출되어 있지 않다. 자산과 부채의 시장가치 변화는 거의 일치하고, 그 결과 자산의 손실(증가)은 부채의 감소(증가)에 의해 상쇄된다. 자기자본비율은 만기 수익률이 상승할 때 자산 시장가치가 하락하므로 약간 상승하였다. 이 은행은 근본적으로 충분히 면역화 되었다.

다음으로 은행의 자본 시장가치에 내재옵션이 미치는 영향을 살펴보고자 한다. 먼저 부채에 내재된 옵션을 살펴보고, 그 후에 자산에 내재된 옵션을 살펴본다.

13.2.1 부채에 내재된 옵션

이 은행은 부채에는 내재된 옵션을 가지고 있지만 자산에는 없다고 가정하자. 특히, 은행은 CD의 중도해지에 관하여 해지수수료를 부과하지 않는다고 하자. 금리가 상승할 때 예금자는 자금을 인출하여 보다 높은 수익률을 주는 다른 은행 또는 심지어 해당 은행의 다른 금융상품에 재투자할 것이다. 근본적으로 예금자는 CD에 관하여 풋옵션을 가지고 있다. 그들은 은행에 액

[표 13-1] 면역화된 가상은행의 경우

금리	자산	부채	자본	자기자본비율
4.0%	$105.28	$95.29	$9.98	9.48%
6.0%	$100.00	$90.00	$10.00	10.00%
8.0%	$95.09	$85.10	$9.99	10.50%

금리	자산	부채	자본	자기자본비율
4.0%	$105.28	$95.29	$9.98	9.48%
6.0%	$100.00	$90.00	$10.00	10.00%
8.0%	$95.09	$90.00	$5.09	5.35%

금리	자산	부채	자본	자기자본비율
4.0%	$100.00	$95.29	$4.71	4.71%
6.0%	$100.00	$90.00	$10.00	10.00%
8.0%	$95.09	$85.10	$9.99	10.50%

[그림 13-1] 면역화된 가상은행의 경우

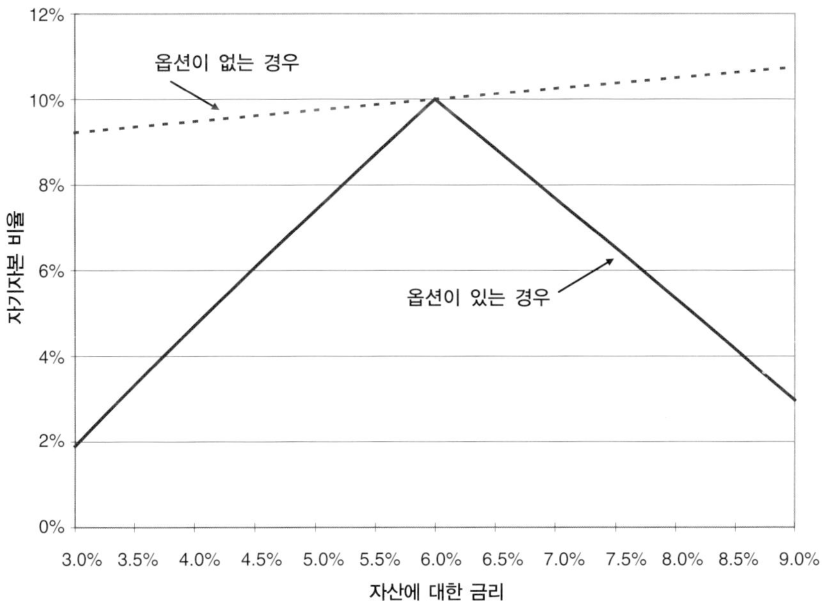

면가로 팔 수 있는 권리를 가진 것이다. 달리 말하면 그들은 CD와 금리에 대한 콜옵션을 가지고 있다. 어떤 경우든 은행의 부채는 액면보다 적어지지 않는다. 만약 그렇지 않다면 예금자는 합리적이지 않게 행동하는 것이다. 이 분석과 관련하는 고려할 사항 하나는 만약 예금자가 합리적으로 행동하지 않는다면 은행고객의 입장에서 차선적 행동 가능성이다. 차선적 행동은 감소하지만 없어지지 않는다면 은행은 내재 옵션에 의해 악영향을 받을 수 있다.

내재된 부채옵션의 효과는 부채의 시장가치가 예금자들의 합리적인 행동 때문에 결코 액면이하로 떨어지지 않는다는 것이다. 이것은 은행에 있어 불행이다. 이렇지 않았다면 은행의 부채가치는 감소하고, 자본가치는 증가할 것이다. 표 13-1에서 패널 B는 예금자자 합리적이고, CD에 중도해지에 따른 해지수수료가 없을 경우 은행 자본가치의 변화를 표시한 것이다. 이 표에서 이 은행은 금리가 상승할 때 금리리스크에 노출되어 있음을 알 수 있다. 우리는 금리의 스프레드가 항상 3%임을 상기하자.

금리가 200bp만큼 상승할 때 은행자산의 시장가치는 $491만만큼 하락하여 $9,509만 수준이 된다. 그러나 부채의 시장가치는 액면 그대로이다. 그래서 자본의 시장가치는 $491만 하락하여 $509만 수준이 된다. 이 경우 자기자본비율은 5.35%이다.

다음은 자산에 내재된 옵션의 효과를 살펴보자.

13.2.2 자산에 내재된 옵션

이 은행은 자산에 내재된 옵션은 있으나, 부채에는 없다고 가정하자. 금리가 하락할 때 차입자는 보다 낮은 차입이자율로 자금을 재조달할 수 있는 권리를 행사 할 수 있고, 자금을 조기상환할 수 있다. 근본적으로 차입자는 대출에 대한 콜옵션을 가지고 있다. 차입자가 옵션을 행사하면 은행은 액면금액으로 대출을 상환받아야 한다. 달리 표현하면 차입자는 대출과 금리에 대한 풋옵션을 가지고 있다. 어떤 경우든 은행자산은 차입자가 합리적인 경우 액면이상으로 오르지 않는다.

자산에 내재된 옵션의 효과는 자산의 시장가치가 결코 액면이상 오르지 않는다는 것이다. 명확히 은행은 자산가치가 상승을 좋아한다. 왜냐하면 이것은 자본 시장가치가 증가시키기 때문이다. 표 13-1에서 패널C는 은행이 차입자가 합리적이고, 대출만기 이전에 조기상환할 수 있고, 조기상환 수수료가 없을 경우 은행의 자본 시장가치 변화를 나타낸 것이다. 은행은 대출이자율이 떨어질 때 금리리스크 노출을 고려해야 한다.

만약 금리가 200bp만큼 하락할 경우 차입자가 대출에 대한 옵션이 없다면 은행자산의 시장가치는 $528만 만큼 증가할 것이다. 그러나 대출이 조기상환 가능하다면 자산의 시장가치는 여전히 $1억이다.

은행에게 불행히도 부채의 시장가치는 $528만 증가하여 $9,529만 수준이 될 것이다. 그래서 자본의 시장가치는 $471만 수준으로 떨어진다. 자기자본비율은 4.71%로 상당한 자본부족상태(significantly undercapital)에 있다. 대출금리가 6% 이하로 떨어질 경우 자기자본비율은 만기수익률이 더욱더 감소한다.

많은 은행들은 대차대조표 양쪽에 내재된 옵션을 발행하고 있다. 즉, 대출은 조기상환될 수 있고, 예금은 중도해지시 해지수수료가 부과되지 않는다. 만약 금리가 급격히 상승한다면 예금자는 자금을 중도해지할 것이고, 차입자들은 대출자금을 조기상환을 유보할 것이다. 만약 금리가 급격히 떨어진다면 예금자는 중도해지 할 동기가 없고, 차입자는 대출자금을 조기상환할 것이다. 은행은 우선적으로 금리가 안정적일 것을 희망한다. 표 13-1, 패널 D에서는 만약 금리가 어떤 방향으로 움직이든 자기자본비율은 감소함을 보여준다. 동일하게, 은행이 자기자본 부족상태에 접하기 앞서 안정적 금리변화가 요구된다.

누구나 금리는 변화할 것이라고 확신있게 말할 수 있다. 역사는 시장 결정 금리와 은행 관리금리가 오랜 기간동안 안정적이지 않다는 것을 보여준다. 예컨대 은행의 우대금리는 1975년 7.86%에서 1981년 18.87%로 증대하였다. 그리고, 2003년에 7.86%로 하락하였다. 그림 13-1는 자기자본비율에 대한 내재옵션의 영향을 도식화한 것이다. 양쪽 옵션이 있는 경우와 없는 경우를 비교하여 보면 내재된 옵션을 무시하는 경우 자기자본비율을 과대평가하고 있음 알 수 있다.

내재 옵션의 가치는 은행에서 제공하는 금융상품의 가격을 반영한다. 조기상환권을 가진 고정금리부 대출상품은 조기상환권이 없는 대출보다 높은 대출금리를 받는다. 유사하게 중도해지에 대한 수수료가 없는 CD는 중대해지 수수료가 있는 CD보다 예금이자율이 낮다. 이들 금리차이는 옵션의 상각비를 의미한다.예컨대 만약 각 옵션이 매년 50bp에 고시된다면 충분히 면역화된 가상은행의 3% 순 금리 스프레드는 100bp 만큼 과대평가하고 있는 것이다. 그래서 2%내의 스프레드가 미래 실현 순 금리스프레드로 추정된다. 내재된 옵션을 가지 은행은 만약 금리가 급격히 움직인다면 심각한 금리리스크에 노출된다. 이와 같은 변화는 1970년대 후반, 1980년대 초반, 2000년 초에 일어났다.

13.3 면역화 되지 않은 은행의 금리변화에 따른 효과

13.3.1 자본 듀레이션이 양일 경우

앞의 예는 가상 은행이 충분히 면역화된 자산과 부채의 포트폴리오를 가질고 있는 경우를 가정한 경우이다. 지금부터는 자본 듀레이션이 양(즉, '자산민감은행' 를 의미함)인 은행의 경우 금리변화가 미치는 영향을 살펴보고자 한다. 표 13-2, 패널A는 자본 듀레이션이 양이고, 자산과 부채에 내재된 옵션이 없는 경우 금리변화에 은행의 시장가치변화를 나타낸 것이다. 특히, 자산의 듀레이션이 4.08이고, 부채의 듀레이션이 2.83이고, 자본의 듀레이션이 1.1를 가지는 은행을 가정하였다. 만약 금리가 상승하면 자산의 시장가치는 부채의 시장가치보다 더욱 하락한다. 그래서 자본의 시장가치는 하락한다. 만약 금리가 상승하면 역으로 자기자본비율은 금리 상승만큼 하락한다.

자본 듀레이션이 양이고, 부채에 내재된 옵션이 존재할 경우

은행이 양의 자본 듀레이션을 가지고 있고, 부채에 내재된 옵션이 있고, 자산에는 없는 경우를 가정하자. 합리적인 예금자는 금리가 상승한다면 앞에서 소개한 것과 같은 방식으로 옵션을 행사할 것이고, 금리가 하락한다면 옵션을 행사하지 않을 것이다.

이들 행동의 결과 은행의 자본 시장가치는 표 13-2에서 패널 B와 같다. 만약 금리가 상승한다면 자본의 시장가치는 그 이전보다 하락한다. 역으로 금리가 하락한다면 자본의 시장가치는 그 이전보다 상승한다. 부채에 내재된 옵션과 같지는 않지만 자기자본비율의 패턴은 동일하다.

자본 듀레이션이 양이고, 자산에 내재된 옵션이 존재할 경우

이 예에서 은행은 자산에 내재된 옵션은 있으나, 부채에는 없을 경우를 가정하였다. 은행이 양의 자본 듀레이션을 가지고 있으므로 금리의 어떠한 변화에도 자본의 시장가치는 표 13-2에서 패널 C에서와 같이 하락한다. 중요한 것은 금리가 상승할 때보다 하락할 경우가 자본의 시장가치와 자기자본비율에 더 큰 부정적 영향을 미친다.

[표 13-2] 자본 듀레이션이 양인 경우 : 자산민감은행

금리	자산	부채	자본	자기자본비율
4.0%	$108.62	$95.29	$13.33	12.27%
6.0%	$100.00	$90.00	$10.00	10.00%
8.0%	$95.09	$85.10	$7.15	7.75%

금리	자산	부채	자본	자기자본비율
4.0%	$108.62	$95.29	$13.33	12.27%
6.0%	$100.00	$90.00	$10.00	10.00%
8.0%	$95.25	$90.00	$2.25	2.44%

금리	자산	부채	자본	자기자본비율
4.0%	$100.00	$95.29	$4.71	4.71%
6.0%	$100.00	$90.00	$10.00	10.00%
8.0%	$95.25	$85.10	$7.15	7.75%

금리	자산	부채	자본	자기자본비율
4.0%	$100.00	$95.29	$4.71	4.71%
6.0%	$100.00	$90.00	$10.00	10.00%
8.0%	$95.25	$90.00	$2.25	2.44%

[그림 13-2] 자본 듀레이션이 양인 경우 : 자산민감은행

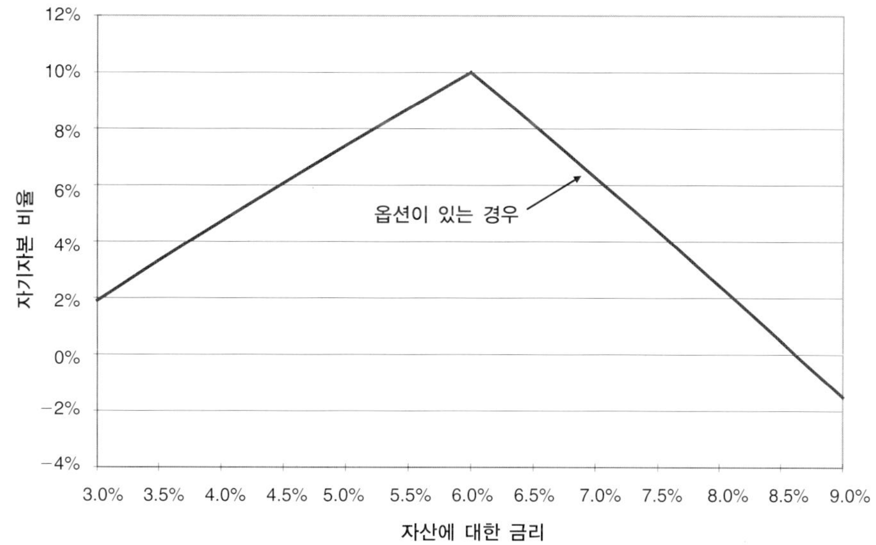

자본 듀레이션이 양이고, 자산 및 부채에 내재된 옵션이 존재할 경우

은행이 양의 자본 듀레이션을 가지고, 자산 및 부채에 내재된 옵션이 존재할 경우 금리가 어떠한 방향으로 변한다고 할지라도 자본의 시장가치와 자기자본비율은 낮아질 것이다. 그러나 금리의 증가는 금리가 감소할 때보다 자기자본비율에 더 부정적 영향을 미친다.

그림 13-2는 자산민감 은행의 자기자본비율을 나타낸 것이다. 그림 13-1과 그림 13-2를 비교하여 보면 금리 감소에 대하여 동일한 결과를 보임을 알 수 있다. 이것은 더 긴 자산듀레이션을 도입하였기 때문이다. 금리가 상승할 때 더 극적인 효과가 있었다. 양인 자본 듀레이션일 때 특히 고통스럽다. 그 이유는 자산의 더욱 금리에 민감한 반면에 부채는 덜 민감하기 때문이다.

13.3.2 자본 듀레이션이 음일 경우

자본 듀레이션이 음이라는 의미는 은행의 부채 듀레이션이 자산의 듀레이션보다 길기 때문이다. 우리는 자산 듀레이션을 0.82로 줄임으로써 −1.92인 음의 자본 듀레이션을 만들었다. 이러한 은행을 금리변화에 대하여 '부채민감' 은행이라고 부른다. 표 13-3의 패널A은 만약 금리가 상승한다면 부채의 시장가치는 자산의 시장가치보다 감소하여 자본 시장가치가 증가함을 나타낸다. 만약 금리가 하락한다면 그 반대의 현상도 발생한다. 패널A에서 자기자본비율은 금리수준과 같이 양의 관련성을 가진다.

[표 13-3] 자본 듀레이션이 음인 경우 : 부채민감은행

금리	자산	부채	자본	자기자본비율
4.0%	$101.66	$95.29	$6.37	6.26%
6.0%	$100.00	$90.00	$10.00	10.00%
8.0%	$98.40	$85.10	$13.30	13.52%

금리	자산	부채	자본	자기자본비율
4.0%	$101.66	$95.29	$6.37	6.26%
6.0%	$100.00	$90.00	$10.00	10.00%
8.0%	$98.40	$90.00	$8.40	8.53%

금리	자산	부채	자본	자기자본비율
4.0%	$100.00	$95.29	$4.71	4.71%
6.0%	$100.00	$90.00	$10.00	10.00%
8.0%	$98.40	$85.10	$13.30	13.52%

금리	자산	부채	자본	자기자본비율
4.0%	$100.00	$95.29	$4.71	4.71%
6.0%	$100.00	$90.00	$10.00	10.00%
8.0%	$98.40	$90.00	$8.40	8.53%

자본 듀레이션이 음이고, 부채에 내재된 옵션이 존재할 경우

만약 가상은행이 부채에 내재된 옵션만을 가진다면, 금리의 어떠한 변화에도 자기자본비율은 낮아질 것이다. 금리가 증가하는 경우가 금리가 감소하는 경우보다 더 나쁜 영향을 미친다.

자본 듀레이션이 음이고, 자산에 내재된 옵션이 존재할 경우

만약 가상은행이 자산에 내재된 옵션만을 가진다며, 금리의 상승할 때 자본의 시장가치 및 자기자본비율은 상승할 것이다. 그러나 동일한 폭으로 이자율이 하락한다면 자본의 시장가치와 자기자본비율의 하락 비율을 더욱 커질 것이다.

자본 듀레이션이 음이고, 자산 및 부채에 내재된 옵션이 존재할 경우

만약 은행이 음인 자본 듀레이션을 가지고, 자산 및 부채에 내재된 옵션을 가지고 있다면 금리의 어떠한 변화에도 자본의 시장가치 및 자기자본비율은 하락할 것이다. 그림 13-3은 부채민감 은행의 자기자본비율을 나타낸 것이다.

[그림 13-3] 자본 듀레이션이 음인 경우: 부채민감은행

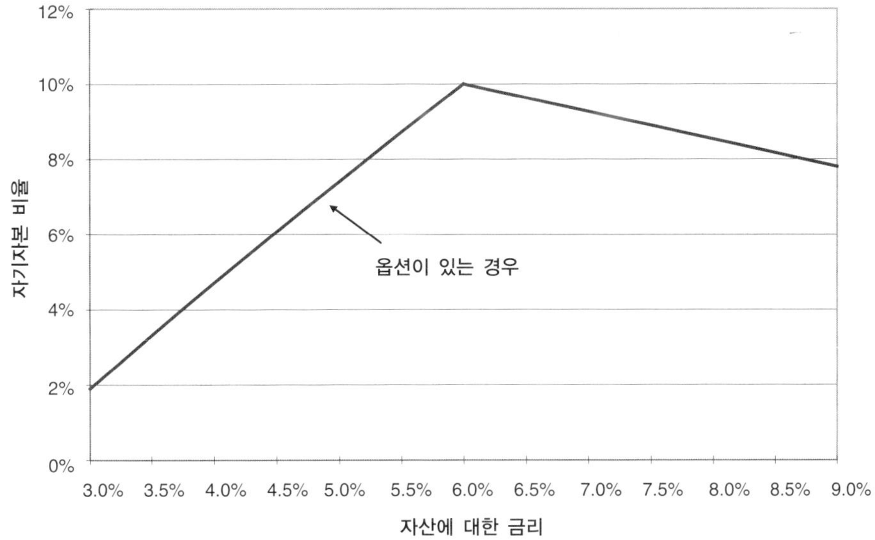

13.4 결론

이 논문은 자본적정성과 금리리스크에 대한 선택권/내재 옵션의 효과를 살펴보았다. 이 이슈는 중요한데 그 이유는 바젤 II는 감독당국이 리스크에 기초한 자본규제 가이드 라인하에서 금리리스크을 고려하도록 요구하고 있다. 그러나 이 가이드라인은 내재된 옵션에 대한 충분히 비중을 두지 않았고, 옵션조정 듀레이션도 고려하지 않았다. 여기서는 단지 내재옵션의 corner solution만을 고려해 도식화하였다. 그래서 이 논문은 가상은행 이 충분히 자본 듀레이션 면에서 면역화 되었어도 내재된 자산 및 부채 옵션에 의해 심각한 금리리스크에 노출되어 있다는 것을 알 수 있었다. 내재된 옵션에 의해 금리스프레드도 과대평가될 수 있다. 결론적으로 금리의 변화는 예상했던 것보다 은행의 순이자 수익에 더 큰 영향을 미쳤고, 은행의 자본적정성에도 영향을 미쳤다.

부록: 내재옵션의 성격

차입자의 경우 금리가 하락하면 보다 낮은 대출금리로 자금을 재조잘할 수 있고, 대출금을 조기 상환할 수 있다. 그러므로 은행의 자산인 대출은 은행입장에서는 콜옵션 발생자 입장이고, 고객입장에서는 대출에 대한 콜옵션 매수자 입장인 동시에 금리에 대해 풋옵션 매수자 입장이다.

이에 반해 예금자의 경우 금리가 상승하면 예금을 중지해지하여 보다 높은 금리를 주는 다른 은행 또는 심지어 해당 은행의 다른 금융상품에 재투자할 것이다. 그러므로 은행의 부채인 예금은 은행입장에서는 풋옵션발행자 입장이고, 고객입장에서는 예금에 대한 풋옵현 매수자 입장인 동시에 금리에 대한 콜옵션 매수자 입장이다.

	내재옵션	금리 상승시	금리 하락시	고객입장	은행입장
대출(자산)	조기상환	유보	행사 (대출가치상승)	대출에 대한 콜옵션 성격 금리에 대한 풋옵션 성격	콜옵션 발행
예금(부채)	중지해지	행사 (예금가치하락)	유보	예금에 대한 풋옵션 성격 금리에 대한 콜옵션 성격	풋옵션 발행

참고문헌

Anderson, Gary A., (1993), Joel R. Barber, and Chun-Hao Chang, "Prepayment Risk and the Duration of Default-Free Mortgage-Backed Securities," pp. 1-9, *The Journal of Financial Research*, Spring.

Basle Committee on Banking Supervision and the Technical Committee of the International Organisation of Securities Commissions(IOSCO), (1995), *Framework for Supervisory Information about the Derivatives Activities of Banks and Securities Firms*, May.

Bierwag, Gerald O., (1987), *Duration Analysis: Managing Interest Rate Risk*, Cambridge, Mass. : Ballinger Publishing Co., Chapter 13.

Carlson, Steven J., and Thomas A. Lawler, (1987), "Closed Form Formulas: A More EfficientWay of Computing the Price, Duration, and Weighted Average Life of Mortgage Pools," appears in *Mortgage-Backed Securities : New*

Strategies, Applications and Research, Frank J. Fabozzi, ed., Chicago, IL, Probus Publishing.

Chance, Don M., and John C. Broughton, (1998), "Market Index Depository Liabilities: Analysis, Interpretation, and Performance," *Journal of Financial Services Research*, December, pp. 335-352.

Choi, Sam, (1996), "Effective Durations for Mortgage-Backed Securities: Recipes for Improvement," *Journal of Fixed Income*, March, pp. 23-30.

Cohen, Hugh, (1993), "Beyond Duration : Measuring Interest Rate Exposure," *Economic Review*, Federal Reserve Bank of Atlanta, March/April, pp. 23-31.

Cohen, Hugh, (1991), "Evaluating Embedded Options," *Economic Review*, Federal Reserve Bank of Atlanta, November/December, pp. 9-16.

DeRosa, Paul, Laurie Goodman, and Mike Zazzarino, (1993), "Duration Estimates on Mortgage Backed Securities," *Financial Analysts Journal*, Winter, pp. 32-38.

Fabozzi, Frank, and Franco Modigliani, (1992), Mortgage and *Mortgage-Backed Securities Markets*, Boston: Harvard Business School Press, Chapter 13.

Federal Reserve Press Release, September 14, 1993, dealing with Interest Rate Risk, 1-155.

Gilkeson, James H., and Craig K. Ruff, (1992), "The Valuation of Retail CD Portfolios," Unpublished paper, October 1.

Hanweck, Gerald A., and Bernard Shull, (1994), "Bank's Exposure to Interest Rate Risk and Capital Adequacy: An Appraisal of the Federal Agencies' Approach," Presented at the 30th Annual Conference on Bank Structure and Competition, Federal Reserve Bank of Chicago, May.

O'Keefe, John P., (1993), "Risk-Based Capital Standards for Commercial Banks: Improved Capital Adequacy Standards?" pp. 1-15, *FDIC Banking Review*, Spring/Summer.

"Pillar 2 (Supervisory Review Process)," (2001), Basel Committee on Banking Supervision, Bank for International Settlements, Consultative Document, January.

"Principles for the Management and Supervision of Interest Rate Risk," (2001), Basel Committee on Banking Supervision, Bank for International Settlements, Consultative Document, January.

"Principles for the Management of Interest Rate Risk," (1997), Basel Committee on Banking Supervision, Bank for International Settlements, Consultative Proposal, January.

Simons, Katerina, (1995), "Interest Rate Derivatives and Asset- Liability Management by Commercial Banks," *New England Economic Review*, Federal Reserve Bank of Boston, Jan./Feb., pp. 17-28.

The OTS Net Portfolio Value Model, (1994), Office of Thrift Supervision, Risk Management Division, November.

제14장
호주 은행들에 대한 바젤 II협약의 영향

Peter Docherty, Chris Terry, and Rowan Trayler

14.1 서론

호주 은행시스템에 있어 바젤 II의 영향은 시스템의 특별한 구조와 1990년대 호주 금융시스템의 발전배경을 토대로 하여 이해되어져야 한다. 이러한 금융시스템의 발전은 1988년 바젤 I과 상호 관련성이 높다. 호주의 사정상 그들이 정한 목표를 가장 효과적으로 달성하기 위해서 약간의 조정들이 필요할지는 모르지만 새로운 가이드라인들을 채택함으로써 호주 은행시스템을 상대적으로 좋은 입지에 올려놓았다.

이 장에서는 먼저 호주 은행시스템과 규제 시스템들의 구조를 살펴보기 전에 규범의 논리를 재검토할 것이다. 그런 다음에 호주의 은행들에 있어 바젤 I의 영향과 1980년대와 1990년대 동안 호주 금융시스템에 있어서 여러 가지 중요한 발전과의 관련성을 검토할 것이다. 이것은 호주 은행시스템에 대한 바젤 II의 잠재적인 영향에 대한 고찰에 초점을 맞춘 것이다. 고찰할 쟁점들은 다음과 같다.

1. 지역 은행들의 리스크-등급 방법론
2. 지역 금융시장에서 자본 증권화의 역할
3. 호주내 부동산 담보 대출의 역할

4. 신용리스크 경감을 책임질 호주 은행들의 잠재력
5. 경제적인 발전을 위한 경쟁적인 중립과 그 동기들에 대한 물음들

14.2 건전성 규제에 대한 이론적 근거

바젤II는 자본적정성에 대한 접근방법을 강화시키고, 은행 자본규제의 리스크민감도를 증가시켜 해당 국가들이 채택함에 있어 건전성 규제를 강화시키도록 고안된 것이다(바젤 위원회 2001a, p6). 바젤II의 또 다른 목적은 은행시스템들을 채택함에 있어 기존의 자본수준 유지, 그리고 경제적 균등성 강화 등이다. 바젤II의 이와 같은 특징들은 바젤I의 단점들을 극복하는 동시에 그것의 긍정적인 부분들도 강화시킬 의도를 가지고 있다.

건전성 규제는 일반적으로 금융시스템에 있어서 정보의 비대칭성 존재로 발생하는 시스템적 실패확률을 최소화하기 위한 공공정책 목적의 부산물로 생겨난 것이다(Hogan & Sharpe 1997, p 15-20; Misliken 2001 p5). 신용리스크는 은행 고유의 리스크이지만, 은행의 중요한 기능들 중 하나는 이 리스크를 악화시킬 수 있는 잠재적인 차입자와 잠재적인 대출자간의 정보 비대칭성을 극복하는 것이다. 정보 비대칭성을 해소하는데 있어 은행들은 예금자보다 좀 더 유리한 입지에 있기 때문에, 은행들에게 신용리스크의 평가와 감시를 위임하는 것은 예금자들의 관심사항이다(Diamond 1984, cf. Chant 1992).

정보 비대칭성은 은행-예금주 관계에서 다시 적용된다. 정보 비대칭은 신용리스크가 실현될 때 발생하게 되고, 은행들은 손실 때문에 난처하게 된다. 특히, 이러한 손실들이 심각한 수준이라면 더욱 그렇다. 예금주들은 은행에 의해서 저질러진 손실들은 감시할 수 있지만, 정보 비대칭성들로 인해 그런 손실들 때문에 예금전액 상환능력에 영향을 줄 만큼 큰 것인지 아닌지에 대해서는 알 수 없다. 명목상 예금가치가 고정되어 있다면 예금 전액 인출에 대한 제한조치는 개별 예금자들로 하여금 그들의 자금을 인출하게 하고, 가능하면 인출하려고 기다리는 줄의 앞쪽 가까이 서고자 하는 동기를 부여할 것이다(Greenbaum & Thakor 1995, p455).

이와 같이 정보 비대칭성의 존재는 신용상실로 인해 부실해진 은행들에 대한 인출을 발생시키는 조건을 창출한다. 그러나 문제는 잠재적인 부실리스크를 가진 한 은행에서의 인출이 다른 건전한 기관들에게까지 전파된다는 것이다. 한 금융기관이 대출 부실과 채무불이행을 경험하기 시작할 때 다른 금융기관들에 있는 예금자들은 이와 같은 문제들을 자신의 은행에 적용해야

할지 말아야 할지 판단하는 것에 어려움을 느낄지도 모른다. 부실 은행에서 인출하도록 만드는 같은 조건들이 건실한 금융기관의 예금주로 하여금 그들의 예금을 인출하도록 이끌 수 있다. 이런 종류의 감염(contagion)현상은 전체적인 은행업 및 금융시스템의 안전성을 깨는 잠재성을 가지고 있으며, 결제시스템을 통해 은행간 무방비 노출이 고려되어질 때 비로소 감염 가능성이 예고된다.

일종의 안전망(safety net)은 공공기관들에 의해 자주 제공되는데 이는 예금자들과 결제시스템을 보호하고 감염과 시스템 리스크를 막기 위한 것이다(Mishkin 2001, p5). 안전망들은 예금보험, 명백한 또는 암묵적 예금담보, 그리고 최종대부자[1] 등을 포함한다. 그러나 모든 형식의 안전망은 도덕적 해이 문제를 일으킬 잠재적 문제점을 가지고 있다. 한편으로는 은행 관리자들이 리스크한 대출 의사결정을 회피하고자 하는 동기를 감소시키고, 다른 한편에서는 예금자들이 은행관리자 행동을 감시하여 리스크가 과도할 때 자금을 인출하게 한다. 이와 같이 시스템 리스크와 관련된 재무적, 경제적 외부효과는 일부의 안전망 규정을 보장하지만 반면 그 안전망 존재 그 자체는 그것이 앞으로 필요하게 될 가능성을 증가시킨다.

건전성 규제는 일반적으로 이런 도덕적 해이 문제들에 대한 해결책이 된다(Hogan & Sharpe 1997, p18). 그 규범은 다음과 같은 두 가지 잠재적인 형태들 중 하나를 따를 것이다. 첫째, 그것은 리스크 추구행위를 금지하거나, 리스크 감소 또는 적절히 신중한 행위를 요구할 것이다. 특정한 차입자들에 대한 대출의 집중제한, 최소한의 유동성 비율과 지급준비금 등은 이와 같은 법규들의 한 예다. 둘째, 규제는 은행관리자들에게 직면한 동기구조 재편성을 시도할 것인데 이 동기구조는 안전망으로 인해 왜곡되어 있다. 이와 같은 규제하에서 리스크 감소행위가 보상을 받는 반면에 리스크 추구행위는 금지되는 것이 아니라 페널티가 가해지게 된다. 은행이 추가적인 리스크에 노출되는 활동들에 대해서 추가적인 자본축적을 요구했던 바젤 I은 이와 같은 규범의 대표적인 예이다. 이제 제안된 바젤 II은 바젤 I의 이런 측면을 향상시키고 은행 자본규제의 리스크민감도를 증가시키면서 더 나아가 은행 운영동기들을 재편성하기 위해 고안된 것이다.

1_최종대부자(lender of last resort)란 금융시장에 위기가 발생했을 때 최종적으로 자금을 공급해 주는 기관으로 흔히 중앙은행을 가리킨다. 역사적으로 주요 선진국에서는 수많은 금융위기를 경험해 왔으며 그때마다 시장에 충분한 유동성을 공급하여 위기를 진정시켜야 한다는 요구가 발생하게 되었다. 이러한 요구에 부응하여 독립적인 발권력을 가지고 있는 중앙은행이 최종대부자의 책임을 맡게 된 것이다.

뒤에 나오는 내용들은 호주 금융업 시스템의 구조와 위에 제시된 원리들이 호주 은행시스템에 어떻게 적용되어 왔는지 그리고 특히, 바젤 I이 호주 은행시스템에 미친 영향에 대해 고찰할 것이다.

14.3 호주 은행산업의 구조

호주 은행산업은 전통적으로 시장 집중이 높다는 것이 특징이다. 비록 치열한 경쟁과 시장 다툼은 1980년 중반부터 발생하였지만 은행법(the Banking Act)하에서 승인된 은행 수는 크게 확대되었다. 이것은 최근 몇 년 전에 시작된 금융시스템의 규제완화의 일반적인 과정의 한 분야 이다.

현재 호주 소유 은행들이 13개가 있는데 대형 4개의 은행[2], 도매 은행, 그리고 대부분 배타적으로 소매시장에 노출된 6개의 소규모은행들로 구성된다. 12개의 외국계 은행들의 자회사들은 자율적으로 소매 시장에 참여 할 수 있지만 그들의 입지는 상대적으로 작다. 또 다른 26개의 외국계 은행들은 호주 지점들을 가지고 있지만 주로 도매 은행업 활동을 영위하고 있다. 더욱이 비은행 저축 금융기관이 2개의 그룹이 있는데, 이들은 소매업 시장에 집중되어 있지만 개별적으로나 연합적으로나 이 시장에서는 작은 역할만을 담당한다. 이와 같은 모든 금융기관들은 호주에서 공인된 예금인수기관(deposit-taking institutions, ADIs)들로 여겨진다.

소매 금융업 부분에서 4개의 대형 은행들은 그들만의 전자뱅킹 시스템을 통해서 뿐만 아니라, 지점망 확대하고, ATMs와 EFTPOS 터미널을 통해서 우위를 촉진하고 있다. 더욱이 이 은행들은 재무적으로 결합된 집단으로 해외영업 뿐만 아니라, 보험 및 펀드관리 자회사들을 소유하고 있다. 예를 들어, National Australia Bank(NAB)는 국내 은행업 사업과 거의 비슷한 규모의 해외 경영업체들을 소유하고 있다.

소매 금융업 부분은 4개의 대형은행과 소위 지역은행의 소규모 그룹, 그리고 14개의 주택금융 조합과 187개의 신용조합들에 의해 운영된다. 위에서 제시된 바와 같이 외국 은행 자회사들도 소매 시장에서 영업활동을 하지만 어떤 은행도 국가적인 지점망을 구축하고 있지 않다. 도매 은행업 부분은 4개의 대형은행들과 국내 · 해외 증권 회사들과 함께 다수의 세계 주도의 국제 은행들에 의해 운영된다.

2_4개 대형 은행이 호주의 소매, 도매 시장 모두를 연합하여 장악하고 있나.

[표 14-1] 2003년 3월 ADIs의 부채와 자산

ADI	예금	총부채	가계대출	총자산
은행	536,659	940.956	358.960	1,011,901
주택금융조합	11,338	11,747	8,483	12,765
신용조합	23,817	25,366	15,207	27,801
합계	571,814	978,069	382,650	1,052,467

자료: Board of Governors of the Federal Reserve System.

호주 ADIs(2003년 3월)의 구조에 대한 개요가 표 14-1에 제공되고 있다. 비은행 ADIs의 상대적으로 적은 수치를 보자. 비은행 예금들은 전체 예금들의 약 6%만을 차지하고, 비은행 자산들은 총 자산의 4% 미만이다. 또한 비은행 ADIs 대출에 있어서 가계대출이 중요한 역할을 하는지 보라. 개인 대출이 그들의 대출 장부상 가장 많은 비중을 차지한다.

비은행 ADIs의 자산에 대한 좀 더 자세한 사항은 표 14-2에서 제공한다. 이 기관들의 적은 규모, 국내활동 특성, 그리고 대출의 집중이 주어진다면, 그들은 바젤 II의 표준 리스크평가 모형을 사용할 것으로 예상된다.

대형은행의 부채가 2002년 3월 다른 은행과 상대적으로 비교되어 표 14-3과 같이 나타난다. 이 대형은행들은 총 예금의 거의 75%를 가지고 있다.

표 14-4의 자료는 대형은행들이 도매 예금시장에서는 예금 증권의 55% 정도만을 가지고 있어 이곳에서의 지배력이 소매시장에 비해 작음을 보여주고 있다. 그럼에도 불구하고 인수어음 시장에서는 대형은행 인수어음의 97%를 초과하여 소유하고 있어 두드러지게 지배적인 소유권을 가지고 있다.

[표 14-2] 2003년 3월 비은행 ADIs의 자산

자산	신용조합	주택금융조합
어음 및 현금	211.1	66.6
요부금 예금	983.6	177.3
기타 예금	2,626.2	168.0
투자증권	1,034.4	1,888.9
가계대출	15,206.8	8,482.5
기타대출	7,047.4	1,547.3
(손실충당금)	(152.5)	(16.2)
총자산	27,801.1	12,674.5

자료 : *Australian Prudential Regulation Authority.*

[표 14-3] 2002년 3월 은행 ADIs의 부채

은행	총예금	총부채	총자산
ANZ	59,254	104,874	119,547
CBA	110,225	151,363	164,151
NAB	75,770	129,751	165,997
WBC	76,818	112,968	131,364
St George	37,265	48,717	52,285
대형은행	359,332	547,673	633,344
기타 호주은행	56,299	69,816	74,410
외국계 은행	66,894	141,460	148,636
은행합계	482,525	758,949	856,390
주택금융조합	10,674	11,670	12,661
신용조합	21,590	23,161	25,415
예금인수기관 합계	514,789	793,780	894,466

자료 : *www.apra.gov.au/ADIs/statistics*

대형은행들이 자산에 대한 신용리스크에 노출된 정도는 표 14-5에 나타나 있는데, 이 표 14-5는 자본적정 리스크범주들에 따른 은행별 리스크 자산들을 보여주고 있다. 비록 ANZ 은행에 대한 자료가 부외거래 계약에 대한 신용등가를 포함한다고 할지라도 그 자료는 조정되지 않은 장부상 자산가치들을 나타내고 있음을 유의하라.

2002년 6월경에 호주 규제당국(Australian Prudential Regulation Authority; 이하 APRA)에서 제공한 은행이 소유한 부실 자산들에 대한 자료에 의하면 이러한 자산($AUD 6b)들이 차지하는 비율이 모든 지역 통합

[표 14-4] 2002년 3월 은행 ADIs의 선택적 부채

ADI	양도성 예금증서	차입	인수어음부채	총부채
ANZ	8,916	718	14,366	104,874
CBA	15,743	5,452	11,961	151,363
NAB	8,906	5,986	22,704	129,751
WBC	16,885	3,698	5,051	112,968
St George	7,415	805	1,454	48,717
대형은행	57,865	16,659	55,536	547,673
기타 호주은행	15,279	2,757	21	90,237
외국계 은행	18,409	2,755	57	121,039
합계	91,553	22,171	55,614	758,949

자료 : *www.apra.gov.au／ADIs／statistics*

[표 14-5] 2002년 9월 대형 은행들의 리스크 범주에 속한 자산목록

은행의 리스크 범주	0%	20%	50%	100%	합계
ANZ	21,118	10,827	65,575	82,697	180,287
CBA	22,315	13,401	86,378	77,474	199,568
NAB	25,191	45,053	88,212	163,854	322,310
WBC	30,610	10,090	79,690	62,101	182,491
St George	7,099	485	32,730	14,440	54,754

자료 : 2002 Annual Reports of each bank.

은행의 글로벌 통합그룹 자산($AUD 1175.8b)의 0.5%임을 보여준다. 호주 소유의 은행들이 최근 외국계 은행들 보다 더 좋은 실적을 보이는 것과 같이 모든 은행들이 이와 같이 평균적인 부실자산을 소유한 것은 아니다.

최근 몇 년 동안 대형은행들은 개인 · 기업 대출의 증권화와 특정 목적회사를 통해 차입자의 금융을 재정립하는 방법과 같은 신용리스크 전가전략을 사용해왔다. 이와 같은 문제는 후에 더 깊이 고찰해 볼 것이지만, 2003년 3월 말경 특정 목적회사에 의해 증권화 되어 왔던 총 자산의 가치는 $AUD 123b이고 이 중 $AUD87b는 주택담보부 증권(MBS)이다.

호주에서 자산부채종합관리에 대한 ADIs의 추진력은 미국만큼 강력하지는 않다. ADIs에 의한 대출은 그 조달된 자금이 변동금리 조건인 것처럼 대부분 변동금리이다. 여기에는 만기가 보통 3개월 이하인 예금과 보통 5년 이상인 대출들 간의 심각한 만기불일치 문제가 발생한다. 그러나 이런 문제는 심각한 문제를 내포하지는 않는다. 특히 국내외를 불문하고 도매 자본시장에 접근 할 수 있는 대형은행들의 경우는 더욱 그렇다.

14. 4 호주에서의 건전성 규제

호주에서 바젤 II를 이용하는 것은 APRA의 책임이 될 것인데, APRA는 은행과 다른 예금 취급기관들을 포함하는 호주의 금융기관을 위한 단독 법안을 1998년 7월에 제정하였다. APRA는 설립에 앞서 호주에서 금융관련 규제는 4개의 특정 금융기관-[3]마다 다른 규제를 실시하도록 하였다. 이들

3_여기서, 4개의 특정기관이란 연방정부에 의해 자격을 부여 받은 은행기관, 비은행기관, 보험 및 연금펀드, 증권시장을 말한다.

중 가장 두드러진 것은 호주 준비은행(Reserve Bank of Australia, RBA)인데, 준비은행은 은행 감독에 대한 접근법을 확고하게 설립하였고 통화 정책의 공식표명과 실행에 대한 책임 또한 계속부담하고 있다.

전후(postwar) 기간동안 호주 은행규제는 14.2절에서 정의한 두 범주 중 첫 번째인 적정 자본유지에 치중하였다. 은행들은 건전성 정책과 통화정책 모두를 만족하는 필요조건인 유동성이 있는 국채를 자산포트폴리오의 상당한 부분까지 보유하는 것이 필요하다. 유동성 요구량에 대한 엄격한 철학과 구조는 기간별로 다양하지만 RBA는 은행산업에 있어 자문기간을 거쳐 첫 번째 건전성 규제보고서가 발행된 1985년 1월에 규제에 대한 접근법을 다시 개정하기 시작했다. 4페이지 분량의 보고서(PSA1)는 감독의 필요성, RBA의 감독접근법 그리고 적정 자본요구량을 포함하는 최초 가이드라인이다. PSA1에 따르면 RBA의 감독접근법은 다음과 같다.

은행사업의 건전성 관리에 있어 가장 중요한 책임은 은행 그 자신에게 있다는 점이다. RBA의 감독시스템은 개별 은행들이 적당한 건전성 수준으로 리스크를 제한하는 다음과 같은 관리관습을 따르도록 하여야 한다. 그리고 은행들의 건전성 기준은 지속적으로 관찰되고, 변화하는 환경을 반영하는지 재검토가 되어야 한다. 감독역할에 대해 RBA가 고려하는 리스크 운영의 방대한 영역은 자본과 유동성의 적절성, 수익, 대출손실의 경험, 리스크 집중, 자산과 부채의 만기 구조, 지분결합과 국제적 은행 운영을 통한 잠재적인 노출 등을 포함한다. PSAI는 또한 민간 은행으로부터 시기적절한 정보를 찾고 있으며 건전성 관점에서 운영을 논의하기 위한 정기적인 모임을 갖고 있다고 이야기 했다.

RBA는 손실을 흡수하기 위한 자본의 완충장치 역할과, 은행의 계속 경영을 위한 주주의무 표방을 논의했다. 자본적정성에 대한 RBA의 개념은 예금을 지원하기 위한 자본원천[4]의 완충장치라는 관점에서 설명되었다. 호주 은행 수가 상대적으로 적다는 것은 감독에 대한 RBA의 접근법을 결정하는데 있어 중요한 요소가 되었다. 그래서 RBA의 접근법은 은행과 협의하에 건전성 감독제도를 발전시킬 수 있다고 말했다. 또한, RBA의 접근법은 새로운 은행들이 호주에 진출하고, 호주의 은행들도 해외 시장으로 확장해 감에 따라 금융혁신과 해외 감독자들과의 협조가 필요해진 결과로 시간이 흐름에 따라 제도가 더 모양을 갖추게 될 것이라는 기대를 보고하였다.

4_모회사, 자회사 그리고 연계회사의 주주 자금

1988년 RBA는 바젤 I 전문을 채택했다. RBA는 다섯 가지 신용리스크 요소와 부외의 신용리스크 노출에 대한 전환요소(conversion factors)를 기초로 하여 적정 자본요구량(the capital adequcy requirement, CAR)을 적용했다. 은행법(Banking Act)은 건전성 감독을 위한 법적 기초를 제공하기 위해 1989년에 수정되었고, 1996년에는 RBA가 BIS 권고에 의해 은행의 시장리스크를 CAR로 편입시켰다. 바젤 I과 이어서 나온 개정판들의 채택은 호주의 규제 관점을 14.2절에서 이야기했던 최초의 접근법에서 동기부여에 기초한 두 번째 접근법으로의 변화하게 하였다.

1992년 이전에 RBA의 건전성 감독의 틀은 만약 비은행 예금취급기관과 나머지 비은행 금융기관(NBFIs)이 은행 자회사가 아니라면 그들까지 적용하지 못했다. 그리고 주택금융 조합과 신용조합은 호주의 7개주 또는 준주(準州) 정부(territory government)의 통제 아래였다. 1992년 정부간의 협의를 통해 이와 같은 예금취급기관들을 감독하는 호주 금융기관 위원회(Australian Institutions Commission, AFIC)를 설립했다. RBA의 건전성 제도는 이때 명확하게 정의되었고, AFIC는 본질적으로 이 제도를 약간의 수정을 거쳐 가장 규모가 작은 예금취급기관에까지 적용했다.

규제 틀에 있어 또 다른 문제점은 주(州) 경계선 안에서 독자적으로 운영되었던 은행들을 집중화시키는 것이었다. 소위 이와 같은 주(州)은행들은 주로 가계 저축서비스를 제공하고, 특히 그 지방에서만 그런 서비스를 제공하기 위해 설립되었었지만 1980년대에 그들은 은행 자회사 투자를 통해 기업 금융업자로써 좀더 활발하게 활동하게 되었다. 그들은 RBA 감독체계에 놓이지 않았고, 연방법 하에서 통제되었으며 대부분 주 정부의 직접 소유였다. 이와 같은 기관을 감독하는 것은 이론적으로는 주(州)금융국의 책임이었고 그 주(州)금융국은 은행 소유주들의 대리인 역할을 했다. 그러나 이 은행들은 은행법의 통제없이 RBA의 건전성 감독을 따르기 위해 자발적으로 합의하기 시작했다.

1996년 새롭게 출범한 보수정부는 새로운 규제시스템에 이점을 제공하기 위해 금융시스템 위원회(the Financial System Inquiry, FSI)를 설립했는데, 이 FSI는 Wallis 위원회로 더 잘 알려져 있다. 본질적으로 Wallis 위원회(FSI, 1997, p317)는 금융기관을 기초로 한 규제시스템들을 단일 감독기관으로 개정할 것을 권고했다.

1992년 감독의회는 RBA(은행감독기관), AFIC(예금취급 NBFIs 감독기관), 보험과 연금위원회(ISC) 그리고 호주 증권위원회(ASC)의 활동을 조력하기 위해 설립되었다. RBA와 AFIC 감독기관 중 RBA만이 일관성 있는 건전성 감독제도를 설립했다. 지난 십여년 동안 감독기관 정리는 일관성 있게 보험증권 소지자와 연금계획 수급자를 보호하기 위해 제정되어 왔던 것은 아니다. 그러므로 Wallis 위원회의 강력한 권고사항은 RBA와 AFIC의 건전성 감독역할을 통합하기 위한 것이었고, 다른 형태의 기관들을 위한 좀 더 표면적인 감독기관 정리를 위해 제정한 것이다.

정부는 1998년 7월 예금취급기관과 보험회사, 연금펀드 등을 단독 규정한 APRA을 설립함으로써 Wallis 위원회의 권고 31을 실행했다. AFIC가 해산된 반면 RBA는 호주의 중심은행으로써 역할을 계속유지하게 되고, 호주 증권투자위원회(the Australian Securities and Investment Commission, ASIC)의 활동은 ASC(Carmichael, 2002)의 활동을 대신함으로써 정보 비대칭 및 금융 조언자와 계획자의 행동으로부터 발생하는 투자자들의 문제를 해결하는 것에 초점을 맞추었다.

APRA의 설립은 ADIs의 건전성 감독에 있어서 근본적인 변화를 가져오지 못했다. 이것은 RBA의 건전성 감독부서가 APRA로 전환되었기 때문이므로 그렇게 놀랄만한 것은 아니다. 그리고 건전성 감독에 책임이 있는 RBA의 부행장은 APRA의 CEO가 되었다.

14.5 호주 은행시스템에 대한 바젤 I의 효과

1980년대 후반 금융시스템을 특징지웠던 많은 발전의 상황 속에서 호주 은행업시스템에 대한 바젤 I의 효과를 설명하려한다. 이런 발전은 다음을 포함한다.

1. 이자율의 통제 폐지에 이은 은행분야의 경쟁 증가
2. 은행업 진출 자유화
3. 호주에서 지급잔액의 계좌 부족 확대와 이 문제에 대한 통화정책의 반응
4. 1980년대 후반 자본 붐

강한 경제성장과 1980년대 중반 호주 은행분야의 규제철폐는 1985년과 1990년(Simon2003, p23) 사이 기업과 가계 금융 모두에 있어서 중요한 신용성장을 가져왔다. 기업 신용성장은 수요증가와 연관되었는데 이 수요증가는 두 분야로 나누어진다. 첫 번째로 수요는 주식 가격의 상승과 연관된 인수활동 증가에 의해 생겨났고, 그리고 금융기관을 통한 대출은 주로 부채비율이 높은 기업의 주식을 주로 담보로 하였다. 1987년 주식시장 대폭락은 수많은 대출부실의 결과를 가져왔고 여러 호주 투자은행에게 큰 고난을 주었다. 두 번째로 수요는 상업적 자산가격의 붐으로 생겨났다. 공급측면에서

는 잇따른 규제 철폐로 증가하게 된 은행간 격렬한 경쟁은 신용기준에 있어서 큰 하락을 부추겼다(Gizycki & Lowe 2000, p183)

이러한 식의 발전은 대출자와 은행시스템들로 하여금 1980년 후반부터 시작된 큰 폭의 금리상승에 따른 부정적인 영향에 쉽게 노출되게 하였다. 그 때부터 높은 경제적 활동수준과 연관된 호주 계좌잔액 감소에 대응하여 통화정책은 점진적으로 강화되었다. 호주 현금비율(호주의 연방기금 등가비율)은 1989~1990년 사이에 18%까지 올랐고, 기준이 되는 당좌대월 비율은 20%를 초과했다. 이어서 자산가격은 1990년에 최고에 달했고, 그 결과 1990~1992년 불경기에 자산 가격거품의 붕괴가 고금리의 다른 영향과 합쳐져서 발생하였다.

이 기간동안 가장 규모가 큰 기관 2개를 포함해서 많은 호주 은행들이 상당한 손실을 보았다. Gizycki and Lowe(2000, p83)는 1992년 중반까지 무수익 여신이 6%라고 보고하고 있다. 또한, 은행산업은 예금인출 쇄도와 감염현상으로 인해 고통을 받게 되었는데 이것은 몇몇 기관을 위한 유동성 부양, 공적 기관들의 건전성 보장, 그리고 조직적 인수, 대차대조표 개편을 요구했다. 그래서 중요한 시스템 리스크가 1990~1992년 사이에 호주 금융시스템에 나타났지만 이 주와 연방수준 당국의 적극적 개입에 의해 실현되지는 않았다.

이런 경기 침체기동안 호주 은행시스템은 심각한 손실을 겪은 반면 대형 은행들의 규제자본과 자기자본비율은 최소 자본요구량의 8%이상을 기록했다. 뒤이어 은행들은 바젤 I의 몇 가지 등급에 조건을 붙임으로써 위기와 관련한 다수의 방법들로 대처했다. 첫째로 은행들은 기업부문에 대한 대출을 강력히 규제했고 신용기준을 강화했다. 이것은 1980년대 후반의 붐(boom) 기간동안 형편없는 신용평가와 관리로 인해 초래된 리스크에 대한 확실한 반응이었다. 두 번째로 이것과 연관되어 자기자본비율의 효과적인 재구축이었는데 그림 14-1에서 보면 경기침체기 시작점부터 1995년 말경까지 자기자본비율이 10%에서 12% 이상까지 상승하였다. 세 번째로, 첫 번째와 두 번째 반응들에 대한 논리적인 추론으로 은행들은 대출 의사결정에 있어 주택공급에 더 많이 중점을 두었다. 이런 반응은 또한 상업적 대출과는 반대로 주택담보대출에 대해서는 낮은 자기자본을 요구한 바젤 I 조항으로 인해 더 강조되었다. 마지막으로 은행들은 경쟁심화로 초래된 이자수입 압박에도 불구하고 운영지출을 줄이고 비 이자수입을 증가시킴으로써 수익성을 늘리는 시도를 성공적으로 해냈다. 이와 같은 대책들로 호주 은행업 분야의 자기자본에 있어서 세후 수익이 1990년에는 9.71%만큼 낮은 수준으로 하락한 이후에 1995년까지 약 15%대로 회복되었다(Gizycki and Lowe 2000, p197).

[그림 14-1] 호주 은행의 규제 자기자본 비율

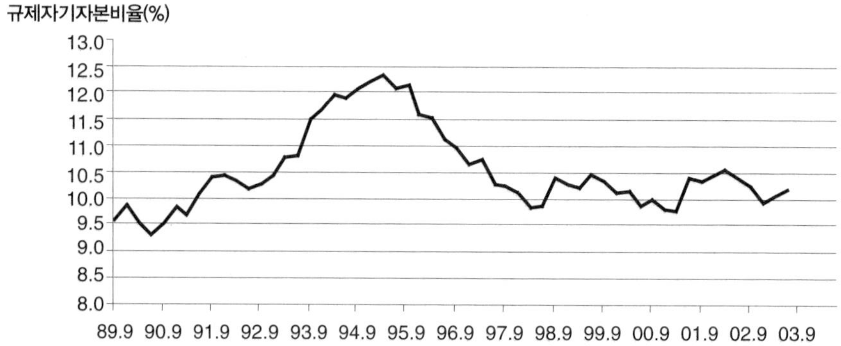

Gizycki and Lowe(2000, p198 ff)가 언급한 한 단계 더 높은 발전은 1990년대 동안 호주 금융시스템에 파생상품화의 증가였다. 이것은 은행들이 자기자본관리 전략의 하나로써 부분적으로 이용했던 ABS 시장의 성장을 대부분 포함했지만 신용파생상품을 포함한 파생상품시장의 발전 또한 언급되어져야 한다(Reserve Bank of Australia 2003a). 1980년대 이런 발전 배경하에서, 바젤 I이 호주은행의 주택공급 대출과 증권화의 발전에 기여해 왔다는 것이 논의될 수 있다. 그러나 이것은 단지 신용리스크에 대한 최초의 부정적인 경험 이후에 발생했으며 증권화의 발전은 잡다한 기업대출보다는 오히려 MBS에 초점이 맞춰져 왔다. 시장연계 투자시 낮은 리스크의 MBS에 대한 관심이 가계 대차대조표의 증가추세를 가져 왔다라는 사실에서 보면, 기업 저당대출증권이 작은 호주 시장에서 발행되는 것은 어려웠다.

그래서 은행들은 주택저당시장을 이용하여 은행 장부에서 주택저당의 양을 줄이고 기업대출에 자유롭게 자본을 할당하였다. 기업대출은 1990~1992년 신용문제가 발생했던 기간 이전보다 중요성이 많이 떨어졌다.

세계적인 추세를 반영하고 있는 1990년대 동안의 호주 은행분야에 있어 한 단계 더 높은 발전은 바젤 I의 중요한 몇 가지 문제를 강조한다. 호주 은행들은 바젤 I의 자본요구에 의존하기 보다는 오히려 1990년대 발전한 경제적 자본배분모형을 개발하는데 더 많은 양의 자원을 투자했다. 1990~1992년 신용의 질 문제에 대한 은행의 반응으로 규제자본보다 더 높은 자본요구량을 상당히 증가시켰다는 것은 위에서 논의하였다. 이것은 부분적으로는 더 많은 손실 가능성에 대한 안전망으로써 그리고 부분적으로는 호주은행에 대한 신중한 행동이 회복되었다는 것을 시장에 알리기 위한 신호로써 고안된 것이었다. 또한 1990~1992년 사이 발생한 신용리스크는 단지 규제 최소자본만을 유지하는 것이 은행 자본관리에 있어 부적절한 접근법이라는 것을 암시한다.

비록 바젤 I 가이드라인이 1980년대 말의 호황 이전보다 더 오랜 기간동안 존재해 왔었다고 하더라도 호황기간에 뒤이어서 발생한 신용리스크를 회피하는 데에 중요한 도움을 주었는지에 대해서는 의심스럽다. Gup(2003, p74)은 바젤 I 의 리스크민감도 부족을 강조한다. Hoga & Sharpe(1990)는 거래상대방에 상관없이 모든 상업대출의 가치에는 100%의 리스크가중치를 부여함으로써 은행의 리스크 추구행동을 단념시키려하는 바젤 I의 방법에 대해 비판한다. 기업 대출에 대한 8%의 무차별적인 자본비율 적용은 바젤 I 하에서 모든 은행들이 8% 요구 자기자본비율을 더 쉽게 달성하기 위해 높은 리스크를 가진 높은 수익률의 기업대출을 늘리는 인센티브를 제공했다. 그러므로 오랜 기간동안 바젤 I은 1980년대 후반에 나타났던 리스크 추구 행동을 강화시켜왔을 것이다.

은행들은 1990~1992년 경제 침체기동안 낮은 신용평가의 결과 때문에 고통을 겪었다. 은행은 경기침체기에 이은 2년의 기간 동안 자본량을 상당히 증가시키면서 규제모형에 의한 규제로부터 벗어날 수 있었다. 그러나 이와 같은 은행의 대처도 중요하지만 이러한 은행의 행위는 어쩌면 필요하지 않은 자본비용을 부담해야하는 기능도 있다. 그래서 기업대출에 대해 은행이 유지해야 하는 적절한 자본량에 대한 문제가 새로이 제기하게 되었다. 호주 은행들은 신용리스크 평가를 위한 그들만의 기법을 발전시키고 자본운영과 신용평가 결과을 연결시키고자하는 동기를 부여받았다. 결론적으로 호주에서는 바젤 I의 취약점 및 호주은행이 겪은 신용리스크에 대한 내용을 반영한 경제적 자본과 규제자본 사이에 괴리가 발생하였다.

14.6 호주 은행시스템에서 바젤 II의 잠재적 효과

바젤 II의 기본적인 목적은 규제 자본(regulatory capital)과 경제적 자본(economic capital)을 좀더 밀접하게 결합시키기 위해 자본요구량의 리스크 민감도를 증가시키려는 것이다(Evans 2003, p78). 호주의 사정상 이와 같은 접근법은 은행으로 하여금 상업자산 붐 기간동안 인수행위나 투기적인 구매행위를 위해 자금을 공급하는 것을 막아왔다. 바젤 II 하에서는 상업적 신용리스크 재량권 증가와 이런 신용리스크를 완화시키기 위해 자본차감과 같은 것이 가능해짐에 따라 은행들이 신용리스크를 측정하고 관리하는 행위를 강화하고자 하는 유인을 제공하게 된다. 이것은 호주 은행시스템에서 경제성장에 수반된 잠재적인 효과로 인한 주택공급 금융으로의 편중현상을 상당히 감소시킬 수 있는 잠재력을 가지고 있다.

호주 은행들 간의 협력으로 양적인 불균형 효과에 관한 연구가 계속되었고, APRA는 바젤 II의 특징들에 대한 잠재적인 여러 가지 효과들을 발견해 왔다. 이들 중에서 가장 중요한 특징은 금융기관간 규모에 따라 Basel Ⅱ의 효과가 상이하다는 것이다. 대규모 금융기관에서는 전체의 자본요구량이 두드러지게 감소하는 경향이 있는 반면, 소규모 기관들에서는 전체적인 자본요구량이 증가하는 문제에 직면하게 되는 것 같다(APRA 2002, p3-4).

호주 금융기관들에 따라 차이가 나타나는 원인에는 세 가지가 있다. 첫 번째로 규제 자본요구량이 감소하는 중요한 원인은 높은 외부 신용등급을 가진 신용이 높은 기업대출에 더 낮은 자본요구량을 적용하듯이 내부등급법(Internal ratings based, IRB)도 위와 같은 방법을 따를 가능성이 있다. 소규모 기관들은 외부 기관에 의해 등급이 매겨진 회사에 대출하지 않고 표준화된 접근법을 사용하는 경향이 있는데 이는 자본요구량을 줄이는 데에 용이하지 않다.

두 번째로 IRB 접근법들은 이런 종류의 주택담보 대출에 적용되는 은행 자체의 '부도시 손실률(LGD)' 측정치에 의존해 다양한 표준화된 리스크가중치를 허용한다. APRA(2002, p4)는 호주은행의 주택 담보대출 포트폴리오에 대한 가중치들이 최초 50%의 표준 리스크가중치나 최근에 개정된 35% 리스크가중치(바젤 위원회 2003b, p11; Trinephi, 2003, p4)와 비교했을 때 상대적으로 낮은 15% 정도 수준인 것으로 측정한다. 그런 표준 리스크가중치를 사용하는 소규모의 금융기관들은 15% 가중치를 사용함으로 인해 얻게 되는 잠재적인 이득을 보지 못할 것이다.

세 번째로 새로운 가이드라인들은 증권화를 통한 자기자본비율의 안정성 향상과 신용리스크를 완화시키는 다양한 형식을 허용하는데 규모가 큰 기관들은 좀 더 효과적으로 이들을 활용하는 것 같다. 이것은 특히 신용리스크 완화 기법에 적용된다.

이와 같은 바젤 II의 세 가지 특징들은 호주 시스템에 대한 잠재적이고 경쟁적인 불평등의 원인들인데 이들에 대한 최근의 조사에서는 호주 시스템과 규제구조는 새로운 가이드라인을 채택하기에는 잘 자리 잡고 있음을 보여준다. 바젤 II가 은행 자본관리의 규제구조 향상을 가져올 것이라 제안하는 잠재적 이익과 함께 나타나는 것이라 예상되는 경쟁적 불평등 가능성 또한 논의될 것이다. 그러므로 이어서 나오는 소항목들은 이 논의들을 좀 더 깊이 살펴보기 위해 이와 같은 세 가지 특징들을 좀 더 자세하게 검토할 것이다.

14.6.1 리스크등급 방법론

바젤 II하에서 이용 가능한 가장 중요한 자본요구량 감소는 은행 내부 리스크 등급시스템에 의해 생겨난 리스크가중치들과 연관되어 있다. McDonald & Eastwood(2000)는 은행 리스크 관리 관행에 대해 새롭게 제안된 가이드라인의 효과를 측정하기 위해서 여러 대형금융기관을 포함하여 10개의 호주은행을 대상으로 리스크등급 시스템을 설문조사하였다.

McDonald & Eastwood의 결론 중 네 가지 측면이 두드러진다. 첫 번째 설문 대상이었던 10개의 기관 모두가 McDonald & Eastwood(2000,p 9)가 2차원 등급 방법론이라 일컬었던 방법론을 이용하고 있었다. 설문에 참여한 은행들의 등급시스템은 각각의 리스크노출에 대해 부도확률이나 기대손실과 같이 단독 등급측정치를 사용하기 보다는 부도확률, 부도시 손실률 그리고 기대손실을 포함한 신용리스크 노출 특징의 정도를 숫자로 나타냈다. 이는 30개의 G-10 은행들을 대상으로 바젤 위원회가 실시한 은행감독(2000) 설문과 비교되는데 여기서는 1/3만이 2차원 등급 방법론을 사용했다.

두 번째로 설문 대상 은행들은 해외은행과 비교되는 여러 가지의 부도확률 등급을 사용했다. 대다수의 은행들은 9 또는 10개 정도의 고객 부도확률 등급을 사용했고, 바젤 설문에서는 이 수치가 중간정도로 하락한다 (McDonald & Eastwood 2000, p 12-13). 한 지역 금융기관은 22개의 부도확률 등급을 활용했다. 외형상으로 이런 결과는 바젤II 하에서 호주 은행시스템이 광범위한 리스크가중치 분류를 이용하도록 허락함으로써 충분한 리스크정의 재량권에 의해 호주 은행시스템이 특징 지워진다는 것을 설명한다. 이것은 호주은행에서 자본배분의 리스크민감도를 잠재적으로 증가시킬 가능성을 암시할 뿐만 아니라, APRA에 의해 확인되어진 자본감소 가능성도 암시한다. 그러나 적은 수의 리스크 등급범위 내에 실제 신용리스크 평가기 집중되기 때문에 어느 한 등급까지는 이 결론이 알맞게 조화되어야 한다. 이런 집중화 현상이 발생하는 범위는 해외기관들의 경우와 일치하고, McDonald & Eastwood(2000, p14)에 따르면 이는 부분적으로는 몇몇의 작은 기관에서 중견 기관까지 이들 호주 은행시스템의 리스크 관리 방법 발전의 부산물이다. 이들 소규모 기관들은 상대적으로 몇 개 안되는 리스크 등급들을 전통적으로 활용해 왔고, 최근에는 실제 평가들의 군집현상이 몇 개 안되는 리스크등급들 안에서만 관찰되고 있다. 그러나 리스크 관리 실무를 발전시키는 과정의 한 부분으로써 굉장히 많은 분류들이 소개되어왔고, 그 결과 신용평가 분포의 분산이 다음 몇 해 동안 증가했다.

McDonald & Eastwood 설문의 그 세 번째 결과는 신용 평가자들의 판단이 담당한 역할과 리스크등급을 할당함에 있어서 계량적 모형의 결과들이 담당한 역할을 비교한 것이다. 그들은 평가자들의 판단이 행한 역할을 알기 위해 세 부분의 분류를 사용한다(McDonald & Eastwood). ① 통계적인 모형에 기초를 둔 접근법인데 이는 가장 상위의 판단법이다. ② 제약된 판단에 기초한 접근법인데 등급들은 이 과정에 의해 계량적으로 발생되지만 그 결과물들은 판단에 기초하여 처리된다. ③ 그리고 판단에 기초한 접근법이 있는데 여기서 평가자의 판단에 기초한 전통적인 신용 평가기법으로 등급을 나누게 된다. 비록 대형기관과 소형기관들 사이에 명백한 차이점이 존재함에도 불구하고, 대부분의 호주 은행들은 평가자에 기초를 둔 접근법을 사용한다. 대형 기관들은 통계모형을 많이 사용하고 있으며, 그들은 계량적인 리스크등급 결정할 때 필요한 대출손실 통계자료를 충분히 가지고 있다. 이들 대형기관들은 소형기관들에 비해 최종결정을 내릴 때 모형을 통한 등급의 우선순위 판단을 덜 사용하고, 판단에 기초한 방법론을 더 많이 활용하는 것 같다(McDonald & Eastwood 2000, p17).

호주에 대한 조사의 네 번째 중요한 측면은 호주 은행들이 내부등급 과정을 다른 곳에 적용하는 것에 관해서 중요하게 생각한다는 것이다. 소형은행들은 독립적인 신용리스크를 평가하고, 간접적으로 대출가격을 결정하며 단독적으로 만든 등급화를 활용한다. 대형기관들은 대출가격결정, 자본관리, 그리고 고용자 급여 등의 목적을 위해 내부등급화를 더 널리 사용한다. 이와 같은 차이점은 통계적, 계량적 모형을 운영할 수 있는 대형기관들의 능력을 명백히 반영하는데, 이런 모형은 자본배분모형과 같은 다른 양적인 과정의 입력물로 더 도움이 되는 일반적인 질적 등급화보다도 오히려 좀 더 명확히 나타낸다.

McDonald & Eastwood는 분석을 통해서 두 가지 광의의 결론을 제시하고 있다. 첫째, 호주 은행들은 바젤 II의 신용리스크 가이드라인을 채택시 대처할 수 있을 만큼 합리적인 위치에 있다. 특히, 호주 대형은행들은 최근에 독립형과 포트폴리오에 기초한 양자 모두에 있어서 상대적으로 정교한 신용리스크 시스템을 발전시켜 오고 있다. 2차원적인 등급화 시스템과 광범위한 고객리스크 범주들 그리고 등급화 방법론의 광범위한 양적 적용을 사용함으로써 이런 은행들은 신용리스크 자본배분에 대한 진보된 IRB접근법을 채택함에 있어서 유리한 입지에 놓이게 된다. 이것은 그들이 바젤 II를 채택함으로써 잠재적으로 자본요구량을 감소할 수 있게 할 것이다.

두 번째 결론은 미국을 포함한 세계 다른 지역들에서 대형 대 소형 호주은행들에 대한 구별되는 영향을 기대할 수 있다는 것이다. 그러나 세계의 다른 지역에서는 이와 같은 구별되는 영향을 그리 중요하게 강조하지 않을지도 모른다. 세계 다른 지역의 대규모 기관들처럼 소형 호주은행들도 신용리스크 관리실무를 최근에 개선해오고 있다. 이것은 소형기관들이 고객리스크 범주집합을 확대하고, 계량모형 사용을 증가시킴으로써 2차원의 등급화 방법론을 사용한다는 것을 반영하게 한다. 이런 계량모형 사용의 결과는 평가자 판단에 의해 보완되지만 대형은행들에 비하여 적용상에 한계가 있다. 리스크관리 실무의 이와 같은 발전이 소형기관들에 확대되어 기초 IRB을 고려하도록 하였고 가능한 고급 IRB에도 관심을 가지도록 하였다. 이와 같은 방법론 사용시 주된 문제점은 광범위한 규모로 계량적 신용리스크 등급모형을 적용시 발생하는 비용이 될 것이다. 그러나 이런 기관의 경우 계속 성장하고 기업공개를 계속 확장함으로써 좀 더 정교한 접근법들로의 이동이 더 강화될 것이다. 당분간 그런 기관들은 표준방법을 사용할 것으로 기대된다.

14.6.2 주택공급의 리스크가중치

바젤 II의 가이드라인은 처음엔 표준방법 하에서는 주택담보 대출에 대해 50%의 리스크가중치를 유지했지만(바젤 위원회 2001b, p11) 이어서 이 가중치를 35% 수준으로 하향 수정했다. 최초의 50% 리스크가중치는 모기지 관련 융자시 평균 이상의 신용수준을 가진 자에 대한 보답으로 표준 100%의 리스크가중치에서 양보했던 것으로 나타났다. 그러나 APRA (2000, p15)는 그런 자본부담은 호주의 모기지 융자시장의 대출 손실율과 비교할 때 지나치다는 것을 지적한다. 그들은 이에 대한 근거로 1965년과 2000년 사이에 자산가치의 0.17%의 보장된 모기지 대출에 대한 평균 손실률은 최고 0.7%를 기록했다는 호주 데이터를 인용한다. 높은 신용도를 가진 무보증 대출건을 포함한 은행 모기지 대출에서는 평균 손실률이 약 0.1%에서 0.3%까지 하락한다. APRA는 현재 그리고 최초로 제안된 새 협정 가이드라인 하에서 4%인 것과 대조적으로 1%의 자본부담으로도 호주은행 모기지 대출 포트폴리오와 연관된 신용리스크를 헤지하기에 적절할 것이라 제안했다.

이와 같은 평가는 1991년과 2001년 사이 호주 은행의 전체적인 대출의 질을 평가한 Esho & Liaw(2002)에 의해 확인된다. 그들은 대출 질을 총자산 대비 부실자산 비율과 신용손실 비율로 설명하는데 이 측정치는 포트폴리오 구성요소, 대출 성장, 비용 효율성, 도덕적 해이 그리고 일반적인 거시경제적 요소의 기능을 포함하고 있다. 50% 주택담보 대출 리스크그룹에서 100%의 상업적 대출 리스크그룹으로 변환된 자산을 10%정도의 포트폴리오가 소유한다는 것은 호주 사정상 총자산 대비 부실자산 비율이 약 30% 증가하고, 신용손실 비율이 약 25% 증가함을 의미한다. 50%그룹에서 20% 그룹으로의 변환 시에는 신용등급 평가척도에 있어서 무시할 수 없는 효과를 가진다(Esho & Liaw 2002, p16). Esho & Liaw는 비록 그들이 20%까지 감소하는 표준화된 접근법상 APRA하는 표준방법을 제시한 보다 미세하게 작은 감소에 대해 논쟁했을지라도 호주에서 100% 리스크그룹과 상대적으로 주택담보 대출과 관련한 적은 리스크는 더 작은 자본부담을 요구한다고 결론을 내린다.

호주의 모기지 대출시장에서의 위와 같이 작은 손실들만이 발생하는 일반적인 이유는 다음과 같다(APRA 2000, p15-16; Esho & Liaw 2002, p15-16)

1. 상대적으로 높은 수준의 주택 소유비율
2. 실현된 담보가치가 채무불이행의 가치를 보상하기에는 충분하지 않은 경우에 은행잔액을 보상하기 위한 재산의 공용징수를 허용하고 있는 파산법
3. 주택 대출에 대한 이자지급시 비과세, 세금감면 등이 혜택이 있는데 이는 대출을 좀더 신속히 회수하도록 돕는다.

그러므로 이와 같은 주택공급 대출 가이드라인들은 어떤 단계에선 호주 사정상 바젤 II 논쟁 중 한 가지가 되는 것 같다. APRA(2002, p4)는 최초 표준방법 하의 주택공급 대출에 대한 50% 가중치와 호주내 IRB 접근법들(cf. APRA 2001b, p7)에 의한 5~10% 가중치들 간의 모순이 호주 내에서 상당한 경쟁적 불평등을 이끌 것이라고 주장했다. 위의 표 14-1에 따르면 주택공급 대출은 은행 자산의 약 36%인 것에 반해 비은행 ADI 자산의 경우 대략 58%의 비율을 차지한다. 이와 같이 표준방법을 사용하는 소규모의 ADI들은 그들 사업의 큰 부분에 있어 상당한 자본상 불이익이 있을 것이고, 우리는 증권화 프로그램 증가에 참여했던 이 소규모 기관들이 그 당시에 바젤 II 리스크가중치를 실행했다는 것을 예측할 수 있다. 그러므로 APRA(2002, p4)는 '호주 ADIs을 위한 새로운 틀을 실행할 때 국가적 재량등급' 을 행사할 것을 제안했다. 이것은 바젤 위원회에 대한 권고사항과 조화를 이루어 20%까지 주택공급 대출 리스크가중치를 다양화 할 것을 암시하고 있었다(APRA 2000, p15-17; 2001b, p7). 35%까지 리스크가중치를 내리도록 제안한 개정판을 가지고 APRA는 상당한 조정없이 제안된 그 가이드라인을 채택할 것 같다(Trinephi 2003, p4-5).

14.6.3 증권화

증권화은 지난 10년 또는 그 이상 동안 호주에서 은행 자산부채종합관리(ALM)의 중요한 특징이다. 증권화는 최초 모기지 대출기관으로 부터 금리 마진에 대한 경쟁적인 압력에 의해 널리 추진되어오고 있다. 은행들은 이런 경쟁적인 압력 때문에 예금펀드의 대안으로써 자금공급 원천을 찾았고, 이자마진이 줄어들고 있기 때문에 이자소득을 수수료수입으로 대체할 자금공급 원천을 찾고 있다.

경기불황의 종반이었던 1993년과 2000년 ABS발행액은 대략 530%까지 성장했다. 2000년에는 총 증권화된 자산들이 $AUD 600억을 초과했고, 이 수치들 중 방대한 양이 모기지에 의해 증권화되었다. 2003년 3월까지 이것은 $AUD 1,230억으로 성장했었고 이 중 $AUD 870억이 모기지에 의해 증권화되었다. 2000년에는 신용카드, 리스 그리고 무역 어음들이 대략 현 자산의 17%를 차지했고, repackaged증권[5]들이 단지 20%뿐이었다. 그리고 AAA 또는 A1+로 등급의 풀(pools)로 된 자산하에서 발행된 증권이 90%에 이른다(Liaw & Eastwood 2000, p9). 상업대출의 증권화는 발행된 투기등급의 증권이 1% 미만이었던 호주시장에서는 큰 실패를 거듭해왔다.

비록 이들 기관들을 위한 자금조달시 마진적 원천이 남아있다고 할지라도 모기지 대출의 증권화는 호주은행들에 의해서 더욱 더 성장해왔는데 호주은행들이 발행한 ABS의 약 30%에 이른다. 그러나 증권화는 한 기관의 대출장부 리스크 윤곽을 바꿔주고 있다. 그 기관들은 리스크에 노출되고 있는데 이 리스크는 주로 대차대조표상에 남겨진 대출보다 종종 불투명한 리스크들이다. 호주에서 APRA는 신용리스크 노출시기 또는 스프레드 계좌(spread accounts)와 같은 증권화 프로그램의 신용강화들로부터 발생하는 리스크와 소위 도덕적 해이로부터 발생하는 리스크들에 대해 특히 고심해오고 있다. 구조적 신용강화장치 예컨대 최초손실 계정은 기초자산의 포트폴리오에 채무불이행을 흡수하기 위해 고안되었다. 이것은 기관들이 부외 기초자산을 부외 자산으로 이동시킴에도 불구하고 그들은 잔여리스크에 노출된다(Gup 2003, p74). 그러므로 자산 증권화를 통해 자본 규제완화에 여유가 있는 기관들은 그 포트폴리오에 대해 발행된 증권들의 등급과 시장성을 증가시키기 위해 고안된 신용강화 기구하에서 리스크노출이 감소되어야 한다.

5_좀 더 매력적인 조건으로 발행된 증권을 말한다.

1995년이래로 신용리스크 노출액의 가치는 ADIs의 자본토대로 실행되도록 요구되어지고 있다. 신용강화 협약이나 유동성 강화조항과 같은 부수적 조항들을 통한 다른 노출들은 명백한 기준에 의해 정의된 증권화 프로그램과 ADIs 사이의 분리정도에 좌우되는 자본요구를 유인한다(APRA 2000, p20). 바젤 II는 본래 국제적인 기준을 현재 호주관행으로 접근시키기 위한 것이다(Liaw & Eastwood 2000, p15). 은행 리스크노출과 연관된 증권화 등급과 자본요구량의 관계를 구체화시킨 것이 새로운 가이드라인이고, 손실이 발생한 계좌를 포함한 등급화되지 않은 노출들은 바젤 II하에서 등급이 유추하여야 한다(바젤 위원회 2001b, p88).

APRA가 주장했던 건정성 기준이 주어진다면, 바젤 II의 증권화 가이드라인들은 호주 은행과 ADIs 운영에 상대적으로 작은 영향을 미칠 것으로 예상할 수 있다. 이 결과의 중요성은 호주 금융시장에서 비모기지 대출의 증권화는 낮은 속도로 발전할 것 같다는 것이다. 최초 손실계좌와 같은 신용보강 도구는 리스크가 높은 기업대출로 유동화된 증권을 소지한 투자자들에 대해서 좀 더 중요한 특징들이 있는 것 같다. 그러나 호주 모기지대출에 상대적으로 부도손실률(LGD)이 낮게 주어졌다면 증권화된 기업 대출에 있어서 최초 손실노출은 모기지 유동화 프로그램에 대한 최초 손실노출보다 좀 더 심각한 리스크를 나타낼 것으로 기대할 수 있다. APRA가 그런 노출에 대해 Pillar 2하에서 추가적인 자본 부담을 고려한다면 가장 높은 등급을 가진 기업대출에 대한 증권화 프로그램의 매력은 떨어질 것이고, 은행들은 기업 대출과 연관된 리스크 노출을 상쇄하기 위해 다른 곳에서 수익을 얻으려 할 것이다.

이것은 호주은행에 대한 증권화 프로그램의 영향이 모기지 대출을 부외거래로 이동시키는 것과 연관되어 지속될 것이라는 점을 시사한다. 이것은 은행대출 장부들의 평균 리스크가 증가하게 되는 충격을 줄 수 있는데 이 평균 리스크는 모기지와 기업 대출의 상대적 성장률에 기초해서 이 기관들에 의해 산출되어져야 하는 평균자본을 간접적으로 증가시킬 것으로 기대될 수 있다. 모기지 대출성장률이 증가함에 따라 계속적인 편중현상이 기대될 수 있다. 이 영향은 앞 절에서 논의된 모기지 대출에 대한 리스크가중치의 제안된 변화에 의해 어느 정도까지는 누그러질 것 같다.

14.6.4 신용리스크 완화

은행 자본규제의 리스크민감도를 증가시키기 위해 고안된 바젤 II에서 중요한 부분은 신용리스크 완화시키는 기술을 취급하는 방법이다. 담보, 보증의 사용과 채무불이행시 손실을 감소시키는 신용파생상품과 같은 방법들은 경제적 자본수준을 낮게 조정할 수 있게 한다. 바젤 II는 신용리스크 완화기술의 역할을 최소한 두 가지 중요한 방향으로 좀 더 신중하게 나타내고 있다. 첫째, 은행의 기초 신용리스크 분석표가 주어져 있다면 바젤 II는 규제자본을 감소시키기 위해 사용되어질 담보 유형들을 광범위하게 정의하는 것을 허용한다. 둘째, 바젤 II는 은행이 신용파생상품과 같은 도구들의 사용을 증가시킴으로써 그것의 역할을 확실히 인식한다.

바젤 II의 이와 같은 신용리스크 완화기술 역할의 차원이 호주 은행업에 대해 미칠 잠재적인 영향은 꽤 중요하다. 4개 대형은행들은 신용리스크를 헤지하기 위해 점진적으로 신용파생상품들의 사용을 증가시켜오고 있지만 호주내에 이런 기관들을 위한 시장들은 작고 상대적으로 비유동적이다. 다음으로 이용되고 있는 신용리스크 헤지를 위해 사용되고 있는 세 가지 중요한 방법들은 다음과 같다.

1. 채무불이행 스왑(CDS)
2. 총수익률 스왑(TROR)
3. 신용연계 채권(CLNs)

물론 가장 중요한 것은 채무불이행 스왑(CDS) 시장이다. 2002년 6월에 대략 $AUD 20bp의 CDS시장에서 약 30개 회사들에 대해 공개적으로 제시된 가격들이 있었다(Reserce Bank of Australia 2003a, p57).

다음의 두 가지 이슈들은 지역산업에 대한 바젤 II의 충격을 측정하기 위해 중요할 것 같다. 그 첫 번째 이슈는 규제 가이드라인들은 파생상품을 은행 대차대조표에 기록하도록 한다는 것이다. 바젤 I 하에서 헤지하기 위한 상쇄계산은 그들이 은행계정에 기록되어 있느냐 또는 거래계정에 기록되어 있느냐에 따라 다르게 다루어진다(APRA 1999, p7). 은행계정 안에서 자본요구량은 전체적인 헤징 포지션에 적용되는 반면에 거래계정 안에서는 최소한의 완전한 헤지를 위해 헤징포지션이 기초 포지션을 대신한다. 불완전한 헤지의 경우 두 가지 계정에 대하여 각각 자본요구량을 부담한다. 그러므로 거래계정에 기록할 때 불완전한 헤지는 전혀 헤지되지 않은 포지션들과 비교할 때 더 높은 자본요구량을 가지게 될지도 모른다. 완벽 헤지는 CDS 시장에선 존재할 것 같지 않기 때문에 은행들은 이와 같은 합의하에서 더 많은 자본요구량을 부담할 것이다(APRA 1999, p7).

APRA는 신용파생상품을 은행계정내 직접적 신용대체물로 취급한다(APRA 1999, p10). 그러므로 100% 신용전환요소를 사용함으로써 CDS들은 대차대조표상의 리스크자산으로 환산된다. 구매한 신용보장에 대해 적절히 기록하기 위해 리스크가중 자산들은 그 신용보장 판매자들의 리스크

정도에 따라 적절한 리스크가중치를 사용하도록 조정되어 진다. CDS하에 판매된 신용보장에 대해서도 이와 같은 절차가 따르지만, 적용될 리스크가중치는 신용보증인에게 적절하여야 한다. 바젤 II하에서 신용리스크 완화는 APRA에서 행해진 접근법과 유사한 방법으로 은행계정 안에서 인식되어진다(바젤 위원회 2001b, p15). 그러나 적절한 리스크가중치는 구매된 신용보장에 대한 기초대상물의 신용노출에 의한 리스크가중치와 신용보장 판매자의 리스크가중치에 대한 리스크가중치 가중평균으로써 결정된다.

대부분의 호주 CDS계약들이 기초대상물의 신용노출에 의한 리스크가중치보다 낮은 리스크가중치를 가진 금융기관들 사이에서 거래된다면, 바젤 II는 현 호주의 자본경감 수준보다 미세하게 약간 낮은 수준으로 내릴 것이다. 그러나 APRA(2000, p22)가 지적한 대로 특정한 환경에서 정확한 구제완화정도는 모델링을 요구한다.

두 번째 이슈는 신용리스크 완화가 호주의 신용파생상품시장의 발전에 미치게 될 효과이다. APRA(2000, p22)는 신용리스크 완화를 확대하는 것은 신용파생상품 시장수요를 증가시킬 것이라고 주장한다. 신용리스크 완화는 신용파생상품 거래량을 증가시킬 뿐만 아니라, 바젤 II 하에서 규제경감 감소를 최소화하는 문서량을 늘리는 등 CDS시장에 가장 큰 영향을 미칠 것 같다. 이 시장의 발전은 리스크를 감당할 준비가 된 다른 이에게 리스크를 전가함으로써 금융시스템의 효율성을 잠재적으로 증가시킨다.

그러나 호주 사정상 많은 요인들이 CDS와 이와 연관된 시장의 발전에 영향을 미칠 것이다. 그 첫 번째는 은행들이 CDS시장에서 헤지되고 있는 신용리스크에 대한 수요의 범위이다. 호주 투자자들은 1990년대에는 더 높은 수익률을 얻기 위해 높은 리스크를 꺼리지 않은 결과 좀더 신중하게 되었다는 것을 위에서도 논의하였다. 그러므로 이 기간동안 관리된 연금 간접투자 기금과 다른 유형들의 간접투자상품의 발전은 '충분한 수요가 신용파생상품 시장의 발전을 용이하게 하기 위해 존재한다' 라는 신호로써 받아들여질 것이다.

그러나 호주 사정상 두 가지 추가적인 특징을 고려할 때 이런 수요는 확실히 더 작아지게 된다. 은행들은 한편으로는 그들의 은행계정에 직면한 리스크에 대해 최대로 헤지하려는 경향이 있다. 반면에 연금기금과 관리기금들이 취득한 주식들 중에 신용등급이 높은 회사들의 주식비율이 높다. 관리기금들은 약간의 신용리스크를 흡수하려는 경향이 있다. 은행들은 CDS 프리미엄이 발생시킬 추가적인 수익 때문에 신용리스크의 짐이 경감되기를 바라지만 그들이 잔존리스크의 상당한 양을 흡수할 수 있을지 없을지는 알 수 없다. 이 물음은 특이한 리스크를 평가함에 있어서 은행의 이론적 기능이 요구되어질 때 강조된다. 만약 신용리스크이 신용파생상품 시장 발전에 따라 은행에서 다양한 형태의 기금으로 점차 전가된다면 은행들을 대신하여 관리기금 또는 등급 위원회들은 연관된 리스크를 평가하고 감시할 수 있는 자신의 능력을 확장해야 한다. 그러나 이 분야는 확실히 은행들이 시장에서 경쟁적 이점이 있는 것으로 알려진 분야이다. 은행들은 그들의 고객들과 관계를 발전시키는데 이 관계는 고객관계의 기간에도 미치고, 지급과 신용편익을 모두 포함한 서비스의 범위까지 이른다. 은행과 고객의 장기적 관계(relation banking)와 이들 고객에게 제공된 서비스의 조합에 의해 생성된 정보는 일반적으로 신용리스크를 더 악화시키는 정보 비대칭성을 감소시키는 데에 중요한 역할을 한다. 이런 기능은 중소기업에 대한 특별대출이 상당히 큰 호주에 상당한 변화를 줄 것으로 보기는 어렵다. 최근 기업대출 증권화에 실패는 이것을 반영한다.

호주의 RSB(2003a, p60)은 최근에 신용리스크 전가시장의 발전이 시장 참가자들 사이에 그 리스크를 분배시키기 보다는 오히려 금융시스템에서 신용리스크 정도를 증가시키는 잠재력을 가진다는 것을 입증해 왔다. 이 결론을 뒷받침하는 두 가지 이유가 있다. 첫째, 신용리스크 전가(이하 CRT) 시장은 신용리스크를 헤지할 수 있기 때문에 은행은 초기에 평가하고 지속적인 신용리스크 감시함에 있어서 지금보다 덜 조심스럽게 행할 것이다. 즉, 이는 은행들에게 이론적인 평가와 감시기능을 감소시키려는 동기를 부여할 것이고, 높은 수준의 신용리스크를 수용하도록 이끌고 또한 전체적인 신용의 질도 감소시킬 것이다. 둘째, 위에서 제시된 바와 같이 은행들은 그들의 가장 큰 리스크를 전가시키기 위해 CRT시장을 사용할 것이다. 그들이 어떤 대출의 신용 질이 감소하고 있다는 신호를 접수할 때 CRT에서 신용파생상품을 구매하는 것에 익숙할 것이고, 그 손실들은 은행보다는 덜 엄격한 자본규제를 가지는 다른 상대방에 의해 흡수될 것이다.

이런 결론들의 두 번째만이 호주 정황상 그 타당성을 가진다. 중앙은행에 의해 정의된 그 두 가지 영향들은 은행 평가와 감사에 있어서 다른 가정들을 가진다. 만약 은행들이 손실이 발생하기 전에 가장 높은 리스크를 전가하기 위해서 그들은 신용의 질을 평가하고 감독해야 할 동기가 생기게 된다. 그러므로 은행 도덕적 해이 문제의 유형 중 첫 번째 이슈는 나타나지 않는 경향이 있다. 사실상 은행들의 신용리스크를 평가하고 감시하는 능력과 동기에 기초를 두고 보았을 때 가장 형편없는 신용리스크 헤지를 선호할 가능성은 호주의 CRT시장의 발전을 저해할 요인으로써 해석되어야 할 것이다. 중요한 신용리스크가 거래되고 있는 시장은 적절한 신용평가기술이 없는 투자자들에겐 불안정한 것이 되는 경향이 있다. 그러나 신용평가기관의 신용리스크 평가능력은 이와 우려를 완화시킬 것이다.

14.6.5 추가적인 이슈들

앞에서는 APRA(2000, 2001b, 2002)는 호주 정황상 바젤 II실행시 중요하다고 여겨지는 많은 이슈들을 정의해 왔다. 위에서 고려된 것들 외에 은행계정의 금리리스크와 큰 리스크 노출에 대한 조항인 Pillar 3의 실행을 다뤄 보자.

은행계정의 금리리스크(interest rate risk in the banking book, IRRB)는 이 분야에서 과다한 노출상태에 있는 특이치(outlier)기관들에게만 적용이 되고, Pillar 2하에서 이런 리스크에 대비하기 위해 자본규제 조항들이 결정되어진다. APRA(2002, p4)는 호주은행들의 은행계정에 있어 재조정 불일치는 거래계정의 금리리스크에 비해 대략 다섯 배정도 된다는 것을 주장해오고 있다. 결론적으로 APRA는 IRRB문제를 위한 자본규제 조항들은 모든 은행들에게 적용되어야 하고, Pillar1의 한 부분으로써 계산되어야 함을 바젤위원회에 제안한다(APRA 2000, p26; 2001b, p41). 이런 접근법은 은행들이 금리리스크를 거래계정에서 은행계정으로 전가하려는 잠재적인 동기들을 제거할 것이고, 잠재적 자본경감으로 보상됨으로써 IRRB를 계산함에 따라 은행들이 바젤 II하에서 지불해야 할 자본요구량을 좀더 정당화할 것이다. AP-RA(2002, p4)는 '좀 더 진보된 접근법을 사용하는 것에 찬성하는 최소한 호주 ADIs을 위해 Pillar 1 틀의 부분으로써 IRRB 대비 자본요구량에 대해 심각하게 고려하고 있다' 는 것이다.

APRA는 또한 큰 신용노출의 문제로 고민한다. APRA는 바젤 II내에서 노출정도의 크기에 대한 식별능력 부족은 큰 리스크를 가진 포트폴리오가 직면하게 되는 리스크 증가를 무시하게 되고, 상당히 집중된 리스크로 인해 추가적인 자본요구량이 필요하게 된다(APRA 2002, p4). 바젤 위원회가 집중화 현상을 우려하여 수정작업을 고려했지만, 이 수정이 마지막 가이드라인들에서 채택될 것 같지는 않은 것으로 나타나고 있다. 이 문제에 대한 APRA의 관심은 위의 사항이 고려되었던 1980년 후반의 경험과 금융시스템 안에서 단순 채무자들이 감당할 수 있는 잠재적인 충격을 어느 정도까지는 반영한다. 언젠간 다시 APRA는 이 문제를 다룬 Pillar 2하에서 스스로 수정을 고려할 것이다.

규제자본 요구에 있어 증가하는 리스크 민감도는 Pillar 3에서 공시요구량을 강화시킨다. 은행관리자의 리스크추구행위가 주가 및 시장반응에 영향을 미치고 있다. 은행부채에 대한 신용평가기관의 평가들과 은행 자본수익률 변동에 대한 가격 반응들은 리스크관리 결정에 의한 결과의 윤곽을 확실히 드러나게 한다. 이런 결정들은 은행 대차대조표의 자본량에도 영향을 미친다. APRA는 바젤 II하에서 Pillar 3 조항들을 완전히 지지한다. 또한 호주 은행들로 하여금 2006년 실행 전에 중요한 신용리스크와 자본배분 지표에 대한 공식적인 발표를 증가시키도록 권고할 뜻을 나타내고 있다.

14.7 결론

은행들에 대한 규제자본 요구의 리스크 민감도를 증가시키기 위한 바젤 II의 주된 목적은 바젤 I이 가지고 있는 몇 가지 문제들을 극복하고, 공적 보호망으로 인해 발생하는 도덕적 해이 문제를 감소시켜 은행 운영동기를 재편성하도록 돕는 것이어야 한다.

그러나 신용리스크 조항에 대해 세련된 IRB접근법만큼 잘 제정된 표준화된 접근법을 제공함으로써 은행 규모별 규제 다양화를 시도하는 바젤 II의 시도는 대형은행과 소형은행 간에 경쟁적인 불평등문제를 발생시킨다. 그러나 이것은 바젤 II를 기획함에 있어서 실수라기보다는 구조적 불가피성 때문인지도 모른다. 이미 시장에서의 은행규모 차이의 존재는 새로운 가이드라인에 규범적 옵션이 필요함을 반영하고 있다. 만약 그 가이드라인들이 발전하는 소형 금융기관들을 고무시키고 리스크 운영시스템을 강화시키는 것이라면 좀 더 세련된 시스템으로 이동시키는 유인으로써 적당한 자본감축을 제공하는 것이 합당해 보인다. 좀 더 진보된 접근법 하에서 잠재적 자본감축 규모의 차이가 소형 기관에게 경쟁적 불이익을 만들어서 시간이 지남에 따라 더 좋은 시스템으로 옮겨가는 것이 무의미 한지 또는 불가능한 섯인시에 대한 의문이 생길 것이다. 호주은행 규제자인 APRA는 경쟁적 불평등이 호주 내에서는 너무 크고, 비록 35%까지의 주택담보 리스크가중치 감소가 이런 상황을 완화 시켜왔다고 할지라도 APRA는 이런 불리한 점의 정도를 감소시키기 위해 Pillar 2하에서 재량권을 사용할 것이라 주장해 오고 있다.

그러나 다른 관점에서 호주 은행들은 바젤 II를 채택하기에 유리한 위치에 있는 것 같다(cf. Trinephi 2003, p4). 호주 은행에 의해 개발된 내부등급 시스템과 증권화 사용의 증가, 신용리스크 완화기술과 시장의 발전에 대한 최근 조사를 통해 호주 은행들이 지난 10년 이상 동안 신용리스크 관리체계를 발전시키기 위해 상당한 노력을 기울여 왔다는 것을 알 수 있다. APRA와 그것의 전신인 RBA 또한, 리스크관리 방법론의 최근 발전을 채택하는 규범적 틀을 발전시키려는 시도를 해 오고 있다. 어떤 관점에서는 바젤 II의 구성요소들이 호주 시스템내 현행 관습과 밀접한 국제적 기준을 가져다 준다.

호주의 은행산업과 규제시스템의 이와 같은 발전들의 후면에 있는 추진력은 1990~1992년의 경기침체기 때 겪었던 신용의 질과 연관된 손실 때문이었다는 것을 앞서 논의했었다. 1980년대 후반에 단행된 규제철폐에 이은 잘못된 대출결정들의 충격은 모든 금융시스템 참여자들로 하여금 은행산업에서의 신용리스크 관리시스템의 중요성을 부각시켰다. 그러므로 경제적 자본과 규제자본의 일치는 바젤 II 내에서 구체화 되어야 하고, 또한 잠재적인 경쟁적 불평등과 같은 불가피한 문제는 지속되지 않아야 한다.

참고문헌

Australian Prudential Regulation Authority (1999), *Capital Adequacy Treatment of Credit Derivatives*, April.

Australian Prudential Regulation Authority (2000), A *New Capital Adequacy Framework: Submission to the Basel Committee on Banking Supervision*.

Australian Prudential Regulation Authority (2001a), *The New Basel Capital Accord: Submission to the Basel Committee on Banking Supervision*, May.

Australian Prudential Regulation Authority (2001b), "Basel Committee on Banking Supervision: Proposed Changes to the Basel Accord," *APRA Insight*, 3rd Quarter, pp.4-8.

Australian Prudential Regulation Authority (2002), "APRA's Views on Basel II: Managing the Transition," *APRA Insight*, 2nd Quarter, pp.3-6.

Basel Committee on Banking Supervision(2000), *Range of Practice in Banks' Internal Rating Systems*, January, (*http://www.bis.org*).

Basel Committee on Banking Supervision (2001a), *Consultative Document: Overview of the New Basel Capital Accord*, January, Bank for International Settlements.

Basel Committee on Banking Supervision (2001b), *Consultative Document: The New Basel Capital Accord*, January, Bank for International Settlements.

Basel Committee on Banking Supervision (2003a), *Consultative Document: Overview of the New Basel Capital Accord*, April, Bank for International Settlements.

Basel Committee on Banking Supervision (2003b), *Consultative Document: The New Basel Capital Accord*, April, Bank for International Settlements.

Carmichael, J. (2002), "Experiences with Integrated Regulation," *APRA Insight*, 1st Quarter, pp. 3-7.

Chant, J. (1992), "The New Theory of Financial Intermediation," in Dowd, K. and Lewis, M. K. (eds), *Current Issues in Financial and Monetary Economics*,

London: Macmillan.

Davis, R. W. & Wallace, R. H. (1971), "Lessons of the 1960 Bank Credit Squeeze," in Runcie N. (ed.), *Australian Monetary and Fiscal Policy*, London: University of London Press, pp. 237-261.

Diamond, D. (1984), "Financial Intermediation and Delegated Monitoring," *Review of Economic Studies*, 51, pp. 393-414.

Esho, N. & Liaw, A. (2002), "Should the Capital Requirement on Housing Lending be Reduced? Evidence from Australian Banks," *Australian Prudential Regulation Authority Working Paper* 2002-02, June.

Evans, C. (2003), "Pillar One Requirements and Approaches," *Journal of Banking and Financial Services*, 117 (5), pp. 78-79.

Financial System Inquiry (1997), *Final Report*, Canberra: Australian Government Publishing Service.

Gizycki, M. & Lowe, P. (2000), "The Australian Financial System in the 1990s," in Gruen, D. & Shrestha, S. (eds), *The Australian Economy in the 1990s*, Sydney: Reserve Bank of Australia, pp. 180-215.

Greenbaum, S. & Thakor, A. V. (1995), *Contemporary Financial Intermediation,* Fort Worth: Dryden Press.

Gup, B. (2003), "A Brief History of Basel," *Journal of Banking and Financial Services*, 117 (5), pp. 74-75.

Hogan, W. & Sharpe, I. G. (1990), " Prudential Regulation of Australian Banks," *Economic Record*, 66, pp. 127-45.

Hogan, W. & Sharpe, I. G. (1997), "Prudential Regulation of the Financial System: A Functional Approach," *Agenda*, 4, pp. 15-28.

Liaw, A. & Eastwood, G. (2000), "The Australian Securitisation Market," *Australian Prudential Regulation AuthorityWorking Paper No.6*, October.

McDonald, A. & Eastwood, G. (2000), "Credit Risk Rating at Australian Banks," *Australian Prudential Regulation Authority Working Paper* No.7, December.

Mishkin, F. S. (2001), "Prudential Supervision: Why Is It Important and What Are the Issues?" in Mishkin, F. S. (ed.), *Prudential Supervision*, New York: National Bureau of Economic Research, pp. 1-29.

Reserve Bank of Australia (1985), *Prudential Supervision of Banks, Prudential Statement* No. A1, Sydney.

Reserve Bank of Australia (1988), *Capital Adequacy of Banks, Prudential Statement* No. C1, Sydney.

Reserve Bank of Australia (1991), "Directions for Prudential Supervision in the 1990s," *Bulletin*, May, pp. 6-13.

Reserve Bank of Australia (1995), "Supervisory Developments: The Reserve Bank's Perspective," *Bulletin*, April, pp. 28-33.

Reserve Bank of Australia (2003a), "Credit Risk Transfer Markets: An Australian Perspective," Bulletin, May, pp. 55-62.

Simon, J. (2003), "Three Australian Asset Price Bubbles", Paper presented at the *Reserve Bank of Australia Annual Conference: Asset Prices and Monetary Policy*, August 18-19.

Trinephi, N. (2003), "Basel Accord: Ready and Waiting," *Australia Risk*, August, pp. 4-5.

제15장
바젤 회의론–헝가리 시각

Júlia Király and Katalin Mérö

15.1 서론

바젤 II는 묘안이지만 바젤 I의 부족함을 해결하는데 필수불가결한 요소도 아니다. 일반적으로 바젤 I은 이론적 토대가 약한 '주먹구구식'의 종류라고 볼 수 있다. Peter Cook과 그의 팀이 높이 인정받고 있는 공헌점은 두 가지이다.

첫 번째로 그들은 은행들로 하여금 은행들의 건실함을 표현하였던 '자본' 개념은 더 이상 필요가 없다는 것을 받아들이게 하고, '규제자본' 또는 '확대자본'의 개념 도입을 촉진하였다는 점이다.

두 번째로는 그들은 은행의 총 리스크가 반드시 총자산과 선형함수가 아니라 비선형 리스크가중 함수라는 인식을 전파하기 시작했다. 리스크가중자산 함수는 갑작스럽게 변하는 많은 점들을 포함한다. Cook 구소는 간단하다. 이러한 점은 바젤 I의 가장 큰 장점 중의 하나로 이해하거나 적용하기가 쉽다는 것이다. 반면에 학계는 은행협회에 경고를 하였는데 리스크가중함수를 적용한다는 것은 간단하지만 매우 모호하다는 것이다.

최근에 우선적으로 VaR(Value at Risk) 원리에 기초해서 경제적 자본을 결정하는 중요한 발전이 있었다. 많은 학계 사람들은 VaR은 일관성이 없는 리스크측정치이기 때문에 적절한 리스크측정에 거리가 있다고 반박한다. 그러나 단순성 원리는 매우 우세하여 새로운 규제 접근법도 VaR원리에 기초하고 있다.

바젤 II는 1999년 은행감독 바젤위원회(BCBS)에서 배포된 1차안 때부터 1988년 원안내에서 간단하고 훌륭한 토대를 갖추었다. 학계와 교수들은 희망과 열정을 가진 새로운 개념을 갈채하고 환영했다. 전반적으로 금융기관은 기본적 개념을 수용했다. 바젤 II는 자본요구량을 개편하고 은행의 리스크포트폴리오에 더욱 적합하게 만든 반면에 최소자본의 평균수준은 증가시키지 않고 유지하도록 하였다.

4년 동안 20페이지 원문 논문은 200페이지로 많이 증가하였다. 몇 차례 수정된 내용은 더욱 복잡해져 단순성을 잃어버렸다. 그 결과 수용의 임계치에 도달하였고 이제 어떤 사람도 환호하지 않는다.

이 논문에서는 바젤 II의 세 가지 양상을 조사했다.

1. 새로운 규제 토대가 민법에 기초한 법률 시스템에 얼마나 적합한지를 미국과 유럽의 규제 사상과 법을 비교하여 조사하고자 한다(15.2 절의 주요내용).
2. 새로운 규제 토대의 몇 가지 특징을 강조하는 헝가리은행의 반응에 대하여 토의하고자 한다(15.3 절의 주요내용). 이를 위해 중간관리자의 가능한 선택권의 초안을 그려 고찰하고자 한다.
3. 헝가리은행 활동에서 경기특성을 분석하고, 바젤 II 규제하에서 경기순응성의 결과를 조사하고자 한다(15.4절의 주요내용).

마지막으로 15.5절에서는 헝가리은행이 바젤 II에 관해서 왜 회의적으로 되었는지를 요약하고자 한다.

15.2 서로 다른 반응 : 유럽 대 미국

바젤위원회의 임무는 신바젤자본협약을 설정하여 활동의 장을 만드는 것이다. 바젤 II의 기초에서 유럽연방은 유럽 전체에 걸쳐서 수행될 신유럽자본관리(CAD3)을 수행하기로 결정했다. 반대로 2003년 7월에 미국 은행기관은 바젤 II 규제가 미국에 부분적으로 수행될 것에 대해 보강된 규칙제정 개선조치(Advanced Notice of Proposed Rulemaking, ANPR)를 공표했다.

보통법 시스템은 보다 유연한 규제정책과 실행방안을 사용해 감독자에게 보다 많은 자율재량권을 주고자 한다. 반대로 민법은 엄격한 규제법규를 선호하고 감독자에게 제한적 자율성만을 주고자 한다. 헝가리의 민법은 짧은 민주화 전통 속에서 프랑스, 라틴, 독일을 혼합 형태로 보통수준의 규제를 선호한다.

15.2.1 바젤 I의 또 다른 관점

1988년에 바젤 I은 국제적으로 활동하는 G-10 국가 은행의 기준이 되는 것이 목적이었으나, 지금은 기본적인 국제기준이 되어 세계적으로 100개국 넘게 실행되고 있다. 바젤 II는 전 세계적으로 '중요한' 은행에 대해 국제기준을 만드는 것을 목적으로 하고 있지만, 지금까지 새로운 규제가 이 기능을 하기에는 충분하지 못하다는 것은 명백하다. 바젤 II에 관한 유럽과 미국의 접근방식에는 특징적인 차이가 있다. 유럽에서는 강제적인 산업기준이 될 것이지만, 미국에서 국제적으로 활동하는 대형은행에 대한 자본규제의 한 부분이 될 것이다. 바젤 II의 첫 초안이 공표된 이래 유럽은 유럽지침을 수단으로 완전하고 엄격히 수행을 했다. EU와 EU수준의 조직체는 새로운 규제의 세목에 대한 토의에 열정적이었다.

초기 버전의 초안에 대한 유럽의 비평은 유럽특성에 보다 더 적합하고, EU지침에서 부합하는 타협안을 고려하는 해결책에 초점을 맞추었다. 비평은 유럽 국가와 EU기구에 의해 이루어졌는데 논쟁은 규제자본이 경제적 자본에 근접하도록 촉진하는 경제적 이유에 기초하였다. 가장 중요한 전략적 부분은 새로운 규제안에서 규정한 자본요구량을 관련 권고안보다 낮추는 것이다. 사실상 이 목표를 달성하기 위한 노력은 초기 규제목표와 일치하여, 운영리스크를 포함한 은행의 전반적 자본요구량이 강압적이지 않아야 한다는 것이다.

보다 더 완화된 자본요구량에 대한 필요는 가계와 중소기업(Small to Medium Sized Enterprise, SME) 대출에서 특히 현저하게 증가하였다. 이는 소규모 지역은행에 있어 중요한 것이었다. 이와 같은 필요를 충족시키기 위해 '소매규제'의 범주로 표준방법과 기초 내부등급법(Foundation Internal Rations-Based Method, F-IRB) 등이 함께 소개되었다. SME에 대한 자본요구량을 완화해주기 위해 회사규모에 기초하여 조정하는 방법이 채택되었다. 소매와 모기지 신용리스크가중치는 100%에서 75%, 50%에서 35%로 낮춰졌다. 표준방법 및 F-IRB방식 하에서 소매 리스크가중치는 1범주에서 2, 3범주로 낮아졌다. 유럽당국과 전문협회는 그들 이익을 관철시키는데 성공했다. 즉, 계획한 새로운 규제안은 SME와 소매사업의 중요성과 관련한 유럽의 우선사항에 대해 주목을 기울였다는 것이다. 유럽의 관점에서 볼 때 EU규제 하에 있는 소규모 지역은행과 투자회사를 포함한 모든 감독대상 기관에 대한 바젤 II 자본요구량 적용에 있어 주요 장애물은 제거되었다.

미국은 미국시장에 규제안을 잘 적응시키기 위해 오래 전부터 로비활동을 하고 있었다. 이전의 정교함에도 불구하고 규제안의 간단한 방법이 현행 미국의 자본규제와 감독에 비추어 심각한 경과를 나타내고 있지 않다는 것은 명백하다. 초점은 부분적 실행의 성공으로 이동하였다.

이러한 변화는 2001년 7월 바젤위원회의 2차안(CP2)에 대한 미국은행가연합(American Banker's Association, ABA)의 논의를 통해 명백해졌다. ABA는 미국당국이 대형 국내기관에 이 협약을 제한적으로 적용해야 한다고 믿었다. 하지만 미국이 포괄적으로 바젤 II를 적용하지 않을 것이라는 사실을 국제 전문기관이 완벽하게 알게 된 것은 거의 1년 반 후였다. 공식적인 첫 보고서는 2003년 2월 27에 하원 연방준비제도의 통치부 부회장인 Roger Ferguson이 만들었다.

미국 은행규제는 세 가지 은행 범주를 가진다. 확실한 규모와 일정 수준의 외국자산을 가진 대형 국제은행(대략 10개 은행, 핵심은행이라 불림)은 고급 내부등급법(Advanced- Internal Rating Based, A-IRB)과 고급측정방식(Advanced Measurement Approach, AMA)을 사용할 것이 요구되어졌고, 다른 대형은행(opt-in은행이라 불리는 대략 10개 은행)은 자발적으로 같은 방법을 적용하는 것을 선택할 것이다. 반면에 나머지 기관(일반은행)은 현재의 규제 아래 남겨질 것이다.

상위 20개 미국은행의 총자산은 모든 은행자산의 3분의 2와 모든 외국은행자산의 99%에 대해서 책임을 진다. 두 갈래의 자본규제는 경쟁적 균등과 연관이 있다. 이것이 ANPR가 '두 갈래의 규제체제와 하나의 규제체제의 상대적인 찬반양론에 대해 논평가의 의견'을 구한 이유이다. 반면에 미리 판단되는 논쟁이 무엇이든, Ferguson은 "나의 견해는 가격, 그리고 대형은행과 소형은행의 경쟁이 규제자본 제약에 의해 영향을 받는 것이다"라고 말했다.

15.2.2 규제정책과 규제실행의 차이

은행 자본규제와 감독에 대한 미국과 유럽의 규제정책과 규제실행은 바젤 I에 기초했다는 사실에도 불구하고 커다란 범위에서는 차이가 있다. 미국에서 은행은 세 가지 다른 자본비율을 유지해야 한다. 두 가지 리스크가중자본비율과 최소 레버리지비율이다. 미리 정해진 비율단계에 의해 미국 은행들은 네 가지 다른 자본평가그룹으로 분류되었다. 즉, 충분하게 자본화된 것에서 불충분하게 자본화된 것까지 다른 직접적인 조정행위는 이 단계와 연관이 있다. 더불어 복잡한 리스크특성을 가진 조직의 자본적정성에 대한 감독평가는 이 비율과 복잡한 평가에 기초한다. 관련된 감독문서(Supervisory Lerrer, SR)에서 연방준비제도는 감독관과 조사관에게 기관의 자본요구량 결정에 필요한 리스크에 대한 확인, 감시, 그리고 평가를 하도록 지시했다. 때때로 높은 자기자본비율은 실질적 자본상태를 가리키는 것이 아니다. SR은 건전한 내부자본의 적정성 분석과 은행이 내부 자본평가 동안 헤지해야 하는 리스크의 형태에 대한 주요한 범위를 정의한다. 따라서 신용 및 시장리스크 외에서 은행은 금리리스크과 운용리스크을 고려해야 한다. 이 접근은 바젤 II 규제와 함께 매우 일관성 있는 것으로 보인다.

이러한 운영리스크에 대해서 직접적인 자본부담을 규정하는 것은 아니다. 이 리스크의 확인과 통제 형태는 은행 자본평가에서 절대 필요한 부분이다. 포괄적 자본감독의 의도는 바젤 II 협약의 두 번째 축(Pilllar 2)에 속한다. 두 번째 축의 본질은 현행 미국 권력의 감독 실행에 기초되고 있다. 공시규율은 미국에서 가장 포괄적인 것의 하나이다. 연방준비제도 총재인 Ferguson은 “미국은 바젤 II 실행을 계획중인 대부분의 다른 나라와는 다소 공통성이 덜한 포괄적이고 완벽한 감독체계에 오랫동안 의존해 왔다”고 언급했다.

EU 회원국가에서 은행 자본은 바젤 I 자본협약의 EU법전화를 실행하는 자본적정성 지시(CAD)에 의해 규정되었다. CAD에는 공동의 최소 요구사항을 규정했다. 개별 회원국가의 관련 규율은 CAD안에 정식으로 기술된 것보다 엄격해야 한다. 그럼에도 불구하고 유럽은행들은 SEP(Single European Passport)를 유지해야 하므로 공정한 경쟁에 응하는 회원 국가들은 법적으로 보다 더 엄격한 규제를 적용하지 않는다. 자본요구량에 관하여 단 하나의 예외는 영국(United Kingdom)이다. 영국에는 최소 8% 개인 자기자본비율이 설정되어 있다. 이것은 개인 신용리스크 특성에 좌우되며, 최소 자본요구량을 초과하여야 한다. 대륙 몇몇 국가의 규제당국이 리스크 가중 자본감독의 도입을 꾀하고 있지만, 그러한 감독이 재무규제의 통합적 일부분으로 되는 것은 실패였다. 현재 상태와 비교했을 때 바젤 II의 Pillar 2와 Pillar 3의 도입은 유럽 규제실행에서 주요한 단계가 될 것이다. 유럽 국가들의 감독실행은 US. SR 문서에 규정된 것처럼 리스크 가중 자본분석을 보다 더 요구한다. 그러한 자본규제 실행의 적용은 확실히 상당한 진보를 의미할 것이다. 더 나아가 각 회원 국가에 강제되는 동일한 감독원칙의 적용은 EU에서 공정한 시장경쟁의 원칙을 따른다.

바젤위원회의 3차안(CP3)의 실행을 위한 해설과 활용할 수 있는 자료에 대한 언급은 규제철학의 차이점을 반영한다. EU가 안정성에 초점이 맞추어진 반면에 미국은 리스크와 보다 조화된 가중치의 중요성을 강조한다. 유럽 중앙은행(ECB)은 동의했고 공표한 바에 의한면 바젤 II는 적어도 규제 실시되는 2006년 말까지 주요한 개정을 하지 않을 것이라고 제안했다. 반대로 ANPR에서는 미국 당국은 "정부기관은 보다 더 영양도 조사(QIS)와 자본요구량 틀에서 제시된 잠재적 영향을 잘 이해하기 위해 다른 경제 영향분석을 수행할 계획이다"라고 적고 있다. 이것은 만약 자본요구량이 안전하고 건전한 은행업무 또는 은행조직의 전반적인 리스크특성에 일관성을 보이지 않는다면 A-IRB 리스크 가중치 공식 수정과 제안된 접근법에 대한 변경을 통해 기관의 향후 제안에 영향을 미칠 것이다.

앞에서 토론했던 것은 바젤 II에 대한 미국과 EU의 규제정책 접근법에서 가장 현저한 차이점은 다음과 같다. 미국 감독기관이 우선한 일은 개별기관의 상태에 대한 완벽하고 정확한 인식이다. 이러한 인식하에서 가장 간결하고 적절한 규율들이 작성되거나 이용될 수 있다. 반대로 EU는 강제적이고 일률적인 규제제도의 창안을 선호하였다. 보다 더 작고 덜 복잡한 제도에 관심이 있었던 EU는 세목별로 나누어진 표준방식을 선호하여, 간편화된 안으로 포괄적 감독심의에 기초되는 덜 규제된 방법을 규정했다. 바젤 I처럼 그러한 규제방법은 수많은 협약에 조금은 영향을 받지만 경제적 자본과 관련성이 없었다. 그들은 경제적 자본과 상당히 다른 규제자본을 명문화하여 매우 세부화 되고 적용 가능한 규제에 이르게 된다.

15.2.3 법률체제와 바젤 II의 실행

법률체제는 일반적으로 두 가지 주요 범주로 나누어진다. 하나는 로마법('민법' 체제)에 기반이 된 것이고 다른 하나는 앵글로-섹션 법률체제는 전례('관습법' 체제)에 기반한 것이다. 이 두 법률체제 형태의 주요한 차이점은 첫 번째 법학자에 의해 제정된 법률 적용이 배타적인가 하는 것이다. 두 번째는 법적논쟁에서 법정판단이 법 그 자체에 영향을 미치는가 하는 것이다.

시민법 체제의 범주에서 세 가지 유형은 전문적인 법적 문헌으로 구별되어 진다. 가장 엄격한 프랑스형 법률체제에 대한 토대는 나폴레옹하에서 적용된 법률학이다. 독일형의 법률체제는 독일이 통일에 되는 시점에 비스마르크에 의해 적용된 법률학이다. 북유럽형의 법률체제는 때때로 덜 엄격한 민법 규정을 다루고, 범위는 주요한 법률체제 유형사이의 과도기적인 형태를 표명한다.

이들의 밀접한 관계는 한편으로는 법률체제의 차이, 다른 한편으로는 금융영역의 개발수준 사이에서 보여질 수 있다. LaPorta et al(1996)은 투자자 보호에 관한 49개 나라의 법률체제를 분석했다. 그들은 가장 엄격한 규율을 적용하는 나라에서는 프랑스 민법이 기초가 되었고, 투자자 권리에 대한 법적 보호는 가장 미약한 것으로 분류되었다. 반면 관습법을 적용하는 나라에서는 법적 보호가 가장 강력한 것으로 고려될 것이다. 독일이나 북유럽형의 민법에 기초한 법률체제를 적용하는 나라들은 이 관점에서 중간적 위치를 취한다. 법률체제에 대해 LaPorta et al에 의해 이용된 자료는 Levin, Loayza, and Beck(2000)은 금융기관과 관련한 자신들의 데이터베이스를 종합함으로써 고찰되었다. 공식적인 규율과 시행은 금융개발과 밀접한 관련을 나타냈다고 결론지었다. 투자자의 권리를 보호하는 법률의 질과 시행이 보다 더 나은 국가에서 금융기관의 운영이 보다 더 순조롭다.

프랑스의 법률적 전통에 대한, 영국의 우월에 대한 Hayek(1973)의 주장으로부터 시작한다면 Mahoney(2000)는 법률 기원이 금융시스템 개발에 아주 중요한 역할을 맡고 있는 경험적인 증거를 발견했다. 그의 관점에서 관습법을 토대로한 앵글로-섹션 법률체제는 개인부문 경영활동을 보다 강력하게 지지하는 반면에 민법을 토대로한 북유럽형 법률체제는 보다 효율적인 정부의 중재를 보다 효율적으로 지지한다. 법률기원이 금융개발에 영향을 주었다는 경로를 분석하는 Beck, Demirgüc-kunt와 Levine 그리고 레빈(2002)은 둘째로 중요한 정치적인 경로를 발견했다. 그들은 소위 '융통성 경로'가 중요한 역할을 한다는 결론에 도달했다. 관습법의 재판권은 법원이 개인적인 경우를 판단하는 것처럼 변하는 상황을 발전시키는 능력을 가지고 있다. 판단하는 것에 대해 재량권이 주어졌기 때문에 진부하고 비효율적인 규율은 자동적으로 효율적인 규율로 대체되었다. 따라서 관습법 국가들은 더욱 엄격한 민법체제보다 효율적으로 금융발전을 조성한다.

왜 우리는 법률기원이 금융발전, 규제정책, 바젤 II 이행 성과를 위해 중요하다고 생각하는가? 앞에서 언급된 모든 주상들은 금융규세에 효율적으로 적용되어질 수 있다. 관습법 국가에서 법률체제는 법원판결 역할을 활성화시킨다. 감독기관에 보다 더 많은 자유재량권과 감독권을 주기 때문에 금융규제는 덜 엄격할 수 있다. 이 나라에서 시장참여자들은 규제가 보다 융통성 있거나, 당국의 판결이 사건의 실제 본질에 보다 더 기초하거나, 덜 엄격한 규제에 기초한 상황에서 규제당국이 운영하는 것에 익숙해져 있다. 반대로 민법 국가는 개별적인 근거에서 상황을 변화시키거나 생각지도 않았던 것에 대응하는 새 제도를 효율적으로 대처하는 것이 어렵기 때문에 보다 포괄적이고 엄격한 금융규제가 필요하다.

[표 15-1] 유럽 국가들의 법률기원

영국식	스칸디나비안	독일식	프랑스식
연합왕국 아일랜드	덴마크 스웨덴	벨기에 그리스 오스트리아 독일 포트투칼	이탈리아 네덜란드 스페인

표 15-1에서 보면 국가들은 다른 법률기원을 가진다. 반면에 민법체제, 특히 가장 엄격한 프랑스 민법이 지배적이다. 따라서 EU에서 법률제정 과정은 모든 가능한 사건을 포함하려하는 세분화된 체계화로 특징 지워질 수 있다. 이 관점에서 관습법 국가들처럼 미국은 논리적인 것처럼 보이고, EU는 바젤 II 이행에 대해 다른 접근법을 가진다. EU는 바젤 II 또는 유럽안인 CAD3에 규정된 성문법을 보다 더 고집한다. 미국은 민법 전통을 바탕으로 하는 체제를 이행하려고 노력한다.

역사적 전통에 관하여 헝가리, 이전의 남쪽 헝가리 군주국의 선거의회는 독일식 모델에 기초한 민법체제였다. 전통적 법률체제에서 유연하지 않은 법집행은 사회주의 시대의 40년간 매우 엄격했다. 법률 집행은 행정적으로 조절되었다. 규제의 주요한 수단은 의회에 의해 통과된 법령이 아니라 이것은 정치적이고 행정적인 법령이며 행정상의 지시이다. 쉽게 규정되고 수정될 수 있는 개정안은 정부의 다양한 중개로 통과되었다.

제도가 바뀌기 때문에 법적 규제도 개정된다. 결과적으로 966개의 각료회의와 법적 규제의 행정단계 뿐만 아니라, 1250개의 지시와 법적 지침은 폐지되었다(Sárközy, 1994). 다른 전통과 합법적인 법률체제의 부재에도 불구하고 법률제정과 법집행은 상세한 규제에 기초한 세목별로 나뉜 법집행의 과정을 필요로 할 수 있다.

오늘날 헝가리의 법률체제는 같은 법률기원을 가진 다른 나라들보다 더욱 엄격하다. 이런 이유에서 분석된 헝가리의 법률규제를 분류한다면, Wood(1997)는 프랑스와 독일의 혼합된 법률체제를 가진 나라의 범주에 헝가리를 포함시켰다. 법률적 입장에서 보면 바젤 3차안(CP3)에서의 의견과 개별규율에 대한 상세설명을 제공하도록 바젤위원회에 요청한 헝가리 당국 의견에는 실수가 없었다.

바젤 II에 주목해야 한다. 두 번째와 세 번째 축은 민법 전통에 깊이 뿌리내려져 있다. 많은 결과들은 감독당국의 자유재량의 판정과 국민의 힘에 의

존한다. 다양한 법률체제 사이에서 차이점의 영향력은 첫 번째 축에서 이행될 때 두르러진다. 미래에 다루어질 다른 논의할 여지가 있는 질문은 기본적으로 민법체계 나라들이 두번째 축이 인정하는 광범위한 자유재량권을 통합할 수 있느냐 하는 것이다.

바젤 II 자체의 세 번째 축(Pillar 3)은 법률체제 특징들의 차이점에서 초래된 문제인데 국제 은행시장의 세계화에 의해 특징이 없어지기 시작했다는 것을 의미한다. 성장하는 많은 나라에서 국가 금융시스템을 지배하는 일률적인 규율과 기준의 국제적인 승인은 법률체제 사이에 약간의 차이를 이끈다. 금융규제와 특히 바젤 II 경우 이것은 금융발전을 보다 효율적으로 증진시키는 관습법으로의 변경을 통해 발생한다.

15.3 헝가리 은행의 딜레마와 상충관계

바젤 II는 다른 나라의 개별기관에 다른 효력을 가질 것이다. 바젤 II는 각 나라의 다른 은행구조와 다른 포트폴리오 구조에 좌우되지 않고, 지역감독관에 의해 받아들여진 자유재량 의사결정에 좌우된다. 지금부터 '헝가리 은행'에 대해 집중적으로 다루고자 한다. 은행의 총자산은 3,340억 헝가리 통화(Hungarian Forint, HUF)이다. 헝가리 은행은 기업지향적이지만 성장하는 소매 포트폴리오도 가지고 있다. 기업 포트폴리오는 소매에서 중요한 부분, SME에 많은 부분을 구성한다.

다른 은행이 채택하는 방식에 상관없이 그들은 단순한 분석과 계산에 의해 의사결정 수고를 줄일 수 있는 대안을 선택할 것이다. 분석동안 리스크 관리체제의 결함, 데이터베이스와 IT시스템의 부족이 표면화 되었다. 다음 내용은 헝가리 은행의 딜레마이다. 바젤 II의 기본원칙은 헝가리 은행이 직면한 상관관계를 이해하는 범위 내에서 상세하게 설명될 것이다.

15.3.1 신용리스크

잘 알려진 것처럼 첫 번째 의사결정의 주안점은 표준방법과 IRB방법 사이에 있다. 규제자에 의해 제공된 대안을 고려하기 전에 은행관리자는 다음 사항을 알아야 한다. 자료 저장의 상당한 재구성이 없다면 은행 자본요구량은 상당히 증가할 것이다. 개별 권리를 분류하지 않고, 담보권을 부여하지 않는다면 은행은 100% 또는 150% 리스크가중치의 사용을 요구받는다. 주권국, 은행 등의 감소된 리스크가중치는 바젤 I 기준을 적용받는다. 이것은 모든 은행이 직면한 도전으로 바젤 II 프로젝트에 맨 처음 포함되었다. 헝가리 은행의

[그림 15-1] 헝가리 은행의 자산구조

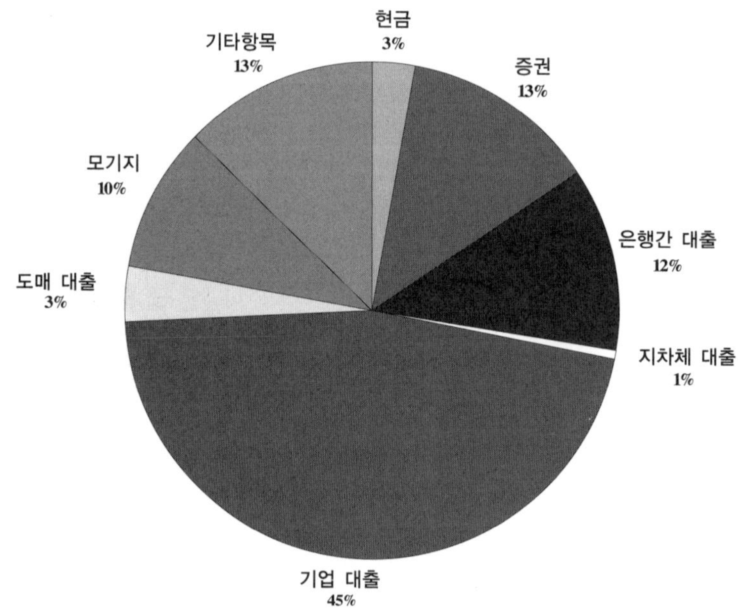

자료 : Own calculation based on the database of the Hungarian Bankers Association.

즉각적인 반응은 '비용이 얼마가 되던 자료저장 계획을 즉시 시작하자!' 였다. 은행의 근본적인 정보문제는 다음으로 요약되어 질 수 있다.

- 리스크 노출은 사업라인(기업, 도매, 기금) 차이나 통합되지 않은 IT 하부시스템 차이에 따라 종종 차이가 난다. 개별 요구권은 이들 상이한 시스템으로 부터 수집될 수 있다. 단일화된 고객체계의 부족은 은행의 가장 심각한 결함 중의 하나이다.
- 적절한 주권국과 은행 신용등급은 요구권과 분리되어 부여되고, 소위 '국제관계관리' 라 불리는 전혀 다른 부서에 의해 관리되었다.
- 보증과 담보물은 개별 리스크 노출에 필연적으로 연결되지 않고, 때때로 불가피하게 재평가되지 않았다.

이것은 은행이 풀어야 하는 문제이다.

15.3.2 표준방법

표준방법의 기초적 구조는 현행의 바젤 I과 매우 비슷하다. 은행은 표준방법을 선택한다면 그들은 아무것도 하지 않을 것이라고 가정한다. 이 경우

신 자본적정성 협약은 보다 복잡한 리스크관리를 증진시켜야 한다는 바젤 II의 근본적인 취지는 실현되지 않을 것이다. 은행은 표준방법을 '아무것도 하지 않는' 대안으로 고려할 것이다. 표준방법은 순수 리스크노출에 리스크가중치를 할당한다. 이 리스크가중치는 은행 내부모형을 반영하지 않으며 경제적 자본과는 조금도 관련이 없다.

현행의 규제와 비교되는 다른 차이점은 다음과 같다.

1. **등급의 개선** : 리스크가중치의 등급(0%, 20%, 50%, 100%)은 잘 알려진 것처럼 (0%, 20%, 35%, 50%, 75%, 100%, 150%)으로 개선되었다. 이것은 중소기업, 소매(75%) 그리고 모기지론(35%)의 자본경감을 의미하는 반면에 드물게 150%의 자본증가도 야기하였다.

2. **리스크그룹의 재분류 개선** : 이것은 은행관리자에 있어 첫 번째 경악대상이 될 것이다. 네 가지 그룹(주권국, 은행, 모기지, 세계의 타지역)내 다른 리스크노출을 분류했다. 지금은 12개 그룹으로 리스크노출을 분류해야 할 필요가 있다. 여기에는 주권국, 공공부문(PSE), 다국간 개발은행(MDB), 은행, 증권회사, 주택재산과 상업용 부동산에 의해 보장된 소매 포트폴리오를 포함하는 기업, 만기 대출, 보다 높은 리스크범주와 다른 자산에 대한 권리 등이 있다.

   컨설팅을 하는 동안 경악하게 된 첫 번째 원인은 은행의 IT시스템이 자동적으로 분류방식에 따라 리스크노출을 분류할 수 없다는 것이다. 대부분의 경우에 현행의 신용시스템은 모든 필요한 모수를 제공하지 않는다는 것이다.

   - 부동산은 필연적으로 주택재산과 상업적 부동산으로 나누어지지 않고, 요구권에 정확히 일치하거나 재평가되지 않았다.
   - 과거 만기가 도래한 대출은 쉽게 분류할 수 없었다. 즉, 준비금에 의해 잘 보호되는지 그렇지 않은지 결정할 수 없었다.

3. **외부 신용등급의 사용** : 바젤 II에서 외부 신용등급의 사용은 가장 적절한 변화 중의 하나로 개별 고객그룹 내에서 리스크 민감도에 대한 분류이다. 표준방법의 경우 대외 신용평가기구(ECAI)의 신용도에 대한 적절한 사용을 의미한다. 은행이 관여하는 한 이것은 많은 도움이 되지 않을 것이다. 주권국과 은행의 경우 만약 은행이 모든 신용등급을 부여한다면 신용등급은 개별적으로 제공된다. 자료 저장은 재편성될 것이다. 기업의 경우 은행은 헝가리 평가기관의 비존재의 문제에 직면한다. 적합한 국제신용평가기구에 의한 헝가리 기업의 부족한 신용도는 그들의

무시할 만한 시장크기에 기한한다. 동유럽 대부분의 경쟁 은행처럼 헝가리 은행은 적절한 신용등급이 제공되지 않는 문제에 직면해야 한다.

4. **리스크 완화 방법** : 1998년 바젤 I에서 매우 제한된 담보와 보증은 리스크 완화 방법으로 받아들여졌다.주로 정부 보증과 채권, 현금, 주택 모기지 등과 같은 리스크 완화 방법은 바젤 II하에서 표준방법의 경우보다 보다 넓은 기회를 제공하여 은행은 엄청난 문제에 직면한다. 담보와 보증은 개별적으로 분리된 문서화된 신용자료로부터 제공된다. 신용과 보증자료가 바젤 II의 질적인 요구에서 규정된 것처럼 서로에게 양도될 수 없다.

15.3.3 신용등급이 부여된 기업과 부여되지 않은 기업

3차안(CP3,42절)에 의해 "국가 결정권에서 감독당국은 외부 신용도와 상관없이 은행이 기업대출에 100%의 리스크가중치를 두는것을 인정할지도 모른다."이 리스크가중치 선택권은 헝가리 금융 감독당국(HSFA)에 의해서 고려될 것이고, '신용등급이 부여되지 않은 기업대출에 대한 리스크가중치' 선택권은 헝가리 은행에 의해서 선택될 것이다. 왜냐하면 대부분의 기업 고객이 신용등급을 가지고 있지 않기 때문이다. 포트폴리오의 일부분에 새로운 자료를 이용하여 신용등급을 부여하기 위한 자료시스템을 개발하지만 수지가 맞지 않는다.

15.3.4 잠재적 소매 고객으로써 중소기업체(SMEs)

규제소매 포트폴리오는 개인과 아래와 같은 네 가지 요구사항을 이행하는 SME로 구성된다.

- **방침 기준** : 개인 또는 소기업. 3차안(CP3)과 CAD3에도 분류될 수 없다면 기업단위는 '소기업' 으로 분류될 수 있다고 정의한다. 정의가 국내분류에 속할지? 국제기준에서 주어질지? 아직 분명하지 않다. 지방의 대형기업은 쉽게 유럽기준에 의해 소기업으로 분류될 수 있다.
- **생산 기준** : 등록된 상품의 회전신용, 신용방침, 개인 대출, 차용, 소기업 설비 등은 고객을 위해 은행에서 제공하는 표준서비스이다.
- **자유재량권 기준** : 은행은 자유재량권 기준에 대한 당국의 최종 결정을 걱정하면서 애타게 기다리고 있다. 앞선 2차안(CP2)보다 완화된 3차안(CP3)은 리스크노출이 최소 500 소매고객을 필요로 하는 포트폴리오의 0.2%를 초과할 수 없다고 언급했다. 소매은행의 경우 어떠한 문

제도 발생되지 않을 것이다. 반면에 상당한 SME 을 보유한 기업은행의 경우 자율재량권 기준은 큰 현안이다. 은행에서 자율재량권 기준은 IT 개발에 의해 성장할 것이다. "규제 소매포트폴리오"는 현재 고객의 데이터베이스를 재구성하는 반복된 방법으로 만들어질 수 있다. 하지만 IT 개발은 수지가 맞지 않는다. 규제 소매포트폴로오의 리스크노출액은 75% 리스크가중치를 가지기 때문이다.

- **개인 리스크노출액의 낮은 가치** : 백만 유로 규제제한은 헝가리 소매사업 평균 최대 리스크노출액 크기를 상회한다.

규제소매 포트폴리오의 구성과 설계에는 은행부분의 상당한 노력이 요구된다. 가능한 결과가 자산요구량을 상당히 삭감한다면 이들은 노력을 다할 것이다. 반면에 개인 청구권이 어떤 의심도 없이 앞에 언급된 기준을 만족하기 때문에 소매포트폴리오는 SMEs 없이 결정될 것이다. 헝가리의 국립은행에서 발간하는 최근 조사에는 헝가리 금융부문에서 위의 문제의 중요성을 언급하였다. 조사에서 7개의 선도 상업은행의 차관관리자(전체 시장의 76.5%를 대표하는)는 SME가 이끄는 업무에 대해 회견을 하였다. 결과에 의하면 대부분의 은행은 SME 대출 상당한 부분을 소매로 분류한다. SME의 최대 연간 거래액은 1.2백만 유로이다. 결과적으로 평균 리스크노출액은 약 50백만 유로이다. 포트폴리오 일부분은 의심할 여지없이 자유재량권 조건으로 충족될 것이다.

그러나 SME 자산 평균은 50백만 유로이고, 0.5~1백만 유로 범위 안에 포함된다. 은행은 필연적으로 소매대출을 취급하지 않을 것이다. 점수방식이 넓게 적용되기 때문에 잠재적으로 이 요구는 규제소매로 분류될 수 있다. 이들 리스크노출액이 자율재량권에 포함될지는 아직 분명하지 않다. 만약 우리가 평균적인 은행 기업포트폴리오내 대출의 점유율을 측정하려 한다면 결과는 20~25% 사이에 있을 것이다. 규제기업 포트폴리오는 20~25%로 줄어들 수 있다는 것을 의미한다.

15.3.5 리스크 완화 방법: 단순한 방법 또는 포괄적 방법

리스크 완화 기법은 현행 대차대조표 넷팅(netting), 보증, 신용파생상품, 담보 등을 포괄한다. 일정 범위내에서 본래 리스크를 감소시키는 바젤 I의 결정방식과 아주 다은 '모 아니면 도' 라는 기본원칙은 더 이상 확산되어서는 안된다. 담보와 보증은 100%의 리스크를 제거하는 것으로 받아들여지고 있다. 부분적 리스크 완화는 배제되었다. 바젤 II는 보다 더 치밀한 리스크 완화에 자리를 양보하였다. 넷팅, 신용파생상품, 보증은 아주 간단한 반면에 담보의 경우 바젤 II는 적절한 선택을 제공한다.

표준 방법에 의하면 담보의 리스크가중치는 대응물의 리스크가중치로 대용한다. 만약 100% 리스크가중치를 가진 100 HUF 기업 리스크노출액을 가지고 있다면 20%의 리스크가중치를 가진 은행 채권으로 60%가 헤지된다. 즉, 우리는 100% 리스크 가중치를 가진 40 HUF 기업 리스크노출액을 가질 것이고, 20%의 리스크 가중치를 가진 60 HUF 은행 리스크노출액을 가지는 것이다. 만약 담보가 정부증서이고, 이것이 0% 리스크가중치를 적용받는다면 국채의 가치는 20% 할인될 것이다.

포괄적 방법에 의하면 조정된 후 담보의 가치는 최초 리스크노출액에서 유추될 수 있다.

$$E^* = \max[0, \{E \times (1+H_e) - C \times (1 - H_c - H_{fx})\}]$$

두 방법은 현금 또는 은행예금 담보 경우에 적합하다. 다른 모든 경우에 포괄적 방법이 은행에서 더 선호할 것으로 보인다. 앞선 예제를 다시 생각해 보자. 감독 상한선(최대 12%)를 사용하는 은행은 적어도 BBB 신용등급을 가져야한다고 가정할 경우 담보의 조정된 가치는 60(1−12%)=52.8%이다. 본래 리스크노출액은 47.2 HUF으로 낮아질 수 있다.

이런 이유 때문에 표준방법보다 포괄적인 방법의 사용을 선호된다. 편파적인 조사는 헝가리 전문잡지 중의 하나에서 나왔다. 인터뷰에 응한 대부분 은행장들은 그들이 단순한 접근식을 적용할 것이라고 선언했다. 이 선언은 상세한 계산에 기초한 것은 아니지만 '단순한' 방법의 매력에 기초한 것이라고 확신했다.

표준방법은 주권국, 은행의 요구나 몇몇 과거 기한청구에 대한 자본부담을 증가시킨다. 반면에 충분하게 평가되고 보증되었다면 기업 청구권에 대한 자본부담은 줄어든다. 어떤 경우에는 소매포트폴리오에 대한 청구권과 주택담보대출에 보장된 청구권에 대한 자본부담도 줄어든다. 자본감소는 기관이 선택하는 대안과 필요한 IT 개발비용에 좌우된다. IT 재구성 비용이 자본감소와 잠재 성장가능성에 비하여 너무 비싸다면 기관은 필연적으로 그들이 보다 더 선호하는 선택사항을 채택하지 않을 것이다.

이 결론은 개별 헝가리 은행에서 QIS3 결과와 표준방법에 대한 효과를 지지했다. QIS3에 의해서 소매지향 기관에서 표준방법은 다소 HFSA에서 한 국가연구의 결과와 일치한다. QIS3 실험에서 8개 헝가리 은행은 HFSA의 전문적 통제하에 참가했다. 모든 은행은 표준방법을 선택했다.

헝가리 은행들에 대한 개별의 상세한 대차대조표는 주어졌다면 QIS3을 다시 실행해야 한다. 하지만 지금은 CP3의 완화효과를 고려해야 한다. 우리의 실험은 제약조건이 따른다. 모든 필수적인 자료의 부족에 의해 다음과 같은 가정이 적용되어야 하기 때문이다.

- 부외 항목은 대수롭지 않다(우리는 바젤 I과 바젤 II 계산과정에서 모든 부외 항목의 비교를 고려치 않는다).
- 자료부족에 의해 신용완화기법을 고려하지 않는다(이것은 자본요구량을 증가시킨다).
- 규제 소매포트폴리오는 SME을 포함하지 않는다(우리는 기업 리스크 노출액을 감소시키지 않는다).
- 기업 리스크노출액이 평가되지 않으면 리스크가중치는 균일하게 100%이다.
- 외국통화에 명명된 주권국의 청구권은 BBB 신용등급과 50%의 리스크 가중치를 가진다.
- 외국통화에 명명된 은행의 청구권은 신용도 BBB와 50%의 리스크가중치를 가진다.
- 주택담보대출은 주택이 담보되어진 것을 고려한다.

이 결과는 QIS3 결과와 모순되지 않는다. 반면에 감소된 주택담보대출 리스크가중치에 의해 전반적인 자본요구량의 미미한 감소는 관찰될 수 있다. 이와같은 결과는 정확하게 개별은행의 '중요한 요점'을 반영하고, 표준방법이 소매은행에게 보다 더 유리하다는 것을 보여준다. 우리는 네 가지 전형적인 기업은행과 다섯 가지 소매은행에 대해 추정해야 한다. 결과는 다음과 같다.

국채로 명명된 non-HUF의 거대한 자산에 의해 자본요구량이 증가하는 곳은 소매은행이다. 상당한 지방기관의 리스크노출액(리스크가중치가 낮음)에 의해 기업은행이 자본요구량은 감소하였다 반대로 자산을 운용하면 소매은행은 자본요구량 감소에 직면하고 기업은행은 아주 큰 증가에 직면한다. 이것이 그들의 전략을 결정할 것이다. 소매은행은 기초 내부등급법을 개시할 시간이 충분한 반면에, 기업은행은 가능한 한 빨리 기초 내부등급법 프로젝트를 시작하도록 압력을 받는다.

15.3.6 내부등급법

QIS3 결과는 내부등급법과 관련한 일반적 가정들을 강하게 지지하였다.

1. 틈새시장에서 소규모, 소매기반 은행은 고급 내부등급법을 채택하지

[표 15-2] 자본요구량의 변화에 공헌-표준방법

	QIS3 EU 은행	QIS3 헝가리 FSA
기업	1%	+ 2.7%
주권국	0%	0.5%
은행	+ 1%	1.7%
소매(총계)	− 7%	− 2.8%
모기지	− 4%	− 0.5%
SME	− 2%	− 0.8%
기타	− 2%	+ 0.2%
전채신용리스크	−11%	+ 1.6%

않을 것이다. 고급 내부등급법은 국제적으로 활동하는 세계적 은행을 위해서 정교하게 만들어졌기 때문이다. G10 나라에서 65개 1그룹 은행들은(국제적으로 활동하는 대형은행)과 123개 2그룹 은행들이 참여했다. 고급 내부등급법을 적용하는 2그룹 은행들은 결과를 무시하거나 생략했다.

2. 그룹2(보다 지역적이고 소매기반의 은행) 경우에 대해 기초 내부등급법은 상당한 자본 감소에 도움이 되었을지도 모른다.

내부등급법의 토대는 믿을만한 신용등급시스템이고, 개별 신용등급의 부도확률을 제공받음으로써 잘 조정된 모형이 결정된다. 내부등급법은 간단한 자본 산출 방법보다 낫다. 내부등급법은 은행의 리스크관리 체계를 바꾸려고 노력한다. 내부등급법부터 표준방법까지 살펴보면 내부등급법은 복잡하다는 것을 인정해야 한다. 소매은행의 경우 은행의 리스크관리에 영향을 미치지 않은 자본산출 방법을 선호할 것이다. 이런 관점에서 내부등급법은 미국 규제자의 관점에서 볼 때 적당할 수 있다. 가장 큰 10개 미국의 국제은행은 고급 내부등급법을 채택할 것이다. 하지만 다른 은행들은 바젤 I 하에 머물 것이다.

헝가리 은행은 참가자는 아니라 EU의 결정을 받아들이고, 모(母) 은행의 결정을 수용하는 논쟁의 희생자이다. 헝가리 은행은 오스트리아, 벨기에, 이탈리아, 독일 은행에 의해 소유되고 있다. 또한 이들 모은행의 대부분은 보통 국제적으로 활동하고 내부등급법을 채택할 것이기 때문에 헝가리 은행은 내부등급법을 채택할 것이다. 현재 헝가리 은행은 내부등급법을 채택하지 않을 것이다. 왜냐하면 질적인 요건을 충족시키기에는 거리가 있기 때문이다. 심각한 문제에 원인되는 몇 가지를 열거해보자.

[표 15-3] 자본요구량에 기여-개별 소매은행과 기업은행

	주권국	은행	PSE (no 모기지)	소매	소매-모기지	전체 신용리스크
소매	11.2%	1.0%	0.0%	- 3.2%	- 0.4%	- 1.4%
기업1	3.3%	0.9%	- 0.3%	- 0.3%	- 0.5%	3.1%
소매2	3.4%	1.0%	- 0.9%	- 0.9%	- 1.8%	0.8%
기업2	1.8%	1.5%	- 0.6%	- 0.2%	- 0.3%	2.2%
소매3	0.7%	3.1%	- 4.5%	- 2.5%	- 2.4%	- 5.6%
기업3	3.8%	2.1%	- 0.1%	- 0.4%	- 0.7%	4.7%
소매4	0.2%	0.1%	- 1.5%	- 1.4%	- 2.5%	- 5.0%
기업4	0.5%	0.7%	- 2.2%	- 1.3%	- 0.7%	- 3.1%
소매5	2.2%	0.3%	- 0.8%	- 3.1%	- 1.8%	- 3.2%
기업5	2.2%	2.6%	- 1.3%	- 1.3%	- 2.2%	0.0%

1. **부도의 견해** : 은행에서 현행의 부도 정의는 바젤 II견해와 일치하지 않는다. 신용평가시스템에서는 채무불이행리스크 노출에 대한 등급이 없다.
2. **신용평가시스템의 설계** : 현행의 신용평가 체계는 5~7가지 등급으로 구성된다. 하지만 그것에는 채무불이행 목록이 없다.

2000년에 바젤위원회 모형 직무부서는 국제적으로 활동하는 은행의 신용평가 실행에 대한 조사를 준비했다. 거의 같은 시기에 헝가리 국립은행은 헝가리 은행의 신용평가 체계를 평가했다. 앞의 보고서에 뒷받침된 결과는 다음 목록에 요약되어 있다.

표 15-5에서 볼 수 있듯이 헝가리 은행의 일반적 신용평가방법은 바젤 II의 요구와 아주 떨어져 있다. IRB방법의 도입은 신용평가체계

[표 15-4] 자본변화에 공헌-EU 그룹 은행들, 표준방법과 내부등급법의 비교

	표준방법	내부등급법
기업	– 1%	– 5%
주권국	0%	+ 1%
은행	+ 1%	– 1%
소매	– 7%	– 18%
SME	– 2%	– 5%
기타	– 2%	+ 1%
전채신용리스크	– 11%	– 27%

와 신용평가실행의 재구성을 요구한다. 다른 은행에서 이 방침을 따르기 위한 노력이 있었다. 장기간에 걸쳐 산출된 부도확률이 여전히 통계적 모형으로 추정된 것과 괴리가 있다.

소매포트폴리오에 관한 한 다른 접근방법이 필요하다. 이 관점에서 헝가리 은행은 점수시스템(scoring system)을 운영하기 때문에 유리한 위치에 있다. 점수시스템은 지난 몇 년 동안 수집된 통계학적 자료를 사용하여 설계되었다. 점수시스템이 부도확률과 부도시손실률에 의해 동질적 그룹을 만들기 위해 사용된다. 이 방법은 몇몇 은행에서 시작되었다.

3. **신용평가시스템의 운용** : 헝가리 은행에서 실제 신용등급은 이전의 신용등급과 중복된다. 역사적 자료는 여전히 집계되지 않아 신용평가 데이터베이스의 영구적인 통제 문제는 풀리지 않는다.

4. **기업지배** : 헝가리 은행의 리스크인식은 최근에 상당히 발전되었다. 그럼에도 불구하고 바젤 II에서 요구한 통합된 리스크관리를 떠맡기에는 길이 멀다.

5. **신용평가의 적용** : 바젤 II에 따르면 제한과 가격은 규정목적에 사용될 신용평가시스템에 기반을 두어야 한다. 현재 헝가리 은행의 제한과 가격시스템은 신용등급시스템과 다소 관계가 있다. 그러나 가격과 제한시스템이 신용등급시스템에 토대하고 있다고 말하는 것은 과장된 것이다.

[표 15-5] 등급방법의 비교

	BCBS방법(2000)*	NBH방법(2000)**
조사영역	국제적으로 활동 대형은행	22개 헝가리 은행 (기업대출시장의 80%)
등급수	수익여신 2~20등급 무수익여신 3~10등급	수익여신 3~10등급 무수익여신 5등급
등급 평균수	10개 + 3개	5개
등급내 포트폴리오분포	1개 등급내에 최대 30%분포	1개 또는 2개 등급에 대부분 분포

* 은행 내부 신용평가체계의 실행범위- BCBS(200년1월)의 토론문서

** 헝가리은행에서 대출 리스크관리(금융안정성 보고서, 헝가리 국립은행, 2001년 2월) pp68-76

헝가리 은행에 내부등급법을 적용하기 어렵게 만드는 주요한 결함이 여기에 있다. 어려움을 극복하기 위해 헝가리 은행관리는 보다 더 상세하게 바젤 II의 원리를 이해해야 하고, 필수적인 IT 개발을 결정해야 한다. 이 사업의 비용은 몇몇 소매은행에서 지불해야 하지만, 모든 은행에 필수적인 것은 아니다.

바젤 II은 헝가리 은행의 보다 더 나은 리스크관리에 기여할지 모르지만, 이 효과를 얻을 필요는 없다. 반면에 리스크관리 문화에서 중요한 변화를 이루지 않고서 소매지향 은행의 자본요구량이 감소할지도 모른다.

15.3.7 운영리스크

운영리스크의 측정은 바젤 II에서 가장 논쟁의 여지가 있는 부분 중의 하나이다. 기본방법, 표준방법, 고급방법 등이 전문적 논리에 견고하게 지지되어야 한다고 말하는 사람은 아무도 없다. 모든 방법은 리스크를 측정하기 위해서 기본적 근사치이다. 이론적인 배경과 통계학적 데이터베이스는 사실상 보이지 않는다.

헝가리은행에서 운영리스크의 자본요구량은 규제자본내에서 상당한 증가를 의미한다. 다양한 측정에 따르면 이 증가는 10～13%가 될 것이다. 이들 은행에 대해서는 고급방법을 적용할 기회가 없다. 왜냐하면 자료가 부족하여 고급방법을 적용하지 못하기 때문이다.

15.3.8 표준은행의 일상적 행동

헝가리 은행에서 바젤 II에 대한 즉각적인 반응은 '프로젝트 효과' 이다. '바젤 II 원칙에 적응을 관리하기 위한 프로젝트 팀을 구성하자' 는 최근의 인터뷰 간행물에 의하며 80%의 은행은 벌써 프로젝트 팀을 구성했다고 발표했다. 인터뷰에 응한 20%의 모(母) 은행은 바젤 II는 프로젝트와 일맥상통한다고 말한다. 모 은행의 공헌에 대한 기대치는 점진적으로 높아지고 있다. 총 90%의 외국계 은행들은 모 은행으로부터의 IT, 시스템, 규율, 방법, 모형 등 몇 가지의 지원을 원한다. 이 광범위한 접근 방법하에서 수혜자는 IT와 컨설팅회사로 처음부터 금융기관에게 책임을 묻거나, 증가하는 리스크에 관하여 전혀 관심이 없다.

15.4 헝가리 은행시스템의 경기순응성

관련된 문헌은 한결같은 입장으로 은행이 보유한 자본에 경기순응성이 있다고 보지 않는다고 밝힌다. 몇몇 연구는 새로운 규제가 자본의 경기순응성을 상당히 증가시키는 것으로 보이지 않는다고 주장한다. 이 연구들은 자본의 완충역할, 최소 자본요구량의 초과액, 신용등급의 사이클 등을 주로 지적하였다.

이 제안은 '리스크는 내생적인 것이라는 사실을 언급한 다니엘슨 et al (2001), 다니엘슨과 신(2002)에 의해서 강력하게 반박되었다. 예견된 바젤 규제는 은행의 반응이 동질적일 것이라는 가정하에 자본과 리스크 사이에 강력한 관계를 만들 것이다. 예컨대 경기호황기에는 자본요구량을 완화하여 신용확장을 촉진하고, 경기침체기에는 보다 강력한 자본요구량의 강화로 대출을 제한할지도 모른다. 자본과 관련된 인센티브가 대출과 관련한 모든 분야에 박차를 가할 것이다. 개별은행의 수준에서 비유의적인 경기순응성도 주요한 경기순응적인 변동을 이끌지도 모른다.

새로운 자본규제를 통해 리스크를 헤지하기 위해 필요한 자본요구량과 리스크가 연계될 것이다. 자본규제는 자본건전성이 확보되지 못한 상황에서 예금자를 안전하게 보호할 것이다. 체계적 리스크의 민감도가 자본건전성에 반하든 그렇지 않든 예금자는 보호될 것이다. 자본규제는 은행의 리스크를 낮추는데 실패하였고, 은행 전반의 취약성을 증가시켰다. 외생적 리스크에 대한 은행의 일관된 대응은 체계적 리스크를 높이고, 은행의 경기순응성 행동을 강화시킬지도 모른다. 만약 전체적 윤곽이 잡힌다면 새로운 자본규제는 미시/거시 자본건전성 간의 대조와 개별기관/시스템 안정성간의 대조에 관한 대표적 예로 인용될 수 있다.

1987년 2개의 은행시스템 설립 이래 국내 개인부문에 대한 헝가리 은행의 신용확장은 경기와 연계하여 진행되었다. 그림 15-4에서 장기 경제추세는 경기호황 정점보다 더 큰 영향을 미쳤다. 그리고 대출은 금융위기 기간동안에는 점진적으로 감소하였지만, 그 이후는 매년 증가하였다.

금융위기인 1987~1995년 기간은 기업부문 신용포트폴리오의 꾸준한 감소로 대표되는데 심지어 경기가 호전될 때에도 부도 바람은 멈추지 않았다. 경기회복은 1996년 GDP비율 대비 신용의 점진적 증가에 공헌하였다. 경기순응적 대출이 경기에 영향을 주었는지 또는 금융위기 이후 금융기관의 강도 높은 조정이 1996년과 2002년에 관련이 있는지 의문이다. 우리의 의견은 비록 대출이 구조적으로 경제에서 자금조달 역할의 변화를 우선적으로 야기하였지만 이들 변화 정도 또한 경기에 다소 영향을 받았다.

경기순응적 은행 반응의 가장 일반적인 특징은 신용확장을 포함하고, 경기호황에는 신용규정이 낮아지고, 경기침체에는 높아진다는 사실이다. 경기와 신용규정은 음의 상관관계를 가진다. 헝가리에 관하여 은행시스템 통합

[그림 15-4] 산출물 갭과 GDP 대비 개인신용(헝가리)

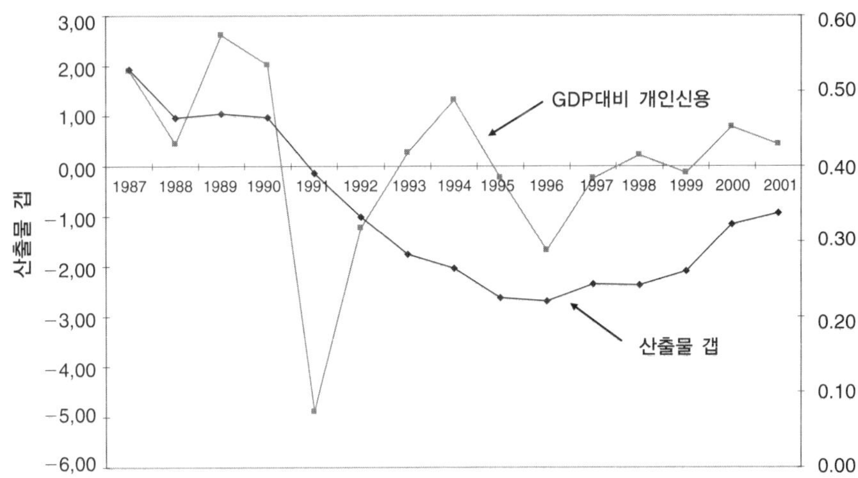

자료: National Bank of Hungary database.

이후에는 신용규정이 경기순응적이었다. 1987~1995년 동안에 신용규정의 규모는 규제의 변화와 통합과정에 적용된 척도에 의해 결정된다. 그림 15-5는 헝가리의 경기와 신용규정 사이에 강한 음의 상관관계가 존재함을 나타낸다. 경기와 신용규정사이의 강한 음의 상관관계는 심지어 다른 나라에서도 마찬가지이다.

그러나 동시에 헝가리 상황이 지나친 경기순응적이냐 또는 은행시스템 통합 이후 안정성이 이어졌는가에 대한 의문이 있을 수 있다. 그림 15-5는 강한 음의 상관관계가 존재하는데도 불구하고 후자 경우가 보다 더 있음직하다. 은행분야 통합 후에 규정비율을 지속적으로 감소했다. 지속적 감소는 1988년 멈추었다. 이와 같은 감소추세의 정지는 경기순응 속성임에 틀림없다.

전반적으로 헝가리 은행 분야에서 경기순응성을 분석하기에는 너무 이르다. 금융위기를 극복하고, 은행통합이 완성된 1996년부터 경기순응성의 논쟁은 시작되었다. 현재 경기순응성은 단기적 경기변동보다는 구조적 변동의 장기적 추세로 보여진다. 경기는 그와 같은 추세의 작은 한 부분에 지나지 않는다. 이것은 이행하기 어려운 바젤 II 규제에 대해 경기순응적인 효과의 분석을 가능하게 할지도 모른다. 잠재적으로 강한 경기순환적 자본규제는 특히 헝가리에 불리할지도 모른다. 경제침체기의 신용위기는 필연적으로 대출을 감소시키는 요인이 될지도 모른다. 반면에 경기호황시 과다한 대출에

[그림 15-5] 산출물 갭과 신용규정(헝가리)

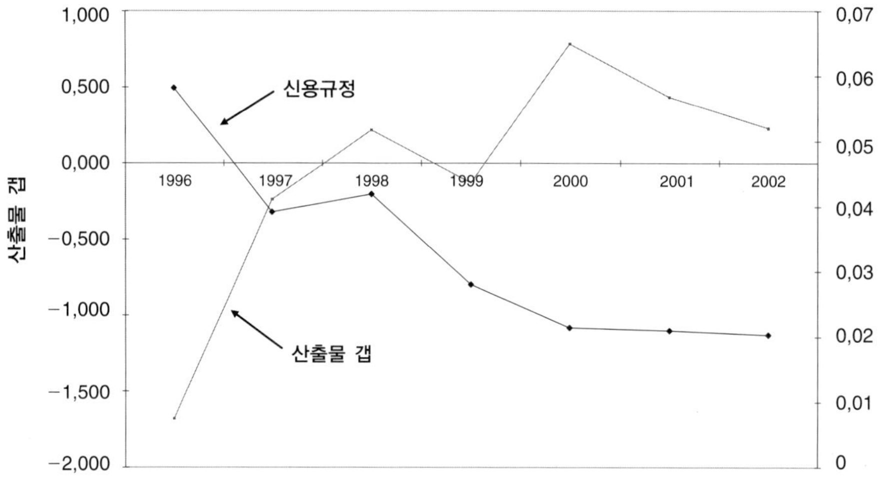

자료 : National Bank of Hungary database.

대한 경고는 실행되어야 한다. 경기호황시 주기적인 초과대출을 제한하지 않는다면 금융중재 기능의 저하를 가져올 수 있다.

금융중재가 가까운 미래에 상당히 늘어날 것으로 예상되는 헝가리에서 바젤 II의 경기순응성은 예상치 못한 리스크의 원인을 밝혀낼 수 있다. 규제당국은 신용 붐, 금융중재의 실행과 관련한 다양한 현상, 경기순응적 초과대출 등을 명백히 구별할 수 없다. 경기침체시 보다 더 엄격한 자본요구량이 경기불황때 보다 경기순응적 금융위기를 이끌 수 있다는 가능성을 배제할 수 없다. 만약 그러한 영향이 우세하다면 바젤 II는 갭(gap)을 축소하는데 도움을 줄 것이다. 이 갭은 헝가리를 포함된 중앙유럽국가(CEC)들과 선진시장경제 사이 금융중재의 깊이로 측정된다.

[표 15-6] 산출물 갭과 신용규정사이의 상관관계(헝가리)

국가	상관관계
헝가리	0.86
영국	0.38
이탈리아	0.21
스페인	0.41
독일	0.21

자료 : Borio-Furfine-Lowe (2001), and the National Bank of Hungary database.

15.5 요약 및 바젤 회의론

바젤 II가 바젤 I의 결함에 대한 가장 성공적 해답일 필요는 없다. 일반적으로 바젤 I은 '주먹구구 방식' 으로 이론적 토대가 부족했다. 1999년 BCBS에 의해 발표된 바젤 II는 단순하면서 훌륭한 틀을 갖추고 있었다. 바젤 II는 자본요건을 새로운 형태로 바꾸고, 은행 리스크를 보다 더 적정하게 만드는 데 주력하는 반면에 최소자본요구량의 평균수준 이상 증가시키지 않고 유지하기로 약정했다. 그러나 4년이 지난 지금 아무도 바젤 II에 대하여 더 이상 성원을 보내지 않는다.

저자들은 소규모 유럽신흥시장인 헝가리 관점에서 바젤 II의 세 가지 현상을 재고하면서 넓게 확산된 '바젤회의론' 을 지지하려 한다. 여기서 바젤 II에 대한 미국과 유럽의 접근법을 비교했다. 다른 접근법은 다른 법률적 배경에 의해 설명되어질 수 있다. 예컨대 EU 국가에서 프랑스 민법이 지배적인 반면에, 미국에서는 관습법이 우세하였다. EU내에서 법률제정과정은 모든 가능한 경우를 다루려고 시도하는 법전 편찬적 특성을 가지고 있고, EU는 바젤 II 또는 유럽버전의 CAD3에서 규정한 성문법을 고수한다. 반면에 미국은 관습법 전통에 보다 기초를 두고 있는 시스템을 이행하려고 노력한다. 이와 같은 흥미로운 대조현상이 나타나는 것은 바젤 II의 기본 철학이 관습법 전통에 깊은 뿌리를 두고 있기 때문이다. 바젤 II의 기본 철학은 감독당국의 자율재량권과 공권력에 좌우된다.

헝가리 은행에서 바젤 II에 대한 즉각적인 반응은 '프로젝트 효과' 이다. '바젤 II 원칙에 적응을 관리하기 위한 프로젝트 팀을 구성하자' 는 최근의 인터뷰 간행물에 80%의 은행은 벌써 프로젝트 팀을 구성했다고 발표했다. 은행들은 바젤 II에 의해 제공된 대안들에 대해 조사하지 않았지만, 만약 모(母) 은행이 한다면 은행들은 표준방법이 기존 금융기관에 보다 더 적당할 때 내부등급법을 적용할 것이다. 모 은행의 공헌에 대한 기대치는 점진적으로 높아지고 있다. 총 90%의 외국계 은행들은 모 은행으로부터의 IT, 시스템, 규율, 방법, 모형 등 몇 가지의 지원을 원한다. 이 광범위한 접근 방법하에서 수혜자는 IT와 컨설팅회사로 처음부터 금융기관에게 책임을 묻거나, 증가하는 리스크에 관하여 전혀 관심이 없다.

우리가 조사했던 세 번째 현상은 바젤 II가 경기순응성을 통해 중재의 깊이에 영향을 미친다는 것이다. 헝가리에서 우리가 발견하는 것은 금융중재는 가까운 미래에 더욱 늘어날 것이라는 것이다. 경제변화에서 바젤 II의 경기순응성은 예상치 못한 리스크를 밝혀낼 수 있다. 규제당국은 신용 붐과 경기순응적 초과 대출을 명확히 구별하지 못할 수도 있다. 또한, 불황시 자본요구량 강화는 경기순응적 신용붕괴를 초래할 수 있다. 바젤 II는 갭(gap)을 축소하는데 도움을 줄 것이다. 이 갭은 헝가리를 포함된 중앙유럽국가(CEC)들과 선진시장경제 사이 금융중재의 깊이로 측정된다.

법률적 엄격성, 비효율성, 체계적 리스크의 증가 등과 같은 요인들이 존재하는데 왜 우리는 바젤 II에 관하여 회의를 갖지 말아야 하는가?

참고문헌

A QIS3 erédmyei—Magyar országtanulmány. összefoglaló.(Results of QIS3—Hungarian Survey, Summary) (2003), Hungarian Financial Supervisory Authority, June (*http://www.pszaf.hu*).

Advanced Notice of Proposed Rulemaking (ANPR), (2003), Board of Governors of the Federal Reserve System, July.

Ayuso, J., Pérez, D., Saurina, J. (2002), "Are Capital Buffers Procyclical? Evidence from Spanish Panel Data," Banco de Espana, Servicio de Estudios, Documento de Trabajo, No. 0224.

Bank és Tözsde (Bank and Stock Exchange, a Hungarian Journal)(2003), "Moving Target – Bank Managers say about Basel II," June.

Basel Committee on Banking Supervision (1999), "A New Capital Adequacy Framework," Consultative Paper, June.

Beck, T., Demirguck-Kunt, A., Levine, R. (2002), "Law and Finance—Why Does Legal Origin Matter?" The World Bank Policy Research Working Paper 2904, October.

Behlendi, A-Naszodi, A. (2003), Preferred treatment of SMEs(Studies of the NBH, to be published).

Borio, C., Furfine, C. H., Lowe, P. (2001), "Procyclicality of the financial system and financial stability: issues and policy opinion," BIS Paper, No.1., March, pp. 1-57.

Catarineu-Rabell, E., Jackson, P., Tsomocos, D. P. (2003), "Procyclicality and the new Basel Accord—banks' choice of loan rating system," Bank of England Working Paper, No. 181.

Comments on CP3, *http://www.BIS.org*

Crockett, A. (2003), "International Standard Setting in Financial Supervision," BIS Lectures, February 5.

Danielsson, J., Embrechts, P., Goodhart, C., Keating, F., Renault, O., Shin, H. S. (2001), "An Academic Response to Basel II," Financial Market Group Special Paper, No. 103, May.

Danielsson, J., Shin, H. S., (2002), "Endogeneous Risk," Working Paper, London School of Economics, September 21.

Ferguson, Jr., R.W., (2003), Basel II°™discussion of complex issues, BIS Review, 28.

Ferguson, Jr., R.W., (2003), Basel II, *BIS Review*, 10.

Gambacorta, L., Mistrulli, P. E. (2003), "Bank Capital and Lending Behavior: Empirical Evidence for Italy," Banca d' Italia Termi di discussione del Servizio Studi, Number 486.

Hayek, Friederich(1973), *Law, Legislation, and Liberty* : Vol. I: Rules and Order, Chicago, University of Chicago Press.

La Porta, R., Lopez-de-Silanes, F., Shleifer, A., Vishny, R.W. (1998), "Law and Finance," *Journal of Political Economy*, 106.

Large, A. (2003), "Basel II and Systemic Stability," BIS Review, 14. Lending risk management in the Hungarian banking sector (In: Report on Financial Stability, National Bank of Hungary, February 2001.) pp. 68-76.

Lindquist, K-G. (2003), "Banks' buffer capital : How important is risk," Lecture on 2nd Nordic Econometric Meeting, Bergen, May 8-10.(*http://www.nh-h.no/for/conferences/nordic-econometric/Lindquist.pdf*)

Mahoney, P. (200), "The Common Law and Economic Growth: Hayek Might be Right," University of Virginia School of Law Legal Studies Working Papers Series, January.

Quantitative Impact Study 3, Overview of Global Results, (2003), BIS, May.

"Range of Practice in Bank's Internal Rating Systems" (2003), A discussion paper by the BCBS, January.

European Commission, (2003), Review of Capital Requirements
for Banks and Investment Firms, July.

Rutledge, W. L. (2003), "Implementing the New Basel Accord," BIS Review, 15.

Sárközy, T.(1994), Javaslat a piacgazdaságot szolgáló modern kormányzás felépítésére (Recommendation to build up a streamlined governmental structure), published by KJK, pp. 152, (editor°™KJK is a Hungarian publisher).

Supervisory Letter SR 99-18(SUP) of the Board of Governors of the Federal Reserve System, July 1, 1999.

The New Basel Capital Accord, Consultative Document, (2003), BIS, July.

Wood, P. R. (1997), *Map of World Financial Law*, London, UK, Allen & Overy Global Law Maps.

제16장
바젤 II가 일본의 금융권에 미치는 영향 : 정성적 분석

Adrian van Rixtel, Ioana Alexopoulou, and Kimie Harada

16.1 서론

바젤 II의 도입과 개발은 많은 나라와 산업내에서 뜨거운 논쟁거리이다. 어떤 이는 바젤 II가 역효과를 가져올 것이라고 두려워하고, 다른 이는 이 협약이 중장기적으로 은행시스템을 안정화시킬 것이라고 믿는다. 논의 핵심은 은행들이 과연 이 협약의 승자가 될 것인가, 패자가 될 것인가 하는 것이다. 리스크관리 전문잡지인 Risk 2002년 1월 판에서 스위스 및 영국 은행은 이 협약하에서 성공을 거두었고, 일본은행은 실패를 하였다고 결론짓고 있다.

과거 10년 동안 일본은행은 승자의 위치에 있지를 못하였다. 악성대출과 자본잠식은 일본은행을 국제시장에서 퇴출하게 하는 요인이 되어 그들은 모든 노력을 경주하여 이 문제들을 해결하려고 하였다. 어떤 이들은 바젤 II가 일본은행에 직접적 관련성은 없어 은행들은 바젤 II보다 현재의 문제를 더욱 걱정하고 있다고 말하고 있다. 비록 이 주장이 사실이라도 일본은행은 조만간 새로운 자본규제에 직면하게 될 것이다. 그러므로 그들은 사전적 준비하여야 하고, 바젤 II가 일본 은행의 전략적 고려와 영업실무에 일정 역할을 할 것임을 믿어야 한다.

그래서 이장에서는 바젤 II가 일본은행에 적용 가능한지를 조사하고자 한다. 이와 같은 목적을 달성하기 위해 첫째, 관련 학술문헌의 조사를 실행하고자 한다. 둘째, 금융산업에 의해 공표되는 내용을 구조적으로 조사하고자 한다. 여기에는 바젤위원회 자체의 업무, 업무와 관련한 다양한 조언, 시중 및 투자은행이 작성한 다양한 보고서 등이 포함된다. 셋째, 우리는 매일 매일 공시되는 자료를 검토하여 특정한 추세를 찾아내려 한다. 이 추세는 바젤 II의 일본은행에 대한 장/단기 적용에 관한 정보를 제공할 것이다. 이 접근법은 John Naisbitt(1984)에 의해 개발된 추세분석에 기초하고 있다. 조사한 공시자료는 일본의 주요 경제지로 Nikkei Net Systems과 Financial Times 등이다. 넷째, 기존정보의 갭을 보완하기 위해 우리는 일본 금융시스템내에 주요 인물들을 인터뷰하였다. 21명의 인터뷰 대상자들은 시중은행, 국내 및 국제 신용평가사, 정책담당자, 은행분석가의 대표적인 사람들이다. 바젤 II와 관련한 내재적 불확실성하에서 우리는 가장 효과적인 접근법이 아래와 같다고 느꼈다. 이 장은 다음과 같은 구조로 되어 있다. 16.2절은 바젤 II의 구성요소에 대한 전반적인 검토, 둘째는 16.3절은 일본은행시스템의 특징과 대형은행 내에서 토의되고 있는 주요 문제를 다루며, 16.4절은 일본은행에 대한 최초 자본협약의 충격을 조사하고, 16.5절은 바젤 웹 사이트에 공시된 일본은행의 공식적 반응을 분석하였다. 16.6절은 일본 은행권에 바젤 II의 전략적 전술적 적용에 관한 토의를 다루었다.

16.2 바젤 II의 구성요소 및 주요 특징

16.2.1 바젤 II의 구성요소

바젤 II-[1]이란 국제결제은행(BIS)산하 바젤은행감독위원회(이하 바젤위원회)가 규제완화, 금융공학의 발달과 같은 금융환경의 급격한 변화로 현행 바젤 I의 유효성이 저하됨에 따라 이를 대체할 바젤 II 제정을 추진하여 2004년 6월에 최종확정 발표한 협약이다. 바젤위원회 회원국은 2006년말부터 동 협약을 시행할 예정이며, 비회원국 중에서도 많은 나라들이 회원국과 같은 시기 또는 각국의 실정을 고려하여 적절한 시기에 시행할 방침이다.-[2] 신바젤자본협약은 일명 바젤 II라고도 불리며, 은행의 리스크관리 선진화와

1_바젤 II 구성요소는 최근 개정된 내용도 소개하고, 국내 독자의 이해를 높이기 위해 2005년 5월 금융감독원 신BIS실이 작성한 『신BIS길라잡이』의 핵심내용을 요약 정리하여 기술하였다.

[표 16-1] 바젤 II의 구조

자본충실화를 유도하기 위한 종합적인 자본규제제도로서 다음 3개의 축(3 Pillars)으로 구성되어 있다.

첫째, 최소자기자본요건(Pillar 1)는 현행 신용·시장리스크에 운영리스크를 추가하고, 신용리스크 측정시 차주의 신용도에 따라 리스크가중치를 차등화하였다. 둘째, 감독당국 검증(Pillar 2)는 은행의 자본적정성과 리스크관리체계를 감독당국이 점검·평가하고 필요시 적절한 감독 조치하도록 하고 있다. 셋째, 시장규율 강화(Pillar 3)는 은행의 리스크 수준과 자본적정성에 관한 정보를 시장에 공시하도록 의무화하도록 하고 있다.

이러한, 바셀 II가 도입·정착되면 국내 은행산입의 리스크 관리수준이 한 단계 높아지고, 신용평가시장이 활성화되는 동시에 금융감독시스템이 국제수준으로 향상되는 계기가 될 것으로 예상되고 있다.

2_국내에서는 2004년 10월 바젤 II 국내 도입 기준안인「신BIS 자기자본비율 산출기준(안)」을 발표하였으며, 이를 토대로 은행의 바젤 II 도입 준비 업무가 본격화되었다. 그리고 2004년 12월에는 바젤 II의 국내도입시기를 2007년 말로 발표하여 바젤 II 도입의 기본 틀을 마련하였다

최소자기자본요건(Pillar 1)

1. **최소 자기자본비율 산출** : 최소 자기자본비율 산출방법에서 바젤 II는 리스크가중자산 산정에 이용되는 신용리스크 산출방식을 개선하고, 신용 · 시장리스크 이외에 운영리스크를 추가하였다. 즉, 신용리스크 측정시 차주의 신용도에 따라 리스크가중치를 차등화하고 정교한 내부신용평가모형을 갖춘 은행에 대해서는 리스크 측정과 규제자본 산출에 있어 재량 허용하고 있다. 또한 담보, 보증 또는 신용파생상품과 같은 신용리스크 경감수단을 현행 바젤 I보다 폭넓게 인정[3]하여 그 동안 발전해온 리스크관리기법을 수용하고 있다. 다만, 자기자본비율은 현행 바젤 I과 동일하게 자기자본을 총리스크가중자산(신용리스크가중자산+시장리스크가중자산+운영리스크가중자산)으로 나누어 산출한다.

$$\text{자기자본비율} = \frac{\text{자기자본}}{\text{신용리스크 가중자산} + \text{시장리스크 가중자산} + \text{운영리스크 가중자산}} \times 100 \geq 8\%$$

2. **리스크측정방법** : 신용 · 운영리스크를 측정함에 있어서 난이도 · 정교도가 다른 리스크측정방법을 세 가지씩 제시하고 은행이 선택토록 하였는데, 크게 표준방법과 내부모형으로 구분한다. 표준방법은 바젤위원회에서 정한 표준적인 방법에 의해 리스크를 산출하는 방법이며, 내부모형은 은행이 내부 데이터와 리스크측정시스템을 이용하여 리스크를 스스로 산출토록 하는 방법으로 기초 내부등급방법과 고급 내부등급방법 등으로 나누어지며, 그 적정성을 확보하기 위해 감독당국의 사전 승인을 받도록 한다.

감독당국 검증(Pillar 2)

은행이 스스로 리스크를 인식 · 측정 · 관리하는 시스템을 갖추도록 한 후, 감독당국은 그 시스템의 적정성 여부를 점검하고 필요한 경우 적절한 감독조치를 취하는 것이다. Pillar2는 미국과 영국의 감독당국이 현재 운영중인

3_신용리스크 경감수단으로 인정하는 담보와 보증의 제공 주체를 국가, 은행에서 일반기업까지 확대하고 담보의 범위도 채권(예금 포함)에서 주식, 금 등으로 확대하였다. 또한 보증 외에 신용파생상품을 통한 신용리스크 경감효과를 추가적으로 인정하여 은행이 신용보장을 매입한 경우 신용보장 매도자(protection seller)가 보증을 제공한 것과 동일하게 처리할 수 있도록 하였다.

[표16-2] 리스크종류별 리스크측정방법

측정방법	신용리스크 (개선)	운영리스크 (신규)	시장리스크 (현행 유지)
표준방법	표준방법	기초지표방법 또는 표준방법	표준방법
내부모형	기초 내부등급법 또는 고급 내부등급법	고급측정방법	내부모형

감독제도와 매우 유사하며[4], 은행별 특성을 감안한 차별적 감독제도인 '맞춤감독' (institution-specific supervision)[5]과도 일맥상통 한다. Pillar2에 따라 은행은 업무수행과정에서 나타나는 모든 중요한 리스크[6]를 스스로 평가하고 리스크 수준에 맞는 적정 자기자본을 산출 · 관리하는 절차를 구축 · 운용하여야 하며, 감독당국은 이러한 절차의 적정성 여부를 평가하고 그 결과에 따라 필요한 경우 자본확충 요구를 포함한 감독조치를 취하게 된다. 또한, 감독당국은 개별은행에 대하여 최소자기자본비율(8%)을 초과한 자본금을 보유하도록 요구할 수 있으며 은행의 자본이 적정한 수준 이하로 하락하는 것을 방지하기 위하여 조기에 감독조치를 취하여야 한다.

시장규율 (Pillar 3)

은행의 리스크에 관한 정보의 공시를 확충하여 시장참가자가 스스로 이를 평가하고 적절히 대응할 수 있도록 함으로써 시장규율을 강화하자는 것이다. 이러한 시장규율의 강화는 은행으로 하여금 건전하게 영업활동을 수행하도록 하는 유인을 갖게 함으로써 감독당국에 의한 규제를 보완하는 역할을 수행한다.

4_바젤위원회도 각국 감독규정에서 Pillar2에 대한 내용을 이미 포함하고 있는 경우 약간의 수정으로 적용이 가능 하다고 설명한다. (Implementation of Basel Ⅱ: Practical Consideration, 2004.7월)

5_모든 은행에 대한 획일적 감독보다는 은행의 업무특성 및 규모에 따라 감독수준을 차별화하는 감독방식으로, 선진국의 사례로서 은행규모별 검사차별화, 자기자본규제 차별화 등을 들 수 있다.

6-Pillar1의 신용/시장/운영리스크뿐만 아니라 은행계정의 금리리스크, 편중리스크, 위기 상황분석 등을 포함한다.

16.2.2 바젤 II의 주요특징_[7]

1999년 1차 초안이 발표된 후 5년간의 길고도 폭넓은 논의과정을 거쳐서 2004년 6월말 바젤 II가 확정되었다. 1988년 바젤 I이 발표되어 적용되기 시작한 이래로 은행의 대대적인 리스크관리 체제의 개편을 요구하는 전환의 계기가 마련된 것이다. 바젤 II는 선진 대형은행들의 모범기준(Best Practice)을 토대로 하여 기존의 리스크관리 및 측정기능을 더욱더 세분화하고 강화하였다. 이러한 바젤 II는 향후 금융시장의 구조를 변화시킬 주요 요인으로 인식되고 있으며 감독당국 또한 이를 계기로 선진 금융감독기법의 정착을 추구할 수 있게 되었다. 이러한 바젤 II의 주요 특징을 살펴보면 다음과 같다.

은행의 자율성 확대

바젤 II의 주요 특징으로 우선 은행의 자율성 확대를 들 수 있다. 바젤 II에서는 다양한 리스크 측정방법을 제시하고 은행이 자율적으로 선택할 수 있도록 하였으며, 리스크 측정방법의 운영도 은행의 자체적인 시스템을 이용할 수 있도록 하였다. 이렇게 은행의 자율성을 확대함으로써 은행별로 차등화된 수준에 부합하는 리스크관리 체제를 구축하도록 하였다.

먼저 바젤 II를 도입하는 경우 은행은 자체적인 리스크 특성 및 수준에 맞는 리스크 측정방법을 선택할 수 있다. 즉, 현행 바젤 I 하의 일률적인 리스크 산출기준과는 달리 리스크 수준에 따른 방법을 제시하여 보다 효과적인 리스크 측정이 가능하도록 하고 있는 것이다. 그래서 은행은 바젤 II의 최소요건을 만족하는 신용평가시스템을 구축하여 이를 토대로 한 자체 신용평가결과를 규제자본 산출 및 영업에 활용할 수 있게 되었다.

은행의 리스크관리 및 통제구조의 강화

현행 바젤 I은 자산건전성 감독 목적상의 자기자본비율을 산출하는데 초점이 맞추어져 있다. 또한 현행 바젤 I은 단순히 은행의 전반적인 리스크 측정 기능을 수행하여 측정 대상 리스크의 세분화 및 그 포괄범위가 미흡한 실정이다. 하지만 바젤 II는 단순한 자산건전성 감독 목적상의 최소자기자본규제 뿐만 아니라 은행의 전반적인 리스크관리 및 영업구조에 영향을 미치게

7_바젤 II의 주요특징은 2005년 임철순의 『신BIS협약 : 새로운 기회』 내용을 정리하여 소개하고자 한다.

되었다. 그리고 신용리스크의 경우 리스크측정 기준을 세분화하였고 새로이 운영리스크를 측정대상에 포함시켜 은행이 직면한 리스크를 규제자본에 더욱 근접하게 반영하도록 하였다.

지금까지 은행의 조직 구조는 영업조직이 중심이 되어왔다. 리스크를 적절하게 반영하지 못한 채 실적위주의 영업을 전개한 결과로 국내 은행은 큰 위기에 직면하기도 하였으며, 일부 은행은 합병 또는 청산되기도 하였다. 최근 리스크관리 기능이 중요시 되면서 은행 내부조직 강화 등의 움직임이 있었지만, 기존 영업프로세스의 틀은 유지되어 왔다. 그러나 바젤 II에서는 은행의 조직 구조를 리스크 중심으로 설계하도록 요구하고 있으며, 은행의 영업프로세스에서 의사결정시 항상 리스크를 고려하도록 하고 있다.

내부등급방법을 적용하는 경우 내부 신용평가시스템의 설계, 운영 및 이에 대한 타당성 검증이 필요하다. 이러한 신용평가시스템 관리 기능은 리스크의 측정과 매우 밀접한 관계를 맺고 있으므로 그 독립성 확보는 매우 중요하다. 만약 영업조직이 내부 신용평가시스템 관리 기능까지 담당하게 된다면 독립적인 리스크관리는 불가능해진다. 따라서 바젤 II에서는 리스크관리 기능의 독립성을 강조하고 있다.

또한 바젤 II에서는 거래상대방에 대한 리스크를 보다 정교하게 측정할 수 있게 하여 거래상대방의 특성 및 거래의 특성에 따른 의사결정을 하도록 하였다. 예를 들면 현행 바젤 I에서는 리스크가중자산 계산시 기업의 경우 신용등급에 관계없이 동일한 리스크가중치(100%)를 적용하게 하여 은행의 영업활동을 차별화할 수 없었다. 그러나 바젤 II에서는 기업의 경우에도 신용등급에 따라 리스크가중치를 차등화(20~150%)하여 리스크가중자산을 산출하도록 함에 따라 거래상대방이 갖는 리스크 수준을 감안한 영업활동이 가능하게 되었다.

감독기능 및 공시 강화

앞에서 언급했듯이 현행 바젤 I은 은행 경영지표 산출의 기준으로 활용되고 있다. 하지만 바젤 II에서는 규제자본의 산출뿐만 아니라 은행내부의 자본적정성 평가시스템 및 자기자본 유지전략의 적정성을 감독당국이 점검하도록 하여 그 기능을 강화하였다. 또한 은행의 자기자본 내역 및 리스크 측정방법에 대한 공시를 확대하여 시장의 규율을 강화하도록 하고 있다.

먼저 바젤 II에서는 Pillar 2를 통하여 감독당국에 의한 자본적정성 평가시스템 및 자기자본 유지전략의 적정성 점검이 이루어지도록 하고 있다. 특히 금리, 유동성, 전략, 평판리스크 등 Pillar 1에서 반영하지 못한 리스크를 고려하여 필요한 경우 추가적인 자본을 적립하도록 하고 있다. 또한 은행의 건전성이 악화되는 경우 조기에 개입하여 자기자본이 은행의 리스크 특성을 감안한 수준 이하로 감소하지 않도록 하고 시정조치를 취할 수 있도록 하고 있다.

또한 바젤 II에서는 Pillar 3을 통해서 자기자본 내역 및 리스크 측정방법에 대한 공시를 확대하도록 하고 있다. 경영지표만을 산출하여 공시하는 현행 바젤 I과는 달리 바젤 II에서는 경영지표가 산출되는 과정 및 내역, 내부 통제구조 등의 항목들을 공시하도록 하여 은행의 리스크관리 구조에 대하여 투자자, 주주 및 감독당국 등의 이해관계자에 의한 평가가 시장에서 이루어지도록 하고 있다.

16.2.3 바젤 II 도입시 예상되는 영향

현행 바젤 I과 바젤 II의 차이점은 표 16-2와 같다. 이러한 차이점을 보이는 바젤 II가 도입되면 먼저 은행산업의 리스크관리가 선진화되고 신용평가시장이 활성화될 것으로 기대된다. 바젤 II는 은행의 리스크관리 전반에 걸쳐 국제기준에 기초하여 구체적인 방법론을 제시하고 있으므로 이를 조기에 수용 · 정착시킴으로써 은행산업의 리스크관리가 선진화될 것이며 자체적으로 신용리스크를 정확히 평가할 능력이 부족한 경우 외부 신용평가등급을 사용(표준방법)토록 되어 있어 바젤 II의 도입을 계기로 신용평가에 대한 수요가 증가할 것이므로 국내 신용평가시장이 활성화될 것으로 기대된다.

또한, 바젤 II는 최소 자기자본규제 방식의 개선 뿐만 아니라, 감독기능 · 시장규율 강화까지 포함하는 '선진감독시스템' 의 구축을 요구하므로, 금융감독수준을 국제수준으로 향상시키는데 크게 기여할 것으로 예상된다. 특히 바젤 II의 도입은 감독당국이 정한 기준을 은행이 수동적으로 이행하는 방식에서 감독당국과 은행이 협의하여 기준을 정하고 은행이 이를 자율적으로 준수하는 방식으로 감독의 패러다임이 바뀌고 있음을 의미한다. 또한 감독당국과 은행간의 협의과정에서 동반자적 신뢰관계가 구축될 것으로 기대된다.

[표16-3] 바젤 I과 바젤 II의 차이

<table>
<tr><th>구분</th><th>바젤 I</th><th>바젤 II</th></tr>
<tr><td rowspan="2">최소자기
자본 요건
(Pillar1)</td><td>신용리스크
(모든 기업에 대해
일률적으로 100%
리스크가중치 적용)</td><td>표준방법(승인불필요, Standardised Approach)
적격 외부신용평가기관이 평가한 신용등급에 따라 리스크가중치 차등 적용(0~1,250%)
내부등급법(감독당국의 승인 필요, IRB: Internal Ratings-Based Approach)
은행 자체의 내부신용평가모형 활용
i 기본 내부등급법(Foundation-IRB)
은행 자체적으로 PD만 추정하고 LGD,EAD, M은 협약에서 제시
ii 고급 내부등급법(Advanced-IRB)
은행 자체적으로 PD, LGD, EAD, M을 추정</td></tr>
<tr><td>시장리스크</td><td>바젤 I과 동일
(금리, 주식, 외환의 시장가격 변동에 따른 리스크)
운영리스크 추가
(부적절한 내부절차, 직원, 시스템 또는 외부의 사건으로부터 초래되는 손실리스크)
표준방법(승인불필요)
총이익을 기준으로 운영리스크 산출
i 기초지표방법(Basic Indicator Approach)
총이익의 15%를 운영리스크로 산출
ii 표준방법(Standardised Approach)
8개 사업부문별 총이익의 일정비율(12~18%)의 합을 운영리스크로 산출
고급측정방법(감독당국의 승인 필요, AMA: Advanced Measurement Approaches)
자체의 손실자료와 리스크측정시스템을 활용하여 운영리스크 산출</td></tr>
<tr><td>감독당국
검증
(Pillar2)</td><td></td><td>감독당국은 은행의 내부 자본적정성평가절차를 점검하고 리스크가 높은 은행에 대해서는 최저비율(8%) 이상의 자본보유 요구</td></tr>
<tr><td>시장규율
(Pillar3)</td><td></td><td>자기자본 세부내역과 리스크별 측정방법에 대한 공시 확대</td></tr>
</table>

16.3 일본의 금융부문

일본 은행산업은 많은 선행연구에서 폭 넓게 다루어져 왔다. 최근 연구로는 Van Rixtel(2002), Van Rixel et al(2003) 등이 여기에 속한다. 일본 은행시스템은 첫 번째로 대형은행의 수는 적고 소규모 은행의 수는 많은 특징을 가지고 있고, 두 번째로 과거 몇 년 동안 급격히 금융기관의 수가 줄고 있는 특징을 가진다. 표 16-4에서 보듯이 은행산업의 집중화는 시중은행과 대표은행 산하의 제2지방은행, 소규모 금융기관, 예컨대 신용금고(shinkin bank), 신협, 농협, 임협 등에 영향을 미쳤다. 이들 금융기관은 다음과 같은 기능을 수행한다. 일본내 대표은행은 상업은행으로 은행법에 의해 영업활동이 설정된다. 이들 은행은 시중은행, 지방은행, 제2지방은행, 외국은행으로 구성되어 있다. 시중은행은 상업은행의 가장 많은 부분을 차지하고 있다. 자금조달은 예금, 중앙은행(BOJ)의 신용차입, 은행간의 차입으로 이루어지고 있다. 지방은행은 작은 도시내 해당 지역을 관할하는 본부를 가지고 있고, 지역별로 영업활동을 한다. 제2지방은행은 이전의 상호저축은행으로 1989년 2월에 상업은행은 변경되었다. 소위 장기금융기관 그룹내 장기신용은행(LTCBs)는 원래부터 있었던 3개 은행 중 가장 중요한 은행이었다. 2003년 3월말 현재는 2개만이 남아있다. 신탁은행도 장기금융기관이지만 장기신용은행과 달리 은행업무 및 신탁업무를 병행할 수 있다. 마지막으로 소규모 금융기관은 3가지 그룹으로 나누어지는데 신용금고, 신협, 상업 및 산업을 위한 협동조합 등이다.

시중은행, 장기신용은행, 대부분의 신탁은행 및 지역은행, 소규모 금융기관은 내부적인 합병과정을 통해 재편성되었다. 예컨대, Fuji은행, 일본 산업은행, 그리고 Dai-Ichi Kangyo 은행은 2000년 9월 Mizuho 금융그룹으로 합병하였고, 2001년 4월에 주요 경쟁은행들도 3번에 걸쳐 합병하였다. 첫 번째로 Tokyo-Mistubish은행, Mistubish신탁, Nippon 신탁은 Mistubish-Tokyo금융그룹으로 합병되었다. 두 번째로 Sakura은행, Sumitomo은행은 Sumitomo Mistui Banking Corporation(SMBC)로 합병되었고, Sanwa 은행, Tokai은행, 그리고 Toyo신탁은행은 United Financial of Japan(UFJ)로 합병하였다. 최근의 인수 · 합병으로 2001년 12월에 Daiwa 은행, Kinki Osaka 은행, 그리고 Nara은행 등의 합병이 있고, 2002년 3월 Asahi 은행은 그들과 합병하여 다른 금융그룹를 형성하였는데 2002년 10월에 잠정적으로 가칭 Resona Holdings라 이름지었다. Resona은행은 2003년 5월에 정부의 구제조치를 받았다.

[표 16-4] 1991년~2002년 일본내 금융기관

	1991			2002			2003
범주	수	총예금 점유율 (%)	총자산 (단위:1조엔)	수	총예금 점유율 (%)	총자산 (단위:1조엔)	수
시중은행	12	31.1	376.6	7	23.9	363.1	7
장기 신용은행	3	1.4	76.6	3[1]	1.0	53.1	2
신탁은행	7	2.8	59.3	8	3.4	64.5	27[4]
지역은행	64	19.5	187.9	64	18.8	205.7	64
제2지역은행	68	7.1	68.8	53	5.8	61.9	51
신용금고	451	10.3	96.0	349	10.7	112.1	326
신용협동조합	407	2.8	24.1	247	1.6	18.3	191
노동협동조합	47	0.9	7.5	39	1.3	13.4	21
농협협동조합	3600	7.0	58.4	1,264	7.6	75.2	944
증권회사	272[3]		27.0	290[3]		19.4	280
생명보험회사	26		130.3	42		184.4	42
화재보험회사	24		26.2	35[2]		33.5	24
우체국 보험 및 연금			51.8	24,778[2]		124.8	
우체국 저축		17.1		24.778[2]	25.9		
정부기관	11		92.9	11		159.4	

자료 :Van Rixtel et al. (2003), except last column, which is from Japanese Bankers Association (2003).

주의: 수치는 1991년말, 2002년 3월, 2003년 3월

1. 장기신용은행에는 일본산업은행, shinsei은행, Aozora은행이 포함된다.

2. 2001년 3월 수치이다.

3. 이들 수치는 1991년 3월과 2002년 3월 각각 52개, 49개 외국계 증권회사를 포함한다.

4. 27개 중 8개는 일본은행가협회의 영구회원이다.

표 16-5 Mizuho금융그룹은 일본내에서 가장 큰 은행집단으로 약 131조 엔의 총자산, 67조 엔의 예금, 70조 엔의 대출 규모를 가지고 있다. 두 번째로 큰 Sumitomo Mitsui 금융그룹은 통자산 101.5조 엔의 총자산을 가지고 있고, 그 다음 순으로 Mitsubishi Tokyo금융그룹, UFJ 그룹, Resona Holdings이 큰 자산을 가지고 있다. 전략차원에서 Mizuho는 합병 이전 Dai-Ichi Kangyo 은행, Fuji 은행, 그리고 일본산업은행의 고유업역을 통합하는데 초점을 두었다. Mitsubishi Tokyo금융그룹, UFJ 그룹은 24시간 이용가능한 ATMs를 설치하여 소매금융에 집중하였다. 마지막으로 Sumitomo Mitsui 금융그룹은 가장 많은 무수익 대출포트폴리오를 가지고 있어 우선적으로 이 문제를 해결하는데 주력하였다.

일본 은행권의 가장 주요한 문제는 무수익 여신 급증 문제, 리스크자산에 대한 투자 문제, 그리고 낮은 자기자본비율 문제이다. 이들 문제는 90년대 초 버블경제의 폭발 이후로 지속되어 왔으며 비록 최근에 들어 회복되고 있지만 IMF가 2003년 9월에 발간한 금융시스템 안정성 평가에 의하면 금융시스템은 여전히 붕괴가능성이 존재하고, 좀 더 보수적인 접근법을 통해 금융시스템의 건정성 확보가 필요하다고 지적한다. 이와 같은 문제를 내재한 일본은행들의 행위는 바젤 II의 적용시 그들의 대응을 꼬이게 할 수 있다. 그러므로 일본 은행권내 현 문제에 주목할 필요가 있다. 지면의 제약 때문에 일본 은행권의 문제와 관련한 많은 관련자료를 제시하지 못하지만 바젤 II가 일본 은행권에 미치는 영향을 충분히 평가하는데 중요한 관점을 제공할 수 있을 것이다.

표 16-5를 살펴보면 일본 은행권내 문제는 7개의 대형 금융그룹의 다양한 대차대조표 항목을 활용한 년도별 성장률을 보면 명확해진다. 기본적으로 모든 금융그룹 총자산과 여신은 2000년 3월말에서 2003년 3월말까지 떨어짐을 보인다. 특히 금융그룹들의 자본 기저는 유의적으로 잠식되었다. 부가적으로 7개 금융그룹 중 5개는 예금 총금액이 감소하고 있었다. 신탁계정에 등록된 증권보유는 은행의 고유조건과 정책을 반영하고 있다. 예컨대, Sumitomo Mistui,Mistubishi, Tokyo, UFJ & Resona 등의 은행은 증권보유를 늘이는 반면에 Sumitomo Trust & Banking는 증권보유를 줄이고 있다. 은행 건전성의 또 다른 지표는 다양한 신용평가기관에 발표하는 재무건정성 등급이다. Moody's사가 발표하는 신용등급의 경우 일본 은행은 D-에서 E+에 있는 반면에 G-7국간의 평균 신용등급은 A-에서 C+ 사이이다.

[표 16-5] 2003년 일본금융그룹

그룹명	설립일	그룹내 주요금융기관	총자산 (작년대비 변화율 ,%)	대출 (작년대비 변화율, %)	증권투자 (작년대비 변화율, %)	예금 (작년대비 변화율, %)	자본 (작년대비 변화율, %)
Mizuho Financial Group[1]	2002년 9월 29일	Mizuho Bank Ltd., Mixuho Porate Bank, Ltd., Muzuho Xecurities, Mizuho Trust& Banking Co.	130.9(11%)	69.9(18%)	24.1(1%)	67.3(14%)	3.9(32%)
Sumitomo Mitsui Financial Grop[2](SMFG)	2002년 12월 2일	Sumitomo Mitsui Banking Corporation	101.5(3%)	61.1(4%)	24.1(+17%)	62.9(3%)	3.4(12%)
Mitubishi Tokyp Financial Grop[3](MTFG)	2001년 4월 2일	The Bank of Tokyo-Mitsubishi Ltd., Mitsubishi Trust and Banking Corporation	95.6(0%)	47.8(5%)	24.6(+4%)	65.0(+3%)	3.3(6%)
UFJ Group[4]	2001년 4월 2일	UFJ Bank, UFj Trust Bank, UFJ Tsubasa Securities	78.1(0%)	45.2(5%)	18.1(+16%)	53.3(1%)	2.7(18%)
Resona Holdings[5]	2001년 12월 2일	Resona Bank, Resona Trust & Banking Co., Saitama Resona Bank, Kinki Osaka Bank, Nara Bank	41.0(6%)	29.5(+8%)	6.6(+7%)	35.5(+3%)	0.6(56%)

[표 16-5] 2003년 일본금융그룹(계속)

그룹명	설립일	그룹내 주요금융기관	총자산 (작년대비 변화율 ,%)	대출 (작년대비 변화율, %)	증권투자 (작년대비 변화율, %)	예금 (작년대비 변화율, %)	자본 (작년대비 변화율, %)
Mitsui Trust Holdings[6]	2002년 2월 1일	The Chuo Mitsui and Banking Company, Ltd. Ltd., Muzuho Xecurities,	14.9(6%)	9.7(2%)	3.4(9%)	12.7(1%)	0.3(38%)
Sumitomo Trust & Banking Co., Ltd.	1925년	Sumitomo Trust & Banking Co., Ltd.	17.3(7%)	10.7(1%)	3.7(30%)	11.8(4%)	0.7(4%)

1. 2.Dai-lchi Kangyo은행, Fuji은행, 일본산업은행 합병으로 설립하였고, 금융지주회사명은 Mizuho 자주회사이다.
2. Sumitomo 은행과 Sakura은행의 합병으로 설립.
3. Tokyo 은행, Mitsubishi 은행, Mitsubishi 신탁은행, Nippon신탁은행 합병으로 설립.
4. Sanwa 은행, Tokai 은행, Toyo 신탁은행 합병으로 설립.
5. Daiwa 은행과 Asahi 은행의 합병으로 설립.
6. Chuo 신탁은행과 Mitsui 신탁은행의 합병으로 설립.
7. 괄호안의 변화율은 2002년 3월 말 기준 변화율이다.

자료 : Fitch Ratings (2003),Van Rixtel et al. (2003) and own calculations.

16.3.1 무수익 여신의 급증 문제

표 16-6에서 보듯이 FSA에서 공표하는 모든 은행의 무수익 여신의 절대량은 2002년 3월말 43.2조 엔에서 2003년 3월말 35.3조 엔으로 감소로 거의 1년 사이에 19% 감소가 있었다. 그러나 이 수치는 2001년 수치와 거의 동일한데 이는 기본적으로 2001년과 2002년 3월 사이에 악성 대출이 제거되었기 때문이다. 하지만 2년 전에 보고된 악성 대출 및 높은 주식보유 수준은 여전하였다. 이러한 상황에서 일본은행은 계속해서 대출손실을 보았고, 적절한 조치를 취해야 했다. 더욱이 표 16-6에서 무수익 여신의 감소는 대부분 대표 은행에 집중되어 있고, 지방은행의 악성대출 제거활동도 과거 3년 동안의 악성 대출량을 감소시키지 못하였다. 2003년 8월에 발간된 일본 중앙은행에 따르면 " 대표은행에 의해 제거된 무수익 여신은 정부에 의해 설정된 목표치보다 훨씬 빨리 사라졌다." 더욱 낙관적 관점은 도쿄내의 개별 은행과 재무분석사 사이에서 발견되는데 그들 대부분은 전망을 상향조정하였다. 이러한 낙관은 2003년을 거치면서 신규 악성대출의 감소가 보고되고, 대출량의 높은 성장률 및 원활한 대출 상환의 증가에 기인한다. 반면에 이러한 발전은 FSA측면에서 강력한 조치로 더욱 빛을 발휘하게 되는데 특히, 대표은행들에 대하여 RCC에서 악성대출을 매입하고, 은행의 악성대출 상황을 해소 및 공적자금 투입을 상환하려는 은행의 의지를 증가하고, 부분적으로 정부지원의 의존성을 완화하기 위해 사업 재구성 및 재활 프로그램 조건을 붙이기도 하였다. Takenaka 장관하에서 FSA의 증가된 압력은 일본 내에서 자체 독립 감사쪽으로 유도하였으며 2003년 5월 Resona은행의 긴급구조시

[표 16-6] 금융구조조정법에 의한 은행의 무수익 여신 상태

일자	2001년 3월	2002년 3월	2003년 3월
시중은행, 장기신용은행 그리고 신탁은행[1]	20.0	28.4	20.7
11개 대형은행[1,2]	18.0	26.8	20.2
지역은행[3]	13.6	14.8	14.7
은행 합계	3.6	43.2	35.3
협동조합	9.4	9.2	9.2
금융기관보유 예금총액	43.0	52.4	44.5

1. UFJ 은행의 무수익 여신에는 UFJ전략 파트너 회사로 이전된 부분도 포함한다.
2. 11개 대형은행에서 Shinsei은행과 Aozora은행은 제외되었다.
3. 지역은행으로 Saitama Resona을 포함한다.

주요한 요인으로 강조되었다. 은행이 계상한 이연법인세대를 받아들일 수 없었던 감사인에 의해 Resona은행의 붕괴는 시작되었다. 이후에 보겠지만 이 이연법인세대는 일본은행의 기본자본 항목의 주요 부분이었다. 그래서 감사인의 Resona가 이연법인세대를 기본자본으로 계산하는 것을 반대한 사실은 해당 은행을 지급불능상태로 내몰았다. 과거 10년 동안 악성대출문제를 해결하기 위한 일본 감독당국에 의해 많은 대안들이 개발되었다. 최근의 일련의 조치는 은행에 있어 강력한 규제정책의 신호로 해석되었다. 2002년 10월 FSA에 도입된 소위 금융 재활프로그램(일명 Takenank 계획)은 2004년까지 악성대출비율을 반으로 줄이는 것이었다. 이 프로그램은 2003년 5월 IRCJ(Industrial Revitalization Corporation of Japan)의 토대가 되었다. 주요한 목적은 회생회사가 은행이 기업에게 대출한 여신을 구매함으로서 도움을 주는 것이다. 더욱이 이 프로그램은 은행에 의해 개정되고, 할인율법(DCF)을 도입한 새 감사구조를 도입하였고, 은행통제를 원활히 하기 위해 2003년 후에는 외부전문가에 의해 자본수준을 감사받도록 제안하고 있다. 2002년 내에 모든 주요 은행, 지방은행, 및 제2지방은행에 대한 할인율법의 적용은 중앙은행에 의해 강력히 요구되었으며 대출을 평가하기위한 틀도 세웠다. 2003년에 FSA는 소위 '특별감사' 을 실행한 결과 개별 은행의 악성대출 해소를 가속화시켰다. 2003년 4월에 FSA는 공적자금을 받은 은행의 통제 조치 및 우선주 전환에 대한 새로운 가이드 라인을 제시하였다. 2003년 9월 FSA는 공적 자금 예산을 확대해 자본 잠식하에 있는 은행에 2조 엔의 자금을 투입하였다.

후속적인 규제조치와 특별감사의 결과에 토대하에 공적자금을 받는 은행들은 2003년 9월까지 금융 재활프로그램을 마무리 지어야 했다. 재활프로그램은 2006년까지 수익성 제고, 자본적정성 유지, 사업 재구성 등을 포함하고 있다. 그 결과 626개의 지방 은행과 신협은 10월 내 FSA에 경영개선계획을 제출하였다. 개별적 주요 은행의 발전에 관하여 주요 은행 중에서 가장 부채비중이 높았던 Sumitomo Mitsui 은행은 2003년 10월에 Goldman Sachs와 다른 회사에 의해 조성된 투자자금에 대한 무수익여신 1조 엔을 매각한다고 발표하였다. UFJ은행은 Merrrill Lynch와 동일한 목적으로 합작투자를 형성하였다. Tokyo은행와 Mitsubishi는 2003년 9월말까지 악성대출 비율을 반으로 줄여 4%수준으로 유지한다고 밝혔고, 정부가 설정한 재활프로그램 종료일인 2005년 3월보다 6개월을 앞당긴다고 밝혔다. Sumitomo 신탁은행은 두 번째 대형은행을 꿈꾸며 1999년 정보로부터 받았던 공적자금을 공적자금 2000억 엔을 빨리 상환할 의지를 발표하였다. 이처럼 일본의 주요 은행들은 악성대출을 해소에 가속도을 붙이고 있으며, 공적자금 상환도 가속화하고 있다. 그 이유는 높은 이자지급부담과 정부의 간섭을 회피하기 위해서 이다. 대부분의 은행은 악성대출 해소를 위한 특별회사 또는 사업부를 설립하였다.

16.3.2 리스크자산의 투자 문제

일본은행의 리스크자산 투자문제는 은행이 주식과 채권에 상당량을 보유하면 자본시장내에 가격리스크 노출되면서 부각되었다. 표 16-5에서 나타난 수치를 토대로 2003년 3월말 4대 금융그룹의 총자산 대비 증권보유 비율을 다음과 같다. Mizuho, Sumitomo Mitsui, Mitsubishi Tokyo, and UFJ는 각각 18.3%, 23.7%, 25.%, 그리고 23.2%이었다. 표 16-7에 따르면 2003년 3월말 대표 일본은행의 증권보유량은 62.2 조 엔에 달하였다. 2002년 3월말과 비교하여 주식보유는 35% 하락하였고, 채권보유는 20% 상승하였다. 비록 발표되지 않았지만 지역은행 및 제 2 지역은행에서도 유사한 형상이 발견되었다. 그들의 주식 및 채권 포트폴리오는 각각 4.8조 엔, 46.0조 엔으로 주식은 20% 하락하고, 채권은 7% 상승하였다. 주식의 리스크가중치는 채권보다 높다. 2002년 동안 주식보유의 감소와 채권보유의 증가는 일본 은행들의 리스크가중자산을 그림 16-1에서와 같이 유의하게 감소시켰다.

시장평가제도를 도입으로 주식과 채권 포트폴리오의 가격리스크는 은행의 자본건전성에 직접적 영향을 미쳤다. 그 결과 주가가 하락하고, 장기금리가 동시에 상승할 경우 부분적으로 문제가 발생한다. 심지어 금리가 하락할 때 채권포트폴리오 이익이 주식의 손실부분을 보충하지 못하였다. 예컨대,

[그림 16-1] 일본 상업은행의 리스크가중자산

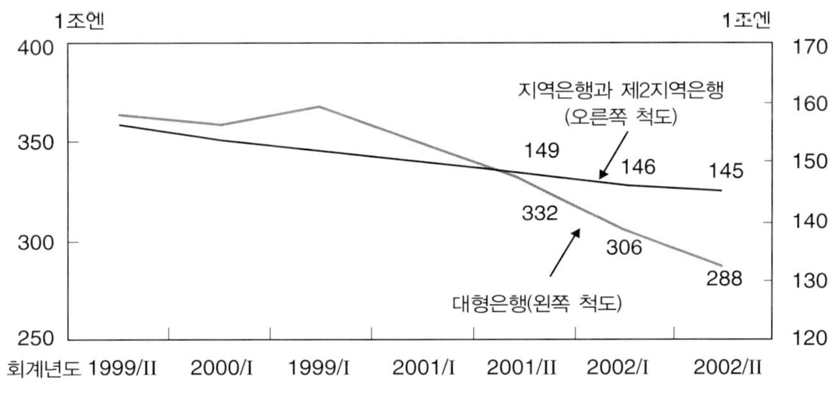

2002년 일본 은행의 순실현 주가관련 손실은 총 3.9조 엔에 달하였던 반면에 채권관련 순 이익은 낮은 장기금리 때문에 0.8조 엔에 달해 결국 약 3조 원의 순손실이 발생하였다. 더욱이 보유증권에 대한 미실현 자본이익은 기본자본(Tier1)과 보완자본(Tier2)관계에서 중요하다.

주식시장 발전에 따른 일본은행의 리스크노출에 관하여 정부정책은 은행의 주식보유를 감소시키는 것이 공식적 정책이었다. 이러한 정책은 두가지 이유에 기인한다. 첫 번째로 은행계정에 대한 주식가격 변동성의 효과를 감소시키기 위한 것이고, 두 번째로 일본경제시스템에서 오랜 특성인 은행과 비금융회사 사이에 확대된 교차 주식보유(cross-shareholding)관행을 풀기 위해서이다. 이들 목적을 달성하기 위해 후속 정책조치가 이루어졌다. 첫째, 2001년 11월에 국회를 통과한 법은 은행의 주식보유를 2004년 9월말 기본자본을 넘지 못하도록 제약하였다. 둘째, 동일법하에서 2002년 설립된 은행보유주식 구매 회사(Bank's Shareholdings Purchase Corporation)는 은행보유 주식을 적절히 구매함으로써 은행의 주식보유비율이 규제비율에 근접하도록 하였다. 2003년 7월에 개정된 법은 은행이 좀 더 쉽게 보유주식을 팔 수 있도록 하였다. 셋째, 기본자본을 초과하는 주식포트폴리오를 가진 은행의 주식을 취득하게 함으로써 일본은행은 2002년 11월내 자신의 주식구매 틀을 갖추게 되었다.

2003년 9월에 은행은 일년마다 주식구매 프로그램의 연장을 발표하였다. 두 가지의 주식구매 프로그램 덕분에 대표 은행들은 2002년 3월말 28.4 조 엔에서 2003년 3월말 18.4 조 엔으로 주식보유 감소를 관리할 수 있었다.

대표은행들은 또한 지역은행과 교차 주식보유도 줄였다. 그림 16-2에서 보듯이 은행은 2002년 말에 이미 기본자본에 맞추어 낮은 주식보유하고 있었다. 그러나 IMF에 의하면 여전히 은행은 자본시장에 비정상적으로 많은 리스크노출 상태에 있다.

일본은행의 증권시장에 대한 리스크노출 감소는 채권시장에 영향을 주지 않았다. 일본은행이 보유한 채권은 표 16-7와 표 16-8에서 보듯이 증가하고 있다. 이와 관련한 긍정적 요인은 일본은행의 채권포트폴리오 평균 듀레이션이 3.5~4년으로 상대적으로 낮다는 것이다. 표 16-9은 대표 일본은행들의 채권 포트폴리오 추정 듀레이션이다. 총 추정 듀레이션에 의하면 6.4년을 가진 Mitsui Trust Holdings 가 가장 높고, 2.7년을 가진 Resona Holdings가 가장 낮다. 대표 은행의 채권포트폴리오 평균 듀레이션은 4년이다.

그래서 일본은행 채권포트폴리오 가격 민감도는 상대적으로 낮다고 볼 수 있고, 미실현 및 실현 수익과 손실 측면에서 상대적으로 미치는 효과가 적다.

[그림 16-2] 일본은행의 주식구매행태

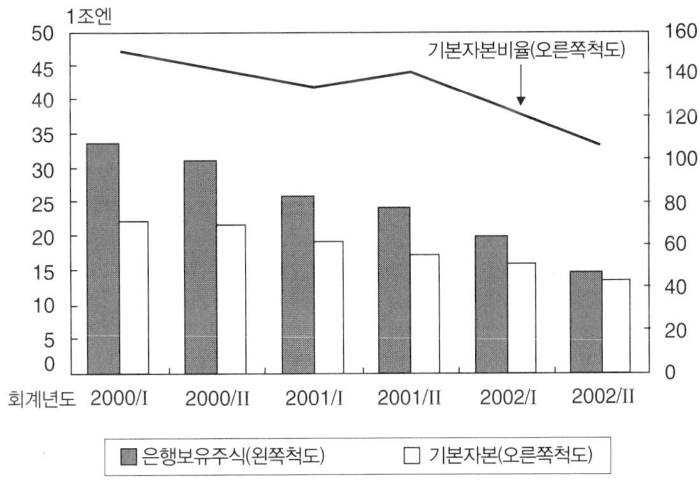

비록 이것이 사실이지만, Standard & Poor사의 보고에 의하면 일본은행은 금리마진을 조금이라도 향상시키기 위해 채권포트폴리오내 장기채권의 비중이 높아지고 있다. 그래서 비록 이들 포트폴리오의 듀레이션은 낮지만 과거 수준에 비추어 볼 때 과거 2년 동안 증가하였다. 반면에 채권시장의 역동성은 빠르게 변하고 있다. 예건대 2003년 4월과 5월 동안 대형 은행은 장기채권에

[표 16-7] 주요 은행의 자산

	1998년	1999년	2000년	2001년	2002년
대출 및 할인 어음	324.494	308.465	303.651	285.155	261.355
	(−8%)	(−5%)	(−2%)	(−6%)	(−8%)
두자증권	81.358	91.050	122.989	101.948	106.
	(−8%)	(12%)	(35%)	(−17%)	161(4%)
정부채	18.328	29.220	53.143	43.326	53.144
	(−10%)	(59%)	(82%)	(-18%)	(23%)
기타증권	8.950	8.378	8.495	8.509	9.018
	(−11%)	(−6%)	(1%)	(0.2%)	(6%)
주식	38.667	39.203	36.974	28.409	18.438
	(−2%)	(1%)	(−6%)	(−23%)	(−35%)
대출의 증권화	260	141			
	(−59%)	(−46%)			

자료 : Bank of Japan.

[표 16-8] 지방은행 및 제 2 지방은행의 자산

	1998년	1999년	2000년	2001년	2002년
대출 및 할인 어음	191.305 (0.0%)	184.895 (−3.4%)	182.591 (1.3%)	180.633 (−1.1)	178.303 (−1.3%)
투자증권	44.761 (2.3%)	49.528 (10.7%)	56.008 (13.1%)	57.758 (−3.1%)	60.429 (4.6%)
정부채	13.910 (8.3%)	16.769 (20.6%)	19.500 (16.3%)	21.928 (12.5%)	23.636 (7.8%)
기타증권	19.028 (10.0%)	19.951 (4.9%)	20.849 (4.5%)	20.941 (0.4%)	22.323 (6.6%)
주식	6.312 (−3.5%)	6.212 (−1.6%)	7.390 (19.0%)	5.974 (−19.2%)	4.753 (−20.4%)
대출의 증권화	97 (25.97%)	87 (−10.3%)	2 (−97.7%)		

자료 : Bank of Japan.

서 순매도하고, 단기채권에서 순매수하였다. 결과적으로 그들 포트폴리오 듀레이션은 감소하였다. 앞에서 보듯이 높은 채권변동성과 높은 채권보유는 일본은행의 리스크수준을 증가시킬 수 있고, 자본건전성을 해칠 수 있다. 그 결과 채권보유는 급속히 감소하고, 시장변동성 및 금리는 높아졌다.

대형은행들의 결합된 주식과 채권보유는 자본과 금리리스크 노출에 영향을 준다. IMF 금융시스템 안정화 평가 항목에서 위기분석(Stress testing)은 일본은행시스템이 특정시장 발전과 관련하여 매우 민감하다는 것이다. IMF는 자기자본 손실완충 능력을 측정한 결과 일본은행시스템은 금리리스크, 가격리스크, 신용리스크와 관련하여 자본이 충분하지 못하다는 결론을 내렸다.

16.3.3 자본건전성의 악화 문제

무수익 여신, 대출관련 손실, 주식보유 손실 등은 일본은행의 자본건전성을 악화시켰다. 표 16-10에서 보듯이 국제적으로 활동하는 일본은행의 자본수준은 1999년 3월말 47조 엔에서 2003년 3월말 25조 엔으로 47%감소하고 있다. 그러나 동기간 동안 리스크가중자산은 45%감소하였기 때문에 리스크가중자산대비 자기자본비율은 안정적으로 8% 이상을 유지할 수 있었다. 반대의 경우는 국제적 활동을 하지 않은 은행의 경우에 매우 적게 관찰되었는데 이들은 규제자본과 리스크가중자산 양쪽이 꾸준이 증가하는 경우

[표 16-9] 주요 일본은행의 채권포트폴리오 추정 듀레이션

은행명	JGBS	지방채	회사채	기타	합계
Mizuho Financial 그룹	3.7	6.1	3.5	5.5	4.3
Sumitomo Mitsui Financial 그룹	3.4	5.4	3.5	5.4	3.9
MitsubishiTokyo Financial 그룹	3.3	3.4	2.4	4.9	3.9
UFJ 지주회사	3.4	6.3	3.9	4.7	3.8
중간합계	3.5	4.9	3.3	5.1	4
Resona 지주회사	2.6	5.3	2.3	2.8	2.7
Sumitomo 신탁은행	1.7	5	3.4	6	4.5
Mitsui Trust 지주회사	6.3	4	3.1	7.6	6.4
Mizuho 신탁은행	3.6	5.4	2.9	3.7	3.7
중간합계	3.6	5.1	2.7	5.6	4
총합계	3.5	4.9	3.2	5.2	4

자료 : Goldman Sachs (2003W, 17 June 2003).

이다. 리스크가중자산 경우 대형 은행은 26% 감소하였으나 소규모 은행은 21% 감소하였다.

2003년에 상당히 주목한 점은 일본은행의 기본자본내에서 이연법인세대가 중요한 이슈였다는 것이다. 즉, 이연법인세대를 기본자본으로 인정하지 않는 Resona은행의 감사인 기준을 다른 대표은행에 적용하였다면 대부분 자본부족 또는 지급불능으로 판명되었을 것이다. 그림 16-4에서 보듯이 일본 대표은행들에게 있어 이연법인세대는 기본자본의 거의 반 이상을 차지하였다. 이연법인세대는 기본적으로 채무자가 채무불이행을 할 경우 은행이 받아야 할 미래의 세금감면액을 말한다. 이연법인세대의 실현은 두가지 중요한 가정에 의한다. 첫째, 은행은 미래 과세수입이 있어야 한다. 둘째, 악성대출이 실제로 발생해 회복불능상태여야 한다. 은행자본으로 이연법인세대의 구조적 약점은 주식시장 발전에 민감하다는 것이다. 2003년 7월 31일 Goldman Sachs의 보고에 의하면 주식보유 미실현손실이 이연법인세대가 되고, 주식보유 미실현이익이 이연법인세차가 된다. 달리 말하면 주식시장 가격이 상승하면 순 이연법인세차대가 감소하여 일본은행의 자본기저내 이연법인세대가 줄어든다. 일본정부는 2000년 3월 회계규칙을 변경하여 은행이 그들 계정에 이연법인세대를 등록하게 하고, 이를 기본자본에 포함하도록 하였다. Hanazaki와 Horiuchi(2003)이 언급하듯이 2003년 은행의 자본은 회계변경 때문에 갑자기 증가하였다. 이연법인세대의 경제적 가치를

[표 16-10] 리스크가중 자본적정성 비율(모든 은행)

은행명	1998년	1999년	2000년	2001년	2002년
국제활동 은행의 리스크가중 자본 적정성 비율	11.02%	11.79%	11.05%	10.63%	10.50%
규제자본	46,617	43,369 (−7%)	40,700 (−6%)	33,677 (−17%)	24,671 (−27%)
기본자산	26,352	24,353 (−8%)	23,445 (−4%)	18,378 (−22%)	13,679 (−26%)
리스크가중자산	422,789	367,697 (−13%)	368,125 (0%)	316,735 (−14%)	234,834 (−26%)
국제활동을 하지 않는 은행의 리스크가중 자본적정성 비율	6.70%	8.38%	9.57%	9.44%	8.52%
규제자본	7,998	12,878 (61%)	14,625 (14%)	15,557 (6%)	17,033 (9%)
기본자본	5,934	8.907 (50%)	10,479 (18%)	10.966 (5%)	12,017 (10%)
리스크가중자산	119,260	153,582 (29%)	152,818 (-0.5%)	164,729 (8%)	199,770 (21%)

자료 : Bank of Japan.
Note: For each period, figures for internally active banks and banks not active internationally at the time of the survey are compiled separately on a consolidated basis. Figures in brackets are annual percentage changes.

둘러싼 불확실성이 높아진 상태에서 은행자본으로의 효과적 사용은 심각하게 의문점을 남겼다. 홍콩과 한국과 같은 나라에서 이연법인세대를 기본자본에 포함하는 것이 허용되지 않았다. 미국에서 은행자본내 이연법인세대의 사용은 기본자본 또는 연간 이윤의 10% 이내로 엄격히 제한되었다. 일본 공인회계사협회의 지도하에 이연법인세대는 기본자본으로 사용은 향후 5년간 기대이익에 한정되었고, 은행 감사인의 승인을 얻어야 했다. 규제기관은 이연법인세 추정에 주의하였고, 감사인에게 많은 자유재량권을 부여하여 은행시스템내에 기본자본량과 관련한 불확실성을 오히려 높였다. 이연법인세대에 관한 대응으로 FSA은 은행이 이연법인세대를 계산할 때 특정 이익가정을 공표하도록 하였다. 2003년 7월에 은행자본으로 이연법인세대 사용에 초점을 둔 규제자본을 공표하였다. 가장 중요한 것은 자본 대비 이연법인세대 비율은 미래에 감소할 것이라는 넓은 공감대가 형성되었다는 것이다.

16.4 과거로부터의 교훈 : 바젤 I과 일본의 은행들

일본내에서 바젤 I은 폭 넓게 논의되었고, 몇몇 사람들은 바젤 I 이 자본이 취약한 일본은행에 서양은행들이 국제적인 업역을 확대하기 위한 음모로 만들어진 틀로 해석하기도 하였다. 바젤 I에 따르면, 국제적 영업 은행은 1992년 말까지 리스크자산 대비 자기자본비율 8%을 맞추어야 했다. 이 비율은 국제적으로 적용되었다. 국내 업무만 하는 은행은 후에 8%에서 4%로 낮추어 졌다. 일본의 경우 증권보유 잠재이익의 45% 이상을 보완자본으로 계산하는 것이 허용되었다. 반독점법에 의하면 일본은행의 단일회사 지분이 5%이상이었다. 소위 '버블' 기간 동안 주가상승하에서 교차 주식보유는 상당 부분 재평가적립금에 포함되었고, 그 결과 이들 보유주식 미실현 이익은 보완자본에 포함되었다. 은행은 오래전부터 장기사업 차원에서 회사의 주식을 관행적으로 요구하여 왔고, 미실현 자본이익은 은행회계기준에 의해 대차대조표에 표시되지 않았다. 그러나 1990년 버블이 붕괴되면서 주가가 급락하면서 일본은행의 보완자본은 급속히 감소하였고, 이는 일본과 국제 감독당국 의 관심을 증가시켰다. 주식시장의 침체는 자본 포트폴리오 증가를 야기해 은행의 건전성 불안의 주요요인이 되었다. 1991년부터 1992년까지 재평가적립금은 반으로 줄었고, 일본은행권의 지불능력을 악화되었다. 거기다가 주가하락은 궁극적으로 일본은행이 신주를 발행하는 것이 불가능하게

[그림 16-4] 일본 상업은행의 자기자본의 붕괴

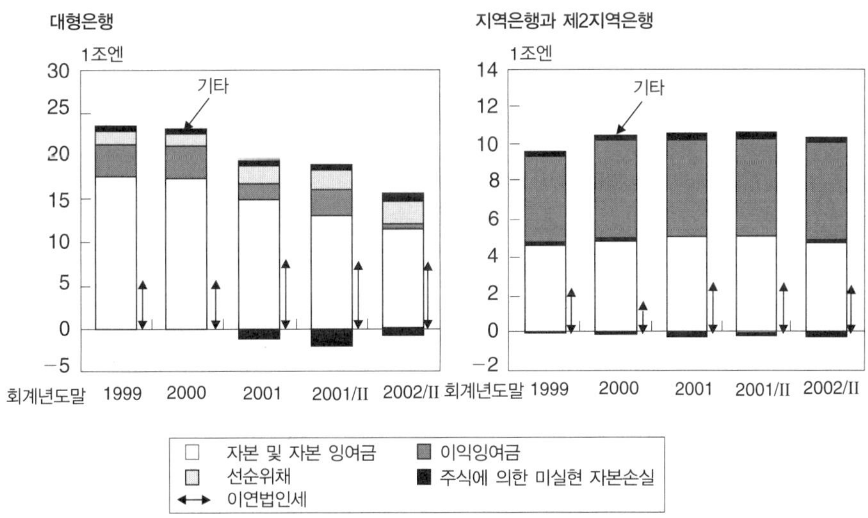

만들었다. 더욱이 주식시장 침체는 은행 대차대조표에서 미실현손실을 급증시켜 기본자본으로부터 100% 공제받았다. 일본은행은 보완자본으로 계산되는 상당량의 후순위채를 발행하였고, 대부분 일본 보험회사에서 흡수하였다. 이 과정은 두가지 문제를 동시에 가속화시켰다. 즉, 은행과 보험회사 모두의 자본에 영향을 미쳤다.

일본은행에 대한 바젤 I의 효과에 대한 선행연구에 의하면 Ito and Sasaaki(2002)는 협약이 일본은행 행위에 중요한 영향을 미쳤다고 주장한다. 그 이유는 주가가 하락할 때 낮은 자본비율을 가진 은행은 대출을 감소한다. 그 결과 후순위채 시장은 중요해진다. Montgomery(2001)은 엄격한 자본요구량 도입은 일본경제의 대출 성장률 위축을 가져온다. 1992년부터 1999년 일본 은행의 대차대조표 패널자료를 사용한 이 연구는 최소자기자본비율 8%는 일본내에서 영업하는 국제은행의 자본 대비 총여신 증가율의 민감도를 증가시켰다. 그러나 이 효과는 국내 영업을 하는 경우 발견되지 않았다.

마지막으로 바젤 I 이 효과적으로 정착되었던 지난 10년간에 걸친 일본 은행위기의 배경에 대해 몇몇은 바젤 I 의 틀에 대하여 의구심을 가졌다. 적정 자본요구량과 같은 회계지표는 은행시스템 장기관계에서 유용하지 못하였고, 내부자와 외부자의 정보비대칭성하에서 내부자는 보다 쉽게 외부자에게 실제 악성대출 문제를 속일 수 있어 은행 경영은 불투명해졌고, 표준 자본수준은 상대적으로 의미가 없었다.

그들이 지적한 것은 은행위기의 최고점에 3대 대형은행(Hokkaido-Takushoku은행, 일본 장기신용은행, 그리고 Nippon 신용은행)의 자기자본비율은 각각 9.3%, 10.4%, 그리고 8.2%으로 8%를 상회한다고 발표하였다. 똑 같은 패턴은 Resona은행에서 관찰되었는데 해당은행은 2003년 5월 공적자금으로 구제되었다. 사실상 일본경제시스템내 장기관계의 다양한 형태의 존재는 관계뱅킹(relationship banking)-[8]과 비공식적 대규모 기업집단(Keiretsu)-[9]로 나타났다. 이와 같은 현상은 일본은행들이 쉽게 다양한 자회사를 통해 악성대출을 숨기고, 불투명성을 촉진시켰다. 주목할 점은 불

8_단골고객 확보를 위해 고객이 요구하는 핵심 서비스를 파악, 이를 중심 으로 서비스 패키지를 형성하는 등 고객의 다양한 욕구을 만족시키는 것으로 일명 CSP(Core Service Package)라고도 불린다.

9_Keiretsu시스템이란 2차 세계대전이후 재벌을 대신하여 형성된 일본 특유의 기업결합 시스템이다. 한국의 대기업그룹이 총수의 기획조정실을 축으로 형성된 것과 달리 일본의 Keiretsu는 자금줄을 쥐고 있는 은행을 중심으로 형성됐다.

투명성과 미공시는 은행시스템의 오랜 특징이었고, 감독당국은 공식적으로 보고된 은행 건정성과 성과에 관한 수치에 회의를 느꼈다. 이와 같은 패턴이 Resona은행의 파산으로 다시 관찰되자 대중매체는 실제문제가 앞에서 가정한 것보다 훨씬 커다는 것을 보고하기 시작했다.

16.5 바젤 II에 대한 일본 은행들의 공식적 반응

개별은행, 은행연합회, 주요국의 신용평가기관을 포함한 대부분의 조직은 은행감독에 관한 바젤위원회의 관점이 너무 제한적이라는 것이다. 이 절에서 일본은행권에서 제기된 모든 주요 이슈에 관하여 요약 · 검토하고자 한다. 바젤 II에서는 증권화에 대한 적절한 조치에 관한 특별한 언급이 전혀 없었다. 바젤위원회의 다양한 의결안은 개별 홈페이지 및 위원회 자체 홈페이지에 올라와 있다. 과거 몇 년 동안 조언을 제공하였던 일본 금융기관은 다음과 같다. 일본의 은행가협회, 지역은행협회 신탁은행협회, 신탁중앙은행, Norinchukin은행, Sumitomo 금융 등이 이에 속한다. 재검토하는 과정에서의 관점은 바젤위원회의 3차 의결안에 초점이 집중되었다.

Pillar1(최소 자기자본규제)의 언급에 의하면 보통의 의견은 내부등급접근법의 새로운 틀에서 단순화되고, 그 결과 은행 규제자본을 보다 효율적으로 적용할 수 있다. Norinchukin은행은 자본요구량은 보다 유연한 구조로 해석되어야 하고, 이는 은행의 내부등급법의 실질적 운영내에서 리스크척도를 평가하여야 한다. 은행은 stress방식을 경기순응성을 다루는데 효과적인 도구로 언급한다. 일본은행가협회는 신용리스크 틀이 보다 단순화 하는 것을 선호하였고, 보다 유연한 적용을 위해 전산시스템 높은 개발비용과 영업절차 변경을 고려하였다. 일반적으로 은행은 경기순응성에 따른 자본요구량의 변화를 고려하여 관리해야 하고, 바젤 II는 자본관리도구 사용을 엄격히 세약 때문에 자본내 변동싱이 증가에 직면하게 되었디. 그래서 비젤 II기 지본요구량과 관련하여 스무딩한 경기순환 효과를 가지지 않는 경기순응성 기준이 지지되었다. 더욱이 일본 은행은 Pillar 1하에서 대출손실률, 채무불이행 노출금액을 추정하는 규정과 관련하여 많은 관심을 보였다. 대출손실율, 채무불이행 노출금액을 산출하기 위해 최소 7년간 자료, 부도율을 산출을 위해 5년간의 장기 자료가 요구되었다.

바젤 II의 Pillar 2(감독당국의 점검)에서 일본 은행은 감독당국의 점검은 은행 자본요구량에 많은 부담을 주었다. 게다가 Norinchukin은행에서 강조하였던 자본적정성 규제에 대한 두 가지 기준은 전반적으로 규제자본 필요성을 증가시켰다. Pillar 2의 적절한 조치 후 적용될 경우 감독당국의 자본요구량은 증가할 것으로 우려되어, Pillar 1에서 산출한 값은 의미가 없거나 심지어 정반대일 경우도 있었다.

마지막으로 일본은행과 그들 조직은 Pillar 3(시장규율)를 더욱 단순화시킬 필요성을 강조하였다. Pillar 3의 범위는 2차 의결안과는 대조적으로 3차 의결안으로 좁아졌다. 그러나 어떤 공시요구량은 매우 애매모호하고, 은행에 관한 법적/영업적 불확실성이 지속적으로 포함되었다.

Pillar 3를 더욱 단순화하기 위해 IASB(International Accounting Standards Board)에서 제시한 관점을 고려하였다. 3차 의결안과 관련한 일본 은행과 협회의 입장은 바젤 II내 실체적이고, 영업적 이슈에 관련하여 현저한 특색을 천명하는 것이지 기존구조에 관한 근본적 불일치를 나타내는 것이 아니다. 바젤 II의 초안은 2004년 중에 완성되었다. 일본 금융기관은 그들이 원하는 것을 감안한 이슈에 대해 최종합의에 이르기를 희망한다.

16.6 일본의 은행권에 대한 바젤 II의 전술 및 전략적 의미

이 절은 일본은행 영업활동과 일본은행시스템에 신바젤협약의 발전과 이행이 어떻게 진행되었는지를 조사하고자 한다. 이 분석을 위한 주요한 정보원천은 2003년 9월에서 11월 동안의 인터뷰 자료이다. 그 외 학술연구서, 정책기관 보고서, 산업보고서, 매체 자료 등을 포함시켰다.

이 분석은 소위 일본은행에 대한 바젤 II의 전술적 이행과 전략적 이행으로 구분된다. 전술적 이행은 1일 일본은행 영업활동과 관련이 있고, 어떻게 영업활동 틀에 영향을 미치는가를 미시적 차원에서 분석한다. 조사는 바젤 II의 전술적 결과, 예컨대 리스크관리 도구에 기초하여 새로운 영업모형의 적용, 관계 은행 및 주요은행 시스템 잠식, 소매 및 도매은행의 재교육, 악성대출 해소 및 파생상품사업에서 일본은행 경쟁력에 대한 부정적 영향 등을 다룬다.

전략적 이행은 금융시장과 서비스의 발전과 같은 일본은행시스템 구조에 초점을 둔다. 이 분석에 의하면 현재 바젤 II은 일본 증시의 발전에 해가 되고, 리스크전이 상품과 신디케이드 대출시장의 발전에 기폭제가 되고, 세분화된 일본금융시스템내 소규모 금융기관에 압력을 가할 것이고, 신용에 기초한 시장의 출현에 기폭제가 되고, 중요한 일본 거시경제 요인이 될 것이다. 대부분의 면접자에 의하면 "바젤 II는 중요한 기폭제로서 기능을 가질 것이고, 주요한 영향은 단기에 느끼지 못할 것이고, 중기 또는 장기에 느낄 것이다"

명확한 것은 이 분석이 유의적인 불확실성에 쌓여있다는 것이다. 첫째, 2003년 11월 바젤 II의 지속적 형태의 정의는 아직도 명확하지 않다. 2차, 3차 의결안에 대한 산업의 반응은 매우 다양하고, 간혹 상당히 중요하여 다소나마 협약의 변화를 이끌어낸다. 바젤 II은 협약에 특정 조항의 정의와 적용에 국가별 자유재량권을 상당히 허용하고 있지만, 일본감독당국이 이 자유재량권을 사용하는지에 관해서는 불명확하다. 셋째, 바젤 II 하에서 신용리스크를 평가하에 의하면 특정한 옵션은 아직 명확하지 않다. 신용리스크를 평가하는 방식에는 일본은행이 채택한 표준방식 또는 내부등급법이 있다.대부분 시장분석가의 기대와 같이 몇몇 대표 은행은 고급 내부등급법을 사용할 것으로 기대되나 일본은행의 다수는 표준방법을 따를 것이다.

일본 은행에 대한 바젤 II의 전반적 효과에 관하여 QIS3에 참석한 66개 일본은행의 분석결과 요약에 따르면 협약이 일본은행 자본적정성 수준에 유의적 영향을 줄 것으로 기대되지 않았다. 표준방법하에서 66개 은행의 리스크가중자산은 2%정도 줄었고, 자본적정성 비율은 0.1%감소하였다. 이와 같이 현상의 원인은 기본적으로 무수익여신에 대한 높은 자본량 요구하는 반면에 소매금융(고객대출, 중소기업대출, 담보대출)등에 낮은 자본량을 요구하여 상호 상쇄효과가 발생하였기 때문이다. 더욱이 운영리스크 자본요구량에 의한 자본부담은 상대적으로 낮은 순영업이익 구조를 가진 일본 은행에게 완화적인 편이다. 감독당국에 의해 추정된 이들 효과는 개별 은행조사에 의해서도 지지된다. Mogan Stanley의 추정은 4개 금융그룹(Mizuho, MTFG, SMFG, UFJ)의 리스크가중자산은 0.5~2.2%로 감소하였고, 자본적정성비율은 0~0.2% 상승하였다. 5개 지역은행(Chiba, Fukuoka, Shizuoka, Suruga, Yokohama)의 경우 영향은 커서 리스크가중자산은 1.8~8.4%감소하였고, 자기자본비율은 0.2~0.9%상승하였다. 위 연구결과를 종합하면 바젤 II은 전반적으로 리스크가중자산과 리스크가중 자본적정성 비율에 직접적 영향을 미쳤다.

16.6.1 전술적 시사점

바젤 II의 적용 일본 은행에 대한 바젤 II의 영향에 관해 대부분의 면담자들은 향후 새로운 사업모형 도입에 촉진제가 되었다고 언급한다. 이 모델은 보다 정교한 시장지향 사업모형으로 리스크-수익률을 고려하고, 최첨단 리스크관리 도구를 사용한다. 협약은 리스크관리 고려를 더욱 강조한다는 점에서 일일 사업활동에 대한 혁신의 촉진제 기능을 한다. 과거에 신용리스크 관리자는 특정 리스크만을 고려하였지만 바젤 II하에서는 다양한 리스크에 대한 통합접근법으로 변화하고 있다. 그래서 신바젤협약은 상당수준 리스크 관리를 가속화하였다. 일본은행은 종종 리스크관리에 많은 주의를 기울이지 않았다. 몇몇 면담자는 어렴풋이 바젤 II 하에서 근본적인 변화가 일어날 것이라 확신하였다. 바젤 II에서 명확히 은행들은 고급 자본관리기법을 가지는 것이 승자의 지름길이라고 믿고, 그 결과 고급 내부등급법을 사용할 것이라는 것이다. 그러나 몇몇 면담자는 고급 내부등급법을 사용할 일본내 대형은행들이 내부자료 문제에 직면할 것이라는 것이다. 특히 부도확률과 관련하여 일본 파산절차하에서는 추정하기 어려울 것이라는 것이다. 더욱이 관계뱅킹(relationship banking)과 메인뱅크체계(main bank system)-[10]하에서 부도확률 추정은 어려울 것이다. 그럼에도 불구하고 다른 면담자는 4개 대형 금융그룹이 고급 내부등급법을 채택할 것으로 확신하고 있다.

바젤 II의 도입에 따른 사업모형에 대한 일본은행의 준비에 대한 정보는 거의 드물고, 얻기도 어렵다. 몇몇 면담자는 대부분의 주요 일본은행이 리스크 관리시스템 개발과 관련한 많은 외부 컨설턴트를 고용하고, 이를 위해 많은 자원을 사용하고 있다고 진술한다. 다른 면담자는 이와 관련하여 회의적이었다. 면담에서 그들은 일본 은행내 데이터베이스 시스템과 컴퓨터가 상대적으로 걱정스러운 상태에 있다고 지적하였다. 세부적인 준비에 관하여 2003년 1월에 UFJ그룹은 첨단 내부등급시스템을 도입하여 바젤 II하에서 제안된 신용리스크 접근법으로 이점을 얻고자 한다. 다른 준비활동과 관련하여 몇몇 면담자는 현재 다양한 대형금융그룹이 조사를 착수하고 있는데 이들은 그룹내 계열회사의 사업활동을 강화하면서 자본량을 절감할 수 있다 지적한다. 바젤 II 하에서 운영리스크 자본요구량과 관련하여 면담자는 과거 몇 년동안 대부분의 일본은행의 주요 관심사였다고 언급한다. 왜냐하면 바젤 II에서 새로 개발되었기 때문이다. 1일 사업과 관련하여 몇몇 면담자는 일본은행이 자회사의 신용의사결정에 보다 많은 자유재량권이 허용되어야 한다는 관점을 피력했다. 그리고 리스크-수익률을 더욱 강조하기 때문에 분산화된 의사결정시스템의 채택이 필요하다.

10_기업금융과 지배의 체계로서 산업 및 상업회사들 다양한 형태의 은행들 및 여타 금융기관들, 규제기관 들의비공식적 일련의 관행, 제도적 장치, 행태를 말한다.

메인뱅크체계의 잠식 대다수 면담자는 바젤 II가 일본내 메인뱅크체계의 잠식을 유도할 것이라고 확신한다. 비공식 조직시스템하에서 일본은행은 많은 회사의 최종대부자 및 감시자의 역할을 하여 왔다. 비록 회사가 대규모 산업집단(Keiretsu)에 속하지 않아도 비공식적으로 대규모 상업은행과 관계를 유지한다. 즉, Diamond(1984)은 메인뱅크체계란 일본 자본시장에서 위임받은 감시자 역할을 한다고 정의한다. 이 체계는 차입자가 심각한 재무부실상태에 빠질 경우 적절한 기능을 한다. 비록 최근에 들어 메인뱅크체계의 중요성은 논란의 여지에 있지만 기본적으로 이 시스템은 관계뱅킹(relation banking)으로 해석된다. Kobayashi et. al (2002)는 버블 경제 붕괴 후 소위 관용대출(forbearance lending)이 자리 잡았고, 은행은 장기적 고객관계에 부정적 영향 때문에 악성대출 해소를 꺼려하였다. 심지어 대출 회수율이 적을 것으로 기대될 때도 마찬가지였다. Brewer III et.al(2003)은 일본내 장기 은행관계쉽은 심지어 은행위기의 최고정점에서 몇몇 은행의 도산이 고객 회사에게 영향을 미치고,일본 경제에 영향을 미칠 때에도 중요시 되었다고 본다. 그러나 많은 면담자는 차입자와 장기 관계쉽, 즉 메인뱅크체계를 유지하는데 때로 많은 비용이 들어 리스크-수익률 토대하에서 대출의사결정을 비효율적, 비건전성을 유발한다고 밝힌다. 그러므로 이 관행은 서서히 바젤 II하에서 그 중요성이 줄어들 것이다. 여기에는 일본경제내 일반적인 교차 주식보유의 감소, 특히 주요 은행에 의한 주식보유 감소, 일본은행내 새로운 대출 모형의 발전 등과 합해져 메인뱅크체계는 사라질 것이다. 장기관계에 대한 중요성의 감소는 은행과 보험사 상호간 자본에 포함시키는 '이중기어(double gearing)' 현상을 감소시킬 것이고, 후순위채 발행을 통한 보완자본(Tier 2)가능성을 방지할 것이다.

메인뱅크체계와 관계뱅킹에 신바젤협약의 영향은 정치적 경제현상을 포함한다. 2003년 웹사이트에 발표한 논문에서 FSA는 소규모 은행과 중소기업관의 관계뱅킹을 상소하었다. 한편으로 메인뱅크체계와 관계뱅킹은 상내적으로 은행이 신용과 관련한 중요한 정보를 얻는데 용이하게 하여 바젤 II하에서 신용리스크 추정을 가속화할 것이다. 다른 한편으로 여러 시장분석자는 메인뱅크체계와 관계뱅킹은 바젤 II가 적용될 경우 중소기업을 압박할 수 있으므로 정치적 관심을 줄어야 한다고 주장한다.

소매금융의 강조 몇몇 면담자는 바젤 II의 도입과 발전이 소매금융에 관심을 증기시킬 것으로 본다. 바젤 II는 일본은행권내 개인 은행간 뿐만 아니라, 다양한 은행들간의 경쟁수준을 상당히 증가시킬 수 있다. 여전히 다양한 분야에서 일본은행의 전문화 정도는 고려되어야 한다고 주장하고 있다. 몇몇 면담자는 악성대출상황이 해소될 때 주요 은행은 지역별로 소매금융에 우위가 있는 곳에서 지방은행의 시장점유율을 뺏으려고 시도할 것이다. 강력한 후보로는 Mitsubishi Tokyo 금융그룹이 있는데 여기는 튼튼한 재무상태와 지역적 강점이 있는 지방은행 및 제2지방은행을 가지고 있다. 과거 2년 동안 가계대출 및 주택대출 같은 소매금융활동은 일본내에서 상당히 증가하였다. 반면에 대기업 대출과 같은 도매금융은 꾸준히 감소하고 있다. 보고에 의하면 개인에 대한 160개 은행의 복합 대출금액은 2002년 9월 30일 경 100조엔을 상회하고, 주택대출은 또한 상당히 증가하였다. 비록 바젤 II가 이러한 역할을 하였는가를 밝히는 것은 어렵지만 몇몇 면담자는 바젤 II가 이러한 역할을 한다고 믿는다.

악성대출 해소의 가속화 바젤 II는 대규모 무수익여신을 가진 은행의 자본적정성 비율에 광범위하게 적용되었다. 그 결과 이들 은행의 자본비율은 하락하였고, 특히 이에 대한 충분한 대비가 없는 은행들이 많았다. 대비 정도에 따라 부실대출의 리스크가중치가 증가한다. 즉, 대비정도는 낮을수록 적용될 리스크가중치는 높아진다. 예컨대 부실대출에 대한 대비가 없을 경우 부실대출의 리스크가중치는 563%높아졌다. FSA와 중앙은행(Bank of Japan, BOJ)가 66개 은행을 대상으로 조사한 결과에 의하면 부실대출에 적용된 평균 리스크가중치는 157%였다. 동일한 조사에서 개별은행의 경우 전반적 리스크가중자산은 바젤 II적용의 결과로 10%에서 20%로 증가하였다.

이와 같은 바젤 II의 적용에 따라 일본은행은 바젤 II 적용 전에 비하여 악성대출 해소를 가속화하였고, 상당한 정도로 악성대출을 줄였다. 다양한 면담자는 은행들이 이러한 행위를 한 주된 동기가 바젤 II라고 언급한다. 물론 다른 요인에 의해서도 악성대출은 줄어들 수 있다. 예컨대 주요 은행의 악성대출 해소에 대한 FSA의 압박 증가, 공적자금을 받은 일본은행들이 상환을 가속화해 정부 개입을 제한하려는 목적 등도 있다. 이 관점에 관해 중앙은행은 만약 일본은행들이 2006년말까지 무수익여신에 대해 해결한다면 신바젤자본협약 적용에 관한 어떠한 어려움에도 직면하지 않을 것이라고 기대한다.

파생상품사업이 일본은행의 경쟁력에 미치는 부정적 효과 파생상품사업분야에 있어 일본은행에 대한 바젤 II의 전술적 이행은 상대방리스크(counterparty risk) 대응조치에 부정적 영향을 미칠 가능성이 있다. 일본은행에 대한 외국은행의 신용리스크 노출은 표준방법과 내부등급법하에서 높은 리스크가중치를 부여받을 수 있다. 즉, 일본은행의 신용등급과 관련한 리스크 가중치는 표준방법 및 내부등급법과 관련이 있고, 후자의 경우에 은행 자체의 신용등급 사용시 리스크가중치가 더욱 높아질 수 있다. 파생상품사업에서 은행간 신용노출의 중요성을 고려시 바젤 II는 일본은행의 경쟁에 다소 부정적 영향을 미친다.

일본 신용평가기관으로부터 등급 사용에 따른 긍정적 효과 각 분야별 분석가는 일본은행은 경쟁적 이점을 갖고 있다고 주장한다. 그 이유는 바젤 Ⅱ하에서 개별분야 신용평가기관에서 등급부여의 중요성을 더욱 강화하고 있기 때문이다. 이전 일본 신용평가기관인 JCR과 R&L사는 세계적인 신용평가사인 Moody사, Standard & Poor사, Fitch 사에 비하여 관대하게 신용등급을 부여한다고 비판받아 왔다. 그 이유는 은행은 2개 이상의 등급 중에서 최상의 등급을 사용할 수 있었고, 그 결과 일본은행은 적정 자본유지의 동기가 저하되었다.

16.6.2 전략적 시사점

일본내 증권화 발전의 방해물 바젤 II는 증권화 활동의 감독 초치에 관하여 국제적으로 조화로운 규제를 도입하였다. 최초의 바젤협약이 도입된 이래로 이들 활동은 더욱 활발해졌다. 바젤협약에서 은행은 종종 증권화를 통해 자본요구량을 효과적으로 낮추었지만 신용리스크는 감소하지 않았다. 이러한 바젤협약의 재정효과는 바젤 II에 의해 좌절되었다. 왜냐하면 증권화에 대한 규칙이 엄격해졌기 때문이다. 일본내 증권화에 대한 바젤 II의 영향에 관하여 많은 면담자는 바젤 II이행에 의해 자본화가 방해받고 있다는데 동의한다. 첫째, 일본내 증권화에 대한 법적/실제적 특색때문이다. 둘째, 일본내 증권시장은 아직 초기단계(infant industry)이고, 주요한 해외시장을 따라잡기에 바젤 II가 방해가 되기 때문이다. 셋째, 바젤 II하에서 증권화 처리가 비예금취급기관(nonbank)-[11]에도 제공되기 때문이다. 마지막으로 증권 관련 규정이 새로운 금융 도구와 기법의 발전을 저해하기 때문이다.

일본은행가협회(JBA)와 6개 해외 금융산업 그룹은 2003년 8월에 증권화 시장에 관한 관여를 완화할 것을 목적으로 바젤위원회에 의결안을 제출

11_비은행예금취급기관(non-bank depositary institution)에는 종합금융회사, 투자신탁회사, 상호신용금고, 신용 협동기구 및 우체국예금 등이 있다.

[표 16-11] 2002년 증권화시장과 신디케이트 대출시장의 증권발행 활동비교

	증권화 시장	신디케이트 대출시장
일본	5	5
미국	334	116
EU	20	64

자료 : Bank of Japan, Market Review, "*Kurejitto Sijyo Kaikaku to Nihon Ginko no Torikumi,*" ("Credit markets reform and the achievement of the Bank of Japan").
Note: ABCP is excluded from the figures for the securitization market.

하였다. 현 의결안하에서 증권화의 활동은 리스크가중자산을 상당량 증가시키고, 자본적정성 비율은 하락할 것이다. 일본은행가협회는 바젤위원회에 여섯 가지를 요구하였다. ① 증권화 도구에 대한 리스크가중치 인하, ② 개별적 신용등급 사용의 허용, ③ 자산담보부 기업어음(Asset Backed Commercial Paper Programs, ABCP)하에서 유동화 촉진의 우호적 조치, ④ 소위 '내재 상환청구(implicit recourese)'를 제공한 은행에 대한 완화된 조치, ⑤ 은행소유 자산의 증권화에 적극적 적용, ⑥ 조기 분할상환의 허용 등이 있었다.

위에서 언급한 요구사항은 은행이 증권화 활동에서 발행자와 후원자로서 역할과 관련된 것이다. 그러나 증권화 상품의 투자자에 대한 은행조치에 관한 요구사항은 일본은행조직들에 의해 제기되었다. 예컨대, Norinchukin은행은 가장 높은 리스크가중치를 적용받는 회사채 증권화 조치와 일맥상통하게 이루어져야 한다고 요구하였다.

일본내 증권시장의 실질적 발전에 관하여 과거 몇 년 동안 급속히 성장하고 있고 지금은 세계에서 세 번째 큰 시장이다. 그러나 표 16-11에서 보듯이 규모면에서 일본과 유럽시장에 한참 뒤떨어진다. 규모의 차이는 신용시장(신디케이트 대출시장, 증권화 시장, 신용파생시장 등)의 선진분야 발전이 최근까지 발전하지 못하는 사실을 잘 설명해준다. 2002년 증권화 신규물량은 5조 엔 정도 되지만 미국의 334조 엔에 비하면 매우 작다. 그러나 일본시장의 규모는 표 16-12, 표 16-13, 표 16-14에서와 같이 꾸준히 증가하고 있다. 특히, 주택담보대출 저당증권(Residential Mortgage Backed Securities, RMBS), 부채담보부 증권(Collateralized Debt Obligations, CDOs), 회사채담보부 증권(Collateralized Bond Obligations, CBOs), 대출담보부 증권(Collateralized Loan Obligations, CLOs) 등 다양한 증권화 상품이 출시되고 있다. 자산 유동화에 관한 법률(ABS법)에서는 부동

[표 16-12] 2003년 일본금융그룹

		자본리스	신용채권	일반대출	주택담보대출저당증군 (RMBS)	담보부저당증권 (CMS)	부채담보부증권 (CDO)	기타
2001	1월~12월	0.242	0.161	0.153	0.14	0.174	0.068	0.062
2002	1월~12월	0.187	0.1	0.132	0.206	0.127	0.143	0.104
2003	1월~9월	0.125	0.111	0.059	0.184	0.088	0.307	0.127

[표 16-13] 산업침체시기에 일본 증권화 상품의 발행자

	소비자금융	리스사	은행	생명보험사	공공금융기관	고객금융	CAPITIVE FINANCE	화재보험사	기타
2001 1월~12월	0.243	0.221	0.113	0.059	0.062	0.042	0.036	-	0.224
2001 1월~12월	0.169	0.155	0.258	0.097	0.104	0.057	0.036	0.002	0.123
2003 1월~9월	0.129	0.115	0.42	0.044	0.091	0.022	0.061	-	0.118

[표 16-14] ABS 발행내역비교

	자본리스	신용채권	일반대출	모기지	부동산	부담담보부증권(CDO)	기타	합계
2001 1월~12월	646.0	460.1	69.2	438.6	581.3	126.3	447.4	2,768.9
2001 1월~12월	836.2	557.9	527.9	484.0	601.5	234.1	96.9	3,338.5
2003 1월~9월	931.5	499.1	667.6	1,025.6	590.2	712.7	287.8	4,714.6

산, 대출채권, 매출채권, 유가증권 등 모든 유형의 자산(재산권)을 기초로 발행되는 모든 유가증권을 총칭하여 자산 유동화 증권(Asset BackedSecurities, ABS)이라 정의하고 있는데 CBO/CLO는 그 유동화 자산이 사채(주로 Junk Bond) 또는 대출채권인 유동화 증권이고 MBS는 그 유동화 자산이 주택저당 대출채권(Mortgage)인 유동화증권이라 할수 있다. 실무적으로는 ABS법에 따라 발행되는 유동화증권을 ABS(사채, 출자증권, 수익증권등의 형태로 발행됨)로 그리고 주택저당채권유동화회사법(MBS법)에 따라 발행되는 유동화증권을 MBS(사채 및 수익증권 형태로 발행됨)로 분류하고 있다.-[12] 공공 금융기관은 증권화 기법을 더 많이 사용할 것 같다. 2003년 하반기 초 증권발행물량 중 CDOs가 차지하는 비중이 높아졌고, 주로 은행에 의해 발행되어 은행의 리스크가중자산을 감소시켰다. 증권화 물량 전체에서 은행이 차지하는 비중은 2002년 26%에서 2003년 42%로 증가하였다.

리스크전이 도구의 발전에 대한 촉진 증권화에 대한 바젤 II의 부정적 효과와 반대로 상당량의 면담자는 신용리스크 전이 용도로 증권화를 고려하고 있다. 왜냐하면 바젤 II에서는 리스크관리와 신용관리가 더 강조되기 때문이다. 바젤 II와 관련한 일본은행의 주요 화두는 리스크 전이다. 새로운 금융기술과 공학이 도입됨에 따라 리스크의 전이는 가능해졌다. 특히 신용파생상품 뿐만아니라 CDOs도 이용되고 있다.

신용파생상품에 대한 일본은행 이용량은 2002년 12월말 $139억 5천만에서 2003년 6월 $229억 2천만으로 6개월 사이에 64%가 증가하였다. 이와 같은 증가는 신용 default 스왑(매도) 사용의 75%증가와 신용 디폴트 스왑(매수) 사용의 85%증가에 기인한 것이다. 그래서 일본은행은 신용리스크 노출로부터 보호받기 위해 대차대조표의 상당한 문제점을 안고서도 파생상품을 구매한 것이다. 몇몇 시장분석가는 비록 미미하지만 바젤 II가 그러한 역할을 할 것이라고 본다. 또한 바젤 II이행과 병행한 악성대출 문제 해결효과도 이들 금융 도구의 발전으로 증대될 것으로 본다.특히 신용파생상품은 경기순응성에 관한 효과적인 완충장치로 사용될 것이다.

12_더욱이 부동산 분야와 관련한 담보부 저당증권(CMBS : Collateralized Mortgage Backed Securities)은 무상환청구권 대출(nonrecourse loan) 무상환청구권 대출(nonrecourse loan)은 대출자에게 담보에 대한 권리 이상의 상환청구권을 부여하지 않는다.

[표 16-15] 신용파생상품 계약 현황

	전체기간	2002 1월~7월	2003 1월~7월
대출담보부증권(CLOs)	374,542	143,800	300,888
회사채담보부 증권(CBOs)	49,200	49,200	14,000
신디케이트 회사채담보부증권 (Synthetic CBOs)	280,900	20,900	137,000
무수익여신	19,100	9,600	0

자료 : Nikko CitiGroup (2003b).

일본은행의 신용리스크 노출 감소를 위해 사용될 다른 금융도구에 관하여 CDOs가 앞에서 언급되었다.한 면담자는 증권화 도구로 CDOs은 신용파생상품보다 심각한 부정적 효과를 가져올 수 있다고 걱정한다. 일본에서 CLOs은 형식적으로 CDOs 관련 금융상품으로 신용파생상품과 같이 2003년에 급속히 증가하였다. 표 16-15에서 보듯이 Mizuho회사은행이 대차대조표로부터 1.3조엔의 대출을 제거하기 위해 CLOs사용하였을 2002년 가을부터 CLOs는 증가하기 시작하였다. 비록 규모는 적지만 유사한 행위는 SMBC와 UFJ에도 일어났다. 표 16-15에서 CLOs는 일본시장내에서 미미한 역할을 하고 있음을 알 수 있다. 비록 규모는 작지만 신디케이트 CLOs 550%이상 급상승하고 있다.

신디케이트 대출 발전의 촉진 몇몇 면담자는 바젤 II가 일본내 신디케이트 대출시장을 활성화시킬 것이라고 본다. 그 이유는 소위 바젤 II 하에서 편중리스크(concentration risk)에 주목하기 시작했기 때문이다. 즉, 바젤 II하에서 높은 신용리스크 노출 및 리스크가중치가 소규모 차입자 및 개인 차입자에게 적용될 것이기 때문이다. 그래서 은행은 개별회사 차입자에게 대출을 억제하고, 신디케이트 대출 형태를 이루는 기업들에게 대출할 것이다. 신디케이트 대출은 바젤 II에서 억제되었던 고객관계를 유지하는 것을 허용하고, 장부에서 관련대출을 대폭 제거할 수 있다.

일본내 신디케이트 대출량은 2003년 반기에 전년대비 36%증가하였다. 일본의 신디케이트 시장은 세계에서 프랑스와 독일 다음으로 급성장한 시장이다. 표 16-16에서 보듯이 Mizuho 금융그룹은 시장을 선도하고 있으며 동일 기간 SMFG의 $209억 달러보다 많은 $224억을 기록하고 있다. 4개 주요은행의 신디케이트 대출 총 합계금액은 $567억으로 2002년 총 합계금액보다 65.9% 증가하였다.

[표 16-16] 일본내 CDO 내역

단위: $백만

은행명	2002년 반기	2003년 반기	연도별 증가율(%)	2002년	2002년대비 2003년 반기비율(%)
Mizuho	18,510	22,412	21.1	36,038	62.2
SMFG	14,090	20,888	48.3	25,592	81.6
MTFG	6,084	9,590	57.6	17,562	54.6
UFJ	3,067	3,785	23.4	6,795	55.7
합계	41,751	56,674	35.7	85,987	65.9

자료 : Goldman Sachs (2003c).

바젤 II 하에서 신디케이트 대출시장 촉진의 주요 요인은 다음과 같다. 첫째, 주요 은행들은 이 시장을 수수료 수입 및 은행업무 재정리 기회로 보았고, 동시에 대출 집중화리스크을 감소할 수 있었기 때문이다. 중앙은행에 따르면 주요은행의 수수료 수입은 2002년 동안 증가하였다. 특히 뮤추얼펀드 사업과 다른 사업과 마찬가지로 신디케이트 대출에서 주로 수수료수입이 발생하였다. 주요 은행들의 신디케이트 대출에 주요 참가자는 지방은행, 기관투자자들이다. 기관투자자들은 차입자와 사업관계를 형성할 기회를 얻기 위해 사용하였는데 차입자는 개별 차원에서 대출이 어려웠다. 지방은행의 참여는 신디케이트 시장의 발전에 있어 중요하다. 왜냐하면 다양한 일본은행 사이에 리스크분산이 증가하였기 때문이다. 재무상태 강화측면에서 지방은행 상황은 주요 은행보다 나았다. 그래서 신디케이트 시장의 성장은 일본 금융시스템 내에 신용리스크의 건전한 할당을 이루게 된 것이다.

둘째, 투자등급 이하의 기업들의 경우 신디케이트 대출는 회사채를 발행하는 것보다 저렴한 방법으로 기업의 자금조달원천을 다양히 할 수 있었다. 중소기업에 대한 신디케이트 증가에 중앙은행은 신디케이트 시장발전을 촉진하고, 회사의 자금조달을 원활히 하기 위해 적당한 자산을 신디케이트 대출로 받아들이는 연구를 하고 있다.

일본 은행시스템 구조세분화 압력 상당수의 면접자는 일본 금융시스템내에서 바젤 II는 구조혁신의 동기를 부여한다고 본다. 일본 은행시스템은 여전히 세분화 시장으로 특징 지워진다. 예컨대 중소기업 및 영농 자금지원을 위한 금융기관이 좋은 예이다. 대형은행내 소매금융에 대한 관심이 커지면서 소규모 은행들은 스스로 영업활동과 전략을 재고려하기 시작했다. 다양한 시장분석가는 소규모 은행에 대하여 높은 관심을 보이고 있다. 비록 궁극적으로 순

수익이 경감되겠지만 이들 은행은 중소기업 자금지원 영업활동시 상대적으로 낮은 리스크가중치를 부여받는 이점을 누릴 수 있기 때문이다. 바젤 II는 대형 금융그룹의 영엽활동을 더욱 세분화할 것이다. 현재는 보험영업 활동을 점하고 있지 않지만 보험분야 기존의 비공식 관계를 강화할 것이다. 바젤 II는 은행의 지속적인 전문화 의도를 좌절시킬 것이다. 왜냐하면 운영리스크에 대한 자본요구량이 도입될 것이기 때문이다. 그 결과 은행과 보험회사가 서로 자본을 제공하는 '이중기어(double gearing)' 관행은 줄어들 것이다.

시장기초하의 신용시장 촉진 바젤 II도입은 시장기초하에서 신용가치평가와 궁극적으로 거시수준에서 효율적 신용할당 쪽에 동기를 촉진하는 기회로 환영받을 것이라고 면담자들을 보고 있다. 바젤 II하에서 은행은 신용리스크를 식별해야 하기 때문에 바젤 I하에서 보다 개별 차입자 수준에서 신용가치평가와 신용할당은 중요하다. Smith(2002)는 일본내 대출 스프레드가 미국이나 유럽의 평균에 비하여 상당히 낮음을 보였다. 또한, 이 연구는 일본내 은행이 일본시장내 외국은행보다 신용리스크 차이의 반영이 다소 미흡하다고 결론지었다. 즉, 일본은행은 리스크선호 차입자에게 저금리 대출을 제안하였고, 우량 차입자와 불량 차입자를 구분하지 못한다는 것이다. 이는 대출의 경제적 가치와 기초 담보가치의 긴밀한 관계 유지를 요구한다. 즉, 일본은행의 담보관리의 개선을 요구한다는 것이다. 이러한 관점에서 가장 중요한 것은 은행이 리스크-수익률 기조하에서 기본적 경제가치를 충분히 고려하지 못하는 담보대출 관행에서 벗어나야 한다는 것이다. 담보관행을 개선하기 위해서 일본은행은 중앙은행에 의해 발간된 다양한 보고서를 재인식해야 한다. 예컨대 Myyauchi(2003)은 일본은행에 의해 새로운 대출모형 채택이 필요하다고 주장한다. 실제로는 대출협약 계약조항 미비, 연속대출에 기초한 신용관리, 손실분담 규칙의 불명확성, 대출자산에 대한 유통시장 미성숙, 기존 조항규칙에 영합 등으로 일본은행이 대출악하를 숨기고 있다.

중앙은행(2003)은 일본은행의 전통적 대출관행의 변경 필요성과 회계연도 2002년부터 적용할 일본은행 대출의 경제적 가치평가 방법으로 할인율법의 중요성을 논의했다. 전체적으로 몇몇 면담자는 조심스럽게 바젤 II도입이 일본신용시장내 시장지향형 대출모형쪽으로 발전을 촉진할 것이라고 낙관하고 있다.

바젤 II의 거시경제효과 일본은행의 바젤 II의 도입으로 인한 다른 거시경제적 이행은 일본 대출시장과 신용할당 가능에 영향을 줄 수 있다. 전체 대출 및 경제활동과 같은 거시경제변수에 대한 리스크가중의 자본적정성의 영향은 특히 1980년 중반 바젤 I 이후 학문적으로 논의되었다.

바젤 II에 대한 효과에 관하여서는 경기침체기 동안 자본제약을 회피하기 위한 자본완충과 역동적 조향의 필요성을 제시하는 내부등급법이 이 방법을 선택한 은행의 최소 자본요구량의 경기민감도와 변동성 증가를 유도하는지에 대하여 논의하고 있다. 일본 은행의 경우 은행시장의 높은 집중화 정도와 대형 4개 금융그룹의 높은 시장점유율로 인해 심각한 도전에 직면하고 있다.

만약 일본은행이 내부등급법을 채택한다면 대형은행은 여기에 포함될 것이다. 대출시장에서 우위적 지위하에서 바젤 II의 경기순응성 효과가 커질수록 경기침체를 가속화시킬 수 있다. 왜냐하면 내부등급법을 채택한 은행은 높은 자본요구량을 맞추기 위해 대출을 강제적으로 줄이기 때문이다. 더욱이 Allen Greespan의 예처럼 은행시장의 제한된 능력은 즉각적 역할을 수행하지 못할 것이고, 일본 금융시스템은 상대적으로 충격에 약할 것이다. 왜냐하면 일본 금융시스템은 여전히 은행기초하의 자금조달이 우위를 차지하고 있기 때문이다. 비록 발행된 중앙은행의 BIS Q&A인쇄물에는 바젤 II와 관련한 신용경색시 리스크를 감소시킬 수 있다는데 과연 그러한지는 실제로 지켜볼 일이다.

16.7 결론

이 논문은 바젤 II가 향후 몇 년 안의 비즈니스 관습과 일본 은행 산업 구조의 모양을 만드는 데에 중요한 촉진제 역할을 한다는 것을 주장해 오고 있다. 이것은 악성대출 문제의 해결책, 경제회복과 주식시장의 관련된 행위, 정치 환경과 정치적 이익의 증식, 재무 재구성 과정과 국제적 경쟁 압력의 중요성 등과 같은 다른 요인들과 함께 병행한다. 일반적으로 일반 은행들은 그들 산업에 대한 바젤 II의 영향에 대하여 그리 걱정하는 것 같지 않아 보인다. 그리고 그들은 바젤 I을 발전시키고 실행하는 시기에 있었다. 이것은 자본적정성 비율의 계산방법이 변경되지 않았을 때 협약이 자본의 정의에 대해 영향을 미치지 않고 있다는 사실에 의해 설명되어 질 수 있다. 16.3절에서 보듯이 일본 은행들의 자본기저는 여전히 취약하다. 만약 일본 회계법인들이 Resona 은행의 감사인들처럼 동일하게 엄격한 자세를 채택했더라면 여러 대형 일본은행들의 지급 능력에 문제가 발생하였는지도 모른다. 그러나 바젤 II 하의 자본정의에 관하여 그 의문은 아직 완전히 닫힌 것 같지는 않다. 연방준비금 Bulletin의 2003년 9월 안건에서 바젤 II 하에 규제자본의 정의는 바젤위원회에 의한 고려하에 여전히 있다고 명확하게 언급하고 있다. 더욱이 바젤 II의 이행은 일본 금융시스템 내에서 어느 정도의 재무적 안정 개념까지 확대되고 있는 것 같다. 예를 들면 거품경제는 금융 자유화와 금융혁신 때문에 일본 금융시스템 내 다양한 부분들 사이에 증가된 경쟁들에 의하여 크게 발생하게 되었다. 금융기관들 중 어떤 그룹들은 거품 후 경기가 위축되었을 때 추가적인 리스크한 대출활동을 점점 더 늘려가게 되었다. 만약 바젤 II가 효과적으로 같은 압력을 행사한다면 세분화된 산업과 시장들 사이에 소매금융활동의 경쟁은 증가할 것이다. 제 6절에서 보듯이 증권화과 신용 파생상품들의 사용은 매우 적은 기간동안 매우 빠르게 성장해 오고 있다. BIS를 포함한 다양한 기관들은 재무적 안정을 위해 이와 같은 금융도구를 사용하는데 있어 내재된 고유 리스크, 특히 신용 디폴트 스왑의 리스크에 대해 경고해 오고 있다(BIS 2003). 어떤 기관은 신용리스크 노출의 단기 완화와 대차대조표 재구성이 장기적 불안요인이 되지 않을 것이라 희망할 지도 모른다.

바젤 II가 또한 전국적 감독자들의 특정 활동에 대한 중요한 결정을 할 것이라는 것은 분명하다. 바젤 II의 Pillar 2하에서 그들의 역할은 본질적으로 향상되고 있다. 그들은 면밀하게 은행의 신용리스크 평가들을 감시해야 할 것인데 이는 어떤 경우들에 있어서 의심할 여지없이 훨씬 더 복잡할 것이다. 그리고 그들은 필요하다고 간주되는 곳에 개입할 것이다. 그 감독당국들은 실질적으로 Pillar 2하에서 그들에게 할당된 역할을 수행할 수 있기 위해 필요한 전문 지식과 감독 능력의 조건에 대한 높은 수요에 직면하게 될 것이다. 비록 일본 은행 감독당국들이 지난 몇 년 동안 그들의 능력을 매우 크게 향상해 오고 있다 하더라도 더 많은 노하우화 단계가 필요한지 명확하지 않다.

같은 선상에서 내부등급법은 중요한 사항을 포함하고 있다. 예를 들어 은행 자체 내부등급에 기초한 리스크가중치 계산은 규제당국의 승인을 받아야 한다. 높은 주관성을 허용하여 바젤 II의 성공은 국내외 모든 은행들 사이에 영업활동 규정한 규칙 적용과 직접적으로 연관되어 있다. 21개의 거대 유럽 은행들에 대한 Price Waterhouse Coopers의 한 연구는 은행들은 국내 감독당국들에 의해 바젤 II가 실행되는 것에 관해 다른 두려움을 느끼게 하고 있다. 바젤 II의 주관적 특징은 은행위기 최고조 시기에도 감독의 상당한 자율재량권을 경험했고, 그것을 중요한 법적 리스크로써 본다.

마지막으로, 바젤 II 하에서 상당히 높은 주관성과 판단이 주어졌을 때 Pillar 3에 대한 필요성이 왜 존재하는 지에 대한 이유는 명확해진다. 만약 Pillar 1과 Pillar 2하에서 책임과 요구들이 정확한 방식으로 수행되지 않는다면 신용평기관 같은 외부 시장참여자들은 은행과 감독자들을 훈육해야 한다. 이것은 적절한 공시와 투명성 관습, 비공식적인 법적 틀과 자유재량권 제거 등을 요구한다. 지난 10년 동안 일본 은행의 살펴본 결과 공시와 투명성이 강화되지 않았고, 효과적으로 설치되지 않았다(Van Rixtel 2002). 일반적으로 일본 정부와 특히 FSA는 이와 같은 사실을 완화하기 위해 중요한 과정들을 밟아오고 있다. 그러나 IMF에 의해 꽤 설득력 있게 논하여진 대로 여전히 개선의 여지가 있다(IMF 2003). 이와 같은 관점에서 일본은행의 공시빈도 및 공시내용 등과 같은 시장규율의 즉각적 실행을 촉진하기 위해 특별한 의결안이 개발되어야 한다.

참고문헌

Altman, E., and Saunders, A. (2001), "An analysis and critique of the BIS proposal on capital adequacy and ratings," *Journal of Banking and Finance*, 25, pp. 25-46.

Aoki, M., Patrick, H., and Sheard, P. (1994), "The Japanese Main Bank System: An Introductory Overview," in Aoki, M., and Patrick, H. (eds.) (1994), *The Japanese Main Bank System* : Its *Relevance for Developing and Transforming Economies*, Oxford : Oxford University Press.

AsianWall Street Journal, (2003), "Japanese Bailout Shows How Two Men Unraveled Postwar Financial Ties," August 6.

Baba, N., Nishizaki, K., Inamura, Y., and Shimizu, T. (2002), "Changes in Japan's Financial Structure since the Later Half of the 1990's : the Supply of Risk Capital and Major Market Reforms," *Market Review*, Bank of Japan, January.

Bank of Japan (2003a), "Proposal for a new scheme to promote smooth corporate financing by nurturing the asset-backed securities market," April 8.

Bank of Japan (2003b), "Evaluating the Economic Value of Loans and the Implications: Toward Transformation of the Business Model of Banks and Non-Bank Firms," April 28, mimeograph.

Bank of Japan (2003c), "Purchases of Asset-Backed Securities," June 11.

Bank of Japan (2003d), "Review of Japanese Banks' Activities : Profits and Balance Sheets in Fiscal 2002," August.

Bank of Japan (2003e), "Monthly Report of Recent Economic and Financial Developments °© October 2003," October 15.

Bank of Japan (2003aKimie), "Kurejitto Sijyo Kaikaku to Nihon Ginko no Torikumi," (Credit Markets Reform and the Achievement of the Bank of Japan), *Market Review*, 2003-J-7.

Bank of Japan (2003cKimie), "Jiko Shihon ni Kansuru Atarasii Basel Goui, Daiji

Sichu Kyougi An no Gaiyo," (The New Basel Capital Accord, Outline of the Third Consultative Paper).

Bank of Japan (200dKimie), "BIS Kisei Minaoshi Dai3ji Sichu Kyougi An : Q&A," (The BIS Criteria Amended Third Consultative Paper: Q&A).

Bank of Japan (2003FFF), "Syndicated Loan no Tanpo Ukeire ni tsuite," September 12.

Bank of Japan (2003VVV), "Proposal for a new scheme to promote smooth corporate financing by nurturing the asset-backed securities market," April 8.

Bank of Japan (2003GGG), "Purchases of Asset-Backed Securities," press release, June 11.

The Banker, (2003a), "Bank loan reform plan hits fierce opposition," January.

The Banker, (2003b), "Latest US move sets the pace for the world," August, pp.22-24.

Barclays Capital (2003), "Guide to Cash Flow Collateralized Debt Obligations." Barrios, V.E., and Blanco, J.M. (2003), "The effectiveness of bank capital adequacy regulation: A theoretical and empirical approach," *Journal of Banking & Finance, 27*, pp. 1935-1958.

Basel Committee on Banking Supervision (1999), "Capital Requirements and Bank Behaviour: The Impact of the Basle Accord," Working Paper, No. 1.

Basel Committee on Banking Supervision (2001a), "Overview of the New Basel Capital Accord," mimeograph.

Basel Committee on Banking Supervision (2001b), "The New Basel Capital Accord: an explanatory note," mimeograph.

Basel Committee on Banking Supervision (2001c), "Working Paper on the Treatment of Asset Securitisation,"October.

Basel Committee on Banking Supervision (2003a), "Bank Failures in Mature Economies," mimeograph.

Basel Committee on Banking Supervision (2003b), "Third Consultative Paper," April.

Basel Committee on Banking Supervision (2003c), "Quantitative Impact Study 3 °© Overview of Global Results," May.

Basel Committee on Banking Supervision. (2003d), "Bank Failures in Mature Economies," July.

Basel Committee on Banking Supervision. (2003e), "Press release : Basel II: Significant Progress on Major Issues," October.

Berger, A. N., and Udell, G. F. (1994), "Did Risk-Based Capital Allocate Bank Credit and Cause a "Credit Crunch" in the United States?" Journal of Money, Credit and Banking, 26, 3, Part 2, pp. 585-628.

Berger, A.N., Herring, R.J., and Szegö, G.P. (1995), "The role of capital in financial institutions," *Journal of Banking & Finance*, 19, pp. 393-430.

BIS (2003), "Annual Report 2002." Blum, J., and Hellwig, M. (1995), "The macroeconomic implications of capital adequacy requirements for banks," *European Economic Review*, 39, pp. 739-749.

Boot, A.W.A., and Thakor, A.V. (2000), "Can Relationship Banking Survive Competition?" *Journal of Finance*, Vol.LV, No.2, April, pp. 679-713.

Brewer III, E., Genay, H., and Kaufman, G. (2003), "Banking relationships during financial distress: The evidence from Japan," *Economic Perspectives*, Federal Reserve Bank of Chicago, Third Quarter, pp. 2-18.

Brinkmann, E.J., and Horvitz, P.M. (1995), "Risk-Based Capital Standards and the Credit Crunch," *Journal of Money, Credit and Banking*, 27, 3, pp. 848-863.

Brunner, A.D., and Kamin, S.B. (1998), "Bank Lending and Economic Activity in Japan: Did Financial Factors Contribute to the Recent Downturn?" *International Journal of Finance and Economics*, 3, pp. 73-89.

Calomiris, C., and Mason, J.R. (2003), "How to Restructure Failed Banking Systems: Lessons from the US in the 1930's and Japan in the 1990's," NBER, Working Paper, No. 9624.

Claessens, S., and Embrechts, G. (2002), "Basel II, Sovereign Ratings and Transfer Risk External versus Internal Ratings," Discussion note on the seminar "Basel II: An economic assessment."

Cooper, K., Kolari, J., and Wagster, J. (1991), "A note on the stock market effects of the adoption of risk-based capital requirements on international banks in different countries," *Journal of Banking and Finance*, 15, pp. 367-381.

Corcóstegui, C., González-Mosquera, L., Marcelo, A., and Trucharte, C. (2003), "Analysis of procyclical effects on capital requirements derived from a rating system," Banco de España, mimeograph.

Credit (2001), "Basel: the new Accord," March, pp. 39-42.

Credit Suisse First Boston (2002), "Major banks: The 'Takenaka Plan' to end the NPL problem: Where now?" October 25.

Credit Suisse First Boston (2003a), "Major banks: Announcement of new guidelines for the conversion of preferred stock," April 7.

Credit Suisse First Boston (2003b), "Major banks: FSA announces results of special inspections," April 28.

Credit Suisse First Boston (2003c), "Major banks: Revised financial revitalization plans," September 22.

Credit Suisse First Boston (2003d), "Major banks: Growing awareness at FSA of insufficient reserves against large troubled borrowers," October 30.

Danielson, J., Embrechts, P., Goodhart, C., Keating, C., Muennich, F., Renault, O., and Song Shin, H. (2001), "An Academic Response to Basel II," Special Paper No.130, Financial Markets Group, London School of Economics, May.

Deloitte & Touche (2002), "Speaking of Securitization," Issue 1, Volume 7, April 22. Deutsche Bundesbank (2001), "The new Basel Capital Accord(Basel

II)," *Deutsche Bundesbank Monthly Report*, April, pp. 15-41.

Diamond, D.W. (1984), "Financial Intermediation and Delegated Monitoring," *Review of Economic Studies*, LI, 393-414.

Donahoo, K.K., and Shaffer, S. (1991), "Capital Requirements and the Securitization Decision," *Quarterly Review of Economics and Business*, Vol.31, No.4, pp. 12-23.

The Economist, (2003), "Japanese banks : The great capital scramble," February 15.

European Central Bank (2001), "The new capital adequacy regime-the ECB perspective," *ECB Monthly Bulletin*, May, pp. 59-74.

Federal Reserve Bulletin (2003), "Capital Standards for Banks: The Evolving Basel Accord," September, pp. 395-405.

Financial Services Agency (2003a), "Progress Report:Working Group on Regulation of Capital Adequacy Ratio," July 28.

Financial Services Agency (2003b), "Reviewed business revitalization plans of capital injected banks (FY 2002 ~ FY 2006)," September.

Financial Services Agency, various issues of "The Status of Non Performing Loans as of end-March."

Financial Times, various issues.

Financial Times, (2002), "IMF °Æto show that Japanese banks failing capital test.'" December 20.

Financial Times, (2003), "Industry queries Basel moves," August 1.

Financial Times, (2003), "Basel II rules could damage banks' capital market liquidity, warns SIA," August 10.

Financial Times, 20 August 2003, "Financial institute criticises Basel rules on bank capital."

Financial Times, (2003), "Basel II under fire," August 21.

Handelsblatt, (2003), "Widerstand gegen Basel II wächst," August 21.

Financial Times, (2003), "Basel rules 'could cost E10bn,'" August 25.

Financial Times, (2003), "US regulator voices Basel concerns," September 14.

Financial Times, (2003), "US banks say Basel plan is a threat to high-risk lending," September 15.

Financial Times, (2003), "Credit default swaps take off," September 30.

Financial Times, (2003), "Reform-Changing the industry landscape", Special Report, Banking in Europe, October 8.

Financial Times, (2003), "Basel committee vows to stand by timetable," October 15.

Financial Times, (2003), "Resona 'insolvent' at time of rescue, claims DPJ," October 27.

Fitch Ratings (2003), "Japanese Banks: Results for 2002/3 - Where's the Way Out?" 25 June.

Frankel, A.B., and Morgan, P.B. (1992), "Deregulation and Competition in Japanese Banking," *Federal Reserve Bulletin*, August, pp. 579-93.

Fukao, M. (2002), "Financial Sector Profitability and Double-Gearing," NBER , WP 9368.

Goldman Sachs (2003a), "Japan Banks : Deferred Tax Assets Decline Dramatically as the Equity Market Rises," July 31.

Goldman Sachs (2003b), "Japan Banks: Massive Increase in Loan Work Outs and Equity Sales," May 29.

Goldman Sachs (2003c), "Japan Banks: Reacceleration for syndicated loans," July 23.

Gup, B.E. (2003), "The New Basel Capital Accord: Is 8% Adequate?" mimeograph.

Hall, M. J. B. (1992), "Implementation of the BIS Rules on Capital Adequacy Assessment: A Comparative Study of the Approaches Adopted in the UK, the USA and Japan," BNL Quarterly Review, 180, pp. 35-57.

Hall, B. J. (1993), "How Has the Basle Accord Affected Bank Portfolios," Journal of the Japanese and International Economies, 7, pp. 408-440.

Hammes, W., and Shapiro, M. (2001), "The implications of the new capital adequacy rules for portfolio management of credit assets," Journal of Banking and Finance, pp. 97-114.

Hanazaki, M., and Horiuchi, A. (2003), "A review of Japan's bank crisis from the governance perspective," *Pacific-Basin Finance Journal*, 11, pp. 305-325.

Hanazaki, M., Souma, T., and Wiwattanakantang, Y. (2003), "Silent Large Shareholders and Entrenched Bank Management : Evidence from the Banking Crisis in Japan," mimeograph.

Hayami, M. (2002), "The Challenges Facing Japan's Economy," speech given at the Naigai Josei Chousa Kai, July 24.

Hayami M. (2002b), "Shihon Sijyo no Isso no Hatten ni Mukete-Enkatsu na Kigyo Kinyu wo Support surutameni," (Toward Further Development of Capital Markets-To Support Smooth Corporate Finance,), Speech of Governor, Bank of Japan.

Heid, F. (2003), "Is regulatory capital pro-cyclical? A macroeconomic assessment of Basel II," mimeograph, Deutsche Bundesbank.

Herr, K.E., and Miyazaki, G. (1999), "A proposal for the Japanese non-performing loan problem: Securitization as a solution," mimeograph, April.

Hida, N., Fjita, K., Ihara, M., and Baba, N. (2002), "What do we learn about current developments in the bank lending market in Japan from BOJ's Senior Loan Officer Survey?" *Market Review*, Bank of Japan.

Hirata, H., and Shimizu, T. (2003), "Purchase of SME-related ABS by the Bank of Japan : Monetary Policy and SME financing in Japan," Bank of Japan Working Paper Series, No. 03-E-3.

Hiwatashi, J., and Ashida, H. (2003), "Advancing op risk management using Japancse banking experience," *Operational Risk*, March, pp. 18-22.

Horiuchi, A., and Shimizu, K. (1998), "The deterioration of bank balance sheets in Japan: Risk-taking and recapitalization," *Pacific-Basin Finance Journal*, 6, pp. 1-26.

Ieda, A., and Ohba, T. (1999), "Risk Management for Equity Portfolios of Japanese Banks," Bank of Japan, Monetary and *Economic Studies*.

IFR Special Report (2003), "Big CLOs may be put on hold," pp. 24-25.

Institutional Investor (2003), "Basel under threat," pp. 24-31.

International Monetary Fund (2003), "Japan: Financial System Stability Assessment and Supplementary Information," IMF Country Report No.03/287, September.

International Financing Review (2003), "Big CLOs may be put on hold."

ING Financial Markets (2002), "Banks: What happens to capital if deferred tax assets are excluded?" April 26.

ING Financial Markets (2003), "Japan's Bad Debt Burden- Getting Lighter," October.

Ishiga, K., Okada, Y., and Kato, T. (2003), "The Bank of Japan's Eligible Collateral Framework and Recently," Market Review, Bank of Japan.

Ishikawa, T., Yamai, Y., and Ieda, A. (2003), "On the Risk Capital Framework of Financial Institutions," Discussion Paper No. 2003-E-7, Institute for Monetary and Economic Studies, Bank of Japan.

Ito, T., and Michael, M. (1999), "Japan's Big Bang and the Transformation of Financial Markets," NBER, Working Paper, No. 7247.

Ito, T., and Sasaki, Y. (2002), "Impacts of the Basle Capital Standard on Japanese Banks' Behavior," *Journal of the Japanese and International Economies*, 16, pp. 372-397.

Ito, T., and Harada, K. (2003), "Market Evaluations of Banking Fragility in Japan: Japan Premium, Stock Prices, and Credit Derivatives," NBER Working Paper, No. 9589, March.

Jacobo, Rodriguez (2002), "International Banking Regulation: Where's the Market Discipline in Basel II?" *Policy Analysis* (Cato Institute), No. 455, 15 October.

Jagtiani, J., Saunders, A., and Udell, G. (1995), "The effect of bank capital requirements on bank off-balance sheet financial innovations," *Journal of Banking & Finance*, 19, pp. 647-658.

Jackson, P. (2001), "Bank capital standards: the new Basel Accord," *Bank of England Quarterly Bulletin*, Spring 2001, pp. 55-63.

The Japan Center for International Finance (2001), "Comments on The New Basel Capital Accord."

Japanese Bankers Association (2001), "Opinion paper on the New Basel Capital Accord."

Japanese Bankers Association (2002), "Comments on the Second Working Paper on Securitisation."

Japanese Bankers Association (2003a), comments on CP 3.

Japanese Bankers Association (2003b), "Japanese Banks 2003," September.

Jones, D. (2000), "Emerging problems with the Basel Capital Accord: Regulatory Capital Arbitrage and Related Issues," Journal of Banking and Finance, 24.

JP Morgan (2001), "Japan Credit Outlook," November 8.

JP Morgan (2003a), "Effective Nationalization of Resona Group: 'Open Bank Assistance' Limits all Creditors' Risk," May 28.

JP Morgan (2003b), "Banking Industry: Government Decides to Inject Capital Into Resona Holdings," June 11.

JP Morgan (2003c), "Banking industry : Unwinding of Cross- Shareholdings Past Its Peak," July 1.

JP Morgan Securities (2001), "Basel 2 and the Japanese banks," JP Morgan Securities Asia Pte. Ltd., January.

JP Morgan Securities (2002), "Tier III: A Review of Short-Dated Subordinated Capital," JP Morgan Securities Ltd., February 14.

JP Morgan Securities (2003a), "Banks' Heavy Selling Destabilizes the Japanese Government Bond Market - But Banks to Come Back to JGBs," July 25.

JP Morgan Securities (2003b), "Final Stage of NPL Disposal for Japanese Banks - Part I: Resona' s Credit to Recover upon Bad Bank Separation," October 15.

JP Morgan Securities (2003c), "Final Stage of NPL Disposal for Japanese Banks - Part II: The Reality - New NPLs Still Building in Japan," October 16.

JP Morgan Securities (2003d), "Final Stage of NPL Disposal for Japanese Banks - Part III: Simulation - Heavy Costs Needed to Cut NPLs in Half," October 20.

Kanda, H. (1998), "Securitisation in Japan," *Duke Journal of Comparative & International Law*, 359.

Kashyap, Anil (2002), "Sorting out Japan's Financial Crisis," NBER Working Paper Series, No. 9384, December.

Kiff, J., and Morrow, R. (2000), "Credit Derivatives," *Bank of Canada Review*, Autumn 2000, pp. 3-11.

Kobayashi, K., Saita, Y., and Sekine, T. (2002), "Forbearance Lending: A Case for Japanese Firms," Working Paper 02-2, Research and Statistics Department, Bank of Japan, April.

Kothari, V. (2003a), "New Basel II proposals for Securitisation," mimeograph.

Kothari, V. (2003b), "Credit derivatives: A primer," mimeograph.

Kupiec, P. (2001), "Is the New Basel Accord Incentive Compatible, IMF Working Paper.

Kupiec, P.H. (2001), "The New Basel Capital Accord : The Devil Is in the (Calibration) Details," IMFWorking Paper, WP/01/113, August.

Lackman, C.L. (1986), "The impact of capital adequacy constraints on bank portfolios," *Journal of Business Finance & Accounting*, 13, 4, Winter, pp. 587-596.

McDonough, W.J. (2003), "Implementing the New Basel Accord," speech, Global Association of Risk Professionals, New York, February, 11.

Merrill Lynch (2003), *Credit Derivative Handbook 2003: A Guide to Products, Valuation, Strategies and Risks*, April 16.

Miyauchi, A. (2003), "Designing New Infrastructure for a New Lending Model," Working Paper Series, No. 03-E-1, Bank Examination and Surveillance Department, Bank of Japan, January.

Miwa, Y., and Ramseyer, J.M. (2001), "The Myth of the Main Bank : Japan and Comparative Corporate Governance," Discussion Paper, University of Tokyo, CIRJE-F-131, September.

Montgomery, H. (2001), "The Effect of the Basel Accord on Bank Lending in Japan," mimeograph, The Asian Development Bank Institute, September.

Morgan Stanley (2003a), "Basel 2: the Final Frontier," European Banks, June 4.

Morgan Stanley (2003b), "Basel 2-Changing the Rules of the Game," *Asia/Pacific Financial Services*, July 15.

Morgan Stanley/Ban (2003c), "Major Banks: Evaluating Revised Financial Revitalization Plans," September 22.

Mori, T., Hiwatashi, J., and Koukichi, I. (2000), "Challenges and Possible Solutions in Enhancing Operational Risk Measurement," Financial and Payment System Office Working Paper, No. 3, Bank of Japan.

Mori, T., and Harada, E. (2001), "Internal Measurement Approach to Operational Risk Capital Charge," Discussion Paper, Bank of Japan.

Mori, T., and Harada, E. (2000), "Internal Risk Based Approach - Evolutionary Approaches to Regulatory Capital Charge for Operational Risk," Financial and Payment System OfficeWorking Paper, No. 2, Bank of Japan.

Myer, N. (2001), "The Basel Capital Reforms: Will More Detail Deliver the Results?" JP Morgan Securities Ltd., August 24.

The National Association of Shinkin Banks (2001), "Comments on the New Basel Capital Accord." Naisbitt, J. (1984), "Megatrends: Ten new directions transforming our lives," Warner Books.

Neue Zürcher Zeitung (2003), "Basel II - Bedenken sind erlaubt," July 29.

Nihon Keizal Shimbun (2003), "New regulations expected to light fire under banks to eliminate soured loans," August 25.

Nihon Keizai Shimbun, "Megabanks Series," September (Mizuho, September 25; Sumitomo Mitsui, September 26; UFJ, September 27; Mitsubishi Tokyo Financial Group, September 30).

Nihon Keizai Shimbun, Nikkei Net Interactive, Nikkei Weekly, various issues.

Nikkei Net (2003), "Syndicated loans gain appeal amid crunch," April 7.

Nikkei Net (2003), "Increased joint loans reflect banks' need to spread risk," June 2.

Nikkei Net (2003), "Big Banks Strive To Hasten Bad-Loan Disposals," October 27.

Nikko CitiGroup (2003a), "Yen Bond Market Monthly," August 19.

Nikko Citigroup (2003b), "Rethinking the Risk Factors of Major Banks," September 26.

The Norinchukin Bank (2001), "Response to the New Basel Capital Accord."

The Norinchukin Bank (2002), "Comment on the Second Working Paper on Securitisation released by the Basel Committee on Banking Supervision."

The Norinchukin Bank (2003), "The third consultative paper for commercial banks released by the Basel Committee on Banking Supervision (Comment)."

Ohgaki, H. (1997), "Structured Finance Nyumon," (Lectures on Structured Finance), Nihon Keizai Shimbunsha.

Oyama, T., and Shiratori, T. (2001), "Insights into Low Profitability of Japanese Banks: Some Lessons from the Analysis of Trends in Banks' Margins," Discussion Paper Series, No. 01-E-1, Bank of Japan.

Peek, J., and Rosengren, E. (1995a), "Bank regulation and the credit crunch," *Journal of Banking & Finance*, 19, pp. 679-692.

Peek, J., and Rosengren, E. (1995b), "The Capital Crunch: Neither a Borrower nor a Lender Be," *Journal of Money, Credit, and Banking*, 27, 3, pp. 625-638.

Peterson, M. (2001), "Basel gives banks the whip hand," *Euromoney*, March.

Pettway, R.H., Kaneko, T., and Young, M.T. (1991) "International bank capital standards and the costs of issuing capital securities by Japanese banks," *Journal of Banking and Finance*, 15, pp. 559-580.

R&I (2003), "BIS Kisei Minaoshi Daisanji Sichu Gian ni taisuru Comments (Japanese version)," (Comment on the Third Consultative

Paper (CP3) of the New Basel Capital Accord (Basel 2)).

Regional Banks Association of Japan (2001), "Comments on the consultative document, The New Basel Capital Accord, of the Basel Committee on Banking Supervision."

Reisen, H. (2001), "Will Basel II Contribute to Convergence in International Capital Flows?" Oesterreichische Nationalbank, 29th Economics Conference.

Risk (2001a), "Basel acts on private equity losses," September.

Risk (2001b), "Basel inflicts collateral damage," October.

Risk (2001c), "Wrestling with Basel II," November.

Risk (2001d), "Balancing belief and science," November.

Risk (2002a), "Swiss and UK banks set to win as Japanese lose in Basel II," January.

Risk (2002b), (2002), "A question of priorities," November.

Risk (2003a), "Japanese banks: Turning up the heat," April.

Risk (2003b), "Japanese banks need to improve op risk management, says BoJ," May.

Risk (2003c), "Basel III: A continental rift," May.

Risk (2003d), "Flies in the ointment," May.

Risk (2003e), "We need a better Basel Accord," May.

Risk (2003f), "Is 8% for all seasons?" May.

Risk (2003g), "A race to the finish," June

The Second Association of Regional Banks (2001), "Comments on a New Basel Capital Accord of Second Consultative Documents issued by the Basel Committee on Banking Supervision." Sheard, P. (1994), "Bank Executives on Japanese CorporateBoards," Bank of Japan, Monetary and Economic Studies, 12, 2, pp. 85-121.

Shimizu, T., Inamura, Y., and Nishizaki, K. (2002), "Recent Efforts for Developing the ABCP Market: Improving Financing Conditions for Small to Medium-sized Enterprises and Exploiting Opportunities for Securitization," *Market Review*, No. 2002-E-2, Financial Markets Department, Bank of Japan, June.

Shinkin Central Bank (2001), "Consultative Document Comments on the New Basel Capital Accord."

Shrieves, E.E., and Dahl, D. (1992), "The relationship between risk and capital in commercial banks," *Journal of Banking and Finance*, 16, pp. 439-457.

Standard & Poor's (2003a), "Banking on the Unknown : Japanese Lenders' Reliance on Deferred tax Assets," July 22.

Standard & Poor's (2003b), "Japanese Banks' Risk Exposure to Rising Interest Rates," August 29.

Sugihara, Y., Hosoya, M., Baba, N., and Nakata, K. (2003), "Shinyo Risk Iten Shijyo no Aratana Tenkai," (New Development on Credit Risk Transfer's Market), Market Review, Bank of Japan.

Sumitomo Mitsui Banking Corporation (2001), "Comments on the second consultative document the New Basel Capital Accord."

Van Rixtel, A.A.R.J.M. (2002), *Informality and Monetary Policy in Japan: The Political Economy of Bank Performance*, Cambridge University Press.

Van Rixtel, A.A.R.J.M., Wiwattanakantang, Y., Souma, T., and Suzuki, K. (2003), °∞Banking in Japan: Will "Too Big To Fail" Prevail?" in B. Gup (ed.), *Too Big to Fail: Policies and Practices in Government Bailouts*, Praeger, Westport, CT, 2004.

Rodríguez, L.J. (2002), °∞International Banking Regulation - Where's the Market Discipline in Basel II?°± Policy Analysis, No. 455.

Shimizu, T., Inamura Y., and Nishizaki, K. (2002), "Recent Efforts for Developing the ABCP Market: Improving Financing Conditions for Small to Medium-sized Enterprises and Exploiting Opportunities for

Securitization," *Market Review*, Bank of Japan.

Shinkin Central Bank (2001), "Consultative document -Comments on the New Basel Capital Accord."

Smith, D.C. (2002), "Loans to Japanese borrowers," Pacific Basin Working Paper Series, No. PB02-11, Center for Pacific Basin Monetary and Economic Studies, Federal Reserve Bank of San Francisco, December.

Standard and Poor's (2001), "Standard and Poor's Response to the New Basel Capital Accord."

Spiegel, M. M. (2002), "The Disposition of Failed Japanese Bank Assets: Lessons from the U. S. Savings and Loan Crisis," *FRBSF Economic Review*, 1-15.

Sumitomo Mitsui Banking Corporation (2001), "Comments on the second consultative document: The New Basel Capital
Accord."

Thakor, A.V. (1996), "Capital Requirements, Monetary Policy, and Aggregate Bank Lending: Theory and Empirical Evidence," *The Journal of Finance*, 51, 1, March, pp. 279-324.

Wagster, J.D. (1996), "Impact of the 1988 Basle Accord on International Banks," *Journal of Finance*, Vol. 51, 4, 1321-1346.

Wall, L.D., and Peterson, D.R. (1987), "The effect of capital adequacy guidelines on large bank holding companies," *Journal of Banking and Finance*, 11, pp. 581-600.

Yanagisawa, M.P. (2001), "Japan's Financial Sector Reform: Progress and Challenges," Speech at People's University.

찾아보기

국문 찾아보기

[ㄱ]

[ㄴ]

[ㄷ]

[ㄹ]

[ㅁ]

[ㅂ]

[ㅈ]

[ㅊ]

[ㅋ]

[ㅌ]

[ㅍ]

[ㅈ]

[기타]

영문 찾아보기

[Q]

[R]

[S]

[T]

역자 약력

■ **남두우**

Syracuse University(MBA)
University of Alabama(경영학박사, 재무관리)
University of Southern Mississippi 경영대학 조교수 역임
[현] 인하대학교 경영대학 교수

■ **장국현**

University of Alabama(MBA)
University of Alabama(경영학박사, 재무관리)
한림대학교 경영대학 부교수 역임
[현] 건국대학교 경영대학 교수

■ **문성주**

건국대학교 경영학 석사
건국대학교 경영학 박사
김포대학교 겸임교수 역임
[현] 건국대학교 겸임교수

금융권의 뉴패러다임
신바젤자본협약과 BIS비율

저자 / Benton E.Gup
역자 / 남두우 · 장국현 · 문성주

25,000원

2006년 5월 25일 인쇄
2006년 6월 5일 발행

펴낸이 / 이계남
펴낸곳 / **한 경 사**
등 록 / 제10-1951호
2000년 4월 14일
주 소 / 서울시 마포구 신수동
85-19 (2층)
전 화 / (02)717-7264/5
팩 스 / (02)717-7226
E-Mail / hankyungsa@hanmail.net

ISBN 89-89269-73-3